Auswirkungen von Betriebsübergängen und unternehmensinternen Umstrukturierungen auf Betriebsvereinbarungen

Europäische Hochschulschriften
Publications Universitaires Européennes
European University Studies

Reihe II
Rechtswissenschaft

Série II Series II
Droit
Law

Bd./Vol. 4445

PETER LANG
Frankfurt am Main · Berlin · Bern · Bruxelles · New York · Oxford · Wien

Sascha Lerch

Auswirkungen von Betriebsübergängen und unternehmensinternen Umstrukturierungen auf Betriebsvereinbarungen

PETER LANG
Europäischer Verlag der Wissenschaften

Bibliografische Information Der Deutschen Bibliothek
Die Deutsche Bibliothek verzeichnet diese Publikation in der Deutschen Nationalbibliografie; detaillierte bibliografische Daten sind im Internet über <http://dnb.ddb.de> abrufbar.

Zugl.: Mainz, Univ., Diss., 2006

D 77
ISSN 0531-7312
ISBN 3-631-55826-0

www.peterlang.de

Meinen Eltern

Vorwort

Die vorliegende Arbeit wurde im Sommersemester 2006 vom Fachbereich Rechts- und Wirtschaftswissenschaften der Johannes-Gutenberg-Universität Mainz als Dissertation angenommen. Rechtsprechung und Literatur sind bis März 2006 berücksichtigt.

Mein besonderer Dank richtet sich an meine wissenschaftliche Betreuerin, Frau Prof. Dr. Dagmar Kaiser. Sie leistete eine sehr konstruktive Betreuung und ließ mir gleichzeitig sowohl bei der Wahl des Dissertationsthemas als auch bei der Ausarbeitung angemessenen Freiraum. Bei Herrn Prof. Dr. Curt Wolfgang Hergenröder bedanke ich mich für die rasche Erstellung des Zweitgutachtens.

Bedanken möchte ich mich ebenfalls bei meiner Familie und meinen Freunden für die Unterstützung und Motivation während der Promotionszeit. Hierbei sind besonders meine Eltern Ursula und Wolfgang Lerch zu erwähnen, denen ich diese Arbeit widme.

Dank schulde ich ferner der Sozietät Schneider:Schwegler (Düsseldorf, Berlin, Frankfurt/Main), die mir die Bearbeitung der Dissertation bei gleichzeitiger praktischer Mitarbeit im Kanzleibetrieb ermöglicht hat. Namentlich bedanke ich mich bei Rechtsanwalt Ralf Trümner für die Anregung zum Thema. Des Weiteren bedanke ich mich bei Rechtsanwalt Dr. Michael Bachner und Rechtsanwalt Wolfgang Trittin für stete Gesprächsbereitschaft.

Abschließend möchte ich der Hans-Böckler-Stiftung (Düsseldorf) für die Aufnahme in die Promotionsförderung meinen herzlichen Dank aussprechen.

Berlin, im Juli 2006

Sascha Lerch

Inhaltsübersicht

Inhaltsverzeichnis

Schrifttumsverzeichnis

Ahlers, Elke	Beschäftigungskrise im öffentlichen Dienst?, in: WSI-Mitteilungen 2004, S. 78 ff.
Alvensleben, Constantin von	Die Rechte der Arbeitnehmer bei Betriebsübergang im Europäischen Gemeinschaftsrecht, Baden-Baden 1992 (zit.: Rechte der Arbeitnehmer bei Betriebsübergang im Europäischen Gemeinschaftsrecht)
Annuß, Georg / Hohenstatt, Klaus-Stefan	Betriebsidentität und Sozialauswahl beim gemeinsamen Betrieb, in: NZA 2004, S. 420 ff.
Bachner, Michael	Fortgeltung von Gesamt- und Einzelbetriebsvereinbarungen nach Betriebsübergang, in: NJW 2003, S. 2861 ff.
Bachner, Michael	Der Betriebsübergang nach § 613a BGB, in: AiB 1996, S. 291 ff.
Bachner, Michael	Individualarbeits- und kollektivrechtliche Auswirkungen des neuen Umwandlungsgesetzes, in: NJW 1995, S. 2881 ff.
Bachner, Michael	Auswirkungen unternehmensinterner Umstrukturierungen auf die Wirksamkeit von Betriebsvereinbarungen, in: NZA 1997, S. 79 ff.
Bachner, Michael / Köstler, Michael / Matthießen, Volker / Trittin, Wolfgang	Handbuch Arbeitsrecht bei Unternehmensumwandlung und Betriebsübergang, 2. Auflage, Baden-Baden 2003 (zit.: BKMT-Bearbeiter, Handbuch Arbeitsrecht bei Unternehmensumwandlung und Betriebsübergang)
Backmeister, Thomas / Trittin, Wolfgang / Mayer, Udo	Kündigungsschutzgesetz mit Nebengesetzen, 3. Auflage, München 2004 (zit.: BTM-Bearbeiter)
Balze, Wolfgang / Rebel, Wolfgang / Schuck, Peter	Outsourcing und Arbeitsrecht, 2. Auflage, München 2002 (zit.: Outsourcing)
Bange, Markus	Fortgeltung von Kollektivverträgen bei Unternehmensumstrukturierung durch Umwandlung, Frankfurt 2001 (zit: Fortgeltung von Kollektivverträgen bei Unternehmensumstrukturierung)
Bauer, Jobst-Hubertus	Unternehmensveräußerung und Arbeitsrecht, Heidelberg 1983 (zit.: Unternehmensveräußerung)
Bauer, Jobst-Hubertus	Flucht aus Tarifverträgen: Königs- oder Irrweg?, in: Festschrift für Günter Schaub zum 65. Geburtstag, S. 19 ff., München 1998
Bauer, Jobst-Hubertus	Christel-Schmidt lässt grüßen: Neue Hürden des EuGH für Auftragsvergabe, in: NZA 2004, S. 14 ff.
Bauer, Jobst-Hubertus / Lingemann, Stefan	Das neue Umwandlungsrecht und seine arbeitsrechtlichen Auswirkungen, in: NZA 1994, S. 1057 ff.
Bauer, Jobst-Hubertus / Steinau-Steinrück, Robert von	Das Schicksal freiwilliger Betriebsvereinbarungen beim Betriebsübergang, in: NZA 2000, S. 505 ff.
Bellmann, Lutz / Kohaut, Susanne / Lahner, Manfred	Das IAB-Betriebspanel – Ansatz und Analysepotenziale, in: IAB-Kompendium Arbeitsmarkt- und Berufsforschung, Beiträge zur Arbeitsmarkt- und Berufsforschung 250, Nürnberg 2002, S. 13 ff. (zit.: IAB-Kompendium Arbeitsmarkt- und Berufsforschung)
Berg, Friedemann	Unternehmensinterne Umstrukturierungen und betriebsverfassungsrechtliche Auswirkungen, Aachen 2000 (zit.: Unternehmensinterne Umstrukturierungen)

Birk, Rolf	Innerbetriebliche Absprachen – Typen und Rechtswirkungen, in: ZfA 1986, S. 73 ff.
Blank, Michael / Blanke, Thomas / Klebe, Thomas / Kümpel, Winfried / Wendeling-Schröder, Ulrike / Wolter, Henner	Arbeitnehmerschutz bei Betriebsaufspaltung und Unternehmensteilung, 2. Auflage, Köln 1987 (zit.: Arbeitnehmerschutz bei Betriebsaufspaltung und Unternehmensteilung)
Blanke, Thomas	Sicherstellung der Kontinuität der Interessenvertretung: Übergangsmandat auch für Personalräte?, in: ZfPR 2001, S. 242 ff.
Bleckmann, Albert	Das europäische Demokratieprinzip, in: JZ 2001, S. 53 ff.
Blomeyer, Wolfgang	Kündigung und Neuabschluss einer Betriebsvereinbarung über teilmitbestimmungspflichtige Sozialleistungen, DB 1985, S. 2506 ff.
Blomeyer, Wolfgang	Nachwirkung und Weitergeltung abgelaufener Betriebsvereinbarungen über „freiwillige" Sozialleistungen, in: DB 1990, S. 173 ff.
Boecken, Winfried	Unternehmensumwandlungen und Arbeitsrecht, Köln 1996 (zit.: Unternehmensumwandlungen)
Bonanni, Andrea	Der gemeinsame Betrieb mehrerer Unternehmen, Köln 2003 (zit.: Der gemeinsame Betrieb mehrerer Unternehmen)
Bracker, Ulrich	Betriebsübergang und Betriebsverfassung, Berlin 1979 (zit.: Betriebsübergang und Betriebsverfassung)
Brandmüller, Gerhard	Wiederentdeckung der Betriebsaufspaltung, in: BB 1979, S. 465 ff.
Breymaier, Markus	Die Fortgeltung von Betriebsvereinbarungen bei Unternehmensumwandlung, Münster 2003 (zit.: Fortgeltung von Betriebsvereinbarungen bei Unternehmensumwandlung)
Brinkmann, Antje	Die Spaltung von Rechtsträgern nach dem neuen Umwandlungsrecht, Berlin 1999 (zit.: Spaltung von Rechtsträgern nach dem neuen Umwandlungsrecht)
Brockhaus	Die Enzyklopädie, 20. Auflage, Leipzig Mannheim 1996 (zit.: Enzyklopädie)
Brune, Ulrike	Betriebsvereinbarung und Wegfall des Betriebsrats, in: AR-Blattei SD 520
Buchner, Herbert	Die Ausgliederung von betrieblichen Funktionen (Betriebsteilen) unter arbeitsrechtlichen Aspekten, in: GmbHR 1997, S. 434 ff.
Buchner, Herbert	Verlagerung betrieblicher Aufgaben als Betriebsübertragung, in: DB 1994, S. 1417 ff.
Buchner, Herbert	Die Ausgliederung von betrieblichen Funktionen (Betriebsteilen) unter arbeitsrechtlichen Aspekten, in: GmbHR 1997, S. 377 ff.
Coing, H.	Die Geltendmachung von Forderungen gegen das Reich gegenüber Ansprüchen aus dem Reichsvermögen, in: NJW 1949, S. 203 ff.
Däubler, Wolfgang	Tarifvertragsrecht, 3. Auflage, Baden-Baden 1993 (zit.: Tarifvertragsrecht)
Däubler, Wolfgang	Der Gemeinschaftsbetrieb im Arbeitsrecht, in: Festschrift für Albrecht Zeuner zum 70. Geburtstag, Tübingen 1994, S. 19 ff. (zit.: FS Zeuner)
Däubler, Wolfgang	Probleme beim Übergang zum neuen Betriebsverfassungsrecht, in: DB 2001, S. 1669 ff.
Däubler, Wolfgang	Tarifvertragsgesetz, Baden-Baden 2003 (zit.: Däubler-Bearbeiter, TVG)

Däubler, Wolfgang	Tarifliche Regelung des Betriebsübergangs?, in: ZTR 2000, S. 241 ff.
Däubler, Wolfgang	Die Auswirkungen der Schuldrechtsmodernisierung auf das Arbeitsrecht, in. NZA 2001, S. 1329 ff.
Däubler, Wolfgang / Kittner, Michael / Klebe, Thomas	Betriebsverfassungsgesetz, 9. Auflage, Frankfurt/Main 2004 (zit.: DKK-Bearbeiter, BetrVG)
Dehmer, Hans	Umwandlungsgesetz, 2. Auflage, München 1996 (zit.: UmwG)
Dersch, Hermann	Betriebsrätegesetz vom 4. Februar 1920, Mannheim/Berlin/Leipzig 1920 (zit.: BRG)
Dieterich, Thomas / Müller-Glöge, Rudi / Preis, Ulrich / Schaub, Günter	Erfurter Kommentar zum Arbeitsrecht, 6. Auflage, München 2006 (zit.: ErfKom-Bearbeiter)
Dietz, Rolf	Gesetz zur Ordnung der nationalen Arbeit, 6. Auflage, München/Berlin 1941 (zit.: AOG)
Dietz, Rolf	Die Betriebsvereinbarung im heutigen Arbeitsrecht, in: RdA 1949, 161 ff.
Dietz, Rolf	Betriebsverfassungsgesetz, 1. Auflage, München/Berlin 1953 sowie 4. Auflage, München 1967 (zit.: BetrVG)
Dietz, Rolf	Betriebsvereinbarung und Dienstvereinbarung, in: Festschrift für Friedrich Sitzler, S. 131 ff., Stuttgart 1956 (zit.: FS Sitzler)
Dreier, Horst	Grundgesetz, Band 2, Tübingen 1998 (zit.: GG)
Düwell, Franz Josef	Umwandlung von Unternehmen und arbeitsrechtliche Folgen, in: NZA 1996, 393 ff.
Düwell, Franz Josef	Betriebsverfassungsgesetz, Handkommentar, Baden-Baden 2002 (zit.: BetrVG)
Ehmann, Horst	Betriebsvereinbarungen über den Fortbestand eines Betriebes, in: Festschrift für Otto Rudolf Kissel zum 65. Geburtstag, München 1994 (zit.: FS Kissel)
Eichhorn, Heinz-Josef / Hickler, Helmut / Steinmann, Rolf	Handbuch Betriebsvereinbarung, 3. Auflage, Frankfurt/Main 2002 (zit.: Handbuch Betriebsvereinbarung)
Ellguth, Peter	Quantitative Reichweite der betrieblichen Mitbestimmung, in: WSI-Mitteilungen 2003, S. 194 ff.
Engels, Gerd	Fortentwicklung des Betriebsverfassungsrechts außerhalb des Betriebsverfassungsgesetzes, in: Festschrift für Otto Wlotzke zum 70. Geburtstag, S. 279 ff., München 1996 (zit.: FS Wlotzke)
Falkenberg, Rolf-Dieter	Der rechtsgeschäftliche Betriebsübergang und seine Auswirkungen auf die betriebliche Altersversorgung, in: BB 1987, S. 328 ff.
Feig, J. / Sitzler, F.	Betriebsrätegesetz, Betriebsbilanzgesetz und Aufsichtsratsgesetz, 9./10. Auflage, Berlin 1922 und 13./14. Auflage, Berlin 1931 (zit.: BRG, Auflage)
Feudner, Bernd	Übergangs- und Restmandat des Betriebsrats, in: BB 1996, 1934 ff.
Fischer, Ulrich	Die Eingliederung eines Betriebes oder Betriebsteiles nach § 21a BetrVG als Sonderfall der Betriebszusammenfassung, in: RdA 2005, S. 39 ff.
Fitting, Karl / Engels, Gerd / Schmidt, Ingrid / Trebinger, Yvonne /	Betriebsverfassungsgesetz, 22. Auflage, München 2004 (zit.: FESTL, BetrVG)

Linsenmaier, Wolfgang

Fitting, Karl / Kraegeloh, Walter	Betriebsverfassungsgesetz, 1. Auflage, Berlin/Frankfurt a.M. 1952 (zit.: Fitting/Kraegeloh, BetrVG, 1. Auflage)
Flatow, Georg	Betriebsvereinbarung und Arbeitsordnung, 1. Auflage, Berlin/Leipzig 1921 (zit.: Betriebsvereinbarung und Arbeitsordnung)
Flatow, Georg / Kahn-Freund, Otto	Betriebsrätegesetz, 12. Auflage, Berlin 1928 (zit.: BRG)
Franzen, Martin	Die Richtlinie 98/50/EG zur Änderung der Betriebsübergangsrichtlinie 77/187/EWG und ihre Auswirkungen auf das deutsche Arbeitsrecht, in: RdA 1999, S. 361 ff.
Franzen, Martin	Der Betriebsinhaberwechsel nach § 613a BGB im internationalen Arbeitsrecht, Heidelberg 1994 (zit.: Betriebsinhaberwechsel nach § 613a BGB)
Fromen, Wolfgang	Der gemeinsame Betrieb mehrerer Unternehmen – Der Versuch einer kritischen Analyse, in: Festschrift für Dieter Gaul, S. 151 ff., Berlin 1992 (zit.: FS Gaul)
Galperin, Hans	Grundlagen und Grenzen der Betriebsvereinbarung, in: BB 1949, S. 374 ff.
Galperin, Hans	Betriebsvereinbarung und Arbeitsbedingungen, in: BB 1950, S. 25 ff.
Galperin, Hans / Löwisch, Manfred	Betriebsverfassungsrecht, Band 1, 5. Auflage, Heidelberg 1975 (zit.: Betriebsverfassungsrecht)
Galperin, Hans / Siebert, Wolfgang	Betriebsverfassungsgesetz, Band 1, 4. Auflage, Heidelberg 1963 (zit.: BetrVG)
Gamillscheg, Franz	Betrieb und Unternehmen – Zwei Grundbegriffe des Arbeitsrechts, in: AuR 1989, S. 33 ff.
Gaul, Björn	Die neue EG-Richtlinie zum Betriebs- und Unternehmensübergang, in: BB 1999, S. 526 ff., S. 582 ff.
Gaul, Björn	Das Schicksal von Tarifverträgen und Betriebsvereinbarungen bei der Umwandlung von Unternehmen, in: NZA 1995, S. 717 ff.
Gaul, Björn	Die Privatisierung von Dienstleistungen als rechtsgeschäftlicher Betriebsübergang (§ 613a BGB), Teil II, in: ZTR, 1995, S. 387 ff.
Gaul, Björn	Das Arbeitsrecht der Betriebs- und Unternehmensspaltung, Köln 2002 (zit.: Arbeitsrecht der Betriebs- und Unternehmensspaltung)
Gaul, Björn	Betriebsübergang und Arbeitsrecht, in: DB 1995, S. 2265 ff.
Gaul, Björn / Kühnreich, Matthias	Änderung von Versorgungszusagen nach Betriebsübergang bzw. Umwandlung, in: NZA 2002, S. 495 ff.
Gaul, Dieter	Die Beendigung der Betriebsvereinbarung im betriebsratslosen Betrieb, in: NZA 1986, S. 628 ff.
Grell, Dieter	Der Betriebsinhaberwechsel, Berlin 1957 (zit.: Betriebsinhaberwechsel)
Gussen, Heinz / Dauck, Andreas	Die Weitergeltung von Betriebsvereinbarungen und Tarifverträgen bei Betriebsübergang und Umwandlung, 2. Auflage, Berlin 1997 (zit.: Weitergeltung)
Haag, Oliver	Umstrukturierung und Betriebsverfassung: Die Auswirkungen von Um- und Ausgliederung auf die Organisation des Betriebsrats und den Fortbestand von Betriebsvereinbarungen, Konstanz 1996 (zit.: Umstrukturierung und Betriebsverfassung)
Haas, Wolfgang	Die Auswirkungen des Betriebsübergangs insbesondere bei der Fusion von Kapitalgesellschaften auf Betriebsvereinbarungen, Vellmar 1994 (zit.: Auswirkungen des Betriebsübergangs insbe-

	sondere bei der Fusion von Kapitalgesellschaften auf Betriebsvereinbarungen)
Hanau, Peter	Rechtswirkungen der Betriebsvereinbarung, in: RdA 1989, 207 ff.
Hanau, Peter	Probleme der Neuregelung der Betriebsverfassung, in: ZIP 2001, S. 1981 ff.
Hanau, Peter	Perversion und Prävention bei § 613a BGB, in: ZIP 1998, S. 1817 ff.
Hanau, Peter	Der Tarifvertrag in der Krise, in: RdA 1998, S. 65 ff.
Hanau, Peter	Arbeitsrechtliche Folgen der Umstrukturierung, in: Arbeitsrecht und Beschäftigungskrise – Flexibilisierungsvorschläge zur Überwindung der Massenarbeitslosigkeit, Stuttgart 1997, S. 81 ff. (zit.: Arbeitsrechtliche Folgen der Umstrukturierung)
Hanau, Peter	Repräsentation des Arbeitgebers und der leitenden Angestellten durch den Betriebsrat?, in: RdA 1979, S. 324 ff.
Hanau, Peter / Kania, Thomas	Die Bezugnahme auf Tarifverträge durch Arbeitsvertrag und betriebliche Übung, in: Festschrift für Günter Schaub zum 65. Geburtstag, S. 239 ff., München 1998 (zit.: FS Schaub)
Hanau, Peter / Preis, Ulrich	Die Kündigung von Betriebsvereinbarungen, in: NZA 1991, S. 81 ff.
Hanau, Peter / Vossen, Reinhard	Die Auswirkungen des Betriebsinhaberwechsels auf Betriebsvereinbarungen und Tarifverträge, in: Festschrift für Marie Luise Hilger und Hermann Stumpf, S. 271 ff., München 1983 (zit.: FS Hilger/Stumpf)
Heinze, Meinrad	Regelungsabrede, Betriebsvereinbarung und Spruch der Einigungsstelle, in: NZA 1994, 580 ff.
Heinze, Meinrad	Arbeitsrechtliche Fragen bei der Übertragung und Umwandlung von Unternehmen, in: ZfA 1997, 1 ff.
Heinze, Meinrad	Arbeitsrechtliche Fragen bei der Umstrukturierung von Unternehmen, in: DB 1998, S. 1861 ff.
Heinze, Meinrad	Ausgewählte Rechtsfragen zu § 613a BGB, in: Festschrift für Günter Schaub zum 65. Geburtstag, S. 275 ff., München 1998 (zit.: FS Schaub)
Henssler, Martin	Arbeitnehmerinformation bei Umwandlungen und ihre Folgen im Gesellschaftsrecht, in: Festschrift für Alfons Kraft zum 70. Geburtstag, S. 219 ff., Neuwied Kriftel 1998 (zit.: FS Kraft)
Henssler, Martin	Aktuelle Probleme des Betriebsübergangs, in: NZA 1994, S. 913 ff.
Henssler, Martin	Unternehmensumstrukturierung und Tarifrecht, in: Festschrift für Günter Schaub zum 65. Geburtstag, S. 311 ff., München 1998 (zit.: FS Schaub)
Henssler, Martin	Aufspaltung, Ausgliederung und Fremdvergabe, in: NZA 1994, S. 294 ff.
Henssler, Martin/ Willlemsen, Heinz Josef/ Kalb, Heinz-Jürgen	Arbeitsrecht Kommentar, Köln 2004 (zit.: HWK-Bearbeiter, Arbeitsrecht Kommentar)
Hergenröder, Curt Wolfgang	Tarifeinheit oder Tarifmehrheit durch Betriebsübergang nach § 613a BGB?, in: Festschrift 50 Jahre Bundesarbeitsgericht, S. 713 ff., München 2004 (zit.: FS 50 Jahre BAG)
Hergenröder, Curt Wolfgang	Betriebsinhaberwechsel I/Rechtsgeschäftlicher Betriebsinhaberwechsel, in: AR-Blattei SD 500.1
Herschel, Wilhelm	Überindividualrechtliche Elemente im Privatrecht, in: Festschrift für Günther Küchenhoff, Berlin 1972 (zit.: FS Küchenhoff)

Herschel, Wilhelm	Betriebsvereinbarung oder Betriebssatzung?, in: RdA 1948, S. 47 ff.
Herschel, Wilhelm	Entwicklungstendenzen des Arbeitsrechts, in: RdA 1956, S. 161 ff.
Hess, Harald / Schlochauer, Ursula / Worzalla, Michael / Glock, Dirk	Betriebsverfassungsgesetz, 6. Auflage, München 2003 (zit.: HSWG-Bearbeiter)
Hohenstatt, Klaus-Stefan / Günther-Gräff, Eva	Schicksal von Betriebsvereinbarungen und Tarifverträgen bei Unternehmenskauf und Umstrukturierung, in: DStR 2001, S. 1980 ff.
Hohenstatt, Klaus-Stefan / Müller-Bonanni, Thomas	Auswirkungen eines Betriebsinhaberwechsels auf Gesamtbetriebsrat und Gesamtbetriebsvereinbarungen, in: NZA 2003, S. 766 ff.
Hoyningen-Huene, Gerrick von	Betriebsverfassungsrecht, 5. Auflage, München 2002 (zit.: Betriebsverfassungsrecht)
Hoyningen-Huene, Gerrick von	Freiwilligkeitsvorbehalt und Nachwirkungsklausel in Betriebsvereinbarungen über Sozialleistungen, in: BB 1997, S. 1998 ff.
Hromadka, Wolfgang	Arbeitsordnung und Arbeitsverfassung, in: ZfA 1979, S. 203 ff.
Hromadka, Wolfgang	Arbeitsrechtsfragen bei der Umstrukturierung und Sanierung von Unternehmen, Stuttgart 1992 (zit.: Bearbeiter, in: Hromadka, Arbeitsrechtsfragen bei der Umstrukturierung und Sanierung von Unternehmen)
Hromadka, Wolfgang / Maschmann, Frank	Arbeitsrecht, Band 2, Kollektivarbeitsrecht, 2. Auflage, Berlin Heidelberg 2001 (zit.: Arbeitsrecht, Band 2)
Huber, Ernst Rudolf	Betriebsordnung und Tarifordnung, in: JW 1934, S. 1017 ff.
Hueck, Alfred	Das Arbeitsvertragsrecht, Stuttgart 1922 (zit.: Arbeitsvertragsrecht)
Hueck, Alfred	Schaffung von Arbeitsnormen durch Betriebsvereinbarung, NzfA 1923, Sp. 87 ff.
Hueck, Alfred / Nipperdey, Hans Carl / Dietz, Rolf	Gesetz zur Ordnung der nationalen Arbeit, 4. Auflage, München/Berlin 1943 (zit.: AOG)
Hueck, Alfred / Nippperdey, Hans Carl	Lehrbuch des Arbeitsrechts, Band 2, 2. Auflage, Mannheim/Berlin/Leipzig 1930 (zit.: Lehrbuch des Arbeitsrechts, Band 2, 2. Auflage)
Hueck, Alfred / Nippperdey, Hans Carl	Lehrbuch des Arbeitsrechts, Band 2: Kollektives Arbeitsrecht, 2. Halbband, 7. Auflage, Berlin/Frankfurt/M. 1970 (zit.: Lehrbuch des Arbeitsrechts, Band 2/II, 7. Auflage)
Hueck, Götz	Die Betriebsvereinbarung – Wesen, Inhalt und Wirkung, Münster/Köln 1952 (zit.: Betriebsvereinbarung)
Huke, Rainer / Lepping, Christian	Die Folgen eines Betriebsübergangs auf betriebliche Interessenvertretungen, in: FA 2004, S. 136 ff.
Jacobs, Matthias	Die vereinbarte Nachwirkung bei freiwilligen Betriebsvereinbarungen, in: NZA 2000, S. 69 ff.
Jacobs, Matthias	Tarifeinheit und Tarifkonkurrenz, Berlin 1999 (zit.: Tarifeinheit und Tarifkonkurrenz)
Jaeger, Georg / Röder, Gerhard / Heckelmann, Günther	Praxishandbuch Betriebsverfassungsrecht, München 2003 (zit.: JRH-Bearbeiter, Praxishandbuch Betriebsverfassungsrecht)
Jarass, Hans / Pieroth, Bodo	Grundgesetz für die Bundesrepublik Deutschland, 5. Auflage, München 2000 (zit.: GG)
Joost, Detlev	Betrieb und Unternehmen als Grundbegriffe im Arbeitsrecht, München 1988 (zit.: Betrieb und Unternehmen)

Jung, Martin	Das Übergangsmandat des Betriebsrats, Konstanz 1999 (zit.: Übergangsmandat)
Junker, Abbo	Der EuGH im Arbeitsrecht – Die schwarze Serie geht weiter, in: NJW 1994, S. 2527 ff.
Junker, Michael	Die auf einer Betriebsvereinbarung beruhende Altersversorgung beim Betriebsübergang, in: RdA 1993, S. 203 ff.
Kallmeyer, Harald	Umwandlungsgesetz, 2. Auflage, Köln 2001 (zit.: Kallmeyer-Bearbeiter)
Kania, Thomas	Tarifbindung bei Ausgliederung und Aufspaltung eines Betriebes, in: DB 1995, S. 625 ff.
Kania, Thomas	Tarifpluralität und Industrieverbandsprinzip, in: DB 1996, S. 1921 ff.
Kempen, Otto Ernst	Betriebsübergang und Tarifvertrag, in: BB 1991, S. 2006 ff.
Kempen, Otto Ernst	Die Organisation der Betriebsverfassung durch Tarifvertrag, in: Festschrift für Günter Schaub, München 1998 (zit.: FS Schaub)
Kempen, Otto Ernst / Zachert, Ulrich	Tarifvertragsgesetz, 3. Auflage, Köln 1997 (zit.: TVG)
Kirchner, Hildebert / Butz, Cornelie	Abkürzungsverzeichnis der Rechtssprache, 5. Auflage, Berlin 2003 (zit.: Abkürzungsverzeichnis der Rechtssprache)
Kissel, Otto Rudolf	Der fehlende Betriebsrat, in: Freundesgabe für Alfred Söllner zum 60. Geburtstag, S. 143 ff., Gießen 1990 (zit.: FG Söllner)
Kittner, Michael / Däubler, Wolfgang / Zwanziger, Bertram	Kündigungsschutzrecht, 6. Auflage, Frankfurt/Main 2004 (zit.: KDZ-Bearbeiter)
Kittner, Michael / Zwanziger, Bertram	Arbeitsrecht für die Praxis, 3. Auflage, Frankfurt 2005 (zit.: Kittner/Zwanziger-Bearbeiter, Arbeitsrecht für die Praxis)
Klein, H. D.	Die Nachwirkung der Betriebsvereinbarung, Köln 1997 (zit.: Nachwirkung)
Koehne, Carl	Die Arbeitsordnung in der Land- und Forstwirtschaft, Berlin 1927 (zit.: Arbeitsordnung in der Land- und Forstwirtschaft)
Kohte, Wolfhard	Der Gemeinschaftsbetrieb im Spiegel des Gesellschafts- und Konzernrechts, in: RdA 1992, S. 302 ff.
Königsberger, Ludwig	Betrieb und Betriebsinhaber, in: NZfA 1923, Sp. 299 ff.
Konzen, Horst	Unternehmensaufspaltungen und Organisationsänderungen im Betriebsverfassungsrecht, Heidelberg 1986 (zit.: Unternehmensaufspaltungen und Organisationsänderungen)
Konzen, Horst	Unternehmensaufspaltung und Betriebseinheit, in: AuR 1985, S. 341 ff.
Kraft, Alfons / Wiese, Günther / Kreutz, Peter / Oetker, Hartmut / Raab, Thomas / Weber, Thomas	Gemeinschaftskommentar zum Betriebsverfassungsgesetz, Band 1 und 2, 8. Auflage, Neuwied/Kriftel 2005 (zit.: GK-Bearbeiter, BetrVG)
Krause, Rüdiger	Das Übergangsmandat des Betriebsrats im Lichte der novellierten Betriebsübergangsrichtlinie, in: NZA 1998, S. 1201 ff.
Kreft, Burghard	Normative Fortgeltung von Betriebsvereinbarungen nach einem Betriebsübergang, in: Festschrift für Hellmut Wissmann, S. 347 ff., München 2005 (zit.: FS Wissmann)
Kreßel, Eckhard	Betriebsverfassungsrechtliche Auswirkungen des Zusammenschlusses zweier Betriebe, in: DB 1989, S. 1623 ff.

Kreßel, Eckhard	Arbeitsrechtliche Aspekte des neuen Umwandlungsbereinigungsgesetzes, in: BB 1995, S. 925 ff.
Kreutz, Peter	Grenzen der Betriebsautonomie, München 1979 (zit.: Betriebsautonomie)
Kreutz, Peter	Normative Fortgeltung von Betriebsvereinbarungen nach einem Betriebsteilübergang, in: Festschrift 50 Jahre Bundesarbeitsgericht, S. 993 ff., München 2004 (zit.: FS 50 Jahre BAG)
Kreutz, Peter	Übergangsmandat des Betriebsrats und Fortgeltung von Betriebsvereinbarungen bei unternehmensinternen Betriebsumstrukturierungen, in: Gedächtnisschrift für Jürgen Sonnenschein, S. 829 ff., Berlin 2003 (zit.: GS für Sonnenschein)
Kreutz, Peter	Gestaltungsaufgabe und Beendigung von Betriebsvereinbarungen, in: Festschrift für Alfons Kraft zum 70. Geburtstag, S. 323 ff., Neuwied 1998 (zit.: FS für Kraft)
Kreutz, Peter	Betriebsverfassungsrechtliche Auswirkungen unternehmensinterner Betriebsumstrukturierungen – Skizze eines neuen Lösungskonzepts -, in: Festschrift für Günther Wiese zum 70. Geburtstag, S. 235 ff., Neuwied 1998 (zit.: FS für Wiese)
Kreutz, Peter	Grundsätzliches zum persönlichen Geltungsbereich der Betriebsvereinbarung, in: ZfA 2003, S. 361 ff.
Kühne, Jörg-Detlev	150 Jahre Revolution von 1848/49 – ihre Bedeutung für den deutschen Verfassungsstaat, in: NJW 1998, S. 1513 ff.
Kunze, Otto	Änderungen auf der Arbeitgeberseite von Kollektivverträgen, in: RdA 1976, 31 ff.
Lange, Armin	Die Betriebsvereinbarung nach Wegfall des Betriebsrats, Frankfurt 2003 (zit.: Betriebsvereinbarung nach Wegfall des Betriebsrats)
Larenz, Karl / Canaris, Claus-Wilhelm	Methodenlehre der Rechtswissenschaft, 3. Auflage, Berlin 1995 (zit.: Methodenlehre)
Leinemann, Wolfgang	Kasseler Handbuch zum Arbeitsrecht, Band 2, 2. Auflage, Neuwied Kriftel (zit.: Kasseler Handbuch-Bearbeiter)
Lepper, Christian / Wiesinger, Kai	Das neue Übergangsmandat, in: AuA 2002, S. 204 ff.
Lindemann, Achim / Simon, Oliver	Ablösung und Bestandsschutz von Altersversorgungsregelungen beim Betriebsübergang, in: BB 2003, S. 2510 ff.
Loritz, Karl-Georg	Die Beendigung freiwilliger Betriebsvereinbarungen mit vereinbarter Nachwirkung, in: DB 1997, S. 2074 ff.
Loritz, Karl-Georg	Die Kündigung von Betriebsvereinbarungen und die Diskussion um eine Nachwirkung freiwilliger Betriebsvereinbarungen, in: RdA 1991, S. 65 ff.
Löwisch, Manfred	Betriebsratsamt und Sprecherausschussamt bei Betriebsübergang und Unternehmensänderung, in: BB 1990, S. 1698 ff.
Löwisch, Manfred	Probleme des Interessenausgleichs, in: RdA 1989, S. 216 ff.
Löwisch, Manfred / Kaiser, Dagmar	Betriebsverfassungsgesetz, 5. Auflage, Heidelberg 2002 (zit.: BetrVG)
Löwisch, Manfred / Schmidt-Kessel, Martin	Die gesetzliche Regelung von Übergangsmandat und Restmandat nach dem Betriebsverfassungsrechtsreformgesetz, in: BB 2001, S. 2162 ff.
Lutter, Marcus	Umwandlungsgesetz, Band 2 (§§ 152-325), 2. Auflage, Köln 2000 (zit.: Lutter-Bearbeiter)
Mansfeld, W. / Pohl, W. /	Die Ordnung der nationalen Arbeit, 2. Auflage, Berlin/Leipzig/Mannheim/München 1934 (zit.: AOG)

Steinmann, G. / Krause, A. B.	
Matthes, Hans-Christoph	Betriebsübergang und Betriebsteilübergang als Betriebsänderung, in: NZA 2000, S. 1073 ff.
Meimann, Bernadette	Die kollektivrechtliche Fortgeltung von Betriebsvereinbarungen beim Betriebsübergang, Münster 2004 (zit.: Kollektivrechtliche Fortgeltung von Betriebsvereinbarungen beim Betriebsübergang)
Mengel, Anja	Umwandlungen im Arbeitsrecht, Heidelberg 1997 (zit.: Umwandlungen)
Merkt, Hanno	Due diligence und Gewährleistung beim Unternehmenskauf, in: BB 1995, S. 1041 ff.
Meyer, Cord	Ablösung von Betriebs-, Gesamt- und Konzernbetriebsvereinbarungen beim Betriebsübergang, in: DB 2000, S. 1174 ff.
Meyer, Cord	Modifikation von Tarifrecht durch Betriebsvereinbarungen beim Betriebsübergang, in: NZA 2001, S. 751 ff.
Meyer, Cord	Arbeitsvertragsänderungen bei Betriebsübergang, in: NZA 2002, S. 246 ff.
Mill, John Stuart	Betrachtungen über die repräsentative Demokratie, Sammlung Schöningh, Paderborn 1971 (zit.: Betrachtungen über die repräsentative Demokratie)
Molitor, Erich	Deutsches Arbeitsrecht, Leipzig 1938 (zit.: Deutsches Arbeitsrecht)
Moll, Wilhelm	Kollektivvertragliche Arbeitsbedingungen nach einem Betriebsübergang, in: RdA 1996, S. 275 ff.
Moll, Wilhelm	Bedeutung und Voraussetzungen des Betriebsübergangs im Wandel, in: RdA 1999, S. 233
Moll, Wilhelm	Münchener Anwaltshandbuch Arbeitsrecht, München 2005 (zit.: Münchener Anwaltshandbuch Arbeitsrecht-Bearbeiter)
Mues, Werner M.	Bestandsschutz und Änderbarkeit von Betriebsvereinbarungen nach Betriebsübergang und Betriebsteilübergang, in: DB 2003, S. 1273 ff.
Müller, Thomas	Umwandlung des Unternehmensträgers und Betriebsvereinbarung, in: RdA 1996, 287 ff.
Nebel, Andreas	Die Normen des Betriebsverbandes am Beispiel der ablösenden Betriebsvereinbarung, Heidelberg 1989 (zit.: Normen des Betriebsverbandes am Beispiel der ablösenden Betriebsvereinbarung)
Neef, Klaus	Betriebsübergang und Betriebsänderung – Eine Analyse der Rechtsprechung, in: NZA 1994, S. 97 ff.
Niebler, Michael	Inhalt und Reichweite der Betriebsvereinbarungsautonomie, Regensburg 1990 (zit.: Inhalt und Reichweite der Betriebsvereinbarungsautonomie)
Nikisch, Arthur	Arbeitsrecht, Band I-III, 2. Auflage, Tübingen 1966 (zit.: Arbeitsrecht Band)
Nipperdey, Hans Carl	Mindestbedingungen und günstigere Arbeitsbedingungen nach dem Arbeitsordnungsgesetz, in: Festschrift für Heinrich Lehmann, S. 257 ff., Berlin 1937 (zit.: FS Lehmann)
Oberberg, Max / Schoof, Christian	Erstreikbarkeit eines Ergänzungstarifvertrags für den Betrieb eines verbandsangehörigen Arbeitgebers, in: AiB 2002, S. 169 ff.
Oetker, Hartmut / Busche, Jan	Entflechtung ehemals volkseigener Wirtschaftseinheiten im Lichte des Arbeitsrechts, in: NZA 1991, Sonderbeilage Nr. 1, S. 18 ff.
Otto, Gyde Katharina	Das Schicksal von Betriebsvereinbarungen bei Betriebsuntergang, Münster 2000 (zit.: Schicksal von Betriebsvereinbarungen bei Be-

triebsuntergang)

Palandt, Otto — Bürgerliches Gesetzbuch, 65. Auflage, München 2006 (zit.: Palandt-Bearbeiter)

Peter, Manfred — Probleme des Betriebs- und Unternehmensbegriffs nach dem Betriebsverfassungsgesetz, in: DB 1990, S. 426 ff.

Picker, Eduard — Betriebsverfassung und Arbeitsverfassung, in: RdA 2001, S. 259 ff.

Picot, Gerhard — Unternehmenskauf und Restrukturierung, 2. Auflage, München 1998 (zit.: Unternehmenskauf und Restrukturierung)

Picot, Gerhard / Schnitker, Elmar — Arbeitsrecht bei Unternehmenskauf und Restrukturierung, München 2001 (zit.: Arbeitsrecht bei Unternehmenskauf)

Plander, Harro — Umstrukturierungen und Änderungen der Arbeitsorganisation als Gegenstände der Betriebsverfassung, in: NZA 2000, S. 393 ff.

Preis, Ulrich / Richter, Marcus — Grenzen der normativen Fortgeltung von Betriebsvereinbarungen beim Betriebsübergang, in: ZIP 2004, S. 925 ff.

Preis, Ulrich / Steffan, Ralf — Zum Schicksal kollektivrechtlicher Regelungen beim Betriebsübergang, in: Festschrift für Alfons Kraft zum 70. Geburtstag, S. 477 ff., Neuwied Kriftel 1998 (zit.: FS Kraft)

Preis, Ulrich / Willemsen, Heinz Josef — Kölner Tage des Arbeitsrechts / Umstrukturierung von Betrieb und Unternehmen im Arbeitsrecht, Köln 1999 (zit.: Bearbeiter in: Preis/Willemsen, Umstrukturierung von Betrieb und Unternehmen im Arbeitsrecht)

Rancke, Friedbert — Betriebsverfassung und Unternehmenswirklichkeit: Eine Analyse von Organisation und Formen der betrieblichen Arbeitnehmermitbestimmung in der Praxis von Großunternehmen und Konzernen, Opladen 1982 (zit.: Betriebsverfassung und Unternehmenswirklichkeit)

Rebmann, Kurt / Säcker, Franz Jürgen / Rixecker, Roland — Münchener Kommentar zum Bürgerlichen Gesetzbuch, Band 4: Schuldrecht, Besonderer Teil II (§§ 607-704), 3. Auflage, München 1997 (zit.: MüKo-Bearbeiter)

Reinhard, Rudolf — Identität und Rechtsnachfolge, in: NJW 1952, S. 441 ff.

RGRK — Das Bürgerliche Gesetzbuch mit besonderer Berücksichtigung der Rechtsprechung des Reichsgerichts und des Bundesgerichtshofs, Band II, Teil 3/1, 12. Auflage, Berlin 1997 (zit.: RGRK-Bearbeiter)

Richardi, Reinhard — Betriebsverfassungsgesetz, 10. Auflage, München 2006 (zit.: Richardi-Bearbeiter)

Richardi, Reinhard — Die Betriebsvereinbarung als Rechtsquelle des Arbeitsrechts, in: ZfA 1992, S. 307 ff.

Richardi, Reinhard — Arbeitsrecht in der Kirche, 4. Auflage, München 2003 (zit.: Arbeitsrecht in der Kirche)

Richardi, Reinhard — Kollektivgewalt und Individualwille bei der Gestaltung des Arbeitsverhältnisses, München 1968 (zit.: Kollektivgewalt und Individualwille bei der Gestaltung des Arbeitsverhältnisses)

Richardi, Reinhard / Wlotzke, Otfried — Münchener Handbuch zum Arbeitsrecht, 2. Auflage, 2000 (zit.: MünchArbR-Bearbeiter)

Rieble, Volker — Kompensation der Betriebsspaltungen durch den Gemeinschaftsbetrieb mehrerer Unternehmen (§ 322 UmwG), in: Festschrift für Günther Wiese, Neuwied/Kriftel 1998, S. 453 ff. (zit.: FS Wiese)

Rieble, Volker — Das Übergangsmandat nach § 21 a BetrVG, in: NZA 2002, S. 233 ff.

Rieble, Volker — Betriebsverfassungsrechtliche Folgen der Betriebs- und Unternehmensumstrukturierung, in: Sonderbeilage zu NZA Heft 16/2003, S.

	62 ff.
Rieble, Volker	Arbeitsmarkt und Wettbewerb, Berlin 1996 (zit.: Arbeitsmarkt und Wettbewerb)
Rieble, Volker	Die Burda-Entscheidung des BAG, in: ZTR 1999, S. 483 ff.
Rieble, Volker / Gutzeit, Martin	Übergangsmandat bei Betriebsverschmelzung: Streit zwischen Betriebsräten und Durchsetzung, in: ZIP 2004, S. 693 ff.
Rieble, Volker / Gutzeit, Martin	Betriebsvereinbarungen nach Unternehmensumstrukturierungen, in: NZA 2003, S. 233 ff.
Röder, Gerhard	Die Fortgeltung von Kollektivnormen bei Betriebsübergang gem. § 613a BGB, in: DB 1981, S. 1980 ff.
Röder, Gerhard / Baeck, Ulrich	EuGH: Funktionsnachfolge als Betriebsübergang, in: NZA 1994, S. 542 ff.
Röder, Gerhard / Baeck, Ulrich	Interessenausgleich und Sozialplan, 2. Auflage, München 2001 (zit.: Interessenausgleich und Sozialplan)
Röder, Gerhard / Haußmann, Katrin	Die Geltung von Gesamtbetriebsvereinbarungen nach einer Umwandlung, in: DB 1999, S. 1754 ff.
Roetteken, Thorsten von	Anforderungen des Gemeinschaftsrechts an Gesetzgebung und Rechtsprechung, in: NZA 2001, S. 414 ff.
Rüthers, Bernd	Die Betriebsverfassung im Nationalsozialismus, in: AuR 1970, S. 97 ff.
Schäfer, Claus	Die WSI-Befragung von Betriebs- und Personalräten 1999/2000 im Überblick, in: WSI-Mitteilungen 2001, S. 65 ff.
Schäfer, Claus	Die WSI-Befragung von Betriebs- und Personalräten 2002 – ein Überblick, in: WSI-Mitteilungen 2003, S. 139 ff.
Schaub, Günter	Die Beendigung von Betriebsvereinbarungen, in: BB 1995, 1639 ff.
Schaub, Günter	Der arbeitsrechtliche Betriebsübergang im Recht der Gesamtrechtsnachfolge, in: Festschrift für Otfried Wlotzke zum 70. Geburtstag, München 1996, S. 103 ff. (zit.: FS für Wlotzke)
Schaub, Günter	Arbeitsrechtshandbuch, 10. Auflage, München 2002 (zit.: Arbeitsrechtshandbuch)
Schaub, Günter	Tarifverträge und Betriebsvereinbarungen beim Betriebsübergang und Umwandlung von Unternehmen, in: Festschrift für Günther Wiese zum 70. Geburtstag, Neuwied, 1998, S. 535 ff. (zit.: FS Wiese)
Scheduikat, Kristina	Außerordentliche Betriebsratswahlen unter besonderer Berücksichtigung der Fallgruppe des § 13 Abs. 2 Nr. 6 BetrVG, Hamburg 2001 (zit.: Außerordentliche Betriebsratswahlen)
Schiefer, Bernd	Rechtsfolgen des Betriebsübergangs nach § 613a BGB, in: NJW 1998, S. 1817 ff.
Schiefer, Bernd	Fortgeltung kollektivrechtlicher Regelungen im Falle des Betriebsübergangs gem. § 613a BGB, in: Festschrift 50 Jahre Bundesarbeitsgericht, S. 859 ff., München 2004 (zit.: FS 50 Jahre BAG)
Schiefer, Bernd / Pogge, Beate	Betriebsübergang und dessen Folgen – Tatbestandsvoraussetzungen des § 613a BGB und Fortgeltung kollektiv-rechtlicher Regelungen, in: NJW 2003, S. 3734 ff.
Schimanski, Werner	Das Rest- und Übergangsmandat der Schwerbehindertenvertretung, in: Behindertenrecht 1999, S. 129 ff.
Schnitker, Elmar	Die Auswirkungen des neuen Umwandlungsgesetzes auf die Zuordnung und den Inhalt der Arbeitsverhältnisse sowie die Fortgeltung von Betriebsvereinbarungen, Frankfurt/Main 1998 (zit.: Auswirkungen des neuen Umwandlungsgesetzes auf die Zuordnung

	und den Inhalt der Arbeitsverhältnisse sowie die Fortgeltung von Betriebsvereinbarungen)
Schöne, Thomas / Klaes, Thomas	Sittenwidrigkeit von Nachwirkungsklauseln in freiwilligen Betriebsvereinbarungen, in: BB 1997, S. 2374 ff.
Schubert, Jens M.	Die Behandlung kollektivrechtlicher Normenkollisionen nach Verschmelzung und Spaltung von Unternehmen, Baden-Baden 2003 (zit.: Behandlung kollektivrechtlicher Normenkollisionen nach Verschmelzung und Spaltung von Unternehmen)
Schwerdtner, Peter	Die Änderung kollektivrechtlich begründeter Ruhegeldberechtigungen, in: ZfA 1975, S. 171 ff.
Seiter, Hugo	Betriebsinhaberwechsel, Arbeitsrechtliche Auswirkungen eines Betriebsübergangs unter besonderer Berücksichtigung des § 613a i.d.F. vom 13. August 1980, Stuttgart 1980 (zit.: Betriebsinhaberwechsel)
Semler, Johannes / Stengel, Arndt	Umwandlungsgesetz, München 2003 (zit.: Semler/Stengel-Bearbeiter)
Sieg, Rainer / Maschmann, Frank	Unternehmensumstrukturierung aus arbeitsrechtlicher Sicht, München 2005 (zit.: Unternehmensumstrukturierung aus arbeitsrechtlicher Sicht)
Silberberger, Uwe	Veränderungsprozesse in Betrieb, Unternehmen und Konzern, Frankfurt/Main 2000 (zit.: Veränderungsprozesse)
Simon, Jürgen	Arbeitsrechtliche und Haftungsprobleme bei der Betriebsaufspaltung, in: ZfA 1987, S. 311 ff.
Soergel, Hans Theodor	Bürgerliches Gesetzbuch, Band 4/1, Schuldrecht III/1, 12. Auflage, Stuttgart Berlin Köln 1998 (zit.: Soergel-Bearbeiter)
Sowka, Hans Harald / Weiss, Hans Michael	Gesamtbetriebsvereinbarung und Tarifvertrag bei Aufnahme eines neuen Betriebs in das Unternehmen, in: DB 1991, S. 1518 ff.
Spinti, Henning	Leitende Angestellte und Sozialplan, in: DB 1986, S. 1571 ff.
Spirolke, Matthias	Der Betriebsübergang nach § 613a BGB im neuen Umwandlungsgesetz, Bonn 1998 (zit.: Betriebsübergang nach § 613a BGB im neuen Umwandlungsgesetz)
Staudinger, Julius von	Kommentar zum Bürgerlichen Gesetzbuch, - Recht der Schuldverhältnisse (§§ 328-359), Neubearbeitung, Berlin 2004, - Recht der Schuldverhältnisse (§§ 611-615), 13. Auflage, Berlin 1999 (zit.: Staudinger-Bearbeiter)
Stege, Dieter / Weinspach, K. F. / Schiefer, Bernd	Betriebsverfassungsgesetz, 9. Auflage, Köln 2002 (zit.: BetrVG)
Thüsing, Gregor	Das Übergangsmandat und das Restmandat des Betriebsrat nach § 21a und § 21 b BetrVG, in: DB 2002, S. 738 ff.
Thüsing, Gregor	Equal pay bei Leiharbeit, in: DB 2003, S. 449 ff.
Thüsing, Gregor	Folgen einer Umstrukturierung für Betriebsrat und Betriebsvereinbarung, in: DB 2004, S. 2474 ff.
Tomandl, Theodor	Der Betriebs(teil)übergang im Arbeitsrecht, Wien 1995 (zit.: Bearbeiter, in: Tomandl, Betriebs(teil)übergang im Arbeitsrecht)
Travlos-Tzanetatos, Dimitrios	Die Regelungsbefugnis der Betriebspartner und ihre Grenzen zum Einzelarbeitsverhältnis, Berlin 1974 (zit.: Regelungsbefugnis der Betriebspartner)
Trittin, Wolfgang	Tarifflucht durch Unternehmensteilung?, in: AiB 1994, S. 12 f.

Trittin, Wolfgang	Das Umwandlungsgesetz – Eine Kommentierung der §§ 321-325 UmwG, in: AiB 1996, S. 349 ff.
Trittin, Wolfgang	Die Verschmelzung von Unternehmen – Ihre Folgen für die Arbeitnehmer und den Fortbestand der BR, in: AiB 1998, S. 374 ff.
Umnuß, Karsten	Organisation der Betriebsverfassung und Unternehmerautonomie, Baden-Baden 1993 (zit.: Organisation der Betriebsverfassung und Unternehmerautonomie)
Vogelsang, Dirk	Verlust des Betriebsrats infolge Unternehmensteilung?, in: DB 1990, S. 1329 ff.
Waas, Bernd	Tarifvertrag und Betriebsübergang, Baden-Baden 1999 (zit.: Tarifvertrag und Betriebsübergang)
Waltermann, Raimund	75 Jahre Betriebsverfassung, in: NZA 1995, S. 1177 ff.
Waltermann, Raimund	Ablösende Betriebsvereinbarung für Ruheständler?, in: NZA 1998, S. 505 ff.
Waltermann, Raimund	Gestaltung von Arbeitsbedingungen durch Vereinbarung mit dem Betriebsrat, in: NZA 1996, S. 357 ff.
Waltermann, Raimund	Rechtsetzung durch Betriebsvereinbarung zwischen Privatautonomie und Tarifautonomie, Tübingen 1996 (zit.: Rechtsetzung durch Betriebsvereinbarung)
Wank, Rolf	Die Geltung von Kollektivvereinbarungen nach einem Betriebsübergang, in: NZA 1987, S. 505 ff.
Weber, Ralph	Vom Klassenkampf zur Partnerschaft, in: ZfA 1993, S. 517 ff.
Weiss, Manfred / Weyand, Joachim	Normenkollisionen insbesondere bei Konzernbetriebsvereinbarungen in doppelt konzernzugehörigen Gemeinschaftsunternehmen, in: AG 1993, S. 97 ff.
Wendeling-Schröder, Ulrike	Betriebliche Ergänzungstarifverträge, in: NZA 1998, S. 624 ff.
Westermann, Harm Peter	Erman, Bürgerliches Gesetzbuch, 11. Auflage, Köln 2004 (zit.: Erman-Bearbeiter, BGB)
Wiedemann, Herbert	Arbeitsrechtliche Probleme der Betriebsausgliederung, in: Festschrift für Hans-Joachim Fleck zum 70. Geburtstag, S. 447 ff., Berlin 1988 (zit.: FS Fleck)
Wiedemann, Herbert	Tarifvertragsgesetz, 6. Auflage, München 1999 (zit.: Wiedemann-Bearbeiter, TVG)
Wiedemann, Herbert / Arnold, Markus	Tarifkonkurrenz und Tarifpluralität in der Rechtssprechung des Bundesarbeitsgerichts, in: ZTR 1994, S. 399 ff.
Willemsen, Heinz Josef	Arbeitsrechtliche Fragen der Privatisierung und Umstrukturierung öffentlicher Rechtsträger, in: Festschrift 50 Jahre Bundesarbeitsgericht, S. 288 ff., München 2004 (zit.: FS 50 Jahre BAG)
Willemsen, Heinz Josef / Annuß, Georg	Neue Betriebsübergangsrichtlinie – Anpassungsbedarf im deutschen Recht?, in: NJW 1999, S. 2073 ff.
Willemsen, Heinz Josef / Hohenstatt, Klaus-Stefan	Zur umstrittenen Bindungs- und Nachwirkung des Interessenausgleichs, in: NZA 1997, S. 345 ff.
Willemsen, Heinz Josef / Hohenstatt, Klaus-Stefan / Schweibert, Ulrike / Seibt, Christoph H.	Umstrukturierung und Übertragung von Unternehmen, 2. Auflage, München 2003 (zit.: WHSS-Bearbeiter, Umstrukturierung und Übertragung von Unternehmen)
Wlotzke, Ottfried	Arbeitsrechtliche Aspekte des neuen Umwandlungsrechts, in: DB 1995, S. 40 ff.
WSI-Projektgruppe	Ausgewählte Ergebnisse der WSI-Befragung von Betriebs- und Personalräten 1997/87, in: WSI-Mitteilungen 1998, S. 653 ff.

Zigan, Herbert	Betriebsvereinbarungen nach Kontrollratsgesetz Nr. 22, Düsseldorf 1948 (zit.: Betriebsvereinbarungen nach Kontrollratsgesetz Nr. 22)
Zöllner, Wolfgang	Veränderung und Angleichung tarifvertraglich geregelter Arbeitsbedingungen nach Betriebsübergang, in: DB 1995, S. 1401 ff.

Abkürzungen

a.A.	andere Ansicht/Auffassung
a.F.	Alte Fassung
AA	Agentur für Arbeit
ABl.	Amtsblatt
Abs.	Absatz
AFRG	Arbeitsförderungs-Reformgesetz
AfWA	Ausschuss für Wirtschaft und Arbeit
AG	Aktiengesellschaft
AiB	Arbeitsrecht im Betrieb (Zeitschrift)
AltTZG	Altersteilzeitgesetz
Anm.	Anmerkung
AO	Abgabenordnung
AP	Arbeitsrechtliche Praxis
ArbG	Arbeitsgericht
ArbGeV	Arbeitsgenehmigungsverordnung
ArbGG	Arbeitsgerichtsgesetz
ArbkrankhG	Gesetz zur Verbesserung der wirtschaftlichen Situation der Arbeitnehmer im Krankheitsfall
ArbPlSchG	Arbeitsplatzschutzgesetz
ArbRB	Arbeitsrechtsberater
ArbRModG	Gesetz zur Modernisierung des Arbeitsrechts
ArbSchG	Arbeitsschutzgesetz
ArbZG	Arbeitszeitgesetz
Art.	Artikel
Artt.	Artikel (plural)
AuA	Arbeit und Arbeitsrecht (Zeitschrift)
AufG	Aufenthaltsgesetz
AÜG	Arbeitnehmerüberlassungsgesetz
AuR	Arbeit und Recht (Zeitschrift)
AVAG	Gesetz über die Arbeitsvermittlung und Arbeitslosenversicherung
BA	Bundesagentur für Arbeit
BAG	Bundesarbeitsgericht
BAGE	Entscheidungen des Bundesarbeitsgerichts
BArbBl.	Bundesarbeitsblatt (Zeitschrift)
BAT	Bundesangestelltentarifvertrag
BB	Betriebsberater (Zeitschrift)
BBiG	Berufsbildungsgesetz
BDA	Bundesvereinigung der deutschen Arbeitgeberverbände
BDSG	Bundesdatenschutzgesetz
beE	Betriebsorganisatorisch eigenständige Einheit
BErzGG	Bundeserziehungsgeldgesetz
BeschFG	Beschäftigungsförderungsgesetz
BetrVG	Betriebsverfassungsgesetz
BGB	Bürgerliches Gesetzbuch
BGBl.	Bundesgesetzblatt
BGH	Bundesgerichtshof
BGHZ	Entscheidungen des Bundesgerichtshof in Zivilsachen
BIP	Bruttoinlandsprodukt

BMSG	Bundesministerium für Gesundheit und Soziales
BMWA	Bundesministerium für Wirtschaft und Arbeit
BPersVG	Bundespersonalvertretungsgesetz
BR	Betriebsrat
BR-Drs.	Bundesratsdrucksache
BR-PlPr.	Bundesrat-Plenarprotokolle
BSchG	Beschäftigtenschutzgesetz
BSG	Bundessozialgericht
BSGE	Entscheidungen des Bundessozialgerichts
BT-Drs.	Bundestagsdrucksache
BUrlG	Bundesurlaubsgesetz
BVerfG	Bundesverfassungsgericht
BVerfGE	Entscheidungen des Bundesverfassungsgerichts
BVerwG	Bundesverwaltungsgericht
BZA	Bundesverband Zeitarbeit
BZRG	Bundeszentralregistergesetz
CDU	Christliche Demokratische Union
DA	Dienstanweisung
DB	Der Betrieb (Zeitschrift)
DGB	Deutscher Gewerkschaftsbund
EBRG	Gesetz über Europäische Betriebsräte
EFZG	Entgeltfortzahlungsgesetz
EG	Europäische Gemeinschaft
ERfK/ Bearbeiter	Erfurter Kommentar zum Arbeitsrecht
EStG	Einkommensteuergesetz
EU	Europäische Union
EUGH	Europäischer Gerichtshof
EWG	Europäische Wirtschaftsgemeinschaft
EWR	Abkommen über Europäischen Wirtschaftsraum
EzA	Entscheidungssammlung zum Arbeitsrecht (Loseblattsammlung)
EzA-SD	Entscheidungssammlung zum Arbeitsrecht-Schnelldienst
f.	folgend
FA	Fachanwalt für Arbeitsrecht (Zeitschrift)
ff.	fortfolgend
FTD	Financial Times Deutschland
GdB	Grad der Behinderung
GewO	Gewerbeordnung
GG	Grundgesetz
ggfs.	gegebenenfalls
GmbH	Gesellschaft mit beschränkter Haftung
GmS-OGB	Gemeinsamer Senat der obersten Gerichtshöfe des Bundes
h.M.	herrschende Meinung
HAG	Heimarbeitsgesetz
Hako	Handkommentar
HArbR	Handbuch Arbeitsrecht
HGB	Handelsgesetzbuch
HK	Heidelberger Kommentar
Hs.	Halbsatz
i.S.d.	im Sinne des/der
i.S.v.	im Sinne von
i.V.m.	in Verbindung mit

IAB	Institut für Arbeitsmarkt- und Berufsforschung
InsO	Insolvenzordnung
iwd	Informationsdienst des Instituts der deutschen Wirtschaft
JArbSchG	Jugendarbeitsschutzgesetz
KG	Kommanditgesellschaft
KJ	Kritische Justiz (Zeitschrift)
KR	Kündigungsrecht
KSchG	Kündigungsschutzgesetz
LAG	Landesarbeitsgericht
LAGE	Entscheidungen der Landesarbeitsgerichte
Lfg.	Lieferung
LohnFG	Lohnfortzahlungsgesetz
Losebl.	Loseblatt
LPK	Lehr- und Praxiskommentar
LPVG	Landespersonalvertretungsgesetz
LSG	Landessozialgericht
MdE	Minderung der Erwerbstätigkeit
Mio.	Millionen
MitbestG	Mitbestimmungsgesetz
MittAB	Mitteilungen der Erwerbstätigkeit
MOST	Mittel- und osteuropäische Staaten
Mrd.	Milliarden
MüKo	Münchener Kommentar zum Bürgerlichen Gesetzbuch
MünchArbR	Münchener Handbuch zum Arbeitsrecht
MuSchG	Mutterschutzgesetz
mwN	mit weiteren Nachweisen
n.F.	neue Fassung
NachwG	Nachweisgesetz
NJW	Neue Juristische Wochenzeitschrift
NZA	Neue Zeitschrift für Arbeitsrecht
NZA-RR	Neue Zeitschrift für Arbeitsrecht – Rechtsprechungsreport
NZS	Neue Zeitschrift für Sozialrecht
OECD	Organisation for Economic Cooperation and Development
PersR	Personalvertretungsrecht (Zeitschrift)
PersVG	Personalvertretungsgesetz
PHArbR	Praxishandbuch Arbeitsrecht
PSA	Personal-Service-Agenturen
RdA	Recht der Arbeit (Zeitschrift)
RGBl.	Reichsgesetzblatt
Rn.	Randnummer
Rspr.	Rechtsprechung
RV	Rentenversicherung
S.	Seite
SBV	Schwerbehindertenvertretung
SchwarzArbGG	Schwarzarbeitsbekämpfungsgesetz
SchwbAwV	Schwerbehindertenausweisverordnung
SD	Schnelldienst
SeemG	Seemannsgesetz
SGB	Sozialgesetzbuch
SGG	Sozialgerichtsgesetz
Slg.	Sammlung

SozR	Sozialrecht, Entscheidungssammlung, bearbeitet von Richtern des BSG
SozSich.	Soziale Sicherheit (Zeitschrift)
SPD	Sozialdemokratische Partei Deutschland
SprAuG	Sprecherausschussgesetz
StGB	Strafgesetzbuch
StrVollZG	Strafvollzugsgesetz
TV	Tarifvertrag
TVG	Tarifvertragsgesetz
TzBfG	Teilzeit- und Befristungsgesetz
u.a.	unter anderem
u.U.	unter Umständen
UmwG	Umwandlungsgesetz
UWG	Gesetz gegen den unlauteren Wettbewerb
v.	vom
v.H.	von Hundert
VermA	Vermittlungsausschuss
vgl.	vergleiche
WRV	Weimarer Reichsverfassung
WSI	Wirtschafts- und Sozialwissenschaftliches Institut des Deutschen Gewerkschaftsbundes
ZB	Zeitschrift: Behinderte Menschen im Beruf
ZDG	Zivildienstgesetz
ZESAR	Zeitschrift für Europäisches Sozial- und Arbeitsrecht
ZfA	Zeitschrift für Arbeitsrecht
Ziff.	Ziffer
ZIP	Zeitschrift für Wirtschaftsrecht
ZPO	Zivilprozessordnung
ZTR	Zeitschrift für Tarif-, Arbeits- und Sozialrecht des öffentlichen Dienstes
zust.	zustimmend

Ergänzend wird verwiesen auf *Kirchner, Hildebert / Butz, Cornelie*, Abkürzungsverzeichnis der Rechtssprache, 5. Auflage, Berlin 2003

Abbildungs-, Grafik- und Tabellenverzeichnis

1. Teil: Einleitung

A. Gegenstand der Untersuchung

Die vorliegende Arbeit befasst sich mit den Auswirkungen von Betriebsübergängen und unternehmensinternen Umstrukturierungen auf Betriebsvereinbarungen. Angeregt wurde diese Fragestellung zum einen durch zahlreiche Medienberichte über Unternehmenskäufe und Übernahmen[1], zum anderen durch die umfangreiche Auseinandersetzung der Rechtsprechung mit dem Thema Betriebsübergang gemäß § 613a BGB[2]. Dabei ist bislang jedoch eine vertiefte Auseinandersetzung mit den Folgen von Betriebsübergängen und unternehmensinternen Umstrukturierungen auf Betriebsvereinbarungen zu kurz gekommen. Dies verwundert insofern, als Betriebsvereinbarungen in vielfältiger Weise auf die Bedingungen eines Arbeitsverhältnisses Einfluss nehmen. Das Bundesverfassungsgericht hat dementsprechend wiederholt die Bedeutung von Betriebsvereinbarungen hervorgehoben, die zu einer Kalkulierbarkeit in unternehmerischen Fragen führen und so auch dem sozialen Frieden dienen[3]. Durch die in letzter Zeit zunehmend geschlossenen betrieblichen „Bündnisse für Arbeit“– teils durch betriebliche Öffnungsklauseln in Tarifverträgen zugelassen, teils auch unter Missachtung des in § 77 Abs. 3 BetrVG geregelten Tarifvorrangs – wächst die Bedeutung von Betriebsvereinbarungen weiter an.

Beim Betriebsübergang i.S.d. § 613a BGB hat sich die wissenschaftliche Diskussion im Anschluss an die Christel-Schmidt-Entscheidung des EuGH[4] und die Änderung der dem § 613a BGB zugrunde liegenden EG-Richtlinie durch die RL 98/50/EG vom 29. Juni 1998[5] auf die Voraussetzungen des Betriebsübergangs konzentriert. Auch die zum 1. April 2002 in § 613a BGB eingefügten Absätze 5

---

[1] Beispiele: Fusion Random House/Ullstein Heyne List, Handelsblatt vom 12.09.2003, S. 18; Fusion Sparkassen-Versicherung Hessen Nassau Thüringen/Sparkassen-Versicherung Baden-Württemberg, Handelsblatt vom 15.09.2003, S. 19; Fusion Air France/KLM, Handelsblatt vom 15.09.2003, S. 12; Fusion Hamburgische Electricitäts-Werke AG/Bewag/Veag/Laubag, Handelsblatt vom 01.10.2003, S. 3; Fusion Provinzial Rheinland/Westfälische Provinzial/Provinzial Nord/VGH, Handelsblatt vom 03.11.2003, S. 23; Fusion Bilfinger Berger/Abigroup, Handelsblatt vom 05.12.2003, S. 10; Fusion Sparkasse Leverkusen/Stadtsparkasse Köln, Handelsblatt vom 08.12.2003, S. 21; Fusion Tiefdruckereien Axel Springer/Bertelsmann-Drucktochter Arvato/Bertelsmann-Printtochter Gruner+Jahr, Handelsblatt vom 30.01.2004, S. 10; Fusion Time Warner/AOL, Handelsblatt vom 29.01.2004, S. 20; Fusion Sanofi-Synthélabo/Aventis, Handelsblatt vom 27.01.2004, S. 2; Strom- und Gasindustrie/Volumen der Fusionen und Übernahmen legte 2004 deutlich zu, Pressemitteilung PricewaterhouseCoopers vom 22.02.2005, www.pwc.com.

[2] Bei der Rechtsprechungsdatenbank Juris waren am 18.04.2005 insgesamt 1.509 Entscheidungen zu § 613a BGB verzeichnet. Hiervon sind allein 180 nach dem 01.01.2003 ergangen.

[3] Siehe BVerfG vom 06.05.1964, E 18, 18, 28; BVerfG vom 01.03.1979, E 50, 290, 367.

[4] Siehe EuGH vom 14.04.1994, NZA 1994, S. 545 ff.

[5] Siehe ABl. EG Nr. L 201, S. 88 ff.

und 6 zur Unterrichtung der Arbeitnehmer über den Betriebsübergang und zum Widerspruchsrecht der Arbeitnehmer[6] betreffen die Voraussetzungen des Betriebsübergangs. Ausgelöst durch die Entscheidung des BAG vom 18. September 2002[7] zur Fortgeltung von Gesamtbetriebsvereinbarungen nach einem Betriebsübergang wendet sich die wissenschaftliche Diskussion nun verstärkt den Rechtsfolgen des Betriebsübergangs zu.

Für unternehmensinterne Umstrukturierungen existiert eine mit § 613a BGB vergleichbare Vorschrift nicht. Bislang ist es weder Rechtsprechung noch Rechtswissenschaft gelungen, ein allgemein anerkanntes Lösungskonzept für die Frage der Fortgeltung von Betriebsvereinbarungen zu entwickeln. Die vertretenen Ansichten decken ein breites Spektrum ab und reichen von unveränderter kollektivrechtlicher Fortgeltung, bloß individualrechtlicher Fortgeltung, Nachwirkung bis zum automatischen Wegfall von Betriebsvereinbarungen. Auch die Reform des Betriebsverfassungsgesetzes 2001 hat keine Klärung diesbezüglich gebracht. Entsprechende Erwartungen durften die Rechtsanwender insofern hegen, als im Rahmen des Gesetzgebungsverfahrens durchaus Vorschläge bezüglich der Fortgeltung von Betriebsvereinbarungen eingebracht wurden[8]. Im Ergebnis hat der Gesetzgeber jedoch dann – ohne den Druck, eine EU-Richtlinie umsetzen zu müssen – diese Frage offen gelassen. Immerhin erstreckt sich das im neueingeführten § 21 a BetrVG geregelte Übergangsmandat des Betriebsrats – über die Vorgabe der Richtlinie 2001/23/EG[9] hinaus[10] - auch auf unternehmensinterne Umstrukturierungen. Insofern sind die Auswirkungen dieser Norm auf den Untersuchungsgegenstand zu klären. Teilweise wird diesbezüglich eine kollektivrechtliche Fortgeltung von Betriebsvereinbarungen kraft Amtskontinuität vertreten.

Der Herausarbeitung eines einheitlichen Kriteriums bei der Beurteilung der kollektivrechtlichen Fortgeltung von Betriebsvereinbarungen bei Betriebsübergängen einerseits und unternehmensinternen Umstrukturierungen andererseits kommt in dieser Untersuchung besondere Bedeutung zu. Dabei ist zu beachten, dass nach Auffassung des BAG im Beschluss vom 18. September 2002[11] eine weitreichende kollektivrechtliche Fortgeltung den schützenswerten Interessen aller Beteiligten entspricht. Die Aufrechterhaltung der kollektiven Ordnung dient danach zum einen dem Schutz der Arbeitnehmer, da die Interessenwahrnehmung auch künftig durch den Betriebsrat erfolgen kann. Zum anderen harmoniert der Fortbestand der betrieblichen Ordnung als Kollektivordnung aber

---

[6] Siehe BGBl. I vom 23.03.2002, S. 1163 ff.
[7] Siehe BAG vom 18.09.2002, AP Nr. 7 zu § 77 BetrVG 1972.
[8] Vgl. Rieble, NZA 2002, S. 233, 241.
[9] Siehe ABl.EG Nr. L 82 S. 16.
[10] Vgl. Krause NZA 1998, S. 1201, 1202; Willemsen/Annuß NJW 1999, S. 2073, 2074.
[11] Siehe BAG vom 18.09.2002, AP Nr. 7 zu § 77 BetrVG 1972 unter B.III.2.b) cc) (2) der Gründe.

auch mit dem potentiellen Veränderungsinteresse des Arbeitgebers. Er kann die bestehenden betrieblichen Regelungen entweder mit dem Betriebsrat an veränderte Gegebenheiten anpassen oder kündigen.

Augenmerk ist auch auf den bei den Rechtsfolgen von Betriebsübergängen und unternehmensinternen Umstrukturierungen bestehenden Wertungswiderspruch zu richten. Es stellt sich hier z.B. die Frage, wieso einerseits sogar bei einem Betriebsinhaberwechsel eine individualrechtliche Fortgeltung gemäß § 613a Abs. 1 Satz 2 BGB angeordnet wird, andererseits jedoch durch unternehmensinterne Umstrukturierungen sämtliche Betriebsvereinbarungen vermeintlich außer Kraft gesetzt werden können.

B. Gang der Untersuchung

Im zweiten Teil der Arbeit wird das Ziel verfolgt, Anhaltspunkte für die empirische Bedeutung des Untersuchungsgegenstands zu finden. Oftmals wird im Zusammenhang mit der weltweiten Globalisierung und der Liberalisierung des europäischen Wirtschaftsraumes zwar ein zunehmender Umfang von Umstrukturierungsmaßnahmen konstatiert, ohne jedoch auf valide empirische Daten zurückzugreifen[12]. Daher wird hier anhand von zwei Untersuchungsansätzen versucht, Hinweise auf die aktuelle empirische Relevanz von Betriebsübergängen und unternehmensinternen Umstrukturierungen zu gewinnen. Dabei handelt es sich zum einen um eine seit 1993 jährlich durchgeführte Arbeitgeberbefragung (IAB-Betriebspanel) im Auftrag der Bundesanstalt für Arbeit (heute: Bundesagentur für Arbeit) und zum anderen um drei Wellen[13] der Betriebsrätebefragung des Wirtschafts- und Sozialwissenschaftlichen Instituts (WSI) in der Hans Böckler Stiftung.

Im dritten Teil der Arbeit werden die Begriffe „Betriebsvereinbarung“ und „Gesamtbetriebsvereinbarung“ grundlegend erläutert. Sodann wird auf „Betriebsübergänge“ und „unternehmensinterne Umstrukturierungen“ eingegangen. Die dabei vorgestellten Fallgruppen liegen in dieser Reihenfolge der im vierten Teil folgenden Einzelfallbetrachtung zugrunde. Im Rahmen dieser Einzelfallbetrachtung wird untersucht, welche Unterschiede bzw. Gemeinsamkeiten sich bei einer Beurteilung nach dem von der herrschenden Auffassung vertretenen Kriterium „Betriebsidentität“ und dem in der Literatur vorgeschlagenen Kriterium „Gestaltungsaufgabe“ ergeben.

Der sich auf die Fortgeltung von Einzelbetriebsvereinbarungen bei Betriebsübergängen und unternehmensinternen Umstrukturierungen beziehende vierte

---

[12] Vgl. z.B. Sieg/Maschmann, Unternehmensumstrukturierung aus arbeitsrechtlicher Sicht, VII.

[13] 1997/98, 1999/2000 und 2002.

Teil der Arbeit stellt den Schwerpunkt der Untersuchung dar. Er gliedert sich in drei Abschnitte. Der erste Abschnitt A. beinhaltet Ausführungen zur Fortgeltung von Betriebsvereinbarungen bei Betriebsübergängen gemäß § 613a BGB. Dabei wird zunächst auf den Lösungsansatz der herrschenden Meinung eingegangen. Hieran schließt sich eine Betrachtung des alternativen Lösungsansatzes von *Kreutz* an. Im Rahmen einer Einzelfallbetrachtung werden die beiden Lösungsansätze sodann auf Anwendungsschwierigkeiten und Folgeprobleme untersucht. Der zweite Abschnitt B. bezieht sich auf die Fortgeltung von Betriebsvereinbarungen bei unternehmensinternen Umstrukturierungen. Nach Darstellung des Lösungsansatzes der herrschenden Meinung und alternativer Lösungsansätze folgt auch hier eine Einzelfallbetrachtung. Im dritten Abschnitt C. wird zu den beiden vorangehenden Abschnitten Stellung genommen und eine eigene Auffassung formuliert. Dabei wird zunächst der sowohl bei Betriebsübergängen als auch bei unternehmensinternen Umstrukturierungen überwiegend vertretene Lösungsansatz, von einer kollektivrechtlichen Fortgeltung bei Wahrung der Betriebsidentität auszugehen, diskutiert. Sodann werden die alternativen Lösungsansätze einer vertieften Betrachtung unterzogen. Der Abschnitt C. schließt mit einem Lösungsvorschlag.

Im fünften Teil der Arbeit wird untersucht, wie sich Betriebsübergänge und unternehmensinterne Umstrukturierungen auf Gesamtbetriebsvereinbarungen auswirken. Dabei wird unterschieden zwischen Gesamtbetriebsvereinbarungen, die vom Gesamtbetriebsrat gemäß § 50 Abs. 2 BetrVG für einzelne oder mehrere Betriebe abgeschlossen worden sind, und Gesamtbetriebsvereinbarungen, die der Gesamtbetriebsrat in eigener Kompetenz gemäß § 50 Abs. 1 BetrVG abgeschlossen hat.

Der sechste Teil der Arbeit beschäftigt sich mit der Frage, ob bzw. wie die kollektivrechtliche Fortgeltung von Betriebsvereinbarungen auch durch eine vertragliche Gestaltung herbeigeführt werden kann. Dabei wird grundlegend zwischen der Fortschreibung der normativen Wirkung durch Betriebsvereinbarung, Interessenausgleich und Sozialplan einerseits und durch Tarifvertrag andererseits unterschieden.

Im siebten Teil der Arbeit sind die wesentlichen Ergebnisse zusammengefasst.

2. Teil: Empirische Relevanz von Betriebsübergängen und unternehmensinternen Umstrukturierungen

Hauptthema der vorliegenden Arbeit sind die rechtlichen Auswirkungen von Betriebsübergängen und unternehmensinternen Umstrukturierungen auf Betriebsvereinbarungen. Zunächst soll jedoch versucht werden, Anhaltspunkte für die empirische Bedeutung dieser Fragestellung in der betrieblichen Praxis zu finden.

In der Literatur wird auf die Frage nach der empirischen Relevanz zumeist nur sehr allgemein eingegangen. In der Regel wird im Zusammenhang mit der weltweiten Globalisierung und der Liberalisierung des europäischen Wirtschaftsraumes zwar ein zunehmender Umfang konstatiert, ohne jedoch auf valide empirische Daten zurückzugreifen[14].

Lediglich *Berg* bezieht sich bei seiner Untersuchung über Bedeutung und Vorkommen unternehmensinterner Umstrukturierungen in der Praxis auf konkrete empirische Daten[15]. Er kommt unter Bezugnahme auf eine WSI-Befragung von Betriebs- und Personalräten aus dem Jahr 1997/98 zu dem Ergebnis, dass „aufgrund dieser Indizien angenommen werden (kann), dass die Zahl unternehmensinterner betrieblicher Umstrukturierungen in der Betriebspraxis in den letzten Jahren tatsächlich hoch war und seit Mitte der achtziger Jahre zugenommen hat“[16]. Eine konkrete Quantifizierung solcher Umstrukturierungen lässt sich aus den vorliegenden Daten allerdings nicht ableiten.

Eine weitere empirische Untersuchung von *Rancke* stammt aus dem Jahr 1982[17]. Eine kritische Würdigung der methodischen Grundlagen dieser Untersuchung erübrigt sich insofern, als wegen des großen zeitlichen Abstands ohnehin kaum aktuelle Erkenntnisse daraus abzuleiten sind.

Im Folgenden wird anhand von zwei Untersuchungsansätzen dem Ziel nachgegangen, Hinweise auf die aktuelle empirische Relevanz von Betriebsübergängen und unternehmensinternen Umstrukturierungen zu gewinnen. Dabei handelt es sich zum einen um eine seit 1993 jährlich durchgeführte Arbeitgeberbefragung (IAB-Betriebspanel) im Auftrag der Bundesanstalt für Arbeit (heute: Bundesagentur für Arbeit) und zum anderen um drei Wellen[18] der Betriebsrätebefra-

---

[14] Vgl. z.B. Sieg/Maschmann, Unternehmensumstrukturierung aus arbeitsrechtlicher Sicht, VII; weitere Fundstellen bei Berg, Unternehmensinterne Umstrukturierungen, FN 126 und 127.

[15] Vgl. Berg, Unternehmensinterne Umstrukturierungen, S. 22 ff.

[16] Vgl. Berg, Unternehmensinterne Umstrukturierungen, S. 26.

[17] Vgl. Ranke, Betriebsverfassung und Unternehmenswirklichkeit, S. 119 ff.

[18] 1997/98, 1999/2000 und 2002.

gung des Wirtschafts- und Sozialwissenschaftlichen Instituts (WSI) in der Hans Böckler Stiftung.

Zu beachten ist, dass es sich bei beiden Untersuchungsansätzen um sozialwissenschaftliche Studien handelt. Dies gilt insbesondere für die dort verwendete Terminologie, die sich von den juristischen Begrifflichkeiten z.T. erheblich unterscheidet. Insofern sind aus den Ergebnissen zwar wichtige Anhaltspunkte für die vorliegende Fragestellung zu erwarten. Im Detail können diese aber nur begrenzt auf die hier untersuchten Fallkonstellationen übertragen werden.

A. IAB-Betriebspanel

I. Methodische Grundlagen

1. Ausgangspunkt

Das IAB[19]-Betriebspanel ist eine jährlich wiederholte Panelbefragung von Arbeitgebern im Auftrag der Bundesagentur für Arbeit. Aufgabe des IAB-Betriebspanels ist es, als repräsentatives, betriebsgestütztes Beobachtungssystem Informationen über Bestimmungsgründe der betrieblichen Beschäftigung zu liefern[20].

Erhebungseinheit des IAB-Betriebspanels ist der Betrieb, nicht das Unternehmen als wirtschaftlich-rechtliches Aggregat. Der „Betrieb" im Sinne der amtlichen Statistik wird als die örtliche Einheit verstanden, in der die Tätigkeiten eines Unternehmens, d. h. die Produktion von Gütern oder Dienstleistungen, tatsächlich durchgeführt wird. Jeder Betrieb mit mindestens einem sozialversicherungspflichtig Beschäftigten erhält von der zuständigen Arbeitsagentur eine Betriebsnummer.

Die Erhebung im Rahmen des IAB-Betriebspanels läuft für Westdeutschland seit 1993. Seit 1996 enthält der Datensatz auch Betriebe aus den neuen Bundesländern und Ost-Berlin. Grundgesamtheit der repräsentativen Stichprobe sind alle Betriebe mit mindestens einem sozialversicherungspflichtigen Beschäftigten. Die Betriebe werden in einer Zufallsstichprobe aus der Betriebsdatei der

---

[19] Das Institut für Arbeitsmarkt- und Berufsforschung (IAB) wurde 1967 als Forschungsinstitut der Bundesanstalt für Arbeit (heute: Bundesagentur für Arbeit) gegründet. Das IAB hat den gesetzlichen Auftrag, Arbeitsmarktforschung aus der Perspektive verschiedener Disziplinen zu betreiben, um so den Arbeitsmarkt besser verstehen und Problemlösungen entwickeln zu können. Für die Arbeitsmarkt- und Berufsforschung sind insbesondere §§ 280, 282 und 283 SGB III von Bedeutung.

[20] Vgl. Bellmann/Kohaut/Lahner, IAB-Kompendium Arbeitsmarkt- und Berufsforschung, S. 13 ff.

Bundesagentur für Arbeit gezogen, die 2,15 Millionen Betriebe enthält. Im Jahr 2003 wurden rund 15.800 Betriebe in Deutschland befragt (davon fast 5.800 in Ostdeutschland).

Die Hochrechnung des Panels erfolgt betriebsproportional, d. h. sie bezieht sich auf die Gesamtzahl der Betriebe in Deutschland, die mindestens einen sozialversicherungspflichtigen Arbeitnehmer beschäftigen. Grundlage der Hochrechnung ist die Matrix aus Betriebsgrößenklassen und Wirtschaftszweigen, die auch zur Ziehung der Stichprobe verwendet wurde. Im Ergebnis erhält man repräsentative Werte für die Gesamtzahl der Betriebe in Deutschland.

2. Fragenprogramm des IAB-Betriebspanels

Ein wesentlicher Teil der Fragen im 24-seitigen Erhebungsbogen des IAB-Betriebspanels erfasst betriebliche Kenngrößen, die sich jährlich ändern (z. B. Beschäftigung, Umsatz, Investitionen). Andere Fragekomplexe bilden betriebliche Strukturen ab, die sich eher längerfristig entwickeln. Betriebliche Kenngrößen aus dem Bereich der Geschäftspolitik, der betrieblichen Planung und Investitionen werden als Bedingung vielfältiger Entwicklungen im betrieblichen Personalbereich betrachtet.

Seit 1994 (nur Westdeutschland) bzw. 1996 (Deutschland insgesamt) werden im Rahmen des IAB-Betriebspanels auch regelmäßig Fragen zur Umstrukturierung von Betrieben erhoben. *Abbildung 1* enthält die hier relevanten Fragestellungen aus der Arbeitgeberbefragung 2003. Aus den Fragen 2 bzw. 3 geht hervor, dass die Betriebe nach jahresbezogenen Ereignissen gefragt wurden, hier insbesondere ob

- Betriebsteile „geschlossen", „in andere Unternehmensteile ausgegliedert" oder „ausgegründet" wurden (im Folgenden als „Betriebsteil-Abgänge" bezeichnet) oder
- andere Betriebe oder Unternehmensteile in den befragten Betrieb „eingegliedert" (im Folgenden als „Betriebsteil-Eingliederung" bezeichnet) wurden.

Die Existenz von Betriebsvereinbarungen bzw. die Auswirkungen bei Betriebsübergängen und unternehmensinternen Umstrukturierungen werden im IAB-Betriebspanel nicht explizit abgefragt. Ein Hinweis ergibt sich jedoch aus der Frage nach dem Bestehen eines Betriebs- oder Personalrates (Frage 80), die seit 1998 regelmäßig im IAB-Betriebspanel abgefragt wird. Ist ein solcher vorhanden, so ist in der Regel auch von der Existenz von Betriebs- bzw. Dienstvereinbarungen auszugehen. Aus der Kombination von Betriebsteil-Abgängen bzw. – Eingliederungen einerseits und dem Vorhandensein von Betriebs- und Personalräten andererseits lassen sich mithin recht verlässliche Aussagen über die empirische Bedeutung von Betriebsvereinbarungen bei Umstrukturierungen ableiten.

Abbildung 1:

IAB-Betriebspanel /
Beschäftigungstrends /
Arbeitgeberbefragung 2003
im Auftrag der Bundesanstalt für Arbeit
...

2. Wurden im Zeitraum vom 1.7.2002 bis 30.6.2003 Teile dieses Betriebes ganz geschlossen oder in andere Unternehmensteile ausgegliedert oder wurden Betriebsteile ausgegründet, d.h. als eigenständige Firma weitergeführt?

Mehrere Angaben möglich!

Ja, geschlossen ....☐ Nein, nichts davon ....☐.

Ja, ausgegliedert ....☐.

Ja, ausgegründet ....☐.

3. Gab es umgekehrt organisatorische Umstellungen der Art, dass Ihrem Betrieb andere Betriebe oder Unternehmensteile eingegliedert worden?

Ja ....☐ Nein ....☐.

80. Gibt es in Ihrem Betrieb

einen nach dem Betriebsverfassungsgesetz bzw. Personalvertretungsgesetz gewählten Betriebsrat oder Personalrat ....☐.

eine andere betriebsspezifische Form der Mitarbeitervertretung wie z.B. einen Belegschaftssprecher, einen runden Tisch oder Ähnliches ....☐.

nichts davon ....☐.

(Auszug aus: NFO Infratest/Infratest Sozialforschung Erhebungsbogen Juli 2003, S. 03)

3. Übersicht über die Auswertung des IAB-Betriebspanels

Eine Auswertung des IAB-Betriebspanels unter der hier interessierenden Fragstellung ist bislang noch nicht erfolgt. Mit Unterstützung des Forschungsdatenzentrums beim Institut für Arbeitsmarkt- und Berufsforschung wurde deshalb mittels kontrollierter Datenfernverarbeitung eine eigenständige Auswertung der im Zeitraum 1998 bis 2003 für (Gesamt-)Deutschland vorliegenden sechs Wellen des IAB-Betriebspanels durchgeführt[21].

Berücksichtigt wurden – der hier zu untersuchenden Auswirkungen auf Betriebsvereinbarungen entsprechend - nur Betriebe, in denen auch ein Betriebs- und Personalrat gewählt war. Im Einzelnen erfolgen fünf Auswertungen:

- Anzahl und Entwicklung von Betriebsteil-Abgängen aus Betrieben in den Jahren 1998 bis 2003,
- Art der Betriebsteil-Abgänge aus Betrieben in den Jahren 1998 bis 2003, aufgegliedert nach „geschlossen“, „in andere Unternehmensteile ausgegliedert“ oder „ausgegründet“,
- Anzahl und Entwicklung von Betriebsteil-Eingliederung aus Betrieben in den Jahren 1998 bis 2003,
- Intensität von Betriebsteilabgängen und Betriebsteileingliederungen 2003 insgesamt und für vier ausgewählte Wirtschaftzweige (in Prozent aller Betriebe der jeweiligen Wirtschaftszweige),
- Intensität von Betriebsteilabgängen und Betriebsteileingliederungen 2003 insgesamt und für vier Betriebsgrößenklassen (in Prozent aller Betriebe der jeweiligen Betriebsgrößenklasse).

II. Ergebnisse der Auswertung des IAB-Betriebspanels

1. Betriebsteil-Abgänge in den Jahren 1998 bis 2003

Der *Grafik 1* ist zu entnehmen, dass im Beobachtungszeitraum 1998 bis 2003 deutschlandweit im Jahresdurchschnitt in rund 8.000 Betrieben mit Betriebs- oder Personalräten Betriebsteil-Abgänge stattfanden. Das sind etwas mehr als 4 Prozent der etwa 200.000 Betriebe in Deutschland mit Betriebs- oder Personalrat. In den meisten Fällen kann davon ausgegangen werden, dass zuvor Betriebsvereinbarungen bestanden haben, die von dem Betriebsteil-Abgang tangiert wurden. Das zeigt die große praktische Relevanz der in dieser Arbeit untersuchten Fragestellung.

[21] Das Forschungsdatentzentrum der Bundesagentur für Arbeit im Institut für Arbeitsmarkt und Berufsforschung (IAB), die Bundesagentur für Arbeit und das Institut für Arbeitsmarkt und Berufsforschung tragen keine Verantwortung für die Verwendung der Daten in diesem Beitrag.

Ein zeitlicher Trend der Betriebsteil-Abgänge kann in den hier beobachteten sechs Jahren aus den Daten nur sehr vorsichtig abgeleitet werden. Ein Vergleich mit der gesamtwirtschaftlichen Entwicklung – gemessen an der Wachstumsrate des Bruttoinlandsproduktes – zeigt, dass in der wachstumsstarken Konjunkturphase – mit einer einjährigen Zeitverzögerung - bis zum Jahr 2001 eine Zunahme der Betriebsteil-Abgänge festzustellen ist. In der anschließenden konjunkturellen Schwächephase ab dem Jahr 2002 war die Anzahl der Betriebsteil-Abgänge leicht rückläufig. Ob sich aus der Beobachtung in einem Konjunkturzyklus ein dauerhaftes konjunkturelles Muster zum Auftreten von Betriebsteil-Abgängen ableiten lässt, muss zukünftigen Untersuchungen vorbehalten bleiben. Das IAB-Betriebspanel bietet hierzu jedenfalls eine gute empirische Grundlage.

Grafik 1: **Betriebsteil-Abgänge**[1)]

aus Betrieben mit Betriebs- oder Personalräten
1998 - 2003 in Deutschland

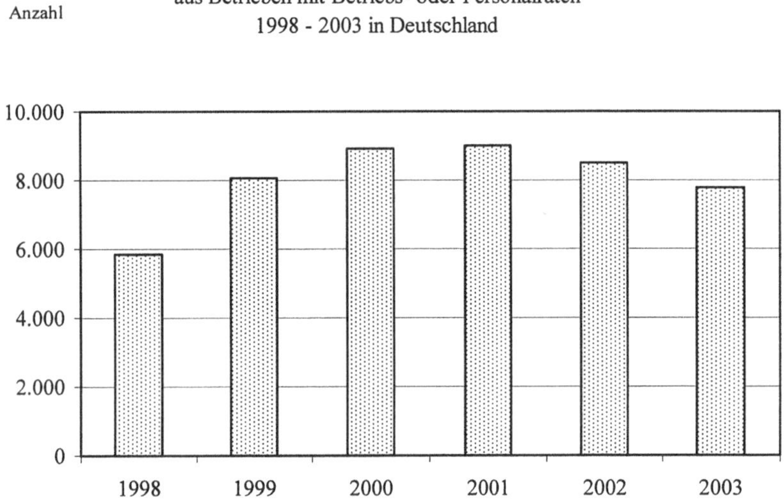

1) Betriebsteile geschlossen, ausgegliedert oder ausgegründet
Quelle: IAB-Betriebspanel, Wellen 1998 - 2003, eigene Berechnungen mittels kontrollierter Datenfernverarbeitung des Forschungsdokumentationszentrums der Bundesagentur für Arbeit im Institut für Arbeitsmarkt- und Berufsforschung

2. Art der Betriebsteil-Abgänge in den Jahren 1998 bis 2003

Bei den Betriebsteil-Abgängen dominieren, wie aus der *Grafik 2* zu ersehen ist, über den gesamten Zeitraum eindeutig die „Ausgliederungen" (4.200 in Durchschnitt der Jahre 1998 bis 2003) vor den Betriebsteil-„Schließungen" (3.200 in

Durchschnitt der Jahre 1998 bis 2003). Die „Ausgründungen“ in eine neue Firma (900 in Durchschnitt der Jahre 1998 bis 2003) spielen dagegen eine deutlich geringere Rolle. Zu beachten ist, dass Mehrfachnennungen möglich sind, d.h. in einem Betrieb beispielsweise sowohl eine Betriebsteil-Ausgliederung als auch eine Betriebsteils-Schließung stattgefunden haben kann.

Im Zeitverlauf zeigen die „Ausgliederungen“ eine höhere Variabilität. Dies kann im Zusammenhang mit der oben dargestellte These von der konjunkturellen Abhängigkeit gesehen werden. Vor einer Überinterpretation ist angesichts der nur sechs Jahre umfassenden Datenbasis zu warnen.

Grafik 2: **Art der Betriebsteil-Abgänge**

in Betrieben mit Betriebs- oder Personalräten
1998 -2003 in Deutschland

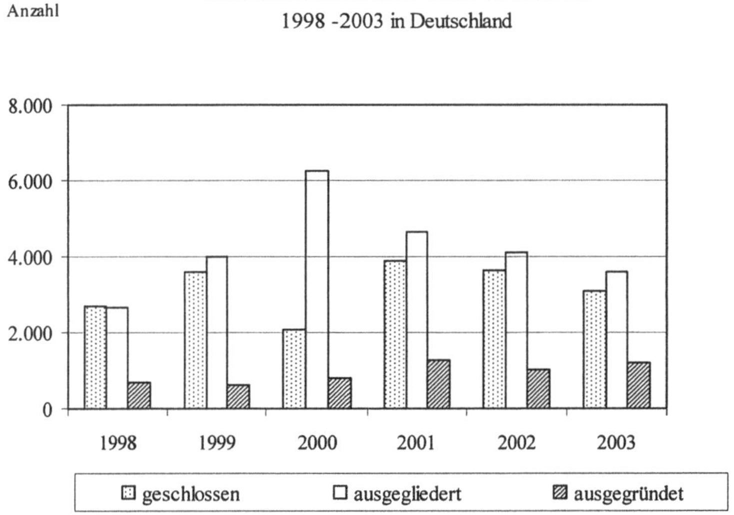

Quelle: IAB-Betriebspanel, Wellen 1998 - 2003, eigene Berechnungen mittels kontrollierter Datenfernverarbeitung des Forschungsdokumentationszentrums der Bundesagentur für Arbeit im Institut für Arbeitsmarkt- und Berufsforschung

3. Betriebsteil-Eingliederungen in den Jahren 1998 bis 2003

Grafik 3 verdeutlicht, dass die Anzahl der Betriebe mit Betriebs- oder Personalrat, die in den Jahren 1998 bis 2003 weitere Betriebsteile eingegliedert haben, mit durchschnittlich 7.400 etwas niedriger liegt als die Betriebsteil-Abgänge (8.000). Dies ist verständlich, da ein Teil der Betriebsteil-Abgänge nicht zu Eingliederungen führt (z.B. Ausgründungen).

Insgesamt stützt dieses Ergebnis die Zahlen zu den Betriebsteil-Abgängen und die damit verbundene Relevanz der in dieser Arbeit untersuchten Fragestellung.

Grafik 3: **Betriebsteil-Eingliederungen**[1)]

in Betriebe mit Betriebs- oder Personalräten
1998 -2003 in Deutschland

Anzahl

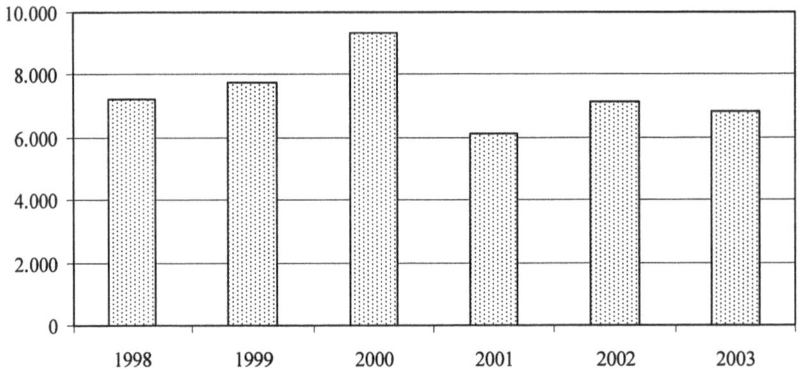

1) Betriebsteile eingegliedert
Quelle: IAB-Betriebspanel, Wellen 1998 - 2003, eigene Berechnungen mittels kontrollierter Datenfernverarbeitung des Forschungsdokumentationszentrums der Bundesagentur für Arbeit im Institut für Arbeitsmarkt- und Berufsforschung

4. Intensität von Betriebsteil-Abgängen und Betriebsteil-Eingliederungen nach Wirtschaftzweigen im Jahr 2003

Neben der absoluten Fallzahl ist für eine Untersuchung zur empirischen Relevanz auch die Intensität nach Wirtschaftzweigen von Interesse. Maßstab für die Intensität ist der Prozentanteil der Betriebe mit Betriebsteil-Abgängen bzw. Betriebsteil-Eingliederungen an allen Betriebe des jeweiligen Wirtschaftszweigs.

Insgesamt waren im Jahr 2003 in Deutschland 4,6 Prozent aller Betriebe von Betriebsteil-Abgängen bzw. 4,0 Prozent von Betriebsteil-Eingliederungen betroffen. Zwischen den Wirtschaftszweigen[22] gab es allerdings, wie die *Grafik 4* verdeutlicht, erhebliche Unterschiede:

[22] Die hier vorgenommene Aggregation von Wirtschaftszweigen erhöht die Validität der Ergebnisse im Vergleich zur Basisauszählung mit 20 Wirtschaftszweigen.

- Die höchste Abgangs-Intensität besteht mit 6,0 Prozent aller Betriebe im „Verarbeitenden Gewerbe und Bau“. Dass gleichzeitig mit 3,0 Prozent die niedrigste Eingliederungs-Intensität besteht, dokumentiert das in diesem Wirtschaftszweig weit verbreitete Outsourcing-Verhalten anschaulich.
- Der Bereich „Kreditwirtschaft, Versicherung und Unternehmensdienstleistungen“ liegt vor allem mit Eingliederungs-Intensität von 5,8 Prozent sehr deutlich über dem gesamtwirtschaftlichen Durchschnitt und belegt ein starkes Aufnahmeverhalten.
- Im Bereich „Handel, Verkehr, u.ä.“ ist mit 4,4 Prozent bzw. 3,6 Prozent ein durchschnittliches Betriebsteile-Abgangs- und –Eingliederungs- verhalten festzuhalten.
- Der Bereich der „sonstige (privaten und öffentlichen) Dienstleistungen“ hat mit 4,0 Prozent eine unterdurchschnittliche Abgangs-Intensität und eine – allerdings schwächer ausgeprägt als im Bereich der Unternehmensdienstleistungen – überdurchschnittliche Eingliederungs-Intensität.

Grafik 4: **Intensität nach Wirtschaftszweigen**
der Betriebsteil-Abgänge[1)] und -Eingliederungen
in Betrieben mit Betriebs- oder Personalräten
2003 in Deutschland, in % aller Betriebe

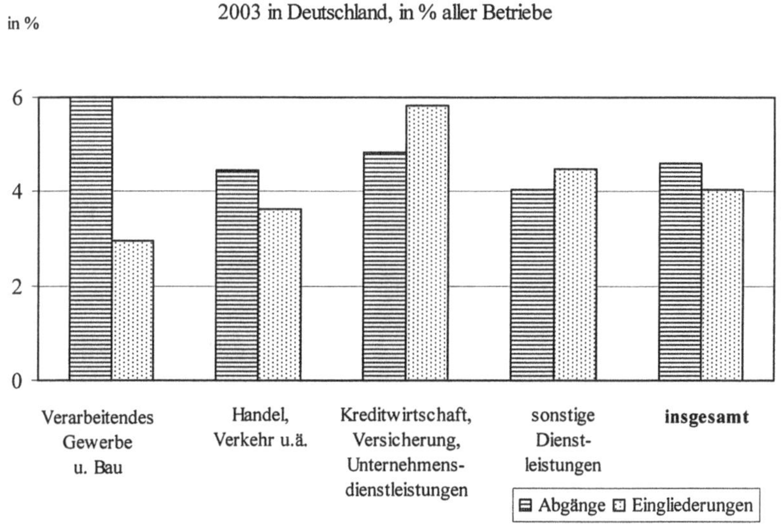

1) Betriebsteile geschlossen, ausgegliedert oder ausgegründet
Quelle: IAB-Betriebspanel, Welle 2003, eigene Berechnungen mittels kontrollierter Datenfernverarbeitung des Forschungsdokumentationszentrums der Bundesagentur für Arbeit im Institut für Arbeitsmarkt- und Berufsforschung

5. Intensität von Betriebsteil-Abgängen und Betriebsteil-Eingliederungen nach Betriebsgrößenklassen im Jahr 2003

Besonders deutliche Intensitäts-Unterschiede zeigt die in der *Grafik 5* enthaltene differenzierte Darstellung nach Betriebsgrößenklassen. Maßstab für die Intensität ist auch hier der Prozentanteil der Betriebe mit Betriebsteil-Abgängen bzw. Betriebsteil-Eingliederungen an allen Betrieben der jeweiligen Betriebsgrößenklasse:

- Mit wachsender Betriebsgröße nimmt die Abgangs-Intensität eindeutig zu. In jedem siebten Betrieb mit mehr als 1.000 Beschäftigten kam es 2003 binnen Jahresfrist zu Betriebsteil-Abgängen. Selbst in fast 10 Prozent der größeren mittleren Betrieben mit 200 bis 999 Beschäftigten wurden innerhalb eines Jahres Betriebsteile geschlossen, ausgegliedert oder ausgegründet.
- Auch die Eingliederungs-Intensität nimmt mit der Betriebsgröße erwartungsgemäß zu. Jedoch wachsen die Unterschiede zur Abgangs-Intensität mit steigender Betriebsgröße. Dies zeigt, dass größere Betriebe eher eine Abgangs-Strategie verfolgen, während kleinere Betriebe insgesamt eher ein ausgeglichenes Verhältnis von Abgängen und Eingliederungen aufweisen.

Grafik 5: **Intensität nach Betriebgröße**

der Betriebsteil-Abgänge 1) und -Eingliederungen in Betrieben mit Betriebs- oder Personalräten, 2003 in Deutschland, in % aller Betriebe

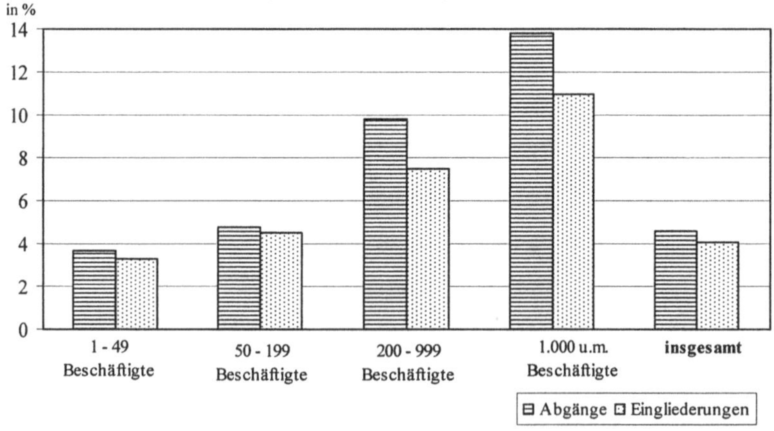

1) Betriebsteile geschlossen, ausgegliedert oder ausgegründet

Quelle: IAB-Betriebspanel, Welle 2003, eigene Berechnungen mittels kontrollierter Datenfernverarbeitung des Forschungsdokumentationszentrums der Bundesagentur für Arbeit im Institut für Arbeitsmarkt- und Berufsforschung

B. WSI-Betriebsrätebefragung

I. Methodische Grundlagen

1. Ausgangspunkt

Das Wirtschafts- und Sozialwissenschaftliche Institut (WSI) in der Hans Böckler Stiftung befragt seit 1997 regelmäßig betriebliche Interessenvertretungen, um deren betriebliche Rahmenbedingungen und Herausforderungen zu erfassen. Mittlerweile liegen die Ergebnisse von drei Befragungswellen für die Jahre 1997/1998[23], 1999/2000[24] und 2002[25] vor.

In die schriftliche Befragung durch das WSI werden Betriebe und Dienststellen aufgenommen, die mindestens 20 Beschäftigte und einen Betriebs- oder Personalrat haben sollten. Diese Zielgruppe macht nach WSI-Angaben auf der Grundlage des IAB-Betriebspanels 12 % aller privatwirtschaftlichen Betriebe und rund 75 % aller Dienststellen im Öffentlichen Dienst aus[26]. Gemessen an den darin Beschäftigten ist der Zielbereich in der Privatwirtschaft allerdings wesentlich größer. In den genannten 12 % der Betriebe mit Betriebsrat sind 49 % aller Arbeitnehmer in betriebsratsfähigen Betrieben (ab 5 Beschäftigte) tätig, in den erwähnten 75 % der Dienststellen rund 95 % aller Beschäftigten in personalratsfähigen Dienststellen.

Insgesamt können die Ergebnisse durch verschiedene Hochrechnungsverfahren nach Einschätzung des Koordinators der WSI-Arbeitsgruppe Befragungen „... als repräsentativ für Privatwirtschaft und öffentlichen Dienst in Deutschland gelten – wohlgemerkt in erster Linie für Betriebe und Dienststellen mit Betriebsrat bzw. Personalrat, in gewisser Weise als Orientierungsmarke aber auch für Beschäftigungsstätten ohne Interessenvertretung“[27].

2. Fragenprogramm der WSI-Betriebsrätebefragung

Befragt werden vom WSI ausschließlich Betriebs- und Personalräte. Sie werden gebeten, den Fragebogen nur in ihrer Funktion als Betriebs- bzw. Personalrat für den angeschriebenen Betrieb oder Unternehmensteil oder Konzernteil auszufüllen, auch wenn sie gleichzeitig eine Funktion als Gesamt- oder Konzernbetriebsrat für einen größeren Wirkungsrahmen haben.

---

[23] Vgl. WSI-Projektgruppe, WSI-Mitteilungen 1998, S. 653 ff.
[24] Vgl. Schäfer, WSI-Mitteilungen 2001, S. 65 ff.
[25] Vgl. Schäfer, WSI-Mitteilungen 2003, S. 139 ff.; Ahlers, WSI-Mitteilungen 2004, S. 78 ff.
[26] Vgl. Ellguth, WSI-Mitteilungen 2003, S. 194 ff.
[27] Vgl. Schäfer, WSI-Mitteilungen 2003, S. 142f.

Das Fragenprogramm ist in fünf Teile untergliedert:

A. Betriebliche Probleme
B. Betriebliche Gestaltungsbereiche
C. Betriebsrat, Belegschaft, Arbeitgeber, Gewerkschaft
D. Größe, Struktur und Organisation des Betriebsrates
E. Allgemeine Angaben

Abbildung 2 enthält als Auszug die hier relevanten drei Fragestellungen aus dem Katalog von 35 Themenbereichen im Teil A. „Betriebliche Probleme“ aus den Betriebsrätebefragung 2004.

Abbildung 2:

Wirtschafts- und Sozialwissenschaftliches Institut (WSI) in der Hans Böckler Stiftung
Betriebsrätebefragung 2004
...

2. Welche weiteren betrieblichen Entwicklungen und Probleme haben seit Anfang 2003 den Betriebsrat besonders beschäftigt und wie viel wurde dabei bis jetzt erreicht?

Es haben den Betriebsrat beschäftigt:...

16 ☐ Ausgliederung von Betriebsteilen, Tätigkeiten
17 ☐ Schließung/Verkauf von Betriebsteilen
18 ☐ Fusion mit anderen Betrieben

Dabei wurde:

	eher viel erreicht	eher weniger erreicht
	☐.	☐.

...
(Auszug aus: Wirtschafts- und Sozialwissenschaftliche Institut in der Hans Böckler Stiftung, Betriebsrätebefragung Erhebungsbogen 2004, S. 1)

3. Übersicht über die Auswertung der WSI-Betriebsrätebefragung

Die WSI-Betriebsrätebefragung wird regelmäßig vom Wirtschafts- und Sozialwissenschaftlichen Institut ausgewertet und in deren Monatszeitschrift publiziert[28]. Diese Veröffentlichungen sind Grundlage für die hier unter dem spezifischen Blickwinkel von Betriebsübergängen und unternehmensinternen Umstrukturierungen erfolgten Auswertung.

Insbesondere geht es um die Problembereiche, mit denen Betriebs- und Personalräte in ihrer Arbeit beschäftigt sind. Im Einzelnen betrifft dies folgende Fragestellungen:

- Ausgliederung von Betriebsteilen bzw. Dienststellen
- Fusion mit anderen Betrieben bzw. Privatisierung
- Schließung, Verkauf von Betriebsteilen bzw. Dienststellen

II. Ergebnisse der Auswertung der WSI-Betriebsrätebefragung

Die in der *Tabelle 1* dargestellten Ergebnisse der WSI-Befragungen zeigen, dass untersuchten Themenfelder „Ausgliederung von Betriebsteilen", „Fusion mit anderen Betrieben" und „Schließung bzw. Verkauf von Betriebsteilen" in den letzten zehn Jahren zu den wichtigsten Problembereichen gehörten, mit denen sich betrieblichen Interessenvertretungen in ihrer Alltagsarbeit beschäftigten. Weitere – hier nicht dargestellte - Hauptprobleme betreffen den Personalabbau und die Bemühungen um Beschäftigungssicherung[29].

Immerhin berichtet in der letzen Befragung von 2002 jeder vierte Betriebsrat (26 Prozent), dass er sich im vorangegangenen Zeitraum von zweieinhalb Jahren (Anfang 2000 bis Mitte 2002) mit der Ausgliederung von Betriebsteilen beschäftigen musste. Jeder sechste Betriebsrat (jeweils 16 Prozent) war im Berichtszeitraum mit Fusionen bzw. Schließung/Verkauf von Betriebsteilen befasst.

Beachtet man, dass bei den WSI-Befragungen nicht nur – wie beim jahresbezogenen IAB-Betriebspanel – bereits vollzogene, sondern auch betriebsintern thematisierte Problembereiche – die im Ergebnis nicht immer z.B. zu einer Ausgliederung führen müssen - abgefragt wurden, so passen die Ergebnisse beider Untersuchungen recht gut zueinander.

---

[28] Vgl. WSI-Projektgruppe, WSI-Mitteilungen 1998, S. 653 ff.; Schäfer, WSI-Mitteilungen 2001, S. 65 ff.; Schäfer, WSI-Mitteilungen 2003, S. 139 ff.

[29] Vgl. Schäfer, WSI-Mitteilungen 2003, S. 139, 143.

Tabelle 1:

Problembereiche von Betriebs- und Personalräten[1)]

	1997/98[2)]	1999/00[3)]	2002[4)]
Betriebsratsarbeit			
Ausgliederung von Betriebsteilen	28	33	26
Fusion mit anderen Betrieben	-	17	16
Schließung, Verkauf von Betriebsteilen	15	17	16
Personalratsarbeit			
Ausgliederung von Dienststellen	23	24	19
Privatisierung	18	18	25
Schließung, Verkauf von Dienststellen	10	9	11

1) Häufigkeitsangaben in % der befragten Betriebe; Mehrfachbenennungen waren möglich
2) Berichtszeitraum: 1994 bis 1997
3) Berichtszeitraum: 1998 bis 1999
4) Berichtszeitraum: Anfang 2000 bis Mitte 2002

Auszug aus: Schäfer, WSI-Mitteilungen 2003, S. 143, Tabelle 8 und 9.

C. Fazit

Auf der Grundlage der zwei für Deutschland repräsentativen Untersuchungsansätze kann die hohe empirische Relevanz des Themas „Betriebsübergänge und unternehmensinterne Umstrukturierungen" belegt werden. Damit liegt ein sicherer Anhaltspunkt für die Bedeutung der in vorliegenden Arbeit untersuchten Fragestellung nach den Auswirkungen auf Betriebsvereinbarungen für die betriebliche Praxis vor.

Die im Auftrag der Bundesagentur für Arbeit durchgeführte Arbeitgeberbefragung (IAB-Betriebspanel) zeigt, dass im Beobachtungszeitraum 1998 bis 2003 deutschlandweit im Jahresdurchschnitt in rund 8.000 Betrieben mit Betriebs- oder Personalräten Betriebsteil-Abgänge stattfanden, d.h. Betriebsteile wurden entweder geschlossen, in andere Unternehmensteile ausgegliedert oder in eigenständige Firmen ausgegliedert. Das sind gut 4 Prozent der etwa 200.000 Betriebe in Deutschland mit Betriebs- oder Personalrat. In Großbetrieben kam es 2003 binnen Jahresfrist in jedem siebten Betrieb zu Betriebsteil-Abgängen. In nahezu allen Fällen kann davon ausgegangen werden, dass zuvor Betriebsvereinbarungen bestanden haben, die von dem Betriebsteil-Abgang tangiert wurden.

Diese Größenordnung wird bestätigt durch die Befragungsergebnisse bei Betriebs- und Personalräten, die das Wirtschafts- und Sozialwissenschaftliche Institut (WSI) in den Hans Böckler Stiftung regelmäßig durchführt. So gaben z.B. 26 Prozent der befragten Betriebsräte an, im Zeitraum von Anfang 2000 bis Mitte 2002 mit dem Problembereich „Ausgliederung von Betriebsteilen“ konfrontiert worden zu sein.

3. Teil: Grundlagen

A. Betriebsvereinbarungen

I. Überblick über die Entwicklung von Betriebsvereinbarungen ab 1920 bis zum BetrVG 1972

Das BetrVG 1972 enthält in § 77 Abs. 4 bis 6 Regelungen, die die Geltung, Kündbarkeit und Nachwirkung von Betriebsvereinbarungen betreffen. Eine Normierung hinsichtlich der Fortgeltung von Betriebsvereinbarungen bei Umstrukturierungen sucht man indes – bis auf § 613a Abs. 1 S. 2-4 BGB - vergebens. Um festzustellen, unter welchen Voraussetzungen eine Betriebsvereinbarung in diesem Fall fortgilt, bedarf es einer möglichst genauen dogmatischen Einordnung dieses Rechtsinstituts. Hierfür ist ein Überblick über die Diskussion der Geltung von betrieblichen Regelungen vor Inkrafttreten des BetrVG 1972 hilfreich. Dabei ist anzumerken, dass die Entwicklung der Betriebsvereinbarung nicht losgelöst von der Entwicklung der Arbeitnehmervertretungen gesehen werden kann, da die Betriebsvereinbarung gemäß § 77 Abs. 2 BetrVG 1972 vom Arbeitgeber mit dem Betriebsrat abgeschlossen wird.

1. Betriebsrätegesetz von 1920

a) Bedeutung der Arbeitsordnung

Basierend auf Art. 165 der Weimarer Reichsverfassung (WRV)[30], Grundlage für eine Organisation von Arbeitnehmervertretungen[31], wurde am 4. Februar 1920 das Betriebsrätegesetz (BRG)[32] verabschiedet. Bedeutsam ist die Vorschrift des § 104 Abs. 4 BRG, wonach die Arbeitsordnung i.S.d. § 134 b Abs. 3 GewO, die bis dahin allein vom Arbeitgeber erlassen wurde, nun gemeinsam von Betriebsrat und Arbeitgeber zu beschließen war.

Diese gesetzliche Vorgabe hatte Auswirkungen auf die Diskussion um die rechtliche Einordnung der Arbeitsordnung[33]. Wurde bis dahin entsprechend der „Vertragstheorie" überwiegend vertreten, die Arbeitsordnung sei lediglich als Vertragsangebot des Arbeitsgebers zu verstehen, das von den Arbeitnehmern zu-

---

[30] Siehe RGBl. 1919, S. 1383. Art. 165 Abs. 2 lautet: *„Die Arbeiter und Angestellten erhalten zur Wahrnehmung ihrer sozialen und wirtschaftlichen Interessen gesetzliche Vertretungen in Betriebsarbeiterräten sowie in nach Wirtschaftsgebieten gegliederten Bezirksarbeiterräten und in einem Reichsarbeiterbeirat."*

[31] Vgl. Nikisch, Arbeitsrecht Band 1, S. 22.

[32] Siehe RGBl. 1920 I, S. 147.

[33] Vgl. Waltermann NZA 1995, S. 1177, 1179 zum in der Weimarer Zeit nicht entschiedenen Streit um die dogmatische Einordnung von Arbeitsordnungen bzw. Betriebsvereinbarungen als Privatrecht oder öffentliches Recht.

mindest stillschweigend angenommen werde und dem keine normative Wirkung zukomme[34], änderte sich dies mit Inkrafttreten des BRG. Aufgrund des neuen Verfahrens wurde nunmehr überwiegend vertreten, die Arbeitsordnung beinhalte objektive Normen mit unmittelbarer Geltung[35]. Letztgenannte Ansicht weist bereits unverkennbare Parallelen zur unmittelbaren und zwingenden Wirkung von normativen Regelungen einer Betriebsvereinbarung gemäß § 77 Abs. 4 BetrVG 1972 auf[36].

b) Erstmalige Verwendung des Begriffs „Betriebsvereinbarung"

Der Begriff Betriebsvereinbarung geht auf *Georg Flatow* zurück. In seiner Schrift „Betriebsvereinbarung und Arbeitsordnung", deren erste Auflage 1921 erschien, prägte er den Begriff der Betriebsvereinbarung[37]. Dem BRG und der damals teilweise noch geltenden Verordnung über Tarifverträge, Arbeiter- und Angestelltenausschüsse und Schlichtung von Arbeitsstreitigkeiten vom 23. Dezember 1918 TVVO war dieser Ausdruck fremd. Gleichwohl wurde er recht schnell zur geläufigen arbeitsrechtlichen Terminologie und bereits 1923 erstmals in § 7 des Gesetzes über die Beschäftigung Schwerbeschädigter vom Reichsgesetzgeber gebraucht[38].

Es ist zu berücksichtigen, dass die Betriebsvereinbarung zunächst noch nicht als ein Rechtsinstitut mit einheitlicher Wirkung angesehen wurde[39]. So wurden z.B. sowohl Arbeitsordnungen nach § 104 Abs. 4 BRG als auch Vereinbarungen über materielle Arbeitsbedingungen nach § 78 BRG[40] als „Betriebsvereinbarungen" bezeichnet. Im Gegensatz zu Arbeitsordnungen wurden den Vereinbarungen nach § 78 BRG aber überwiegend keine normative Wirkung zugebilligt[41].

---

34 Vgl. A. Hueck, Arbeitsvertragsrecht, S. 33.

35 Vgl. Koehne, Arbeitsordnung in der Land- und Forstwirtschaft, S.20, der von einem „Arbeitsnormenvertrag" spricht.

36 Vgl. Waltermann NZA 1995, S. 1177, 1179.

37 Vgl. Flatow, Betriebsvereinbarung und Arbeitsordnung, S. 9.

38 Vgl. Niebler, Inhalt und Reichweite der Betriebsvereinbarungsautonomie, S. 121.

39 Vgl. Hueck/Nipperdey, Lehrbuch des Arbeitsrechts, Band 2, 2. Auflage, S. 320.

40 § 78 lautete auszugsweise:
„... Der Betriebsrat hat die Aufgabe,...
2. soweit eine tarifvertragliche Regelung nicht besteht, im Benehmen mit den beteiligten wirtschaftlichen Vereinigungen der Arbeitnehmer bei der Regelung der Löhne und sonstige Arbeitsverhältnisse mitzuwirken, namentlich auch
bei der Festsetzung der Akkord- und Stücklohnsätze oder der für ihre Festsetzung maßgebenden Grundsätze,
bei der Einführung neuer Löhnungsmethoden,
bei Festsetzungen der Arbeitszeit ... ."

41 Vgl. A. Hueck, NZfA 1923, Sp. 87, 94; Dersch, BRG, § 78 Anm. 3 b) I.

Zunehmend wurden die Rechtswirkungen der verschiedenen Erscheinungsformen der Betriebsvereinbarung dann aber angeglichen. Das Reichsarbeitsgericht erkannte in seinem Urteil vom 1. November 1930 erstmals die unmittelbare und normative Wirkung sowohl von Arbeitsordnungen als auch von sonstigen Vereinbarungen der Betriebsparteien an[42].

2. Nationalsozialismus

Durch die Umsetzung nationalsozialistischer Grundsätze im Gesetz zur Ordnung der nationalen Arbeit vom 20. Januar 1934 (AOG) erhielt die Betriebsverfassung eine von Grund auf neue Struktur, die mit dem bis dahin bestehenden Betriebsrätesystem nichts mehr gemeinsam hatte. In den §§ 1 und 2 AOG[43] war der Grundgedanke des nationalsozialistischen Betriebsverfassungsrechts, die Übertragung des Führerprinzips in den Betrieb, niedergelegt. Die überbetriebliche Tarifordnung, die der „Treuhänder der Arbeit" gemäß § 32 Abs. 2 AOG[44] erlassen konnte, sollte nur noch ausnahmsweise die Arbeitsverhältnisse regeln. Vielmehr stellte das AOG den Betrieb und die Betriebsgemeinschaft als „entscheidende Zelle des Wirtschaftens" [45] in den Mittelpunkt.

Die bisher nach dem BRG gemeinsam vom Arbeitgeber und der Arbeitnehmervertretung zu schliessende Betriebsvereinbarung wurde durch die sogenannte Betriebsordnung abgelöst. Den Betriebsführer traf gemäß § 26 AOG in Betrieben mit in der Regel mindestens 20 Angestellten und Arbeitern die Pflicht, schriftlich eine Betriebsordnung zu erlassen. An die Stelle des Vereinbarungsprinzips trat das einseitige Anordnungsprinzip des Betriebsführers[46]. Insofern ist

---

[42] Siehe RAG vom 01.11.1930, Bensheimer Sammlung 10 Nr. 92, S. 407, 408: *„Die Arbeitsordnung, wie auch die jeweiligen nach § 78 Ziff. 2 BRG gültig zustande gekommenen Betriebsvereinbarungen ..., haben als Gesamtvereinbarungen normativen Charakter ... und ihre jeweiligen Bestimmungen wirken unmittelbar auf alle Arbeitsverträge ... ein."*

[43] §§ 1, 2 AOG lauteten:

„§ 1: Im Betrieb arbeiten die Unternehmer als Führer des Betriebes, die Angestellten und Arbeiter als Gefolgschaft gemeinsam zur Förderung der Betriebszwecke und zum gemeinsamen Nutzen von Volk und Staat.

§ 2: Der Führer des Betriebes entscheidet der Gefolgschaft gegenüber in allen betrieblichen Angelegenheiten, soweit sie durch dieses Gesetz geregelt werden. Er hat für das Wohl der Gefolgschaft zu sorgen. Diese hat ihm die in der Betriebsgemeinschaft begründete Treue zu halten."

[44] § 32 Abs. 2 AOG lautete auszugsweise:

„Ist zum Schutze der Beschäftigten einer Gruppe von Betrieben innerhalb des dem Treuhänder der Arbeit zugewiesenen Bezirks die Festsetzung von Mindestbedingungen zur Regelung der Arbeitsbedingungen zwingend geboten, so kann der Treuhänder ... eine Tarifordnung schriftlich erlassen; ... . Die Bestimmungen der Tarifordnung sind für die von ihr erfassten Arbeitsverhältnisse als Mindestbedingungen rechtsverbindlich. ... ."

[45] Vgl. Hueck/Nipperdey/Dietz, AOG, vor § 26 Anm.3.

[46] Vgl. Molitor, Deutsches Arbeitsrecht, S. 33.

die Betriebsordnung i.S.d. AOG mit den Fabrikordnungen aus der Zeit vor der Geltung des BRG vergleichbar.

Wie zuvor die Betriebsvereinbarung nach dem BRG stufte man unter Geltung des AOG auch die Betriebsordnung ganz überwiegend als objektives Recht[47] ein, das vom Betriebsführer selbständig aufgrund eigener Satzungsgewalt erlassen wurde[48]. Die Zuordnung der Betriebsordnung zum öffentlichen Recht oder zum Privatrecht war, wie schon in der Weimarer Zeit die Zuordnung der Betriebsvereinbarung, umstritten. Vereinzelt wurde die Ansicht vertreten, dass zwar der Erlass der Betriebsordnung dem öffentlichen Recht angehöre, die Normen der Betriebsordnung selbst aber dem Privatrecht zuzuordnen seien[49]. Überwiegend wurde die Betriebsordnung aber dem öffentlichen Recht zugeordnet, da der Betriebsführer bei ihrem Erlass als Organ des öffentlichen Verbandes der Betriebsgemeinschaft handele[50].

Aus der Anordnung des § 30 AOG, wonach die Bestimmungen der Betriebsordnung für die Betriebsangehörigen als Mindestbedingungen rechtsverbindlich galten, leitete die herrschende Meinung die unmittelbare, normative Wirkung der Regelungen einer Betriebsordnung ab[51]. Die Wirkung der Betriebsordnung trat demnach ohne Rücksicht auf den Willen der Arbeitnehmer einseitig zwingend mit Inkrafttreten der Betriebsordnung ein[52].

3. Nachkriegszeit (1945 bis 1952)

Unmittelbar nach Kriegsende und Aufhebung des AOG[53] wurden in vielen Betrieben noch im Jahr 1945 wieder Betriebsräte nach dem Muster des BRG von 1920 gewählt. Dieser Neubeginn wurde wenige Monate später durch das Kontrollratsgesetz (KRG) Nr. 22 vom 10. April 1946[54] auf eine erste gesetzliche Grundlage gestellt. Eine eingehende Regelung des Betriebsverfassungsrechts wurde im KRG Nr. 22, das lediglich eine Rahmengesetzgebung darstellte, der Ländergesetzgebung zugewiesen. Mangels konkreter Regelung der Betriebsver-

---

[47] Vgl. Nipperdey, FS Lehmann, S. 257, 258.
[48] Vgl. Molitor, Deutsches Arbeitsrecht, S. 63.
[49] Vgl. Hueck/Nipperdey/Diez, AOG, § 26, Anm. 26.
[50] Vgl. Huber, JW 1934, S. 1017, 1019.
[51] Vgl. Nipperdey, FS Lehmann, S. 257, 260; Mansfeld/Pohl/Steinmann/Krause, AOG, § 30, Anm. 2a.
[52] Vgl. Hueck/Nipperdey/Diez, AOG, § 30, Anm. 18.
[53] Siehe Kontrollratsgesetz Nr. 22 vom 30.11.1945, Amtsblatt des Kontrollrats 1945, Nr. 40, S. 229.
[54] Siehe Amtsblatt des Kontrollrats 1946, Nr. 6, S. 133.

einbarung im KRG Nr. 22 wurde diesbezüglich an die arbeitsrechtliche Entwicklung vor Erlass des AOG im Jahre 1934 angeknüpft[55].

Es entsprach allgemeiner Auffassung in Rechtsprechung[56] und Literatur[57], der Betriebsvereinbarung eine unmittelbare, normative Wirkung beizumessen. Diese Entwicklung hat nach der Einschätzung von *Dietz* gezeigt, dass „eine solche unmittelbare Gestaltung der Arbeitsverhältnisse zum Wesen derartiger gesetzlich anerkannter Normenverträge“ gehört[58].

Eine Weiterentwicklung ergab sich auch in der Diskussion um die Zuordnung der Betriebsvereinbarung zum öffentlichen Recht oder Privatrecht. Während in der Weimarer Zeit und im Nationalsozialismus überwiegend vom öffentlich-rechtlichen Charakter der Betriebsvereinbarung ausgegangen wurde, behandelte die nun herrschende Meinung die Betriebsvereinbarung als einen Vertrag des bürgerlichen Rechts[59]. Das Landesarbeitsgericht Frankfurt/Main[60] argumentierte insofern, eine Betriebsvereinbarung komme dadurch zustande, dass der Arbeitgeber und der Betriebsrat korrespondierende Willenserklärungen abgäben, die auf einen einheitlichen Rechtserfolg gerichtet wären, womit alle Elemente eines Vertrages vorlägen. *G. Hueck*[61] verweist zur Begründung darauf, dass die Betriebsvereinbarung „hauptsächlich rein privatrechtliche Fragen“ regele, die die einzelnen Arbeitsverhältnisse beträfen. Für *Zigan*[62] war maßgeblich, „dass Betriebsrat und Arbeitgeber sich bei Abschluss der Betriebsvereinbarung als völlig gleichberechtigte Partner auf gleicher Ebene gegenüberstehen, ohne dass einer von beiden hierbei hoheitliche Funktionen wahrnimmt.“

Die zur „Ausführung und Ergänzung des KRG Nr. 22“[63] ergangene Gesetzgebung der einzelnen Länder führte zu einer Rechtszersplitterung auf dem Gebiet des Betriebsverfassungsrechts, da sie zum Teil stark voneinander abwich[64]. Die Notwendigkeit, den Betriebsräten für das gesamte Bundesgebiet eine einheitliche Grundlage zu geben, machte den Erlass eines betriebsverfassungsrechtlichen

---

[55] Siehe LAG Frankfurt/M. vom 01.06.1949, RdA 1949, S. 266, 268; Galperin, BB 1949, S. 374, 375 sowie BB 1950, S. 25, 27.
[56] Siehe LAG Bremen vom 27.10.1948, RdA 1949, S. 270.
[57] Vgl. Dietz, RdA 1949, S. 161, 164; Zigan, Betriebsvereinbarungen nach Kontrollratsgesetz Nr. 22, S. 26.
[58] Vgl. Dietz, RdA 1949, S. 161, 163
[59] Siehe LAG Düsseldorf vom 29.12.1950, RdA 1951, S. 271; LAG Frankfurt/M. vom 28.08.1952, BB 1952, S. 829; G. Hueck, Betriebsvereinbarung, S. 29; Zigan, Betriebsvereinbarungen nach Kontrollratsgesetz Nr. 22, S. 24; a.A. Herschel, RdA 1948, S. 47, 49, der die sog. „Satzungstheorie“ vertritt.
[60] Siehe LAG Frankfurt/M. vom 28.08.1952, BB 1952, S. 829.
[61] Vgl. G. Hueck, Betriebsvereinbarung, S. 29.
[62] Vgl. Zigan, Betriebsvereinbarungen nach Kontrollratsgesetz Nr. 22, S. 24.
[63] Vgl. G. Hueck, Betriebsvereinbarung, S. 11.
[64] Vgl. Weber, ZfA 1993, S. 517, 544.

Bundesgesetzes notwendig[65]. Nachdem das Bonner Grundgesetz vom 23. Mai 1949 in Art. 74 Abs. 1 Nr. 12 dem Bund die konkurrierende Gesetzgebungskompetenz zur Regelung der Betriebsverfassung gegeben hatte, sollte durch ein bundeseinheitliches Betriebsverfassungsgesetz die Betriebsverfassung einheitlich geregelt und die Rechtszersplitterung beseitigt werden. Auf Anordnung der Alliierten Hohen Kommission wurde das KRG Nr. 22 am 30. September 1952 aufgehoben. Sodann konnte das Betriebsverfassungsgesetz am 14. Oktober 1952 verkündet[66] werden und am 14. November 1952 in Kraft treten.

4. Betriebsverfassungsgesetz 1952

Das BetrVG 1952 enthielt zum Recht der Betriebsvereinbarung nur wenige Vorschriften und lässt dementsprechend zahlreiche Fragen offen. Geregelt waren – anders als noch im BRG von 1920, das dass Rechtsinstitut der Betriebsvereinbarung nicht ausdrücklich erwähnt – das Zustandekommen von Betriebsvereinbarungen (§ 52 Abs. 2 BetrVG 1952, vergleichbar mit § 77 Abs. 2 BetrVG 1972) und beispielhaft Bereiche, die Gegenstand einer freiwilligen Regelung durch Betriebsvereinbarung sein können (§ 57 BetrVG 1952, vergleichbar mit § 88 BetrVG 1972). Auch Gegenstände der zwingenden Mitbestimmung sollen Inhalt einer Betriebsvereinbarung sein (§ 56 BetrVG 1952, vergleichbar mit § 87 BetrVG 1972). Der Tarifvorrang ist nun gesetzlich verankert (§ 59 BetrVG 1952, vergleichbar mit § 77 Abs. 3 BetrVG 1972)

Dagegen findet sich im BetrVG 1952 keinerlei Aussage zu Rechtsnatur, Wirkung und Kündigung der Betriebsvereinbarung. Der Große Senat des Bundesarbeitsgerichts hat in seinem Beschluss vom 16. März 1956[67] zu diesen grundlegenden Fragen teilweise Stellung genommen. Das Gericht stellt in dieser Entscheidung fest, dass die Betriebsvereinbarung im Rahmen des Betriebsverfassungsgesetzes objektives Recht erzeugt und jedenfalls die sog. Inhalts- und Betriebsnormen normative Wirkung entfalten. Betriebsvereinbarungen würden nicht Bestandteil des Arbeitsvertrages, sondern bestimmten den Inhalt des Arbeitsverhältnisses als übergeordnete Normen. Mit Ablauf der Betriebsvereinbarung könnten deren Bestimmungen nicht weitergelten.

5. Betriebsverfassungsgesetz 1972

Mit dem BetrVG 1972 vom 15. Januar 1972 wurden die bereits vorhandenen Regelungen zur Betriebsvereinbarung ergänzt. Mit der in § 77 Abs. 4 Satz 1 BetrVG 1972 normierten unmittelbaren und zwingenden Geltung von Betriebsvereinbarungen wurde die zum BetrVG 1952 in Anlehnung an die Regelung für

---

[65] Vgl. Dietz, BetrVG, vor § 1 Anm. 9.
[66] Siehe BGBl. 1952 I, S. 681.
[67] Siehe BAG vom 16.03.1956, AP Nr. 1 zu § 57 BetrVG 1952.

Tarifverträge überwiegend vertretene Auffassung[68] vom Gesetzgeber umgesetzt. Neu ist auch die Regelung der Kündigung von Betriebsvereinbarung[69] gemäß § 77 Abs. 5 BetrVG 1972 und der Nachwirkung von Betriebsvereinbarungen[70] gemäß § 77 Abs. 6 BetrVG 1972 in Angelegenheiten der zwingenden Mitbestimmung.

II. Begriff, Rechtsnatur, Inhalt und Beendigung von Betriebsvereinbarungen

1. Begriff

Die Betriebsvereinbarung ist ein eigenes Rechtsinstitut der Betriebsverfassung, das in § 77 Abs. 2 bis 6 BetrVG teilweise geregelt ist[71]. Sie setzt voraus, dass der Arbeitgeber und der Betriebsrat in der Ordnung bestimmter betrieblicher Angelegenheiten übereinstimmen und regelt diese mit verbindlicher Wirkung für die Belegschaftsangehörigen[72]. Das Bundesarbeitsgericht bezeichnet die Betriebsvereinbarung als „gegebene Form für die Ausübung des Mitbestimmungsrechts“ der Arbeitnehmer[73].

Obwohl die Betriebsvereinbarung heute als die wichtigste Form der Einigung zwischen den Betriebspartnern angesehen wird[74], ist der Begriff im Gesetz nicht näher definiert. § 77 Abs. 1 BetrVG spricht nur allgemein von „Vereinbarungen zwischen Betriebsrat und Arbeitgeber“. Hierunter ist sowohl die formgebundene Betriebsvereinbarung als auch die davon zu unterscheidende formlose Regelungsabrede[75] zu verstehen.

2. Rechtsnatur

Die Rechtsnatur von Betriebsvereinbarungen ist seit langem umstritten und nach wie vor nicht abschließend geklärt. Zwei grundsätzliche Positionen stehen sich gegenüber. Einerseits wird die Betriebsvereinbarung als privatrechtlicher Vertrag – Vertragstheorie -, andererseits als autonome Satzung – Satzungstheorie -

[68] Siehe BAG vom 16.03.1956, AP Nr. 1 zu § 57 BetrVG 1952; BAG vom 25.03.1971, AP Nr. 5 zu § 57 BetrVG 1952; BAG vom 16.09.1986, AP Nr. 17 zu § 77 BetrVG 1972; Nikisch, Arbeitsrecht Band 3, § 107 VIII 1.
[69] Vgl. zum Streitstand unter Geltung des BetrVG 1952 Hueck/Nipperdey, Lehrbuch des Arbeitsrechts, Band 2/II, 7. Auflage S. 1283 ff.
[70] Vgl. zum Streitstand unter Geltung des BetrVG 1952 Hueck/Nipperdey, Lehrbuch des Arbeitsrechts, Band 2/II, 7. Auflage, S. 1288 ff.
[71] Vgl. FESTL, BetrVG, § 77, Rn. 11.
[72] Vgl. Richardi-Richardi, BetrVG, § 77, Rn. 17.
[73] Siehe BAG vom 24.02.1987, AP Nr. 21 zu § 77 BetrVG 1972.
[74] Vgl. DKK-Berg, BetrVG, § 77, Rn. 7.
[75] Vgl. GK-Kreutz, BetrVG, § 77, Rn. 8 ff.

angesehen. Diesem Meinungsstreit über die Rechtsnatur der Betriebsvereinbarung wird zwar grundsätzlich keine große praktische Bedeutung beigemessen[76]. Für den Untersuchungsgegenstand gewinnt diese Frage aber insofern an Relevanz, als sich aus den beiden Ansichten differierende Voraussetzungen für die Fortgeltung von Betriebsvereinbarungen ergeben. So unterscheiden sich die Ansichten bei einem Betriebsübergang gemäß § 613a BGB in ihrer Begründung für die Bindung des erwerbenden Rechtsträgers an vom veräußernden Rechtsträger abgeschlossene Betriebsvereinbarungen.

a) Meinungsstand

Nach der Satzungstheorie stellt die Betriebsvereinbarung eine durch übereinstimmende, parallele Beschlüsse der Organe der Betriebsverfassung zustande kommende Normenordnung, mithin eine autonome Satzung für den Betrieb dar[77]. Mit der Betriebsvereinbarung kann nur objektives Recht gesetzt werden, schuldrechtliche Abreden zwischen Arbeitgeber und Betriebsrat sind nicht möglich[78]. Hinsichtlich der Frage der Fortgeltung von Betriebsvereinbarungen bei einer rechtsgeschäftlichen Betriebsübernahme hat diese Ansicht die Konsequenz, dass der Fortbestand der „Satzung Betriebsvereinbarung" unabhängig von den jeweiligen Vertragsparteien ist[79].

Dagegen kommt nach der heute ganz überwiegend vertretenen Vertragstheorie die Betriebsvereinbarung als privatrechtlicher Vertrag i.S.d. §§ 145 ff. BGB zustande[80]. Das Bundesarbeitsgericht bezeichnet die Betriebsvereinbarung als privatrechtlichen Normenvertrag[81]. Für den Untersuchungsgegenstand bedeutet diese vertragsrechtliche Sichtweise konsequenterweise, dass eine Fortgeltung von Betriebsvereinbarungen nur dann möglich ist, wenn der Betriebserwerber in die Rechtsstellung des Veräußerers einrückt. Diese aus Sicht des Privatrechts

---

[76] Vgl. FESTL, BetrVG, § 77, Rn. 14; HSWG-Worzalla, BetrVG, § 77, Rn. 4.

[77] Unter Geltung des BetrVG 1952: Herschel, RdA 1948, 47, 49; ders. RdA 1956, 161, 168 („rechtsetzende Vereinbarung"); Fitting/Krageloh, BetrVG, 1. Auflage, § 52, Rn. 7; Grell, Betriebsinhaberwechsel, S. 36; Galperin, BB 1949, S. 374, 375; Galperin/Siebert, BetrVG, 4. Auflage, § 52, Rn. 14, 19.
Unter Geltung des BetrVG 1972: Herschel, FS Küchenhoff, S. 245, 255; Nebel, S. 108 f., der Arbeitgeber und Arbeitnehmer als „Betriebsverband" ansieht, in dem Betriebsvereinbarungen als Satzung zustande kommen.

[78] Vgl. Dietz, FS Sitzler, S. 131, 138.

[79] Vgl. Kunze, RdA 1976, 31, 32.

[80] Vgl. GK-Kreutz, BetrVG, § 77, Rn. 35; FESTL, BetrVG, § 77, Rn.13; Galperin/Löwisch, Betriebsverfassungsrecht, Band 1, 5. Auflage, vor § 1 Rn. 41, die die in der Vorauflage vertretene Ansicht aufgeben und ausführen, es sei unter Berücksichtigung der Rechtsentwicklung nun nicht mehr möglich, die Betriebsvereinbarung „verbandsrechtlich zu deuten"; von Hoyningen-Huene, Betriebsverfassungsrecht, S. 221; Richardi-Richardi, BetrVG, § 77, Rn. 24; Travlos-Tzanetatos, Regelungsbefugnis der Betriebspartner, S. 57.

[81] Siehe BAG vom 16.09.1986, NZA 1987, S. 168, 169.

nicht ganz unbedenkliche Drittwirkung[82] wird von der herrschenden Auffassung davon abhängig gemacht, ob die Identität des Betriebs gewahrt bleibt[83].

b) Stellungnahme

Auf den ersten Blick liegt es nahe, sich der Satzungstheorie anzuschließen, um die Schwierigkeiten des Vertragsrechts von vornherein auszuklammern[84]. Dieses Vorgehen beruht jedoch auf der realitätsfernen Annahme, Arbeitgeber und Betriebsrat seien Organe eines übergeordneten Betriebsverbandes[85]. In der Praxis kommt der Abschluss von Betriebsvereinbarungen aber meist nach langwierigen Verhandlungen zwischen den Betriebspartnern zustande. Gerade diese Verhandlungen, die zu einem Ausgleich des Interessengegensatzes zwischen Arbeitgeber und Betriebsrat führen, sprechen für einen Vertragsschluss im Sinne des §§ 145 ff. BGB[86]. Die in der amtlichen Überschrift des § 77 BetrVG verwendete Formulierung „Durchführung gemeinsamer Beschlüsse“ kann gleichfalls nicht als Fingerzeig des Gesetzgebers in Richtung Satzungstheorie verstanden werden. Da in Abs. 1 Satz 1 dieser Norm von „Vereinbarungen“ die Rede ist, wird die Überschrift als Redaktionsfehler des Gesetzgebers aufgefasst[87]. Zudem spricht die in § 77 Abs. 5 BetrVG enthaltene Kündigungsregelung für die Vertragstheorie. Kündigungen beenden typischerweise vertragliche Dauerschuldverhältnisse, nicht aber Satzungen[88].

Es ist somit festzustellen, dass die Betriebsvereinbarung grundsätzlich – abgesehen vom Fall der Ersetzung durch einen Spruch der Einigungsstelle als „Vertragsersatz“ – mittels Vertragsschlusses zwischen Arbeitgeber und Betriebsrat zustande kommt.

3. Inhalt

a) Normativer Teil

Die Betriebsvereinbarung kann normative Regelungen über Inhalt, Abschluss und Beendigung von Arbeitsverhältnissen sowie über betriebliche und betriebsverfassungsrechtliche Fragen treffen[89]. § 77 Abs. 4 Satz 1 BetrVG bestimmt, dass diese Regelungen „unmittelbar und zwingend“ gelten. Unmittelbare Gel-

---

[82] Vgl. Rieble, FS Wiese, S. 453, 465.
[83] Vgl. Richardi-Richardi, BetrVG, § 77, Rn. 213; siehe unten 3. Teil, A.I.1.
[84] Vgl. Rieble, Sonderbeilage zu NZA Heft 16/2003, S. 62, 68.
[85] Vgl. Bracker, Betriebsübergang und Betriebsverfassung, S. 69.
[86] Vgl. Gussen/Dauck, Weitergeltung, S. 57.
[87] Vgl. Richardi-Richardi, BetrVG, § 77, Rn. 4; Hromadka/Maschmann, Arbeitsrecht Band 2, § 16 Rn. 353 ff.
[88] Vgl. HSWG-Worzalla, BetrVG, § 77, Rn. 6.
[89] Vgl. FESTL, BetrVG, § 77, Rn. 45.

tung bedeutet, dass sie unabhängig vom Willen und der Kenntnis der Vertragspartner von außen auf die Arbeitsverhältnisse einwirken, ohne zugleich zum Bestandteil des Arbeitsvertrages zu werden[90]. Zwingende Wirkung heißt, dass von ihnen, sofern sie nicht nach dem Willen der Betriebspartner ausnahmsweise dispositiven Charakter haben, nicht zuungunsten der Arbeitnehmer durch anderweitige Absprachen der Arbeitsvertragsparteien abgewichen werden kann[91].

b) Schuldrechtlicher Teil

Ob neben normativen auch schuldrechtliche Absprachen zwischen den Betriebspartnern Bestandteil einer Betriebsvereinbarung sein können, ist umstritten. Vereinzelt wird dies unter Hinweis auf den Wortlaut des § 77 Abs. 4 Satz 1 BetrVG, der im Unterschied zu § 1 Abs. 1 TVG darauf hindeute, dass Betriebsvereinbarungen stets und im ganzen unmittelbar und zwingend gelten, verneint[92]. Da aber auch nach dieser Auffassung schuldrechtliche Abreden zwischen den Betriebsparteien in Gestalt von sog. Betriebsabsprachen möglich sein sollen[93], erscheint diese Interpretation des Gesetzeswortlauts zu eng. Die überwiegende Ansicht[94] geht daher zutreffend davon aus, dass Betriebsvereinbarungen neben normativen auch schuldrechtliche Regelungen enthalten können, wobei letztere keine unmittelbare Drittwirkungen für die Arbeitnehmer entfalten.

4. Beendigung

Inwiefern mit Betriebsübergängen und unternehmensinternen Umstrukturierungen als bloße Nebenfolge eine Beendigung von Betriebsvereinbarungen verbunden ist, wird im 3. und 4. Teil der Arbeit erörtert. Im Überblick werden nun die wichtigsten Maßnahmen und Umstände besprochen, die sich originär auf die Beendigung von Betriebsvereinbarungen richten. Auch diese können im Zusammenhang mit dem Untersuchungsgegenstand auftreten.

a) Kündigung

Der Hauptfall des Ablaufs der Betriebsvereinbarung ist die Kündigung[95]. Sie bedarf grundsätzlich keines sachlichen Grundes[96]. Gemäß § 77 Abs. 5 BetrVG

---

90 Siehe BAG vom 21.09.1989, AP Nr. 43 zu § 77 BetrVG 1972; GK-Kreutz, § 77, Rn. 165 ff.

91 Vgl. FESTL, BetrVG, § 77, Rn. 126.

92 Vgl. GK-Kreutz, BetrVG, § 77, Rn. 187; ders. Betriebsautonomie, S. 44 ff.; Birk, ZfA 1986, S. 73, 79; Hanau, RdA 1989, S. 207, 209.

93 Vgl. GK-Kreutz, BetrVG, § 77, Rn. 189.

94 Vgl. FESTL, BetrVG, § 77, Rn. 50; von Hoyningen-Huene, Betriebsverfassungsrecht, § 11 III 4; Richardi, ZfA 1992, S. 307, 322 f.; Heinze, NZA 1994, S. 580, 582.

95 Vgl. FESTL, BetrVG, § 77, Rn. 144.

96 Siehe BAG vom 17.08.1999, AP Nr. 79 zu § 77 BetrVG 1972.

kann die Betriebsvereinbarung bei Fehlen einer anderweitigen Vereinbarung mit einer Frist von drei Monaten gekündigt werden. Eine außerordentliche Kündigung, die nicht abbedungen werden kann[97], kommt in Betracht, wenn dazu ein wichtiger Grund vorliegt und die Bindung an die Betriebsvereinbarung bis zum Ablauf der Kündigungsfrist nicht zugemutet werden kann[98].

b) Zeitablauf

Entsprechend allgemeinen Grundsätzen endet eine befristete Betriebsvereinbarung mit Ablauf der Zeit, für die sie abgeschlossen ist. Eines sachlichen Grundes bedarf es für die Wirksamkeit der Befristung nicht[99]. Nach dem Ende der Laufzeit tritt im Bereich der erzwingbaren Mitbestimmung eine Nachwirkung gemäß § 77 Abs. 6 BetrVG ein.

c) Zweckerreichung

Die Betriebsvereinbarung endet ferner mit Zweckerreichung, wenn sie zu einem bestimmten Zweck abgeschlossen worden ist[100]. Hierzu gehört beispielsweise die Vereinbarung eines Sozialplans aus Anlass einer bevorstehenden Betriebsänderung gemäß §§ 111 ff. BetrVG. Mangels abweichender ausdrücklicher Vereinbarung der Betriebspartner endet die Geltung eines solchen Sozialplans mit Abschluss der Realisierung der Betriebsänderung.

d) Einigung der Betriebspartner

Die Beendigung der Betriebsvereinbarung kann auch durch eine Einigung der Betriebspartner herbeigeführt werden.

aa) Aufhebungsvertrag

Den Betriebsparteien steht es jederzeit frei, eine Betriebsvereinbarung durch Vertrag aufzuheben. Vereinzelt wird unter Hinweis auf die Formfreiheit der Kündigung vertreten, hier genüge bereits eine formlose Regelungsabrede[101]. Das Bundesarbeitsgericht hat diese Frage bislang ausdrücklich offen gelassen[102]. Überwiegend wird vertreten, als actus contrarius zur Betriebsvereinbarung bedürfe auch der Aufhebungsvertrag der Schriftform des § 77 Abs. 2 BetrVG[103]. Dem

---

[97] Siehe BAG vom 17.01.1995, AP Nr. 7 zu § 77 BetrVG 1972 Nachwirkung.
[98] Siehe BAG vom 28.04.1992, AP Nr. 11 zu § 50 BetrVG 1972.
[99] Siehe BAG vom 19.06.2001, EzA Nr. 67 zu § 77 BetrVG 1972.
[100] Siehe BAG vom 25.08.1983, AP Nr. 7 zu § 77 BetrVG 1972.
[101] Vgl. Schaub BB 1995, S. 1639.
[102] Siehe BAG vom 20.11.1990, EzA Nr. 37 zu § 77 BetrVG 1972.
[103] Vgl. GK-Kreutz, BetrVG, § 77, Rn. 355; FESTL, BetrVG, § 77, Rn. 143; Stege/Weinspach/Schiefer, BetrVG, § 77, Rn. 39.

ist zuzustimmen. Da der Regelungsabrede anders als der Betriebsvereinbarung gerade keine unmittelbare und zwingende Wirkung i.S.d. § 77 Abs. 4 Satz 1 BetrVG zukommt, kann sie auch nicht deren Wirkungen beseitigen[104].

bb) Ablösung

(1) Bei Regelmandat des Betriebsrats

Nach allgemeiner Auffassung endet eine Betriebsvereinbarung, soweit sie durch eine den gleichen Regelungsgegenstand betreffende neue Betriebsvereinbarung ersetzt wird[105]. Zur Begründung dieser Ablösung wird auf die für ranggleiche Gestaltungsfaktoren geltende Zeitkollisionsregel „lex posterior derogat legi priori" verwiesen[106]. Zwischen den Betriebsvereinbarungen greift das Günstigkeitsprinzip nicht ein, so dass die ablösende im Vergleich zur bisherigen Betriebsvereinbarung auch Regelungen zuungunsten der Arbeitnehmer vorsehen kann[107]. Die Ablösung einer Betriebsvereinbarung durch eine nachfolgende Regelungsabrede muss - wie bei der Beendigung durch Aufhebungsvertrag – ausscheiden, da die Regelungsabrede keine normative Wirkung auf den Inhalt der Arbeitsverhältnisse entfaltet und sie daher nicht die normative Wirkung von Betriebsvereinbarungen beseitigen kann[108].

(2) Bei Übergangsmandat des Betriebsrats gemäß § 21a BetrVG

Umstritten ist dagegen, ob ein Betriebsrat auch während des Übergangsmandats dazu legitimiert ist, eine (ablösende) Betriebsvereinbarung zu schließen.

Vereinzelt wird dies in Abrede gestellt[109]. Zur Begründung wird hierzu angeführt, aufgrund der fehlenden demokratischen Legitimation des Übergangsbetriebsrats durch die Belegschaft des neuen Betriebs sei der Abschluss neuer Betriebsvereinbarungen nicht gerechtfertigt[110]. Das Übergangsmandat könne nicht als Vollmandat mit umfassender Rechtsetzungskompetenz angesehen werden. Sinn und Zweck des Übergangsmandats gebiete eine Einschränkung auf solche Angelegenheiten, die in direktem Zusammenhang mit der das Übergangsmandat

---

[104] Vgl. HSWG-Worzalla, BetrVG, § 77, Rn. 218.
[105] Siehe BAG vom 10.08.1994, AP Nr. 86 zu § 112 BetrVG; MünchArbR-Matthes, § 328, Rn. 37.
[106] Vgl. Richardi-Richardi, BetrVG, § 77, Rn. 176; Schaub BB 1995, S. 1639.
[107] Siehe BAG vom 17.03.1987, AP Nr. 9 zu § 1 BetrAVG Ablösung; FESTL, BetrVG, § 77, Rn. 143.
[108] Siehe BAG vom 27.06.1985, AP Nr. 14 zu § 77 BetrVG 1972; bestätigt durch BAG vom 20.11.1990, AP Nr. 37 zu § 77 BetrVG.
[109] Vgl. Stege/Weinspach/Schiefer, BetrVG, § 21a, Rn. 10 f.; Heinze, ZfA 1997, S. 1, 10 ff.; Feudner BB 1996, S. 1934 ff.
[110] Vgl. Heinze, ZfA 1997, S. 1, 10.

auslösenden Umstrukturierung stünden[111]. Betriebsverfassungsrechtliche Akte wie Betriebsvereinbarungen, die in die Zukunft gerichtet seien, könnten daher nicht vom Übergangsmandat erfasst sein[112].

Diese beiden Argumente überzeugen nicht. Bei einer Betriebsspaltung im Sinne des § 21a Abs. 1 BetrVG ist die demokratische Legitimation des übergangsweise mandatierten Betriebsrats bereits deshalb unproblematisch gegeben, weil die vertretenen Arbeitnehmer vor der Umstrukturierung ein und demselben Betrieb angehörten. In diesem Betrieb wurde der nun das Übergangsmandat ausübende Betriebsrat gewählt. Differenzierter muss die Situation aber nach einer Zusammenfassung von Betrieben oder Betriebsteilen im Sinne des § 21a Abs. 2 BetrVG betrachtet werden. In diesem Fall kommt es insofern zu einem Fehlen der demokratischen Legitimation, als zwangsläufig auch Arbeitnehmer vertreten werden, die an der Wahl des das Übergangsmandat wahrnehmenden Betriebsrats nicht beteiligt waren[113]. Diese mangelnde demokratische Legitimation wird jedoch durch die Kompetenzzuweisung des § 21a Abs. 2 Satz 1 BetrVG kompensiert. Der Betriebsrat wird hierdurch per Gesetz legitimiert, übergangsweise sämtliche Arbeitnehmer des neu entstandenen Betriebs zu vertreten. Diese zeitweise Verdrängung des Prinzips der demokratischen Legitimation ist angesichts der zeitlichen Beschränkung gemäß § 21a Abs. 1 Satz 3 bzw. 4 auf maximal 6 bzw. 12 Monate und der alsbaldigen Durchführung von Betriebsratswahlen in den neugeschaffenen Einheiten nicht zu beanstanden[114].

Darüber hinaus ist es mit dem Willen des Gesetzgebers unvereinbar, das Übergangsmandat inhaltlich zu beschränken. Mit dem Übergangsmandat des Betriebsrats sollen Schutzlücken gefüllt werden, die bei betrieblichen Organisationsänderungen in der Übergangsphase entstehen können[115]. Hierzu gehört ein vollwertiges Betriebsratsmandat, welches zur Wahrnehmung aller Mitwirkungs- und Mitbestimmungsrechte, insbesondere zum Abschluss von Betriebsvereinbarungen befugt[116].

[111] Vgl. Feudner BB 1996, S. 1934, 1936.
[112] Vgl. Stege/Weinspach/Schiefer, BetrVG, § 21a, Rn. 10.
[113] Zum Streit, ob ein Übergangsmandat auch bei Betriebsratslosigkeit der größeren Einheit in Betracht kommt, siehe exemplarisch FESTL, BetrVG, § 21a, Rn. 19 (zustimmend) und WHSS-Hohenstatt, Umstrukturierung und Übertragung von Unternehmen, D 82 ff. (ablehnend).
[114] Vgl. FESTL, BetrVG, § 21a, Rn. 18; Lutter-Joost, UmwG, § 321, Rn. 24.
[115] Siehe BT-Drs. 14/5741, S. 39; ebenso zu § 321 UmwG BT-Drs. 12/6699, S. 174.
[116] Vgl. Richardi-Thüsing, BetrVG, § 21 a BetrVG, Rn. 16; BKMT-Bachner, Handbuch Arbeitsrecht bei Unternehmensumwandlung und Betriebsübergang, D 46.

Es ist somit festzustellen, dass der Betriebsrat auch während des Übergangsmandats zum Abschluss von ablösenden Betriebsvereinbarungen befugt ist[117]. Auf die hiervon zu trennende Problematik der Fortgeltung von Betriebsvereinbarungen in Anlehnung an das Übergangsmandat wird im vierten Teil der Arbeit[118] eingegangen.

III. Gesamtbetriebsvereinbarung

1. Vorbemerkung/Begriff

Gemäß § 1 BetrVG knüpft die Mitbestimmung der Arbeitnehmer an den Betrieb an. In Unternehmen mit mehreren Betrieben werden jedoch viele wichtige Entscheidungen nicht in den Betrieben, sondern auf der Unternehmensebene getroffen. Daher wird eine auf die betriebliche Ebene beschränkte Mitbestimmung den Interessen der Belegschaft nicht hinreichend gerecht. § 47 Abs. 1 BetrVG ordnet aus diesem Grund für Unternehmen mit mehreren Betriebsräten zwingend die Errichtung eines Gesamtbetriebsrats als Arbeitnehmervertretung auf Unternehmensebene an. Die Bildung des Gesamtbetriebsrats liegt folglich nicht im Ermessen der örtlichen Betriebsräte. Von § 47 BetrVG kann nur dann abgewichen werden, soweit ausdrücklich ein Abweichen mittels Tarifvertrag oder Betriebsvereinbarung vorgesehen ist[119]. Der freiwillige Zusammenschluss mehrerer Betriebsräte eines Unternehmens oder mehrerer Unternehmen eines Konzerns zu Arbeitsgemeinschaften oder ähnlichen Einrichtungen ist betriebsverfassungsrechtlich ohne Belang[120]. Derartigen Gremien fehlt die Kompetenz, um in die Zuständigkeit eines Gesamtbetriebsrats einzugreifen oder um bindende Beschlüsse zu fassen[121].

Hinsichtlich des Bestehens mehrerer Betriebe ist deren betriebsverfassungsrechtliche Selbständigkeit ausreichend[122]. Ein Gesamtbetriebsrat ist bereits dann zu bilden, wenn es sich lediglich um Betriebsteile handelt, die die Voraussetzungen des § 4 Abs. 1 Satz 1 erfüllen oder wenn Organisationseinheiten nach § 3 Abs. 5 als Betriebe im Sinne des BetrVG gelten[123]. Mangels Existenz mehrerer Betriebe im Sinne des Gesetzes ist jedoch kein Gesamtbetriebsrat zu errichten,

---

[117] Ebenso ErfKom-Eisemann, § 21a BetrVG, Rn. 5; GK-Kreutz, BetrVG § 21a, Rn. 38; Löwisch/Schmidt-Kessel, BB 2001, S. 2162, 2163; Rieble, NZA 2002, S. 233, 235; Lepper/Wiesinger, AuA 2002, S. 204, 205; Gaul/Kühnreich, NZA 2002, S. 495, 499.
[118] Siehe unten 4. Teil, C.II.2.a).
[119] Vgl. DKK-Trittin, BetrVG, § 47, Rn. 3; Löwisch/Kaiser, BetrVG, § 47, Rn. 11.
[120] Vgl. ErfKom-Eisemann, § 47 BetrVG, Rn. 1a.
[121] Vgl. FESTL, BetrVG, § 47, Rn. 4; DKK-Trittin, BetrVG, § 47, Rn. 4.
[122] Siehe BAG vom 05.12.1975, AP Nr. 1 zu § 47 BetrVG 1972.
[123] Vgl. Richardi-Annuß, BetrVG, § 47, Rn. 4.

wenn ein unternehmenseinheitlicher Betriebsrat gemäß § 3 Abs. 1 Nr. 1a BetrVG gebildet worden ist[124].

Der Begriff des Unternehmens als Bezugspunkt für die Mitbestimmung durch den Gesamtbetriebsrat wird vom BetrVG nicht definiert, sondern als gegeben vorausgesetzt. Rechtsprechung[125] und Literatur[126] verstehen hierunter eine organisatorische Einheit, mit der der Unternehmer seine wirtschaftlichen oder ideellen Ziele verfolgt. Dabei ist zu beachten, dass die Errichtung eines Gesamtbetriebsrats nur insoweit möglich ist, wie der Träger des Unternehmens eine rechtliche Einheit bildet[127]. Eine nur wirtschaftliche Verflechtung von Betrieben genügt daher nicht.

Aus der Bezugnahme in § 51 Abs. 5 auf § 77 BetrVG ergibt sich die Befugnis des Gesamtbetriebsrats zum Abschluss von Betriebsvereinbarungen. Der Begriff „Gesamtbetriebsvereinbarung" findet im Gesetz keine ausdrückliche Erwähnung. Gleichwohl werden die im Rahmen der gesetzlichen Zuständigkeit nach § 50 Abs. 1 BetrVG abgeschlossenen Betriebsvereinbarungen zutreffend als „Gesamtbetriebsvereinbarungen" bezeichnet[128]. Demgegenüber handelt es sich bei Vereinbarungen, die der Gesamtbetriebsrat auf Grund einer Delegation nach § 50 Abs. 2 BetrVG mit dem Arbeitgeber abschließt, um „Betriebsvereinbarungen". Diese Unterscheidung hat insbesondere Relevanz hinsichtlich des Kündigungsrechts. Zur Kündigung von Gesamtbetriebsvereinbarungen ist allein der Gesamtbetriebsrat berufen, während von ihm im Rahmen des § 50 Abs. 2 BetrVG abgeschlossene Betriebsvereinbarungen nur von den Einzelbetriebsräten gekündigt werden können, sofern nicht der Gesamtbetriebsrat zur Kündigung ermächtigt ist[129].

---

[124] Vgl. HSWG-Glock, BetrVG, § 47, Rn. 13.

[125] Siehe BAG vom 17.01.1978, AP Nr. 1 zu § 1 BetrVG 1972; BAG vom 07.08.1986, AP Nr. 5 zu § 1 BetrVG 1972; BAG vom 05.03.1987, AP Nr. 30 zu § 15 KSchG 1969.

[126] Vgl. FESTL, BetrVG, § 1, Rn. 145; Richardi-Richardi, BetrVG, § 1, Rn. 51; Löwisch/Kaiser, BetrVG, § 47, Rn. 3.

[127] Siehe BAG vom 29.11.1989, AP Nr. 3 zu § 10 ArbGG 1979; BAG vom 09.08.2000, AP Nr. 9 zu § 47 BetrVG 1972; GK-Kreutz, BetrVG, § 47, Rn. 13; ErfKom-Eisemann, § 47 BetrVG, Rn. 5; FESTL, BetrVG, § 47, Rn. 11.

[128] Vgl. DKK-Trittin, BetrVG, § 50, Rn. 11; HSWG-Glock, BetrVG, § 50, Rn. 50; FESTL, BetrVG, § 50, Rn. 67; Richardi-Annuß, BetrVG, § 50, Rn. 69; ErfKom-Eisemann, § 50, Rn. 8.

[129] Vgl. Richardi-Annuß, BetrVG, § 50, Rn. 69; ErfKom-Eisemann, § 50, Rn. 11; DKK-Trittin, BetrVG, § 50, Rn. 74.

2. Zuständigkeit des Gesamtbetriebsrats

a) Gemäß § 50 Abs. 1 BetrVG

aa) Überbetriebliche Angelegenheiten und keine betriebliche Regelungsmöglichkeit

Der Gesamtbetriebsrat ist gemäß § 50 Abs. 1 Satz 1 BetrVG zuständig für die Behandlung von Angelegenheiten, die das Gesamtunternehmen oder mehrere Betriebe betreffen und nicht durch die einzelnen Betriebsräte innerhalb ihrer Betriebe geregelt werden können. Nach Auffassung der überwiegenden Rechtsprechung[130] und der herrschenden Literaturmeinung[131] schließen sich die originären Mitbestimmungsrechte des Gesamtbetriebsrats und der Einzelbetriebsräte gegenseitig aus. Die Abgrenzung der Mitbestimmungsrechte kann sich im Einzelfall schwierig gestalten. Dem Arbeitgeber ist gleichwohl eine Klärung der Zuständigkeitsfrage vorab zu empfehlen, da er andernfalls etwa das Risiko trägt, dass der von ihm gemäß § 112 Abs. 2 BetrVG zu unternehmende Versuch eines Interessenausgleichs als unzureichend gewertet wird[132].

Es muss stets das Erfordernis einer betriebsübergreifenden Regelung vorliegen[133]. Dies ist desto eher der Fall, je weniger ein Regelungsgegenstand mit den Besonderheiten des einzelnen Betriebs zu tun hat[134].

bb) Betriebsratslose Betriebe

Durch den mit dem Betriebsverfassungsreformgesetz 2001 eingefügten § 50 Abs. 1 Satz 1 2. HS BetrVG ist nunmehr klar gestellt, dass sich die Zuständig-

[130] Siehe BAG vom 06.04.1976, AP Nr. 2 zu § 50 BetrVG 1972; LAG Düsseldorf vom 04.03.1992, NZA 1992, S. 613; a.A. LAG Nürnberg, 21.09.1992, LAGE Nr. 23 zu § 98 ArbGG 1979, wonach Einzelbetriebsräte zuständig bleiben, wenn der Gesamtbetriebsrat von seiner Zuständigkeit keinen Gebrauch macht.

[131] Vgl. ErfKom-Eisemann, § 50 BetrVG, Rn. 2; GK-Kreutz, BetrVG, § 50, Rn. 18; HSWG-Glock, BetrVG, § 50, Rn. 8; Richardi-Annuß, BetrVG, § 50, Rn. 46; Löwisch/Kaiser, BetrVG, § 50, Rn. 10; zustimmend nur für Fälle der zwingenden Mitbestimmung FESTL, BetrVG, § 50, Rn. 10 sowie noch Richardi-Richardi, BetrVG, 7. Auflage, § 50, Rn. 32; kritisch DKK-Trittin, BetrVG, § 50, Rn. 12, der auf den Gesetzeszweck verweist: Mit der zwingenden Errichtung eines Gesamtbetriebsrats sollen Mitbestimmungslücken geschlossen, aber keine neuen aufgerissen werden, wenn pflichtwidrig kein Gesamtbetriebsrat gebildet wird oder der Gesamtbetriebsrat sein Mitbestimmungsrecht nicht ausübt.

[132] Siehe BAG vom 24.01.1996, AP Nr. 16 zu § 50 BetrVG 1972; FESTL, BetrVG, § 50, Rn. 13.

[133] Siehe BAG vom 14.12.1999, AP Nr. 104 zu § 87 BetrVG 1972 Lohngestaltung; BAG vom 11.12.2001, AP Nr. 22 zu § 50 BetrVG 1972; BAG vom 15.01.2002, AP Nr. 23 zu § 50 BetrVG 1972.

[134] Vgl. MünchArbR-Joost, § 313, Rn. 54.

keit des Gesamtbetriebsrats auch auf Betriebe ohne Betriebsrat erstreckt. Intention des Gesetzgebers war es, die in diesen Betrieben beschäftigte Belegschaft in überbetrieblichen Angelegenheiten nicht anderes zu behandeln als die Belegschaft mit Einzelbetriebsrat[135].

b) Gemäß § 50 Abs. 2 BetrVG

Darüber hinaus ermöglicht § 50 Abs. 2 BetrVG den Betriebsräten, durch Beauftragung die Zuständigkeit des Gesamtbetriebsrats in Angelegenheiten zu begründen, die an sich in die Zuständigkeit des einzelnen Betriebsrats fallen. Durch Delegation auf den Gesamtbetriebsrat kann auf diese Weise eine betriebsübergreifende oder unternehmenseinheitliche Regelung in Angelegenheiten geschaffen werden, in denen dies zweckmäßig, nicht aber unbedingt erforderlich erscheint[136].

3. Wirkungsweise

Die Normen einer Gesamtbetriebsvereinbarung haben die gleiche Rechtswirkung wie die Normen einer Betriebsvereinbarung zwischen dem Arbeitgeber und dem Betriebsrat eines Einzelbetriebs[137]. Dies bedeutet, dass Gesamtbetriebsvereinbarungen gemäß §§ 51 Abs. 5, 77 Abs. 4 Satz 1 BetrVG unmittelbar und zwingend auf alle im Unternehmen bzw. auf alle in den betreffenden Betrieben bestehenden Arbeitsverhältnisse einwirken[138]. Im Falle der Delegation gemäß § 50 Abs. 2 BetrVG gelten die vom Gesamtbetriebsrat geschlossenen Betriebsvereinbarungen unmittelbar und zwingend für den auftragerteilenden Betriebsrat und die Arbeitnehmer dieses Betriebs.

B. Betriebsübergang

I. Einordnung von Betriebsübergängen

Unter den Begriff „Umstrukturierungen“ fallen alle juristisch relevanten Veränderungen am und im Unternehmen, die nicht zum laufenden Geschäftsbetrieb gehören, sondern den rechtlichen Status des Unternehmens, seiner Gesellschafter, Organe oder Arbeitnehmer berühren[139]. Dabei ist grundlegend zwischen unternehmensübergreifenden und unternehmensinternen Umstrukturierungen zu

[135] Siehe BT-Drs. 14/5741, S. 42.
[136] Vgl. FESTL, BetrVG, § 50, Rn. 62; Löwisch/Kaiser, BetrVG, § 50, Rn. 16; DKK-Trittin, BetrVG, § 50, Rn. 63.
[137] Vgl. Richardi-Annuß, BetrVG, § 50, Rn. 70.
[138] Vgl. zum Umgang mit vor Inkrafttreten des § 50 Abs. 1 Satz 1 2. HS BetrVG abgeschlossenen Gesamtbetriebsvereinbarungen Däubler, DB 2001, S. 1669, 1670.
[139] Vgl. Plander, NZA 2000, S. 393.

unterscheiden. Betriebs(-teil)übergänge gemäß § 613a BGB sind – neben den hier nicht zu untersuchenden Unternehmensumwandlungen nach dem UmwG – mit Veränderungen auf Rechtsträgerebene verbunden. Auf diese wird im Folgenden näher eingegangen. Sodann werden im Anschluss unternehmensinterne Umstrukturierungen vorgestellt.

II. Entwicklung des Begriffs „Betriebsübergang" durch die Rechtsprechung

1. Rechtsprechung des BAG bis 1997 / Allgemeiner Betriebsbegriff

§ 613a BGB knüpft an den Übergang eines Betriebs bzw. Betriebsteils an, ohne diese Begriffe zu definieren. Vor diesem Hintergrund bestand daher bis etwa 1997 grundsätzliche Übereinstimmung darin, auch im Rahmen des § 613a BGB den allgemeinen arbeits- bzw. betriebsverfassungsrechtlichen Betriebsbegriff anzuwenden[140]. Hiernach ist unter Betrieb eine organisatorische Einheit zu verstehen, innerhalb derer ein Unternehmer allein oder in Gemeinschaft mit seinen Mitarbeitern bestimmte arbeitstechnische Zwecke fortgesetzt verfolgt[141]. Konsequent hat das BAG hat einen Betriebsübergang daher stets verneint, wenn eine bloße Funktion übertragen wird[142]. Dies gelte auch für öffentliche Arbeitgeber[143]. Die übergehenden Arbeitnehmer blieben für die Beurteilung des Vorliegens eines Betriebsübergangs außer Betracht. Das BAG stellte unter Berufung auf das sog. „Konfusionsargument" fest, der Übergang der Arbeitsverhältnisse gehöre zur Rechtsfolgenseite des § 613a BGB und müsse daher auf Tatbestandsseite unberücksichtigt bleiben[144]. Allerdings ist das BAG hiervon in jüngerer Vergangenheit etwas abgerückt, indem es in der Übernahme von Arbeitnehmern zumindest ein Indiz für das Vorliegen eines Betriebsübergangs gesehen hat[145].

Ingesamt gesehen hat sich der Betriebsbegriff bei § 613a BGB aber erheblich von demjenigen im Betriebsverfassungsgesetz und im Kündigungsschutzgesetz

---

[140] Siehe BAG vom 16.10.1987, AP Nr. 69 zu § 613a BGB; BAG vom 04.03.1993, NZA 1994, S. 260, 264.

[141] Siehe BAG vom 21. 01.1988, AP Nr. 72 zu § 613a BGB; Seiter, Betriebsinhaberwechsel, S. 49; zurück geht der Begriff auf Jacobi, Grundlehren des Arbeitsrechts, S. 286: „Dabei ist unter Betrieb die Vereinigung von persönlichen, sachlichen und immateriellen Mitteln zur fortgesetzten Verfolgung eines von einem Rechtssubjekt oder mehreren Rechtssubjekten gemeinsam gesetzten technischen Zwecks zu verstehen, unter Unternehmen die Vereinigung von persönlichen, sachlichen oder immateriellen Mitteln durch das von einem Rechtssubjekt oder von mehreren Rechtssubjekten gemeinsam verfolgten Ziel, ein bestimmtes Bedürfnis zu befriedigen." Das RG legt diesen Betriebsbegriff zugrunde, vgl. Urteil vom 06.02.1923, RGZ 106, S. 272, 275.

[142] Siehe BAG vom 29.09.1988, AP Nr. 76 zu § 613a BGB.

[143] Siehe BAG vom 20.03.1996, AP Nr. 24 zu Art. 13 Einigungsvertrag.

[144] Siehe BAG vom 27.09.1984, AP Nr. 39 zu § 613a BGB.

[145] Siehe BAG vom 29.03.1993, AP Nr. 104 zu § 613a BGB.

entfernt[146]. Das BAG hat in seiner Rechtsprechung zu § 613a BGB im Wesentlichen eine Dreiteilung herausgearbeitet. Hierbei handelt es sich um die Fallgruppen Dienstleistungs- und Handelsbetriebe, Produktionsbetriebe und Mischbetriebe.

Im Bereich der Dienstleistungs- und Produktionsbetriebe richtet das BAG das Augenmerk auf den Übergang von „know how" und „good will". Entscheidend sei der Übergang immaterieller Betriebsmittel wie Geschäftsbeziehungen, Kundenstamm oder Kundenlisten[147]. Es komme weniger darauf an, ob technische Hilfsgeräte wie Fotokopierer und EDV-Anlagen übernommen werden. Zum Übergang eines Einzelhandelsgeschäftes gehöre folglich der Übergang der Geschäftsräume, der Kunden, der Betriebsform und die Beibehaltung eines im Wesentlichen gleichen Sortiments[148].

Bei der Fallgruppe Produktionsbetriebe sieht das BAG den Schwerpunkt in der Übernahme von Betriebsmitteln wie Einrichtungsgegenständen und Schutzrechten. Entscheidend sei, dass der neue Inhaber die Möglichkeit habe, den Betrieb fortzuführen[149]. Ob dies nach Erlangung der Fortführungsmöglichkeit dann auch tatsächlich geschehe, sei ohne Bedeutung[150].

Bei Mischbetrieben nimmt das BAG eine Gesamtwürdigung vor. Zu beurteilen sei die Vergleichbarkeit der unternehmerischen Aktivität vor und nach dem Übergang sowie die Übertragung von Vermögensgegenständen, des Kundenstamms und der Belegschaft[151]. Ein Betriebsübergang sei danach zu verneinen, wenn ein Vertrag mit einem Auftragsgeber ende und der Auftraggeber mit einem anderen Auftragnehmer den gleichen Vertrag abschließt, ohne dass Betriebsmittel von dem ersten auf den zweiten Auftraggeber übergehen[152].

2. Rechtsprechung des EuGH / Übergang einer wirtschaftlichen Einheit

Der EuGH geht demgegenüber im Anwendungsbereich der EG-Richtlinie 77/187/EWG vom 14.02.1977[153] in ständiger Rechtsprechung von einem anderen Betriebsbegriff aus[154]. Nicht die Begriffe „Betrieb oder Betriebsteil" stehen im Vordergrund, sondern der Übergang einer wirtschaftlichen Einheit. Danach

---

[146] Vgl. Moll, RdA 1999, S. 233, 234.
[147] Siehe BAG vom 26.02.1987, AP Nr. 63 zu § 613a BGB; BAG vom 09.02.1994, NZA 1994, S. 612; BAG vom 27.07.1994, AP Nr. 118 zu § 613a BGB.
[148] Siehe BAG vom 26.02.1987, AP Nr. 63 zu § 613a BGB zum Übergang einer Konditorei.
[149] Siehe BAG vom 22.05.1985, AP Nr. 43 zu § 613a BGB.
[150] Siehe BAG vom 22.09.1994, AP Nr. 117 zu § 613a BGB.
[151] Siehe BAG vom 14.07.1994, EzA Nr. 121 zu § 613a BGB.
[152] Siehe BAG vom 29.09.1988, AP Nr. 76 zu § 613a BGB.
[153] Siehe ABl. EG Nr. L 61 = RdA 1977, S. 26.
[154] Siehe etwa EuGH vom 19.05.1992, Rs. C 29/91 („Redmond Stichting").

gilt als Übergang im Sinne dieser Richtlinie der Übergang einer ihre Identität bewahrenden wirtschaftlichen Einheit im Sinne einer organisierten Zusammenfassung von Ressourcen zur Verfolgung einer wirtschaftlichen Haupt- oder Nebentätigkeit[155]. Der EuGH hat zur näheren Konkretisierung des Betriebsübergangs eine *Sieben-Punkte-Prüfung* entwickelt[156]. In einer Gesamtbetrachtung sind die Art des betreffenden Betriebs oder Unternehmens, der Grad der Ähnlichkeit zwischen den vor und nach dem Übergang verrichteten Tätigkeiten, die Arbeitsorganisation, die Betriebs- bzw. Produktionsmethoden, die immateriellen und materiellen Betriebsmittel, die Übernahme der Hauptbelegschaft und die Unterbrechung der Betriebstätigkeit zu berücksichtigen. Den maßgeblichen Kriterien kommt notwendigerweise je nach der ausgeübten Tätigkeit und nach den Produktions- und Betriebsmethoden, die in dem betreffenden Unternehmen, Betrieb oder Betriebsteil angewendet werden, unterschiedliches Gewicht zu[157].

Der vom EuGH gewählte Ansatz kann, muss jedoch nicht zu anderen Ergebnissen führen als die Rechtsprechung des BAG. Nachdem in den 80er und in der ersten Hälfte der 90er Jahre beide Gerichte ohne größeres Aufsehen das Vorliegen eines Betriebsübergangs anhand der oben erwähnten unterschiedlichen Kriterien beurteilt hatten, trat diese Diskrepanz 1994 durch das vielbeachtete Christel-Schmidt-Urteil des EuGH[158] erstmals offen zu Tage. Der EuGH hat in dieser Entscheidung die Einstellung von Reinigungsarbeiten einer Bank durch eine eigene Teilzeitkraft bei gleichzeitiger Erteilung eines Reinigungsauftrages an ein Reinigungsunternehmen als Betriebsübergang im Sinne der Richtlinie 77/187/EWG angesehen, weil hierdurch eine Dienstleistungseinrichtung unter Wahrung ihrer Identität übertragen werde. Damit wurde vom EuGH – aus Sicht der bisherigen BAG-Rechtsprechung völlig undenkbar - ausdrücklich festgestellt, dass ein Betriebsübergang auch ohne Betriebsmittel möglich ist. Dieses Urteil wurde vom deutschen Schrifttum überwiegend als zu weitgehend kritisiert[159]. In der Entscheidung Ayse Süzen[160] hat der EuGH seine Rechtsprechung dann präzisiert und klargestellt, dass die bloße Fortführung einer Tätigkeit nicht ausreiche, um den Begriff der wirtschaftlichen Einheit auszufüllen. Zentrale Bedeutung misst der EuGH dabei - im Gegensatz zur bisherigen Ansicht des BAG - der Übernahme von Personal zu.

---

155 Siehe EuGH vom 18.03.1986, Rs. C 24/85 („Spijkers").

156 Siehe EuGH vom 18.03.1986, Rs. C 24/85 („Spijkers"); EuGH vom 25.01.2001, EAS Nr. 22 zu RL 77/187/EWG Art. 1; HWK-Willemsen, Arbeitsrecht Kommentar, § 613a BGB, Rn. 93 ff.

157 Siehe EuGH vom 10.12.1998, NZA 1998, S. 189; ErfKom-Preis, § 613a BGB, Rn. 10.

158 Siehe EuGH vom 14.04.1994, AP Nr. 106 zu § 613a BGB.

159 Vgl. Henssler, NZA 1994, S. 913, 916; Buchner, DB 1994, S. 1417 ff.; Röder/Baeck, NZA 1994, S. 542 ff.; Junker, NJW 1994, S. 2527, 2528.

160 Siehe EuGH vom 11.03.1997, AP Nr. 14 zu EWG-Richtlinie Nr. 77/187 auf Vorlage des ArbG Bonn, NZA 1995, S. 311 ff.

Der vom EuGH geprägte Begriff der wirtschaftlichen Einheit ist in Art. 1 Nr. 1 b der Richtlinie 2001/23/EG des Rates vom 12.03.2001[161] übernommen worden.

Mit dem Carlito-Abler-Urteil[162] - in der Literatur als „Tendenz zurück zu Christel-Schmidt“[163] bezeichnet - hat der EuGH festgestellt, dass bei einer Nachfolge im Dienstleistungsbereich bereits der Übergang sächlicher Betriebsmittel für das Vorliegen eines Betriebsübergangs ausreichend sein kann. Im konkreten Fall ging es um eine Krankenhauskantine, die von einem Caterer betrieben worden war. Nach Kündigung des Vertragsverhältnisses mit dem bisherigen Betreiber wurde der Auftrag an ein anderes Unternehmen neu vergeben. Der EuGH hat einen Betriebsübergang bejaht, weil „unverzichtbare“ Betriebsmittel wie Räumlichkeiten, Wasser, Energie sowie Groß- und Kleininventar wie z.B. Spülmaschinen übernommen wurden. Sobald also Inventar „in beträchtlichem Umfang“ erforderlich ist, soll für einen Betriebsübergang die Übernahme dieses Inventars genügen. An „Christel-Schmidt“ erinnert die Carlito-Abler-Entscheidung insofern, als sie den Übergang der Räumlichkeiten als Grund für den Betriebsübergang heranzieht. Die Parallele besteht darin, dass auch damals eine Dienstleistung – Raumpflege – in bestimmten Räumlichkeiten vorgenommen werden musste.

3. Rechtsprechung des BAG seit 1997

In Anbetracht der konträren Rechtsprechung des EuGH vollzog der für Fragen des Betriebsübergangs ausschließlich zuständige 8. Senat des BAG im Jahr 1997 einen Kurswechsel und übertrug erstmals die EuGH-Interpretation der Richtlinie 77/187/EWG (bzw. heute Richtlinie 2001/23/EG) auf nationales Recht. Seitdem nimmt das BAG die vom EuGH vorgegebene Gesamtbetrachtung vor, um den Übergang einer wirtschaftlichen Einheit festzustellen[164]. Im Gegensatz zu vorher wird dabei nun auch der Übernahme von Personal Beachtung geschenkt[165]. In „betriebsmittelarmen und dienstleistungsorientierten“ Branchen, in denen es im wesentlichen auf die menschliche Arbeitskraft ankomme, könne eine organisierte Gesamtheit von Arbeitnehmern, die durch ihre gemeinsame Tätigkeit dauerhaft verbunden sei, durchaus eine wirtschaftliche Einheit darstellen[166]. Ebenfalls von herausragender Bedeutung ist die im Vergleich zu vorher abweichende Rechtsprechung des BAG, wonach die bloße Möglichkeit der Fortsetzung eines Betriebs durch Übernahme von Betriebsmitteln nicht genügt, um einen Betriebs-

[161] Siehe ABl. EG Nr. L 82/16.
[162] Siehe EuGH vom 20.11.2003, NZA 2003, S. 1385 ff.
[163] So Bauer, NZA 2004, S. 14, 17.
[164] Siehe BAG vom 13.02.2003, AP Nr. 24 zu § 611 BGB Organvertreter; BAG vom 20.03.2003, BB 2003, S. 1793 ff.; BAG vom 17.03.2003, AP Nr. 253 zu § 613a BGB; BAG vom 25.09.2003, AP Nr. 261 zu § 613a BGB; BAG vom 05.04.2004, FA 2004, S. 122;
[165] Siehe BAG vom 22.05.1997, NZA 1997, S. 1050, 1052.
[166] Siehe BAG vom 26.08.1999, EzA Nr. 187 zu § 613a BGB.

oder Betriebsteilübergang annehmen zu können[167]. Um einen Betriebsübergang zu bejahen, bedarf es folglich einer tatsächlichen Führung des erworbenen Betriebs (-teils) durch den Erwerber.

III. Fallgruppen

Im Folgenden werden anhand von Beispielen die einzelnen Fallgruppen des Betriebsübergangs gemäß § 613a BGB vorgestellt. Dabei ist zum einen grundlegend danach zu differenzieren, ob ein Betrieb als Ganzes oder nur ein Betriebsteil übergeht. Zum anderen ist bedeutsam, ob der Erwerber bereits eigene Betriebe hat, die mit den übernommenen Einheiten zusammengeführt werden. Ein Betriebsteilübergang kann zudem zur Bildung eines Gemeinschaftsbetriebs führen.

1. Übergang eines Betriebs als Ganzes / Einfacher Betriebsübergang

Beim sogenannten einfachen Betriebsübergang geht eine wirtschaftliche Einheit auf einen anderen Rechtsträger über. Die Identität der Organisation bleibt hiervon unberührt. Es kommt lediglich zu einer Veränderung der rechtlichen Zuordnung der Betriebsmittel.

Beispiel: *Die A-GmbH veräußert einen Betrieb an die B-GmbH, die bereits mehrere Betriebe besitzt. Bei der B-GmbH wird der Betrieb eigenständig weitergeführt.*

2. Übergang eines Betriebsteils / Fortführung als selbständiger Betrieb

Im Gegensatz zum einfachen Betriebsübergang wird der Betrieb in diesem Fall nicht als Ganzes fortgeführt. Es kommt zur Spaltung eines Betriebs. Ein daraus hervorgehender Betriebsteil geht auf ein anderes Unternehmen über und wird als selbständiger Betrieb fortgeführt.

Beispiel: *Die C-GmbH spaltet ihren Betrieb in drei Teile auf. Einer dieser Teile geht auf die D-GmbH über und ist nunmehr als eigenständiger Betrieb anzusehen.*

3. Eingliederung eines übergegangenen Betriebs/Betriebsteils in einen beim Erwerber vorhandenen Betrieb/Betriebsteil

Die genaue Abgrenzung der Fallgruppen Eingliederung und Zusammenlegung gestaltet sich oftmals schwierig. Dabei ist insbesondere zu berücksichtigen, dass in beiden Fällen neue Aufgaben für die Leitungsstelle der neuen Betriebseinheit

---

[167] Siehe BAG vom 18.03.1999, NZA 1999, S. 704, 705.

entstehen. Gleichwohl soll nach herrschender Auffassung[168] eine Eingliederung vorliegen, wenn der beim Erwerber entstandene Betrieb unter Zugrundelegung des Begriffs der Betriebsidentität als Fortführung einer der beteiligten Betriebe angesehen werden kann.

Beispiel: *Die E-GmbH veräußert einen Betrieb an die F-GmbH. Dieser Betrieb wird unter Aufgabe seiner arbeitstechnischen Selbständigkeit in einen bei der F-GmbH bereits bestehenden Betrieb eingegliedert.*

4. Zusammenlegung eines übergegangenen Betriebs/Betriebsteils mit einem beim Erwerber vorhandenen Betrieb/Betriebsteil

Im Unterschied zur Eingliederung soll eine Zusammenlegung betrieblicher Einheiten nach herrschender Ansicht[169] dann gegeben sein, wenn die Umstrukturierung zu einer Veränderung der Leitungsstrukturen führt. Eine Zusammenlegung von Betrieben liegt danach dann vor, wenn zwei oder mehr bisher selbständige organisatorische Einheiten von Arbeitsmitteln so zusammengelegt werden, dass eine Organisationseinheit entsteht.

Beispiel: *Die G-GmbH veräußert einen Betrieb an die H-GmbH. Dieser Betrieb wird mit einem bereits bei der G-GmbH bestehenden Betrieb zu einem neuen, einheitlichen Betrieb zusammengeschlossen.*

5. Gründung eines Gemeinschaftsbetriebs

Ein Betriebsteilübergang kann auch zur Entstehung eines Gemeinschaftsbetriebs i.S.v. § 1 Abs. 2 BetrVG führen. In diesem Fall liegt zwar der Übergang einer wirtschaftlichen Einheit gemäß § 613a BGB vor, gleichwohl lässt die Spaltung die Organisation des Betriebs unberührt.

Beispiel: *Die I-GmbH veräußert einen von drei Betriebsteilen an die J-GmbH. Beide Rechtsträger stimmen überein, den betrieblichen Ablauf unverändert zu lassen.*

---

[168] Vgl. BAG vom 25.09.1996, EzA Nr. 2 zu § 97 ArbGG; FESTL, BetrVG, § 21a, Rn. 11a; Löwisch/Kaiser, BetrVG, § 21a, Rn. 22; Fischer, RdA 2005, S. 39, 40; kritisch GK-Kreutz, BetrVG, § 21a, Rn. 61 ff.: Für die Beurteilung, ob eine Eingliederung oder eine Zusammenlegung vorliege, sei die Entwicklung von Sachkriterien erforderlich. In Orientierung an § 13 Abs. 2 Nr. 1 BetrVG liege eine Eingliederung vor, wenn Betriebe zusammengefasst werden, von denen der kleinere regelmäßig weniger als die Hälfte der Arbeitnehmer des größeren Betriebs hat.

[169] Vgl. FESTL, BetrVG, § 21a, Rn. 11; Löwisch/Kaiser, BetrVG, § 21a, Rn. 20; Fischer, RdA 2005, S. 39, 42; kritisch GK-Kreutz, § 21a, Rn. 61 ff.

Die soeben im Überblick vorgestellten fünf Fallgruppen eines Betriebsübergangs gemäß § 613a BGB liegen in dieser Reihenfolge der im Rahmen des vierten Teils der Arbeit folgenden Einzelfallbetrachtung bei der Fortgeltung von Betriebsvereinbarungen zugrunde[170].

C. Unternehmensinterne Umstrukturierungen

I. Begriff

Abzugrenzen von dem zuvor vorgestellten Betriebs(-teil)übergang gemäß § 613a BGB sind unternehmensinterne Umstrukturierungen. Hierbei handelt es sich um Veränderungen innerhalb eines Unternehmensträgers, die die Ebene des Rechtsträgers unberührt lassen. Mit unternehmensinternen Umstrukturierungen wird - neben betriebswirtschaftlichen und steuerlichen Gründen – regelmäßig eine Anpassung der betrieblichen Organisation an neue Geschäftsprozesse und Geschäftsfelder bezweckt[171]. Oftmals ist mit Umstrukturierungen auch das Ziel verbunden, eine Haftungsbegrenzung zu bewirken[172]. Denkbar ist ferner, durch Umstrukturierungen die Anwendung eines aus Sicht des Arbeitgebers günstigeren Tarifvertrages zu erreichen[173] oder hierdurch Schwellenwerte wie z.B. bei Freistellungen gemäß § 38 BetrVG zu unterschreiten.

Vom Gesetzgeber ist unternehmensinternen Umstrukturierungen bisher wenig Beachtung zuteil worden. Ein Pendant zu § 613 Abs. 1 Satz 2 BGB, das eine fehlende kollektivrechtliche Fortgeltung von Betriebsvereinbarungen durch eine Transformation in Individualrecht auffängt oder zumindest abmildert, existiert nicht. Der zur Regelung eines Übergangsmandats im Zuge der Betriebsverfassungsreform 2001 eingefügte § 21a BetrVG bezieht sich zwar sowohl auf unternehmensinterne als auch auf unternehmensübergreifende Umstrukturierungen, enthält jedoch keinen Hinweis auf das Schicksal von Betriebsvereinbarungen bei derartigen Maßnahmen[174]. Vor diesem Hintergrund drängt sich die Frage auf, wie dem Wertungswiderspruch begegnet werden kann, dass einerseits sogar bei einem Betriebsinhaberwechsel eine individualrechtliche Fortgeltung gemäß § 613a Abs. 1 Satz 2 BGB angeordnet wird, andererseits jedoch durch unternehmensinterne Umstrukturierungen sämtliche Betriebsvereinbarungen vermeintlich außer Kraft gesetzt werden können.

---

[170] Siehe unten 4. Teil, A.III.

[171] Vgl. Blank/Blanke, Arbeitnehmerschutz bei Betriebsaufspaltung und Unternehmensteilung, S. 55 ff.

[172] Vgl. Brandmüller, BB 1979, S. 465, 467.

[173] Vgl. Buchner, GmbHR 1997, S. 377 ff.

[174] Siehe unten 4. Teil, C.II.2.a).

Mit unternehmensinternen Umstrukturierungen können erhebliche Veränderungen auf betriebsverfassungsrechtlicher Ebene einhergehen. Dies ist etwa dann der Fall, wenn es aufgrund einer reduzierten Arbeitnehmerzahl in einem Betrieb zu einer Verkleinerung oder sogar Auflösung des Betriebsrats bei Unterschreiten des Schwellenwerts gemäß § 1 Abs. 1 BetrVG kommt. Insofern ist die verminderte Interessenvertretungsmöglichkeit und die damit verbundene Risikoverlagerung zu Lasten der Arbeitnehmer zu berücksichtigen[175].

II. Fallgruppen

Im Folgenden wird anhand von Beispielsfällen ein Überblick über die bei unternehmensinternen Umstrukturierungen denkbaren Fallgruppen gegeben. Bei der Betriebsspaltung ist zwischen Auf- und Abspaltung zu differenzieren. Kommt es zur Zusammenführung mit anderen Betrieben bzw. Betriebsteilen, ist zwischen Eingliederung und Zusammenlegung zu unterscheiden. Des Weiteren kann eine unternehmensinterne Umstrukturierung zu einer teilweisen oder vollständigen Stilllegung eines Betriebs führen.

1. Betriebsspaltung / Entstehung selbständiger Betriebe

Bei einer Betriebsspaltung kann es auf unterschiedlichem Weg zum Entstehen neuer selbständiger Betriebe kommen. Bei einer Aufspaltung ist hiervon der gesamte ursprüngliche Betrieb betroffen, bei einer Abspaltung nur ein Betriebsteil des Ursprungsbetriebs. Die Unterscheidung zwischen Auf- und Abspaltung gestaltet sich in der Praxis mitunter schwierig.
Nach herrschender Auffassung[176] liegt die Aufspaltung eines Betriebs vor, wenn der Ursprungsbetrieb infolge der Umstrukturierung seine Identität verliert.

Beispiel: *Der bei der Z-GmbH bestehende Betrieb wird in die Betriebe A1, A2 und A3 aufgespalten.*

Von einer Abspaltung eines Betriebsteils geht die herrschende Ansicht[177] dagegen dann aus, wenn die organisatorische Einheit des Ursprungsbetriebs fortbesteht.

Beispiel: *Der Betrieb der Y-GmbH besteht aus den Betriebsteilen B1, B2 und B3. Der Betriebsteil B3 wird abgespalten und als selbständiger Betrieb geführt.*

---

175 Vgl. Simon, ZfA 1987, S. 313.
176 Vgl. FESTL, BetrVG, § 21a, Rn. 9; Löwisch/Kaiser, BetrVG, § 21a, Rn. 6; kritisch GK-Kreutz, § 21a, Rn. 25: Für die Beurteilung, ob eine Auf- oder Abspaltung vorliege, sei die Entwicklung von Sachkriterien erforderlich.
177 Vgl. FESTL, BetrVG, § 21a, Rn. 9; Löwisch/Kaiser, BetrVG, § 21a, Rn. 6.

B1 und B2 erhalten die ursprüngliche Organisation des Ursprungsbetriebs aufrecht.

2. Eingliederung

Die Unterscheidung zwischen einer Eingliederung und einer Zusammenlegung ist – ebenso wie bei Betriebsübergängen gemäß § 613a BGB – nicht immer eindeutig. Die herrschende Auffassung[178] zieht zur Entscheidungsfindung das Kriterium Betriebsidentität heran. Von einer Eingliederung ist danach dann auszugehen, wenn der durch die unternehmensinterne Umstrukturierung entstandene Betrieb als Fortführung einer der beteiligten Betriebe angesehen werden kann.

Zu einer Eingliederung kann es bei unternehmensinternen Umstrukturierungen zum einen kommen, wenn ein Betriebsteil abgespalten und dieser in einen bestehenden Betrieb integriert wird.

Beispiel: *In der X-GmbH bestehen die Betriebe C und D. Ein Betriebsteil C1 wird von Betrieb C abgespalten und in den Betrieb D eingliedert.*

Zum anderen liegt eine Eingliederung dann vor, wenn ein Betrieb nach der Umstrukturierung einen unselbständigen Betriebsteil eines weiteren Betriebs darstellt.

Beispiel: *In der W-GmbH bestehen die Betriebe E und F. Der Betrieb F wird in den Betrieb E eingegliedert.*

3. Zusammenlegung

Von einer Zusammenlegung ist – wie bei Betriebsübergängen gemäß § 613a BGB – nach herrschender Ansicht[179] dann auszugehen, wenn sich die Umstrukturierung auf die Leitungsstruktur auswirkt. Zu prüfen ist danach, ob mindestens zwei bisher selbständige organisatorische Einheiten von Arbeitsmitteln so zusammengelegt werden, dass daraus eine Organisationseinheit erwächst. Eine solche neue Einheit kann zum einen dadurch entstehen, dass mehrere Betriebsteile mehrerer Betriebe zu einem neuen Betrieb zusammengelegt werden.

Beispiel: *In der V-GmbH bestehen die Betriebe G und H jeweils aus drei Betriebsteilen. Je ein Betriebsteil – G1 und H1 - wird aus den Betrieben abgespalten und zu einem neuen Betrieb zusammengelegt.*

---

[178] Siehe unten 4. Teil, A.III.3.a).
[179] Siehe unten 4. Teil, A.III.4.a).

Zum anderen entsteht eine einheitliche Organisationseinheit, wenn mehrere Betriebe einen neuen Betrieb bilden.

Beispiel: *In der U-GmbH bestehen die Betriebe I, J und K. Die Betriebe werden zu einem neuen Betrieb L zusammengelegt.*

4. Betriebs(-teil)stilllegung

Eine unternehmensinterne Umstrukturierung kann auch darin bestehen, die Betätigung in einem Betrieb bzw. Betriebsteil zu beenden.

Beispiel: *In der T-GmbH bestehen die Betriebe M, N und O. Der Betrieb M sowie der Betriebsteil N1 des Betriebs N werden stillgelegt.*

Die hier vorgestellten vier Fallgruppen einer unternehmensinternen Umstrukturierung werden in dieser Reihenfolge im vierten Teil der Arbeit bei der Einzelfallbetrachtung im Zusammenhang mit der Fortgeltung von Betriebsvereinbarungen näher untersucht.

4. Teil: Fortgeltung von Einzelbetriebsvereinbarungen

Der vierte Teil der Arbeit gliedert sich in drei Abschnitte. Der erste Abschnitt A. beinhaltet Ausführungen zur Fortgeltung von Betriebsvereinbarungen bei Betriebsübergängen gemäß § 613a BGB, der zweite Abschnitt B. bezieht sich auf die Fortgeltung von Betriebsvereinbarungen bei unternehmensinternen Umstrukturierungen. Im dritten Abschnitt C. wird zu den beiden vorangehenden Abschnitten Stellung genommen.

A. Fortgeltung von Einzelbetriebsvereinbarungen bei Betriebsübergang

Im Folgenden wird die Fortgeltung von Einzelbetriebsvereinbarungen bei einem Betriebsübergang gemäß § 613a BGB behandelt. Zunächst wird unter I. auf den Lösungsansatz der herrschenden Meinung eingegangen. Hieran schließt sich unter II. der alternative Lösungsansatz von *Kreutz* an. Im Rahmen einer Einzelfallbetrachtung unter III. werden die beiden Lösungsansätze auf Anwendungsschwierigkeiten und Folgeprobleme untersucht.

I. Lösungsansatz der herrschenden Meinung

Bei der Darstellung des Lösungsansatzes der herrschenden Meinung wird zuerst die kollektivrechtliche Fortgeltung von Betriebsvereinbarungen bei Wahrung der Betriebsidentität thematisiert. Hieran schließt sich die – nach herrschender Ansicht gegenüber der normativen Fortgeltung subsidiäre – individualrechtliche Fortgeltung von Betriebsvereinbarungen gemäß § 613a Abs. 1 Satz 2-4 BGB an.

1. Kollektivrechtliche Fortgeltung von Betriebsvereinbarungen bei Wahrung der Betriebsidentität

a) Ausgangspunkt

In Rechtsprechung[180] und Literatur[181] wird die kollektivrechtliche Fortgeltung von Betriebsvereinbarungen bei einem Betriebsübergang ganz überwiegend da-

---

[180] Siehe BAG vom 05.02.1991, AP Nr. 89 zu § 613a BGB; BAG vom 27.07.1994, AP Nr. 118 zu § 613a BGB; BAG vom 15.01.2000, EzA Nr. 206 zu § 613a BGB, S. 3: „Identität des Betriebs bleibt die entscheidende Grundlage für die Fortgeltung der Betriebsvereinbarungen"; BAG vom 07.11.2000, EzA Nr. Nr. 2 zu § 77 BetrVG Nachwirkung; BAG vom 24.07.2001, EzA Nr. 204 zu § 613a BGB; BAG vom 14.08.2001, BAGE 98, S. 323 ff.; BAG vom 05.06.2002, ZIP 2003, S. 271 ff.; BAG vom 18.09.2002, NZA 2003, S. 670 ff.

[181] Vgl. Hergenröder, Anm. zu BAG vom 18.09.2002, AP Nr. 7 zu § 77 BetrVG 1972; ders., AR-Blattei SD, Betriebsinhaberwechsel I, 500.1, Rn. 532; Kreft, FS Wissmann, S. 347, 351; Fischer, RdA 2005, S. 39, 42; Thüsing, DB 2004, S. 2474, 2477; Sieg/Maschmann, Unternehmensumstrukturierung aus arbeitsrechtlicher Sicht, Rn. 265; Münchener Anwaltshandbuch Arbeitsrecht-Cohnen/Tepass, § 51, Rn. 33; Schiefer, FS 50 Jahre BAG, S. 859, 872 ff.;

von abhängig gemacht, ob der Betrieb bzw. Betriebsteil seine „Identität" beibehält.

Aus welchem Grund für die normative Fortgeltung von Betriebsvereinbarungen aber gerade auf die Betriebsidentität abzustellen und was überhaupt unter diesem Begriff zu verstehen ist, ist indes nach wie vor „dunkel"[182]. Versuche einer näheren Konkretisierung finden sich in der einschlägigen Literatur nur vereinzelt[183]. Angesichts der beträchtlichen Bedeutung der Betriebsidentität für die Fortgeltung von Betriebsvereinbarungen ist dies durchaus verwunderlich. Für einen potenziellen Betriebserwerber ist es keinesfalls unerheblich, ob er bei seiner Rentabilitätsberechnung von einer kollektivrechtlichen oder einer individualrechtlichen Fortgeltung von Betriebsvereinbarungen nach dem Betriebsübergang auszugehen hat[184]. Als Beispiel ist hier an eine freiwillige Betriebsvereinbarung über Sonderzahlungen des Arbeitgebers zu denken. Gilt diese Betriebsvereinbarung kollektivrechtlich fort, kann sie der Erwerber unmittelbar nach dem Betriebsübergang – sofern nichts anderes vereinbart ist – gemäß § 77 Abs. 6 BetrVG mit einer Frist von drei Monaten kündigen. Kommt es dagegen gemäß § 613a Abs. 1 Satz 2 BGB zu einer Transformation in Individualrecht, gilt grundsätzlich die einjährige Veränderungssperre.

Problematisch ist die mit der unklaren Begriffsdefinition einhergehende Unsicherheit insbesondere auch für die im Vorfeld mit der due diligence[185] beauftragten Berater[186]. Für diese Personengruppe stellt sich die Frage, wie eine einen Unternehmenskauf vorbereitende Prüfung des Kaufobjekts realisiert werden kann, wenn sich eine verlässliche betriebsverfassungsrechtliche Bewertung erst im Nachhinein vornehmen lässt[187]. Zu berücksichtigen ist in diesem Zusammen-

---

Hanau/Vossen, FS Hilger/Stumpf, S. 271, 272 ff.; Heinze, FS Schaub, S. 275, 282 ff.; Semler/Stengel-Simon, UmwG, § 131, Rn. 22; Silberberger, Veränderungsprozesse, S. 61; Bange, Fortgeltung von Kollektivverträgen bei Unternehmensumstrukturierung, S. 205; Trittin, AiB 1998, S. 374, 375; Breymaier, Fortgeltung von Betriebsvereinbarungen bei Unternehmensumwandlung, S. 44; Lindemann/Simon, BB 2003, S. 2510, 2511; KDZ-Zwanziger, § 613a BGB, Rn. 74; Franzen, Betriebsinhaberwechsel nach § 613a BGB, S. 40; Meimann, Kollektivrechtliche Fortgeltung von Betriebsvereinbarungen beim Betriebsübergang, S. 177; Huke/Lepping, FA 2004, S. 136, 138.

[182] So die Feststellung von Rieble/Gutzeit, NZA 2003, S. 233, 234; zustimmend Schiefer/Pogge, NJW 2003, S. 3734, 3740; ähnlich HWK-Willemsen/Müller-Bonanni, Arbeitsrecht Kommentar, § 613a BGB, Rn. 255; Kreft, FS Wissmann, S. 347, 353.

[183] Etwa bei WHSS-Hohenstatt, Umstrukturierung und Übertragung von Unternehmen, D 68 ff. und E 66 ff.; BKMT-Bachner, Handbuch Arbeitsrecht bei Unternehmensumwandlung und Betriebsübergang, D 3 ff.; Müller, RdA 1996, S. 287, 289.

[184] Vgl. Lindemann/Simon, BB 2003, S. 2510, 2517.

[185] Wörtlich übersetzt: „Erforderliche Sorgfalt".

[186] Vgl. Merkt, BB 1995, S. 1041, 1047 zur due diligence und daraus resultierenden Gewährleistungsansprüchen; Schiefer FS 50 Jahre BAG, S. 859, 875 f.

[187] Hierzu WHSS-Hohenstatt, Umstrukturierung und Übertragung von Unternehmen, D 73.

hang, dass sich der Erwerber die vorsätzliche und fahrlässige Unkenntnis seiner Hilfspersonen gemäß § 166 BGB zurechnen lassen muss. Schätzt der Berater des Käufers aufgrund der ihm vorliegenden Unterlagen die Frage der Betriebsidentität falsch ein und folgt der Käufer dieser Empfehlung, ist dies für den Verkäufer zwar regelmäßig ohne Belang. Entsteht dem Käufer aber hierdurch ein Schaden, löst dies u.U. einen Schadensersatzanspruch gemäß § 280 BGB gegen seinen Berater aus. Angesichts des hohen Haftungsrisikos liegt es daher nahe, schon bei Abschluss des Beratervertrages eine Haftungsbegrenzung zu vereinbaren und während des Mandats stets ausdrücklich auf die mit dem Begriff Betriebsidentität verbundene Unwägbarkeit hinzuweisen.

Einem nicht näher mit der Materie befassten Erwerber dürfte es nicht ohne weiteres einleuchten, wieso sich sein Berater hinsichtlich dieser Frage so unverbindlich wie möglich äußern möchte. Es besteht die Gefahr, dass er die gerechtfertigte Vorsicht missversteht und die arbeitsrechtliche Kompetenz des Beraters anzweifelt. Deshalb bewegt sich der Berater mitunter auf einem schmalen Grad.

b) Allgemeine Definition des Begriffs „Identität“

Als Einstieg bietet sich an, die im deutschen Sprachgebrauch übliche Definition des Begriffs „Identität“ zu betrachten. Danach versteht man unter „Identität“ die völlige Übereinstimmung einer Person oder Sache mit dem, was sie ist oder als was sie bezeichnet wird[188]. Die folgenden Ausführungen werden zeigen, dass die herrschende Ansicht den Betriebsidentitätsbegriff, der nach dieser allgemeinen Definition eher eng zu sehen sein müßte, im Gegensatz zum allgemeinen Sprachgebrauch sehr umfassend begreift.

c) Entwicklung des Betriebsidentitätsbegriffs

aa) Unter Geltung des BRG von 1920

Die Wahrung der Betriebsidentität wurde erstmals unter der Geltung des BRG von 1920 relevant. Hier stellte sich zum einen stellte sich die Frage, wie sich der bloße Wechsel des Betriebsbesitzers auf das Betriebsverfassungsorgan „Betriebsrat“ auswirkt. Das BRG sah keine Regelung der Folgen eines Arbeitgeberwechsels für die Interessenvertretung der Arbeitnehmer vor. Hier sorgte ein entsprechender Bescheid des Reichsarbeitsministers für Rechtssicherheit. In dem Dokument wurde festgestellt, dass ein bloßer Besitzerwechsel ohne jeden Einfluss auf das Bestehen und die Tätigkeit der Betriebsvertretung sei, da der Betrieb als solcher fortbestehe und nur der Arbeitgeber wechsele[189].

---

[188] Vgl. Brockhaus, Enzyklopädie, Stichwort „Identität“.
[189] Siehe Bescheid vom 06.10.1920, RArbBl. 1921, S. 330.

Zum anderen war die Wahrung der Betriebsidentität für die kollektivrechtliche Fortgeltung von Arbeitsordnungen und Vereinbarungen nach § 78 BRG bei Umstrukturierungen bedeutsam. Als Hintergrund ist diesbezüglich zu beachten, dass das Reichsarbeitsgericht die normative Wirkung sowohl von Arbeitsordnungen als auch von Vereinbarungen nach § 78 BRG anerkannte[190]. Für die Beurteilung der Wahrung der Betriebsidentität wurde darauf abgestellt, ob durch die Änderung des Betriebszwecks ein neuer Betrieb im Sinne des BRG entstand[191]. Ein grundlegender Wechsel des Betriebszwecks sollte zum Ende des bisherigen und zum Entstehen eines neuen Betriebs führen[192]. In diesem Fall endeten die kollektivrechtlichen Vereinbarungen. Ferner stellte sich das Problem, wie zwischen einem grundlegenden Wechsel und einer nur geringfügigen – und damit rechtlich unbedeutenden – Zweckänderung abzugrenzen ist. Es wurde vertreten, dass derartige Konstellationen anhand einer „vernünftigen Verkehrsanschauung“ zu beurteilen seien[193]. Nach einer Literaturansicht wurde der Schwerpunkt auf den Willen des Betriebsinhabers gelegt, der auf die Fortführung des Betriebes gerichtet sein müsse[194]. Diese rein subjektive Sichtweise ist mangels objektiver Anhaltspunkte allerdings wenig praktikabel.

Konstruktiv und aus heutiger Sicht zukunftsweisend war die Entwicklung von Hilfskriterien, anhand derer objektiv festgestellt werden sollte, ob eine Identität mit dem vorherigen Betrieb nach der Zweckänderung vorliegt[195]. Nach *Flatow/Kahn-Freund* war das Vorliegen folgender Voraussetzungen, deren Gewichtung je nach Lage des Einzelfalls unterschiedlich sein kann, zu prüfen:

- Neuer oder bisheriger Betriebsinhaber
- Beibehaltung einer räumlichen Einheit
- Aufrechterhaltung des Geschäftsbetriebs ohne nennenswerte Unterbrechung
- Neuer oder bisheriger technischer Zweck
- Neue oder bisherige Warenerzeugung mit anderen oder gleichen Betriebsmitteln
- Beibehaltung des bisherigen Kundenkreises
- Schließung oder Neueinrichtung von Betriebsabteilungen
- Beibehaltung der Belegschaft

---

[190] Siehe RAG vom 01.11.1930, Bensheimer Sammlung 10 Nr. 92, S. 407, 408.
[191] Nach heute herrschender Auffassung soll dagegen ein Wechsel oder eine Ergänzung der arbeitstechnischen Zielsetzung, z.B. Werkzeug- statt Maschinenfabrik, nicht den Bestand des Betriebs berühren, wenn die Organisationseinheit erhalten bleibt. Siehe hierzu BAG vom 23.09.1982, AP Nr. 3 zu § 4 BetrVG 1972; Richardi-Richardi, BetrVG, § 1, Rn. 26.
[192] Vgl. Feig/Sitzler, BRG, 13./14. Auflage, § 9, Rn. 2.
[193].Vgl. Feig/Sitzler, BRG, 13./14. Auflage, § 9, Rn. 2.
[194] Vgl. Königsberger, NZfA 1923, Sp. 299 ff.
[195] Vgl. Flatow/Kahn-Freund, BRG, § 9, Abschnitt III.

Somit ist festzustellen, dass dem Betriebsidentitätsbegriff bezogen auf den Untersuchungsgegenstand erstmals in der Weimarer Zeit Bedeutung zukam.

bb) Unter der Geltung des Gesetzes zur Ordnung der nationalen Arbeit vom 20. Januar 1934

Unter der Geltung des AOG hatte sich das Reichsarbeitsgericht wiederholt mit der Frage zu beschäftigen, inwiefern die nunmehr in der Deutschen Arbeiterfront zusammengeschlossenen Verbände mit den früheren freigewerkschaftlichen Verbänden identisch sind[196]. Ergebnisorientiert kam das Gericht regelmäßig zu dem Schluss, die Deutsche Arbeiterfront sei nicht wesensgleich mit den früheren Gewerkschaften und daher nicht als deren Rechtsnachfolger anzusehen[197]. Ansprüche gegen die freigewerkschaftlichen Verbände wurden dementsprechend von den Gerichten wegen fehlender Passivlegitimation der Deutschen Arbeiterfront abgewiesen. Demnach ist festzuhalten, dass eine Weiterentwicklung des Betriebsidentitätsbegriffs während dieser Zeit nicht erfolgte.

cc) Parallelbetrachtung bei Haftungsfragen für Verbindlichkeiten des Deutschen Reiches

Das Kriegsende im Jahr 1945 ließen alsbald die Frage aufkommen, wer für die Verbindlichkeiten des Reiches und seiner Gebietskörperschaften haftet. Dabei wurden auch Lösungsmöglichkeiten diskutiert, die unter den Stichworten „Identität" und „Rechtsnachfolge" stehen. Insofern ergibt sich eine Bedeutung für die hier interessierende Fragestellung.

Die Frage der Haftung westdeutscher Länder für Verbindlichkeiten des Reiches wurde unter dem Gesichtspunkt geprüft, ob die Länder mit dem deutschen Reich identisch oder zumindest seine Rechtsnachfolger seien. Ausgangspunkt war die Ansicht, dass das deutsche Reich noch fortbestehe[198]. Hieraus wurde im Schrifttum gefolgert, dass eine Identität der Länder mit dem Reich oder seiner Rechtsnachfolger zu verneinen sei[199]. Dieser Auffassung ist zunächst auch die Rechtsprechung[200] gefolgt. Konsequent wurde eine Haftung der Länder für Verbindlichkeiten des Reiches und den Eintritt der Länder in Arbeits- und Beamtenverhältnisse abgelehnt.

---

[196] Siehe RAG vom 28.02.1934, JW 1934, S. 1063; RAG vom 26.01.1937, JW 1937, S. 1145.

[197] Siehe RAG vom 28.02.1934, JW 1934, S. 1063: *„...Die Gewerkschaften hat ein für allemal das Zeitliche gesegnet, sie sind damit für immer tot. ...".*

[198] Vgl. Coing, NJW 1949, S. 203.

[199] Vgl. Scheuner, DVBl. 1950, S. 481, 484.

[200] Siehe OLG Hamburg vom 07.12.1948, MDR 1949, S. 222 ff.; LG Frankfurt/Main 24.02.1949, NJW 1949, S. 387 ff.; Hess. VGH vom 30.03.1949, NJW 1949, S. 634 ff.

Der Bundesgerichtshof hat in seinem Urteil vom 28. Juni 1951[201] diese Rechtsprechung im Grundsatz bestätigt, zugleich aber für Fälle der „Teilidentität" eine beschränkte Rechtsnachfolge zugelassen[202]. In dem entschiedenen Fall ging es um einen unmittelbaren Reichsbeamten, der vom Polizeichef der Provinz Schleswig-Holstein am 1. Juni 1945 in den Dienst übernommen wurde. Umstritten war, ob die Provinz in das bestehende Dienstverhältnis eingetreten ist. Der Bundesgerichtshof hat festgestellt, dass die Länder dann, wenn sie wie im Justizbereich Vermögen und Aufgaben des Deutschen Reichs übernommen haben, für Verbindlichkeiten des Reiches einstehen müssen und auch in bestehende Beamtenverhältnisse eintreten.

Die Entscheidung des Bundesgerichtshofs vom 28. Juni 1951 verdeutlicht, dass dem arbeitsrechtlichen Tatbestand der Betriebsübernahme die Übernahme einer Verwaltung gleichzustellen ist. Statt auf formale Gleichheit von juristischen Personen ist die materielle Gleichheit der Organisation von Bedeutung[203]. Dies erscheint als wichtiger Hinweis auch auf die Rechtslage im Falle der Veräußerung eines Unternehmens und dem damit verbundenen Wechsel des Arbeitgebers. Bereits zu dieser Zeit war anerkannt, dass der neue Betriebsinhaber in die bestehenden Arbeitsverhältnisse eintritt und er dementsprechend auch für vor der Betriebsübernahme entstandene Ansprüche haftet[204].

dd) Betriebsidentitätsbegriff ab den 50er Jahren / unter dem Betriebsverfassungsgesetz 1952

Ab den 50er Jahren verfestigte sich die Auffassung, dass die Veränderung eines der den jeweiligen Betrieb bestimmenden Merkmale die Betriebsidentität nicht berührt, wenn nur die Identität der Betriebsgemeinschaft erhalten bleibt[205]. Unter Bezugnahme auf die von *Flatow/Kahn-Freund* entwickelten Kriterien[206] wurde vor allem darauf abgestellt, ob neben der Aufrechterhaltung des bisherigen arbeitstechnischen Zwecks die Identität der Belegschaft erhalten geblieben ist. Dies sollte dann der Fall sein, wenn die Belegschaft im Großen und Ganzen als Arbeitsgemeinschaft weiterbesteht und der Betriebsorganismus folglich keinen wesentlichen Veränderungen unterworfen ist[207].

---

[201] DVBl. 1951, S. 728.
[202] In diesem Sinne bereits ArbG Darmstadt vom 23.10.1947, RdA 1949, S. 198.
[203] Vgl. Reinhard, NJW 1952, S. 441, 443.
[204] Vgl. Bogs, Anm. zu ArbG Darmstadt vom 23.10.1947, RdA 1949, S. 199.
[205] Vgl. Fitting/Kraegeloh, BetrVG, 1. Auflage § 3, Anm. 1.
[206] Siehe oben 4. Teil, A.1.c)aa).
[207] Vgl. Fitting/Kraegeloh, BetrVG, 1. Auflage § 3, Anm. 1; Erdmann, BetrVG, § 72, Rn. 15; abweichend Nikisch, Arbeitsrecht Band I. Nikisch ist in Bezug auf die Wahrung der Betriebsidentität grundsätzlich gleicher Ansicht (S. 128), nimmt aber an (S. 541), dass es auf die Fortsetzung der Betriebsgemeinschaft nicht ankomme, wenn der Betrieb als „Organismus" ohne Zweckänderung übernommen wird. Dem wird von Grell, Betriebsinhaberwechsel, S. 17, FN 6

Das Bundesarbeitsgericht hat erstmals in seiner Entscheidung vom 19. Juli 1957 ausgeführt, dass für die kollektivrechtliche Weitergeltung einer Betriebsvereinbarung entscheidend auf die Wahrung der Betriebsidentität abzustellen sei[208]. Bei dem zu beurteilenden Sachverhalt ging es um die Frage, ob nach einer Umorganisation der Polizei in Nordrhein-Westfalen die von den Polizeiausschüssen abgeschlossenen Betriebsvereinbarungen normativ fortgelten. Das Gericht hat die Beibehaltung der Betriebsidentität festgestellt und die Frage dementsprechend bejaht.

d) Beurteilung der Betriebsidentität

aa) Vorschläge aus der Literatur

Wie bereits zu Beginn des vierten Teils[209] ausgeführt, besteht weitgehende Übereinstimmung, bezüglich der Fortgeltung von Betriebsvereinbarungen auf die Beibehaltung der Betriebsidentität abzustellen. Die Beantwortung der Frage, unter welchen Voraussetzungen ein übergegangener Betrieb seine Identität bewahrt, bereitet gleichwohl erhebliche Schwierigkeiten. Bezeichnend für die verbreitete Unsicherheit ist es, wenn in der Literatur[210] auch von einer „Quasi-Betriebs-Identität" gesprochen wird.

Im Folgenden wird ein Überblick über einige, sich teilweise deckende aktuelle Vorschläge zur Definition des Begriffs „Betriebsidentität" gegeben. Einigkeit besteht zumindest insoweit, als im Einzelfall stets eine wertende Gesamtbetrachtung verschiedener Kriterien vorgenommen werden muss.

Preis/Richter[211] wollen den Erhalt der Betriebsidentität „jedenfalls dann" annehmen, wenn die anspruchsberechtigten Arbeitnehmer, die Organisationseinheit „Betrieb" im Sinne des Betriebsverfassungsgesetzes (§§ 1, 4 BetrVG) an sich als Bezugspunkt der Betriebsvereinbarung und der Betriebsrat als originärer Vertragspartner auch nach einem Betriebsübergang gemäß § 613a BGB im Wesentlichen noch bestehen[212].

Nach *Haag*[213] muss sich die Untersuchung der Aufrechterhaltung der Betriebsidentität nach einer – unternehmensübergreifenden oder unternehmensinternen -

---

mit dem Argument widersprochen, mit der Beendigung der Arbeitsgemeinschaft müsse notwendig auch der Betrieb als Organismus aufhören zu bestehen.

208 Siehe BAG vom 19.07.1957, AP Nr. 1 zu § 52 BetrVG 1952.

209 Siehe oben 4. Teil, A.I.1.

210 Vgl. Meyer, SAE 2003, S. 310, 312.

211 ZIP 2004, S. 925, 928.

212 Vgl. Preis/Richter, ZIP 2004, S. 925, 927.

213 Umstrukturierung und Betriebsverfassung, S. 42 f.

Umstrukturierung an den Kriterien der einheitlichen Leitungsstruktur, der arbeitsorganisatorischen Einheit, des räumlichen Zusammenhangs und der Belegschaftseinheit orientieren. Dabei soll sich besonderes Augenmerk auf die Erhaltung der einheitlichen Leitungsstruktur richten.

Müller[214] stellt im Zusammenhang mit unternehmensübergreifenden Umstrukturierungen darauf ab, in welchem Umfang die Arbeitsorganisation verändert wird, da der Betrieb gerade durch die organisatorische Zusammenfassung sächlicher und immaterieller Mittel zu arbeitstechnischen Zwecken gekennzeichnet sei.

Picot/Schnitker[215] wollen prüfen, ob hinsichtlich der Leitungsstruktur, der arbeitstechnischen Organisation, der Zweckverfolgung und der Belegschaftsstruktur auch nach dem Betriebsübergang gemäß § 613a BGB im Wesentlichen die früheren Gegebenheiten fortbestehen. Bei einem Betriebsteilübergang soll die Identitätsfrage mit Hilfe des § 111 BetrVG beantwortet werden[216]. Handele es sich bei dem verbleibenden Teil des Betriebs um einen wesentlichen Betriebsteil im Sinne des § 111 BetrVG, sei der übergehende Betriebsteil nicht identisch mit dem früheren Betrieb.

Nach *Bachner*[217] liegt eine Beibehaltung der betrieblichen Identität sowohl bei unternehmensübergreifenden als auch unternehmensinternen Umstrukturierungen dann vor, wenn die bisherige Betriebsorganisation im Wesentlichen unangetastet bleibt. Besonders berücksichtigt werden soll dabei das Schicksal der sächlichen und immateriellen Mittel, das räumliche Schicksal des Betriebs, das Zusammengehörigkeitsgefühl der Belegschaft, die Organisation der personellen und technischen Arbeitsabläufe, die Fortführung des arbeitstechnischen Zweckes, das Schicksal zentraler Betriebseinrichtungen wie Lohnbüro, Buchhaltung, Sekretariat, Kantine sowie die Wahrnehmung von Ausbildungsaufgaben.

Hohenstatt[218] stellt für die Frage Wahrung der Identität eines Betriebs sowohl bei unternehmensübergreifenden als auch unternehmensinternen Umstrukturierungen vorrangig auf den Übergang sächlicher und immaterieller Mittel ab, die das wesentliche Substrat eines Betriebs darstellten und zugleich den Betriebszweck verkörperten. Bedeutsam seien auch die räumliche Verbundenheit, die Zusammengehörigkeit der Belegschaft, das Bestehen einer Betriebsgemeinschaft und eine einheitliche Leitung.

---

[214] RdA 1996, S. 287, 289.
[215] Arbeitsrecht bei Unternehmenskauf, Teil 1, Rn. 249.
[216] Arbeitsrecht bei Unternehmenskauf, Teil 1, Rn. 250.
[217] Handbuch Arbeitsrecht bei Unternehmensumwandlung und Betriebsübergang, D 4 ff.
[218] Umstrukturierung und Übertragung von Unternehmen, D 69 ff.

bb) Konkretisierung des Begriffs „Betriebsidentität" anhand des betriebsverfassungsrechtlichen Betriebsbegriffs

Als Hintergrund ist zunächst zu berücksichtigen, dass der betriebsverfassungsrechtliche Betriebsbegriff trotz einer anderslautenden Absprache im Koalitionsvertrag zur Neubildung der Bundesregierung im Jahr 1998[219] nach wie vor nicht gesetzlich geregelt ist. Dies ist insofern misslich, als die nähere Ausgestaltung dieses Begriffs noch immer viele Fragen aufwirft[220].

Des Weiteren ist zu beachten, dass dem betriebsverfassungsrechtlichen Betriebsbegriff in Abgrenzung zum Betriebsbegriff im Rahmen von § 613a Abs. 1 BGB eine eigenständige Bedeutung zukommt[221]. Bereits oben[222] wurde ausgeführt, dass der EuGH - und ihm seit 1997 auch das BAG folgend – bei § 613a BGB nicht die Begriffe „Betrieb oder Betriebsteil" definiert, sondern den Übergang einer wirtschaftliche Einheit in den Vordergrund der Überlegung stellt. Demgegenüber orientiert sich der betriebsverfassungsrechtliche Betriebsbegriff am Zweck des BetrVG[223]. Zweck des Betriebsbegriffs im BetrVG ist es, eine einheitliche und sachgerechte Arbeitnehmerrepräsentation zu gewährleisten[224]. Der Betrieb bildet eine Einheit, in der die Beschäftigten konstruktiv ihre Beteiligungsrechte wahrnehmen können. So wird einerseits die Vertretung der Arbeitnehmer nach Abteilungen, Arbeitsbereichen oder Beschäftigungsarten ausgeschlossen, andererseits wird so ein unfruchtbares Nebeneinander durch rivalisierende Vertretungsorgane verhindert[225].

Für das Vorliegen eines Betriebs im betriebsverfassungsrechtlichen Sinne ist nach ganz herrschender Auffassung das Bestehen einer organisatorischen Einheit, innerhalb derer der Unternehmer allein oder zusammen mit seinen Mitarbeitern mit Hilfe sächlicher und immaterieller Mittel bestimmte arbeitstechnische Zwecke fortgesetzt verfolgt, entscheidend[226]. Im Folgenden werden die von

[219] Vgl. AuR 1998, S. 477 ff.
[220] Vgl. Preis/Richter, ZIP 2004, S. 925, 932; BKMT-Bachner, Handbuch Arbeitsrecht bei Unternehmensumwandlung und Betriebsübergang, D 145, der eine zunehmende Aufweichung und Verwässerung des Betriebsbegriffs feststellt; Kittner/Zwanziger-Bachner, Arbeitsrecht für die Praxis, § 116, Rn. 13h.
[221] Vgl. GK-Kraft, BetrVG, § 4, Rn. 3; Konzen, Unternehmensaufspaltungen und Organisationsänderungen, S. 19, 20; DKK-Trümner, BetrVG, § 1, Rn. 31.
[222] Siehe oben 3. Teil, B.II.
[223] Vgl. ErfKom-Eisemann, § 1 BetrVG, Rn. 7.
[224] Vgl. FESTL, BetrVG, § 1, Rn. 62.
[225] Siehe BAG vom 24.02.1976, AP Nr. 2 zu § 4 BetrVG 1972; GK-Kraft, BetrVG, § 4, Rn. 13.
[226] Siehe z.B. BAG vom 18.01.1990, AP Nr. 9 zu § 23 KSchG 1969; DKK-Trümner, BetrVG, § 1, Rn. 49; Löwisch/Kaiser, BetrVG, § 1, Rn. 3; Vorschläge zur Weiterentwicklung des Betriebsbegriffs finden sich bei: Gamillscheg, AuR 1989, S. 33 ff.; Konzen, Unternehmensauf-

Rechtsprechung und Literatur für das Bestehen einer organisatorischen Einheit als maßgeblich entwickelten Kriterien einer näheren Betrachtung zugeführt. Bezüglich der Gewichtung der einzelnen Kriterien und ihres Verhältnisses zueinander herrscht im Einzelnen Uneinigkeit.

(1) Einheitliche Leitungsstruktur[227]

In Rechtsprechung[228] und Literatur[229] wird überwiegend vorrangig auf das Kriterium der einheitlichen Leitungsstruktur abgestellt. Erst wenn ein isolierter Blick auf die Leitungsinstanz nicht weiterführt, sind danach weitere Kriterien zu Rate zu ziehen. Bezogen auf den Untersuchungsgegenstand bedeutet dies, dass von der kollektivrechtlichen Fortgeltung von Betriebsvereinbarungen bei Betriebsübergängen gemäß § 613a BGB dann auszugehen ist, wenn die einheitliche Leitungsstruktur und damit die „Betriebsidentität" aufrechterhalten bleibt.

Eine einheitliche Leitungsstruktur liegt dann vor, wenn die in einer Betriebsstätte vorhandenen materiellen oder immateriellen Betriebsmittel für den arbeitstechnischen Zweck zusammenfasst und von einem einheitlichen Leitungsapparat gesteuert werden[230]. Nach Ansicht des BAG bezieht sich das Erfordernis einer einheitlichen Leitungsinstanz jedoch nur auf soziale und personelle, nicht aber auf wirtschaftliche Angelegenheiten[231]. Diese Einschränkung wird aus dem Zweck des BetrVG hergeleitet, der in der Sicherung des Betriebsrats besteht. Der Betriebsrat als wichtigstes Organ der betrieblichen Interessenvertretung der Arbeitnehmer soll dort errichtet werden, wo die Entscheidungen des Arbeitgebers getroffen werden[232].

---

spaltungen und Organisationsänderungen, S. 69 ff.; Joost, Betrieb und Unternehmen, S. 232 ff.; Fromen, FS Gaul, S. 151, 173 ff.

[227] Begriffsabgrenzung: In der Rechtsprechung des BAG tritt das von Teilen der Literatur herangezogene Kriterium „arbeitsorganisatorische Einheit" gegenüber dem Kriterium der einheitlichen Leitungsstruktur regelmäßig in den Hintergrund und wird von diesem verdeckt, siehe BAG vom 25.09.1986, AP Nr. 7 zu § 1 BetrVG 1972; BAG vom 29.01.1987, AP Nr. 6 zu § 1 BetrVG 1972; BAG vom 18.04.1989, EzA Nr. 73 zu § 99 BetrVG 1972; BAG vom 29.01.1992, BB 1992, S. 1486, 1488.

[228] Siehe BAG vom 23.02.1988, EzA Nr. 73 zu § 99 BetrVG 1972; BAG vom 14.09.1988, AP Nr. 9 zu § 1 BetrVG; BAG vom 29.01.1992, BB 1992, S. 1486, 1487; BAG vom 28.06.1995, AP Nr. 8 zu § 4 BetrVG 1972; BAG vom 14.05.1997, NZA 1997, S. 1245 f.; BAG vom 13.06.2002, AP Nr. 29 zu § 23 KSchG 1969.

[229] Vgl. FESTL, BetrVG, § 1, Rn. 71; Löwisch/Kaiser, BetrVG, § 1, Rn. 4; ErfKom-Eisemann, § 1 BetrVG, Rn. 10; Henssler, NZA 1994, S. 294, 295; Kania, DB 1995, S. 625, 629; kritisch DKK-Trümner, BetrVG, § 1, Rn. 56, der darauf hinweist, dass das bloße Verschieben von Abgrenzungsproblemen nicht zu einem höheren Maß an Konkretisierung führt.

[230] Siehe BAG vom 14.05.1997, NZA 1997, S. 1245 f.

[231] Siehe BAG vom 29.01.1987, AP Nr. 6 zu § 1 BetrVG 1972.

[232] Siehe BAG vom 23.09.1982, AP Nr. 3 zu § 4 BetrVG 1972; ErfKom-Eisemann, § 1 BetrVG, Rn. 10.

Eine wirksame Mitbestimmung der Arbeitnehmer kann nur dann effektiv ausgeübt werden, wenn der Belegschaft eine einheitliche, für alle diesbezüglichen Fragen zuständige Leitungsinstanz gegenübersteht. Deshalb kann dieser Schwerpunktsetzung durchaus zugestimmt werden[233]. Indes darf nicht übersehen werden, dass die Feststellung, wie die Leitungsbefugnisse aufgeteilt sind und tatsächlich vor Ort ausgeübt werden, oftmals Schwierigkeiten bereitet[234].

Für eine primäre Orientierung an den Leitungsstrukturen sprechen auch die durch das BetrVG-Reformgesetz 2001 eingefügten Vorschriften betreffend den gemeinsamen Betrieb mehrerer Unternehmen. In § 1 Abs. 2 Nr. 2 BetrVG werden die von der Rechtsprechung entwickelte Grundsätze gesetzlich anerkannt. Nach dieser Vorschrift spricht die Beibehaltung der Betriebsorganisation trotz rechtlicher Spaltung des Unternehmens in mehrere Rechtsträger für den Fortbestand des bisherigen Betriebs[235].

Relevanz kommt dem Kriterium „Fortbestand der einheitlichen Leitungsstruktur“ insbesondere dann zu, wenn beim Erwerber bereits ein oder mehrere Betriebe existieren und der gemäß § 613a BGB übernommene Betrieb bzw. Betriebsteil nicht eigenständig fortgeführt wird. In diesem Fall ist davon auszugehen, dass die Betriebsidentität mangels Fortbestehens der einheitlichen Leitung nicht aufrechterhalten wird und dementsprechend die kollektivrechtliche Fortgeltung von Betriebsvereinbarungen ausscheidet.

(2) Räumliche Einheit

Eine räumliche Einheit oder zumindest ein räumlicher Zusammenhang ist ein Hinweis für das Vorliegen eines Betriebs im betriebsverfassungsrechtlichen Sinn[236]. Der räumlichen Verbundenheit kommt insofern Bedeutung zu, als mittels des Betriebsbegriffs diejenigen Arbeitnehmer bezeichnet werden, die gemeinsam zur Wahl eines Betriebsrats berechtigt sind. Eine derartige Wahl ist regelmäßig dann sinnvoll, wenn die Arbeitnehmer aufgrund ihrer räumlichen Zusammengehörigkeit eine Gemeinschaft bilden[237].

Indes wäre es zu weitgehend, für den Betriebsbegriff nicht nur ergänzend, sondern entscheidend auf das Merkmal des räumlichen Zusammenhangs abzustel-

---

233 Ebenso Peter, DB 1990, S. 424, 425 f.; Gamillscheg, AuR 1989, S. 33.

234 Vgl. Joost, Betrieb und Unternehmen, S. 114.

235 Vgl. Kreutz, FS Wiese, S. 235, 239 (zu § 322 Abs. 1 UmwG).

236 Siehe BAG vom 25.09.1986, AP Nr. 7 zu § 1 BetrVG 1972; BAG vom 23.09.1982, AP Nr. 3 zu § 4 BetrVG 1972; FESTL, BetrVG, § 1, Rn. 74; Löwisch/Kaiser, BetrVG, § 1, Rn. 6; HSWG-Hess, BetrVG, § 1, Rn. 10.

237 Ebenso Haag, Umstrukturierung und Betriebsverfassung, S. 8.

len[238]. Eine derartige Gewichtung ist sowohl mit § 111 Satz 3 Nr. 2 als auch mit § 4 Abs. 1 Satz 1 Nr. 1 BetrVG unvereinbar.

Das BAG hat in seiner Entscheidung vom 19. Juni 2001[239] festgestellt, dass der Betrieb im betriebsverfassungsrechtlichen Sinn nicht räumlich definiert werde. Ein anderes Ergebnis wäre nicht mit § 111 BetrVG in Einklang zu bringen. Aus § 111 Satz 3 Nr. 2 BetrVG, der die Verlegung des ganzen Betriebs oder von wesentlichen Betriebsteilen zum Gegenstand hat, geht hervor, dass allein die Veränderung der räumlichen Lage einer Betriebsstätte noch nicht die Auflösung des Betriebs zur Folge hat. Andernfalls liefe nämlich § 111 Satz 3 Nr. 1 BetrVG, der sich auf die Einschränkung und Stilllegung des ganzen Betriebs oder von wesentlichen Betriebsteilen bezieht, faktisch leer.

Auch aus § 4 Abs. 1 Satz 1 Nr. 1 BetrVG folgt, dass die räumliche Verbindung mehrerer Arbeitsstätten allein noch nicht ihre Selbständigkeit ausschließt bzw. deren Zusammenschluss als Betrieb begründet[240]. Mit dieser Norm wird fingiert, dass Betriebsteile, die trotz räumlicher Distanz zum Hauptbetrieb gerechnet werden, als selbständige Betriebe gelten[241]. Diese gesetzliche Fiktion macht aber nur dann Sinn, wenn aus Sicht des Gesetzgebers auch der gegengesetzte Fall denkbar ist. Der entgegengesetzte Fall ist hier, dass mehrere Betriebsteile auch ohne räumliche Verbundenheit einen Betrieb im betriebsverfassungsrechtlichen Sinn bilden können.

In Bezug auf den Untersuchungsgegenstand ist festzuhalten, dass das Kriterium der räumlichen Einheit für sich genommen keine verlässliche Antwort auf die Wahrung der Betriebsidentität und damit auf die kollektivrechtliche Fortgeltung von Betriebsvereinbarungen geben kann. geben. Gleichwohl kommt diesem Merkmal in der Gesamtschau mit anderen Kriterien eine Indizwirkung zu.

(3) Betriebsgemeinschaft

Unter einer Betriebsgemeinschaft ist das Zusammengehörigkeitsgefühl der Belegschaft zu verstehen[242]. Ob dieses Kriterium geeignet ist, das Vorliegen eines Betriebs im betriebsverfassungsrechtlichen Sinne festzustellen, ist umstritten.

---

[238] So aber LAG Niedersachsen vom 23.04.1990, LAGE Nr. 3 zu § 1 BetrVG 1972; LAG Hamburg vom 22.10.1997, LAGE Nr. 4 zu § 1 BetrVG 1972; Joost, Betrieb und Unternehmen, S. 232 ff., 265.
[239] Siehe NZA 2001, S. 1263 ff.
[240] Vgl. Richardi-Richardi, BetrVG, § 1, Rn. 35.
[241] Siehe BAG vom 23.09.1982, AP Nr. 3 zu § 4 BetrVG 1972.
[242] Vgl. FESTL, BetrVG, § 1, Rn. 76.

In der Literatur[243] wird vereinzelt vertreten, diesem Kriterium komme keine Aussagekraft zu. Subjektive Einstellungen können im Interesse der Rechtssicherheit keine Relevanz haben. Auch ohne eingehende betriebssoziologische Untersuchung könne man davon ausgehen, dass das Entstehen eines Zusammengehörigkeitsgefühls lediglich aus dem Bestehen einer einheitlichen Leitung in mitbestimmungspflichtigen Angelegenheiten folge. Letztlich sei es daher vom Zufall abhängig, ob sich das Zugehörigkeitsgefühl primär auf das Unternehmen, den Betrieb oder eine Abteilung bzw. Arbeitsgruppe beziehe.

Die Gegenauffassung hält die Betriebsgemeinschaft dagegen für ein zentrales Kriterium bei der Bestimmung des Betriebsbegriffs[244]. Zu dem dem BetrVG zugrunde liegenden Betriebsbegriff müssten wesensmäßig auch die im Betrieb beschäftigten Arbeitnehmer zählen.

Das BAG zieht das Kriterium Betriebsgemeinschaft bei der Abgrenzung nur zurückhaltend heran. Zwar hat es in einigen älteren Entscheidungen[245] durchaus dem Zusammengehörigkeitsgefühl Beachtung geschenkt. Indes hat es im Urteil vom 23. September 1982[246] klargestellt, dass die Betriebsgemeinschaft – unabhängig von der allgemeinen Bedeutung von Arbeitnehmern für das Vorliegen eines Betriebs – ob ihrer Ungenauigkeit lediglich als „Orientierungshilfe“ anzusehen sei.

Dem BAG ist zu folgen. Dem Merkmal Betriebsgemeinschaft kann allenfalls eine Indizwirkung zukommen. Eine stärkere Gewichtung führt im Hinblick auf die subjektive Ausrichtung und die damit zwangsläufig verbundene Rechtsunsicherheit nicht weiter.

Hinsichtlich der Aufrechterhaltung der Betriebsidentität und der damit verbundenen kollektivrechtlichen Fortgeltung von Betriebsvereinbarungen ist somit festzuhalten, dass dem Kriterium Betriebsgemeinschaft keine entscheidende Rolle zukommt.

---

243 Vgl. FESTL, BetrVG, § 1, Rn. 76; GK-Kraft, BetrVG, § 4, Rn. 18; Gaul, Arbeitsrecht der Betriebs- und Unternehmensspaltung, § 25, Rn. 22 ff.; HWK-Gaul, Arbeitsrecht Kommentar, § 1 BetrVG, Rn. 14.

244 Vgl. Gamillscheg, Anm. zu BAG vom 03.12.1985, EzA Nr. 4 zu § 4 BetrVG 1972 und zu BAG vom 07.08.1986, EzA Nr. 5 zu § 4 BetrVG 1972; Kohte, RdA 1992, S. 302, 310; Haag, Umstrukturierung und Betriebsverfassung, S. 13 ff.; Joost, Betrieb und Unternehmen, S. 232 ff., 238; WHSS-Hohenstatt, Umstrukturierung und Übertragung von Unternehmen, D 70; ähnlich DKK-Trümner, BetrVG, § 1, Rn. 48, der in Zweifelsfällen belegschaftsbezogenen Momenten Vorrang geben will.

245 Siehe BAG vom 01.02.1963, AP Nr. 5 zu § 3 BetrVG 1952; BAG vom 23.09.1960, AP Nr. 4 zu § 3 BetrVG 1952; BAG vom 09.05.1958, AP Nr. 1 zu § 3 BetrVG 1952.

246 Siehe AP Nr. 3 zu § 4 BetrVG 1972.

(4) Einheitlicher Inhaber

Für das Vorliegen eines Betriebs im betriebsverfassungsrechtlichen Sinn spricht regelmäßig die Einheit des Inhabers[247]. In Betracht kommt insofern eine natürliche oder juristische Person oder eine Personengesamtheit. Allerdings können auch mehrere Unternehmen einen gemeinsamen Betrieb im Sinne von § 1 Abs. 2 BetrVG haben.

In Bezug auf den Untersuchungsgegenstand, ob nach einem Betriebsübergang die Betriebsidentität fortbesteht und damit Betriebsvereinbarungen kollektivrechtlich fortgelten, hilft dieses Kriterium nicht weiter. Die Einheit des neuen Inhabers ist unabhängig von der Frage, ob der übergehende Betrieb unverändert, d.h. identitätswahrend fortgeführt wird oder nicht.

(5) Einheitlicher arbeitstechnischer Zweck

In Rechtsprechung[248] und Literatur[249] ist anerkannt, dass in einem Betrieb sowohl ein einheitlicher arbeitstechnischer Zweck als auch verschiedene arbeitstechnische Zwecke wie z.B. Produktion und Vertrieb verfolgt werden können. Letzteres findet seine Bestätigung in dem durch das Betriebsverfassungsreformgesetz 2001 eingefügten § 1 Abs. 2 Nr. 1 BetrVG[250].

Bei Beurteilung der für die kollektivrechtliche Fortgeltung von Betriebsvereinbarungen maßgeblichen Aufrechterhaltung der Betriebsidentität muss daher zunächst festgestellt werden, ob vor dem Betriebsübergang nur ein arbeitstechnischer Zweck oder mehrere arbeitstechnische Zwecke ausgeführt wurden. Die Antwort ist mit der Situation beim Erwerber zu vergleichen. Bleibt es beispielsweise bei einem arbeitstechnischen Zweck, ist dies ein Indiz für die Beibehaltung der Betriebsidentität.

Indes ist es nach Ansicht des BAG durchaus denkbar, dass trotz Veränderung bzw. Erweiterung des arbeitstechnischen Zwecks und damit entgegen dem so-

---

247 Siehe BAG vom 05.12.1975, AP Nr. 1 zu § 47 BetrVG 1972; GK-Kraft, BetrVG, § 4, Rn. 14; FESTL, BetrVG, § 4, Rn. 14.

248 Siehe BAG vom 14.09.1988, AP Nr. 9 zu § 1 BetrVG 1972; BAG vom 11.12.1987, AP Nr. 7 zu § 47 BetrVG 1972; BAG vom 23.03.1984, AP Nr. 4 zu § 23 KSchG 1969; BAG vom 23.09.1982, AP Nr. 3 zu § 4 BetrVG 1972; a.A. noch RAG vom 04.04.1936, ARS 27, S. 87, 91, dass das Vorliegen eines Betriebs im betriebsverfassungsrechtlichen Sinn bei Verfolgung mehrerer arbeitstechnischer Zwecke abgelehnte.

249 Vgl. FESTL, BetrVG, § 1, Rn. 69; GK-Kraft, BetrVG, § 4, Rn. 15; Löwisch/Kaiser, BetrVG, § 1, Rn. 8; kritisch DKK-Trümner, BetrVG, § 1, Rn. 54, der darauf hinweist, dass es praktisch unmöglich sei, zu bestimmen, was ein arbeitstechnischer Zweck im konkreten Fall ist.

250 Vgl. Gaul, Arbeitsrecht der Betriebs- und Unternehmensspaltung, § 25, Rn. 18.

eben erwähnten Indiz die Betriebsidentität fortbesteht. Das Gericht hat insofern festgestellt, dass es vorrangig auf die Beibehaltung der Organisation des Betriebs und weniger auf die Beibehaltung der arbeitstechnischen Zweckbestimmung ankomme[251].

Somit ist festzuhalten, dass dem arbeitstechnischen Zweck in Bezug auf die Beurteilung des Fortbestands der Betriebsidentität nach einem Betriebsübergang eine allenfalls schwache Indizwirkung beizumessen ist.

(6) Einheitliche technische Leitung

Das Erfordernis einer einheitlichen technischen Leitung hängt von den konkreten Umständen in einer Betriebsstätte ab[252]. Werden mehrere arbeitstechnische Zwecke in einem Betrieb verfolgt, kann eine einheitliche technische Leitung im Einzelfall sinnvoll sein. Gleichwohl ist vor dem Hintergrund zunehmender Spezialisierung gut vorstellbar, dass eine einheitliche technische Leitung nicht mehr möglich ist. Die dann notwendige Dezentralisierung führt dazu, dass diese Leitungsebene für die Kennzeichnung eines betriebsverfassungsrechtlichen Betrieb untauglich ist[253].

Diesem Kriterium kommt mithin bei der Frage nach dem Fortbestand der Betriebsidentität bei Betriebsübergängen und der damit verbundenen kollektivrechtlichen Fortgeltung von Betriebsvereinbarungen keine Bedeutung zu.

(7) Dauerhaftigkeit

Allgemein anerkannt ist, dass die Organisation im Hinblick auf den betriebsverfassungsrechtlichen Betriebsbegriff auf eine gewisse Dauer angelegt sein muss[254]. Hier ist zu beachten, dass sich das Erfordernis der Dauerhaftigkeit auf die betriebliche Organisation als solche, nicht dagegen auf eine konkrete Tätigkeit bezieht. So ist es beispielsweise in Werbeagenturen durchaus üblich, innerhalb kurzer Zeit eine Vielzahl sehr unterschiedlicher Aufträge zu bearbeiten. Nicht umfasst werden sollen also nur Verbindungen, die einmaliger Natur sind und darüber hinaus so kurzen Bestand haben, dass schon aus zeitlichen Gründen kein Betriebsrat gewählt werden kann[255].

---

[251] Siehe BAG vom 05.06.1964, AP Nr. 7 zu § 3 BetrVG 1952; BAG vom 25.09.1986, AP Nr. 7 zu § 1 BetrVG 1972.
[252] Vgl. FESTL, BetrVG, § 1, Rn. 73; GK-Kraft, BetrVG, § 4, Rn. 16.
[253] Siehe hierzu LAG Hamburg vom 01.11.1982, BB 1983, S. 1095.
[254] Vgl. FESTL, BetrVG, § 1, Rn. 77; GK-Kraft, BetrVG, § 4, Rn. 19; Löwisch/Kaiser, BetrVG, § 1, Rn. 7.
[255] Vgl. Gaul, Arbeitsrecht der Betriebs- und Unternehmensspaltung, § 25, Rn. 47.

Eine gewisse Dauerhaftigkeit der Organisation kann dementsprechend ein Hinweis auf den Fortbestand der Betriebsidentität und damit auf die kollektivrechtliche Fortgeltung von Betriebsvereinbarungen sein.

cc) Zwischenergebnis

Somit ist festzuhalten, dass die herrschende Auffassung für die Einordnung einer Organisationseinheit als Betrieb und die Beurteilung des Fortbestands der Betriebsidentität vorrangig auf das Bestehen bzw. die Aufrechterhaltung einer einheitlichen Leitungsstruktur abstellt. Anderen Kriterien wie räumliche Einheit, Betriebsgemeinschaft, einheitlicher arbeitstechnischer Zweck und Dauerhaftigkeit kann daneben Indizwirkung zukommen. Bezogen auf den Untersuchungsgegenstand bedeutet dies, dass nach einem Betriebsübergang gemäß § 613a BGB aus der Aufrechterhaltung der Betriebsidentität die kollektivrechtliche Fortgeltung von Betriebsvereinbarungen resultiert.

2. Individualrechtliche Fortgeltung von Betriebsvereinbarungen gemäß § 613a Abs. 1 Satz 2-4 BGB

Ist die kollektivrechtliche Fortgeltung von Betriebsvereinbarungen infolge des Verlusts der Betriebsidentität ausgeschlossen, stellt sich die Frage nach einer Fortgeltung der in ihr begründeten Rechte und Pflichten gemäß § 613a Abs. 1 Satz 2-4 BGB.

a) Entstehung der Vorschrift

Die Vorschrift des § 613a Abs. 1 Satz 2-4 beruht auf Art. 3 Abs. 2 der EG-Richtlinie 77/187/EWG vom 14. Februar 1977[256]. Zielsetzung dieser Richtlinie ist es, die Rechtsvorschriften der Mitgliedsstaaten über die Wahrung von Ansprüchen der Arbeitnehmer beim Übergang von Unternehmen, Betrieben oder Betriebsteilen anzugleichen. Die Umsetzung in deutsches Recht erfolgte durch Art. 1 Nr. 5 des Gesetzes über die Gleichbehandlung von Männern und Frauen am Arbeitsplatz und über die Erhaltung von Ansprüchen bei Betriebsübergang (Arbeitsrechtliches EG-Anpassungsgesetz) vom 13. August 1980[257], in Kraft getreten am 21. August 1980.

Hiermit sind erstmals die Rechtsfolgen geregelt, die sich aus dem Betriebsübergang für die Rechtsnormen eines Tarifvertrages oder einer Betriebsvereinbarung ergeben. Die Notwendigkeit dieser Regelung ergab sich aus dem Umstand, dass der bereits im Zuge der Novellierung des Betriebsverfassungsgesetzes 1972 eingefügte und am 19. Januar 1972 in Kraft getretene § 613a Abs. 1 Satz 1 BGB

[256] Siehe ABl. EG Nr. L 61 = RdA 1977, S. 26 ff.
[257] Siehe BGBl. I, S. 1308.

nur den individualrechtlich begründeten Teil des Arbeitsverhältnisses erfasste. Der in § 613a Abs. 1 Satz 1 BGB angeordnete Übergang der Arbeitsverhältnisse kann allein aber nicht zur Überleitung der durch Kollektivvereinbarungen bestimmten Rechte und Pflichten des Arbeitsverhältnisses führen[258].

b) Konzeption des § 613a Abs. 1 Satz 2 BGB

aa) Fortgeltungsanordnung

Gemäß § 613a Abs. 1 Satz 2 BGB werden beim Betriebsübergang die durch eine Betriebsvereinbarung geregelten Rechte und Pflichten Inhalt des Arbeitsverhältnisses zwischen dem neuen Inhaber und dem Arbeitnehmer. Vor Ablauf eines Jahres dürfen diese Rechte und Pflichten nicht zum Nachteil des Arbeitnehmers abgeändert werden[259]. Indes ist die Konzeption einer Transformation in Individualrecht gemäß § 613a Abs. 1 Satz 2 BGB nicht unumstritten.

(1) Meinungsstand

Vereinzelt wird vertreten, § 613a Abs. 1 Satz 2 BGB beinhalte eine normative Fortgeltungsanordnung, die hinsichtlich verschlechternder Individualvereinbarungen für die Dauer eines Jahres zwingendes Recht enthalte, ansonsten jedoch dispositiv, insbesondere kollektivvereinbarungsoffen sei[260].

Die Annahme einer individualrechtlichen Fortgeltung würde nicht lediglich wie bei § 613a Abs. 1 Satz 1 BGB zur Überleitung einer privatautonom ausgehandelten Vertragsbeziehung, sondern zu einer heteronomen Vertrags(inhalts)gestaltung führen, die mit den Grundprinzipien der geltenden Privatrechtsordnung nicht vereinbar sei[261]. Das auf ein Jahr befristete Verschlechterungsverbot gemäß § 613a Abs. 1 Satz 2 sowie das Ablösungsprinzip gemäß § 613a Abs. 1 Satz 3 sei mit einer individualrechtlichen Fortgeltung nicht in Ein-

---

[258] Vgl. Seiter, Betriebsinhaberwechsel, S. 90 f.; Bauer, Unternehmensveräußerung, S. 108; Mengel, Umwandlungen, S. 170; Junker, RdA 1993, S. 203, 204; Kempen, BB 1991, S. 2006, 2007; Boecken, Unternehmensumwandlungen, Rn. 167.

[259] Vgl. aber Meyer, NZA 2002, S. 246 ff., der der Frage nachgeht, inwieweit nach § 613a Abs. 1 Satz 2 BGB einzelvertraglich weiter geltende Rechte aus Tarifverträgen und Betriebsvereinbarungen im Zuge des Betriebsübergangs mit den Instrumenten des Individualarbeitsrechts verändert werden können.

[260] Vgl. Staudinger-Richardi/Annuß, BGB, § 613a, Rn. 173 f.; Richardi-Richardi, BetrVG, § 77, Rn. 216; Zöllner, DB 1995, S. 1401 ff. zu Tarifverträgen; Heinze, DB 1998, S. 1861, 1862 f. und FS Schaub, S. 275, 277 ff., 287 ff.; Wiedemann, FS Fleck, S. 447, 455; Moll, RdA 1996, S. 275, 277 ff.; Rieble/Gutzeit, NZA 2003, S. 233, 235, die in diesem Zusammenhang darauf hinweisen, dass § 613a Abs. 1 Satz 2 BetrVG für Betriebsvereinbarungen einen zusätzlichen Bestandsschutz bietet, der dem deutschen BetrVG gerade fremd ist.

[261] Vgl. Staudinger-Richardi/Annuß, BGB, § 613a, Rn. 173; Rieble, FS Wiese, S. 453, 465 f. und Sonderbeilage zu NZA Heft 16/2003, S. 62, 68.

klang zu bringen[262]. Der Wortlaut der Norm stehe einer normativen Fortgeltung nicht entgegen, da danach die Rechte und Pflichten nur zum Inhalt des Arbeitsverhältnisses, nicht aber zum Inhalt des Arbeitsvertrages mit dem Betriebserwerber würden[263]. Eine Transformation in Individualrecht sei abzulehnen, da der Rechtsgrund für die Weitergeltung der Kollektivnormen allein in der gesetzlichen Anordnung des § 613a Abs. 1 Satz 2 zu sehen sei und diesbezüglich jegliche einzelvertragliche Abrede fehle[264]. Eine „beschränkt normative“ Fortgeltung von Betriebsvereinbarungen sei dementsprechend - vergleichbar mit der Nachwirkung von Tarifverträgen gemäß § 4 Abs. 5 TVG - dergestalt anzunehmen, dass die darin geregelten Rechte und Pflichten der übergegangenen Arbeitnehmer für ein Jahr zwingend fortgelten[265].

Demgegenüber geht das Bundesarbeitsgericht[266] und die herrschende Auffassung in der Literatur[267] davon aus, dass die Regelung des § 613a Abs. 1 Satz 2 BGB eine Transformation in das Individualrecht bewirkt. Berechtigter und Verpflichteter seien dementsprechend nicht mehr die durch Betriebsvereinbarungen gebundenen Betriebsräte und Betriebsveräußerer, sondern die durch Arbeitsverhältnisse gebundenen Arbeitnehmer und Betriebserwerber[268]. Die Kollektivregelungen würden in der Sache zu arbeitsvertraglichen Einheitsregelungen, auch wenn eine Fremdbestimmung der Arbeitsbedingungen wegen der früheren Beteiligung des Betriebsrates im herkömmlichen Sinne nicht vorliege[269].

(2) Stellungnahme

Der letztgenannten Auffassung ist zu folgen. § 613a Abs. 1 Satz 2 BGB ordnet eine Transformation in Individualrecht an.

---

[262] Vgl. Richardi-Richardi, BetrVG, § 77, Rn. 216.
[263] Vgl. Staudinger-Richardi/Annuß, BGB, § 613a, Rn. 174.
[264] Vgl. Heinze, DB 1998, S. 1861, 1862 f. und FS Schaub, S. 275, 277 ff., 287 ff.
[265] Vgl. Richardi-Richardi, BetrVG, § 77, Rn. 216; Blomeyer, DB 1985, S. 2506, 2507; Zöllner, DB 1995, S. 1401 ff.; Rieble/Gutzeit, NZA 2003, S. 233, 235.
[266] St. Rspr., siehe BAG vom 04.12.1974, AP Nr. 2 zu § 3 TVG; BAG vom 26.09.1979, AP Nr. 17 zu § 613a BGB; BAG vom 14.08.2001, NZA 2002, S. 276, 278.
[267] Vgl. WHSS-Hohenstatt, Umstrukturierung und Übertragung von Unternehmen, E 26; Soergel-Raab, BGB, § 613a, Rn. 104; MüKo-Schaub, BGB, § 613a, Rn. 148 ff.; ErfKom-Preis, § 613a BGB, Rn. 108; Gussen/Dauck, Weitergeltung, Rn. 127; Wank, NZA 1987, S. 505, 510; Röder, DB 1980, S. 1981; Bauer/von Steinau-Steinrück, NZA 2000, S. 505, 506, die bezüglich der Transformation von freiwilligen Betriebsvereinbarungen allerdings Einschränkungen vornehmen; Bange, Fortgeltung von Kollektivverträgen bei Unternehmensumstrukturierung, S. 226; Hanau/Vossen, FS Hilger/Stumpf, S. 271, 279; Preis/Steffan, FS Kraft, S. 477, 478; Henssler, FS Schaub, S. 311, 317; Schiefer, FS 50 Jahre BAG, S. 859, 872.
[268] Vgl. Wank, NZA 1987, S. 505, 510.
[269] Vgl. Gussen/Dauck, Weitergeltung, Rn. 127.

Hierfür spricht zunächst der Wortlaut der Vorschrift, der auf den Inhalt des Arbeitsverhältnisses, wenn auch nicht sprachlich genauer auf den Inhalt des Arbeitsvertrages, abstellt. Aus der Gesetzesbegründung[270] geht klar hervor, dass mit § 613a Abs. 1 Satz 2 BGB individuelle Rechte und Pflichten begründet werden sollen.

Auch die einjährige Veränderungssperre des § 613a Abs. 1 Satz 2 BGB steht der herrschenden Auffassung nicht entgegen, wenn man diese als ein gesetzlich angeordnetes Veränderungsverbot arbeitsvertraglicher Regelungen zugunsten der Arbeitnehmer einordnet[271].

Die mit Verweis auf § 4 Abs. 5 TVG konstruierte „beschränkt normative" Fortgeltung von Betriebsvereinbarungen überzeugt nicht. Bei Tarifverträgen wird ganz überwiegend eine Erstreckung auf Arbeitnehmer abgelehnt, deren Arbeitsverhältnis erst im Nachwirkungszeitraum begründet wurde[272]. Diese Aussparung von erst im Nachwirkungszeitraum begründeten Arbeitsverhältnissen lässt sich nicht auf die Situation bei Betriebsvereinbarungen übertragen. Insofern ist zu berücksichtigen, dass die Regelungen einer gemäß § 77 Abs. 6 BetrVG nachwirkenden Betriebsvereinbarung alle Arbeitnehmer, d.h. auch die erst im Nachwirkungszeitraum hinzukommenden, erfassen[273]. Warum von diesem Grundsatz bei einem Betriebsübergang abgewichen werden soll, ist daher nicht zu begründen.

bb) Verhältnis zur kollektivrechtlichen Fortgeltung nach allgemeinen Grundsätzen

Vor Inkrafttreten des § 613a BGB im Jahre 1972 entsprach es der allgemein vertretenen Auffassung, dass Betriebsvereinbarungen kollektivrechtlich weitergelten, wenn der Betrieb bzw. Betriebsteil beim Erwerber selbständig bleibt und damit seine Identität beibehält[274]. Fraglich ist, ob sich diese Rechtslage durch die Einführung des § 613a Abs. 1 Satz 2 BGB verändert hat.

---

[270] Siehe BT-Drs. 8/3317, S. 11: *„... gegenüber der in Satz 2 geregelten individualrechtlichen Verpflichtung... ."* und *„Satz 4 lässt eine Änderung der nur individualrechtlich geltenden Rechte und Pflichten vor Ablauf der Jahresfrist zu, ..."*
[271] Ebenso Gussen/Dauck, Weitergeltung, Rn. 129.
[272] Siehe BAG vom 06.06.1958, AP Nr. 1 zu § 4 TVG Nachwirkung; vom 28.01.1987, AP Nr. 16 zu § 4 TVG Nachwirkung; vom 22.07.1998, AP Nr. 32 zu § 4 TVG Nachwirkung; ErfKom-Schaub/Franzen, § 4 TVG, Rn. 75; a.A. Däubler, Tarifvertragsrecht, Rn. 1463; Wiedemann-Wank, TVG, § 4, Rn. 330.
[273] Vgl. FESTL, BetrVG, § 77, Rn. 182; GK-Kreutz, BetrVG, § 77, Rn. 413; MünchArbR-Matthes, § 328, Rn. 53; DKK-Berg, BetrVG, § 77, Rn. 61; Klein, Nachwirkung, S. 250; ErfKom-Kania, § 77 BetrVG, Rn. 104.
[274] Siehe BAG vom 19.07.1957, AP Nr. 1 zu § 52 BetrVG 1952; BAG vom 18.02.1960, AP Nr. 1 zu § 419 BGB; Nikisch, Arbeitsrecht I, § 46 II 3.

(1) Meinungsstand

Vereinzelt wird vertreten, § 613a Abs. 1 Satz 2 BGB enthalte eine abschließende Regelung, weshalb in seinem Anwendungsbereich die kollektive Weitergeltung von Betriebsvereinbarungen ausgeschlossen sein müsse[275]. Eine kollektive Weitergeltung komme nur bei einer entsprechenden Vereinbarung des Betriebsrats mit dem neuen Betriebsinhaber in Betracht[276]. Aus der Entstehungsgeschichte des § 613a BGB werde deutlich, dass sich der Gesetzgeber in Kenntnis der bisherigen Handhabung bewusst für eine individualrechtliche und gegen eine kollektivrechtliche Lösung entschieden habe[277].

Dagegen geht die Rechtsprechung[278] und die überwiegende Auffassung in der Literatur[279] auch nach Einführung des § 613a Abs. 1 Satz 2 BGB davon aus, dass eine kollektive Fortgeltung von Betriebsvereinbarungen bei Betriebsübergängen möglich ist. Zur Begründung wird darauf verwiesen, dass die besondere individualrechtliche Fortgeltung gemäß § 613a BGB im Verhältnis zu der kollektivrechtlichen Fortgeltung nach den allgemeinen Prinzipien des kollektiven Arbeitsrechts einen qualitativ schwächeren Bestandsschutz biete[280]. Der Vorschrift komme lediglich eine Auffangfunktion zu, um Lücken im Betriebsverfassungs- und Tarifvertragsrecht zu schließen[281]. Die Regelung solle eine zusätzliche Sicherung bieten, nicht aber bereits bestehende betriebsverfassungsrechtliche Bindungen lockern[282]. Rechtsmethodisch wird darauf verwiesen, das die Wertungen des Betriebsverfassungsgesetzes eine teleologische Reduktion des § 613a BGB gebieten[283].

---

275 Vgl. Wank, NZA 1987, S. 505, 507, der in MünchArbR, Band 2, § 124, Rn. 199 nun aber der h.M. folgt; Junker, RdA 1993, S. 203, 205; Röder, DB 1981, S. 1980; Wiesner, BB 1986, S. 1936, 1937; Falkenberg, BB 1987, S. 328, 329; Balze/Rebel/Schuck, Outsourcing, S. 185; Meimann, Kollektivrechtliche Fortgeltung von Betriebsvereinbarungen beim Betriebsübergang, S. 181.

276 Vgl. Wank, NZA 1987, S. 505, 507.

277 Vgl. Wiesner, BB 1986, S. 1936, 1937; Danne, in: Hromadka, Arbeitsrechtsfragen bei der Umstrukturierung und Sanierung von Unternehmen, S. 192 f.

278 Siehe BAG vom 05.02.1991, AP Nr. 89 zu § 613a BGB; BAG vom 27.07.1994, AP Nr. 118 zu § 613a BGB; BAG vom 01.08.2001, EzA Nr. 199 zu § 613a BGB.

279 Vgl. Kreft, FS Wissmann, S. 347, 348; ErfKom-Preis, § 613a BGB, Rn. 109; Hanau/Vossen, FS Hilger/Stumpf, S. 271, 272 ff., Gussen/Dauck, Weitergeltung, Rn. 48; Richardi/Kortstock, RdA 2004, S. 173, 174; Richardi-Richardi, BetrVG, § 77, Rn. 213; Staudinger-Richardi/Annuß, BGB, § 613a, Rn. 175; Hergenröder, Anm. zu BAG vom 18.09.2002, AP Nr. 7 zu § 77 BetrVG 1972; ders., FS 50 Jahre BAG, S. 713, 717.

280 Siehe BAG vom 05.02.1991, AP Nr. 89 zu § 613a BGB.

281 Siehe BAG vom 27.07.1994, AP Nr. 118 zu § 613a BGB.

282 Vgl. Hanau/Vossen, FS Hilger/Stumpf, S. 271, 272 ff.

283 Vgl. Gussen/Dauck, Weitergeltung, Rn. 48.

(2) Stellungnahme

Letztgenannte Ansicht ist zutreffend. Die in § 613a BGB geregelte individualrechtliche Weitergeltung von Betriebsvereinbarungen bedeutet nicht zugleich den Ausschluss jeglicher kollektivrechtlicher Fortgeltung.

Dies ist unter europarechtlichen Gesichtspunkten geboten. Grundsätzliches Ziel der Richtlinie 77/187/EWG, die der Regelung des § 613a Abs. 1 Satz 2 BGB zugrunde liegt, ist es, die Rechte der Beschäftigten bei einem Betriebsübergang zu wahren. Dementsprechend sieht Art. 3 Abs. 2 Unterabsatz 1 der Richtlinie vor, dass der Erwerber die in einem Kollektivvertrag vereinbarten Arbeitsbedingungen bis zu der Kündigung oder dem Ablauf des Kollektivvertrages bzw. bis zum Inkrafttreten oder bis zu der Anwendung eines anderen Kollektivvertrages im gleichen Maße aufrecht erhalten soll, wie sie in dem Kollektivvertrag für den Veräußerer vorgesehen waren. Die Aufrechterhaltung einer Betriebsvereinbarung „im gleichen Maße" setzt demnach eine unabhängig vom Betriebsübergang fortdauernde kollektivrechtliche Normwirkung voraus. Eine nur individualrechtliche Fortgeltung hätte eine Schlechterstellung der Arbeitnehmer zur Folge, die mit den Vorgaben der Richtlinie nicht in Einklang zu bringen ist[284].

Ferner ist zu beachten, dass die Arbeitnehmervertretung gemäß Art. 5 Abs. 1 der Richtlinie bei Wahrung der betrieblichen Selbständigkeit unangetastet erhalten bleiben soll. Wäre eine kollektivrechtliche Fortgeltung beim Erwerber stets ausgeschlossen, müssten sämtliche Betriebsvereinbarungen beim Erwerber erneut abgeschlossen werden. Ob sich der neue Betriebsinhaber hierauf einlässt, ist völlig ungewiss. Dem Betriebsrat fiele dann die Aufgabe zu, zu versuchen, die bisherige kollektive Ordnung wiederherzustellen. Eine derartige Beeinträchtigung der Arbeitnehmervertretung ist mit der Richtlinie nicht beabsichtigt[285].

Auch ein Vergleich der beiden in § 613a Abs. 1 Satz 2 BGB angesprochenen Rechtsinstitute Tarifvertrag und Betriebsvereinbarung stützt das hier vertretene Ergebnis.

Es ist allgemein anerkannt, dass Tarifverträge nach einem Betriebsübergang trotz § 613a Abs. 1 Satz 2 BGB dann kollektivrechtlich fortgelten, wenn der Erwerber und die Arbeitnehmer tarifgebunden sind[286]. Fehlt es dagegen an einer Tarifbindung des Betriebserwerbers, lässt sich eine kollektivrechtliche Fortgeltung im Hinblick auf die negative Koalitionsfreiheit gemäß Art. 9 Abs. 3 GG

---

[284] Ebenso Mengel, Umwandlungen, S. 172; Hergenröder, AR-Blattei SD, Betriebsinhaberwechsel I, 500.1, Rn. 532.

[285] So auch Müller, RdA 1996, S. 287, 288.

[286] Siehe BAG vom 05.02.1991, AP Nr. 89 zu § 613a BGB; Erman-Edenfeld, BGB, § 613a, Rn. 73.

nicht begründen[287]. Eine kollektive Fortgeltung liefe darauf hinaus, den neuen Betriebsinhaber gegen seinen Willen der Geltung eines Verbandstarifvertrages zu unterwerfen und so eine Art Zwangsmitgliedschaft im betreffenden Arbeitgeberverband zu schaffen[288]. Um dies zu verhindern, bedarf es einer individualrechtlichen Auffanglösung[289].

Ein vergleichbares Problem stellt sich bei Betriebsvereinbarungen nicht. Zwar ist die kollektivrechtliche Bindung des neuen Betriebsinhabers an bereits bestehende Betriebsvereinbarungen möglicherweise für ihn eine Belastung[290]. Auf Art. 9 Abs. 3 GG kann er sich gleichwohl nicht berufen. Zumindest im Bereich der erzwingbaren Mitbestimmung kann sich der Arbeitgeber der Geltung einer Betriebsvereinbarung – im Gegensatz zu der auf einer autonomen Entscheidung beruhenden Tarifbindung[291] - nicht entziehen.

Demnach ergibt die individualrechtliche Fortgeltung gemäß § 613a Abs. 1 Satz 2 BGB in erster Linie bei Tarifverträgen einen Sinn. Ein genereller Ausschluss der kollektiven Fortgeltung von Betriebsvereinbarungen kann hieraus im Umkehrschluss nicht gefolgert werden.

c) Geltungsbereich des § 613a Abs. 1 Satz 2 BGB

Wie soeben gezeigt, kommt der subsidiären Vorschrift des § 613a Abs. 1 Satz 2 BGB und der damit verbundenen individualrechtlichen Fortgeltung nur dann Bedeutung zu, wenn die Betriebsvereinbarung nicht bereits aus anderen Gründen kollektivrechtlich fortgilt. Die herrschende Meinung beurteilt dies danach, ob die Betriebsidentität im wesentlichen beim neuen Betriebsinhaber erhalten bleibt.

Daneben scheidet eine kollektivrechtliche Weitergeltung von Betriebsvereinbarungen aus, wenn als Folge des Betriebsübergangs der Betrieb(-steil) gemäß § 118 Abs. 2 sowie § 130 BetrVG nicht mehr dem Geltungsbereich des BetrVG unterfällt[292]. Auch in diesen beiden Fällen kommt es zur individualrechtlichen Fortgeltung von Betriebsvereinbarungen[293].

---

[287] Vgl. Seiter, Betriebsinhaberwechsel, S. 89.
[288] Vgl. Preis/Steffan, FS Kraft, S. 477, 478.
[289] Vgl. Hergenröder, AR-Blattei SD, Betriebsinhaberwechsel I, 500.1, Rn. 529.
[290] Vgl. Hanau, ZIP 1998, S. 1817, der die u.U. abschreckende Wirkung auf potentielle Erwerber hervorhebt.
[291] Ausnahme: Allgemeinverbindlichkeit gemäß § 5 TVG.
[292] Siehe BAG vom 09.02.1982, AP Nr. 24 zu § 118 BetrVG 1972.
[293] Vgl. Gussen/Dauck, Weitergeltung, Rn. 87 ff.; Richardi, Arbeitsrecht in der Kirche, S. 241 ff.

d) Tatbestandsvoraussetzungen des § 613a Abs. 1 Satz 2 BGB

aa) Von § 613a Abs. 1 Satz 2 BGB erfasste Arbeitsverhältnisse

Gemäß § 613a Abs. 1 Satz 1 BGB tritt der neue Inhaber „in die Rechte und Pflichten aus den im Zeitpunkt des Übergangs bestehenden Arbeitsverhältnissen" ein. Diese gesetzlich angeordnete Nachfolge in die Vertragsstellung auf Seiten des Arbeitgebers bezieht sich auf alle im Zeitpunkt des Betriebsübergangs existierenden Arbeitsverhältnisse mit dem bisherigen Inhaber[294]. Eine Transformation in Individualrecht gemäß § 613a Abs. 1 Satz 2 BGB kommt demnach nur bei im Zeitpunkt des Übergangs bestehenden Arbeitsverhältnissen in Betracht. Später begründete Arbeitsverhältnisse fallen grundsätzlich nicht hierunter[295]. Eine andere Betrachtung kann aber ausnahmsweise aus dem Gleichbehandlungsgrundsatz oder einer einzelvertraglichen Vereinbarung zwischen Erwerber und neu eingestelltem Arbeitnehmer folgen[296].

Für die Transformation ist unbeachtlich, ob es sich um ein befristetes oder unbefristetes, Teilzeit- oder Vollzeit-Arbeitsverhältnis handelt[297]. Leitende Angestellte im Sinne des § 5 Abs. 3 BetrVG fallen ebenso unter § 613a BGB wie ruhende Arbeitsverhältnisse[298]. Bei Leiharbeitnehmern ist zwischen Verleih- und Entleihbetrieb zu differenzieren. § 613a BGB greift nur dann ein, wenn der Verleihbetrieb übergeht[299].

bb) Von § 613a Abs. 1 Satz 2 BGB erfasste Betriebsvereinbarungen

Eine Transformation kommt gemäß § 613a Abs. 1 Satz 2 BGB nur dann in Betracht, wenn Rechte und Pflichten eines Arbeitsverhältnisses durch eine Betriebsvereinbarung „geregelt" sind. Dies setzt voraus, dass die Betriebsvereinbarung überhaupt noch Rechtswirkungen entfaltet. Ist die Betriebsvereinbarung bereits abgelaufen, kommt ihr keine (Nach-)Wirkung mehr zu. Bei noch vom bisherigen Inhaber gekündigten Betriebsvereinbarungen ist zwischen dem Ablauf der Kündigungsfrist vor und nach dem Betriebsübergang zu unterscheiden.

Läuft die Kündigungsfrist des § 77 Abs. 5 BetrVG bzw. eine vereinbarte längere Frist erst *nach* dem Betriebsübergang ab, kommt es angesichts der nach wie vor unmittelbaren und zwingenden Wirkung der Betriebsvereinbarung gemäß § 77

---

[294] Siehe BAG vom 22.02.1978, AP Nr. 11 zu § 613a BGB; Picot/Schnitker, Arbeitsrecht bei Unternehmenskauf, Teil 1, Rn. 273.
[295] Vgl. Staudinger-Richardi/Annuß, BGB, § 613a, Rn. 180; Seiter, Betriebsinhaberwechsel, S. 92.
[296] Vgl. Seiter, Betriebsinhaberwechsel, S. 92; MünchKom-Schaub, BGB, § 613a, Rn. 158.
[297] Vgl. WHSS-Willemsen, Umstrukturierung und Übertragung von Unternehmen, G 153.
[298] Siehe BAG vom 22.02.1978, AP Nr. 11 zu § 613a BGB.
[299] Vgl. Staudinger-Richardi/Annuß, BGB, § 613a, Rn. 105.

Abs. 4 Satz 1 BetrVG unproblematisch zur Transformation. In diesem Fall gilt die einjährige Veränderungssperre gemäß § 613a Abs. 1 Satz 2 BGB.

Weniger eindeutig ist die Situation aber dann, wenn die Kündigungsfrist bereits *vor* dem Betriebsübergang abgelaufen ist. Hier ist zwischen freiwilligen, „teilmitbestimmten" und erzwingbaren Betriebsvereinbarungen zu unterscheiden.

(1) Freiwillige Betriebsvereinbarungen

Betriebsvereinbarungen, die nur durch eine freiwillige Einigung der Betriebspartner zustande kommen können, enden mit Ablauf ihrer Geltungsdauer endgültig. Es besteht keine Nachwirkung gemäß § 77 Abs. 6 BetrVG[300]. Ebenso wie der Abschluss freiwilliger Betriebsvereinbarungen von dem freiwilligen Willen der Betriebspartner abhängt, sollen sie auch nicht länger an die Betriebsvereinbarung gebunden sein, als es ihrem wirklichen Willen entspricht[301]. Danach ist die Transformation von freiwilligen Betriebsvereinbarungen in Individualrecht grundsätzlich ausgeschlossen. Allerdings ist es den Betriebsparteien unbenommen, bei freiwilligen Betriebsvereinbarungen eine Nachwirkung aller oder eines Teils ihrer Normen zu vereinbaren[302]. In diesem Fall entspricht es regelmäßig dem Willen der Betriebspartner, die nachwirkenden Normen der Betriebsvereinbarung in Individualrecht zu transformieren.

(2) „Teilmitbestimmte" Betriebsvereinbarungen

Von großer praktischer Relevanz sind die sogenannten „teilmitbestimmten" Betriebsvereinbarungen, in denen mitbestimmungspflichtige und mitbestimmungsfreie Regelungen nebeneinander stehen. § 77 Abs. 6 BetrVG stellt auf die jeweilige Regelungsangelegenheit, nicht aber auf die Betriebsvereinbarung im Gan-

---

[300] Siehe BAG vom 26.04.1990, AP Nr. 4 zu § 77 BetrVG 1972 Nachwirkung; BAG vom 21.08.1990, AP Nr. 5 zu § 77 BetrVG 1972 Nachwirkung; BAG vom 26.10.1993, AP Nr. 5 zu § 77 BetrVG 1972 Nachwirkung; GK-Kreutz, BetrVG, § 77, Rn. 403; HWK-Gaul, Arbeitsrechtkommentar, § 77 BetrVG, Rn. 44; DKK-Berg, § 77, Rn. 59; Picot/Schnitker, Arbeitsrecht bei Unternehmenskauf, Teil 1, Rn. 271; Richardi-Richardi, BetrVG, § 77, Rn. 165; a.A. noch Richardi-Richardi, BetrVG, 8. Auflage, § 77, Rn. 168 (für eine analoge Anwendung des § 4 Abs. 5 TVG); ders. Anm. AP Nr. 40 zu § 77 BetrVG 1972; Blomeyer, DB 1990, S. 173, 174; Schwerdtner, ZfA 1975, S. 171, 192.

[301] Vgl. FESTL, BetrVG, § 77, Rn. 186.

[302] Siehe BAG vom 28.04.1998, AP Nr. 11 zu § 77 BetrVG 1972 Nachwirkung; GK-Kreutz, BetrVG, § 77, Rn. 410; DKK-Berg, § 77, Rn. 59; ErfKom-Kania, § 77 BetrVG, Rn. 109; einschränkend im Hinblick auf die Gefahr ständiger Nachwirkung freiwilliger Betriebsvereinbarungen, wenn ein Betriebspartner zur Ablösung nicht bereit ist, Löwisch/Kaiser, BetrVG, § 77, Rn. 50, die die Wirksamkeit einer solchen Vereinbarung davon abhängig machen, dass den Parteien die Möglichkeit eingeräumt wird, die Einigungsstelle zur verbindlichen Entscheidung anzurufen; a.A. Loritz, DB 1997, S. 2074; Schöne/Klaes, BB 1997, S. 2374, 2375; Jacobs, NZA 2000, S. 69, 74 ff.

zen ab. Vor diesem Hintergrund besteht Übereinstimmung dahingehend, dass nur der mitbestimmungspflichtigen Regelung Nachwirkung zukommt, wenn diese eine aus sich heraus handhabbare Regelung beinhaltet[303]. Bei einem Betriebsübergang wird demnach nur die mitbestimmungspflichtige Regelung in das Individualrecht transformiert.

Oftmals enthält derselbe Regelungsgegenstand jedoch sowohl mitbestimmungspflichtige als auch mitbestimmungsfreie Elemente. Bedeutsam sind in diesem Zusammenhang Betriebsvereinbarungen über Sozialleistungen, z.B. über betriebliche Ruhegelder und Prämien, die hinsichtlich des Verteilungsschlüssels gemäß § 87 Abs. 1 Nr. 10 BetrVG mitbestimmungspflichtig sind, nicht aber bezüglich des Leistungsumfangs und des begünstigten Personenkreises[304]. In diesen Fällen ist gegebenenfalls durch Auslegung zu ermitteln, ob der Arbeitgeber vorrangig eine Änderung der Umstände, über die mitbestimmungsfrei entscheiden kann, beabsichtigt. Ist dies zu bejahen, kommt weder eine Nachwirkung der mitbestimmungspflichtigen als auch der mitbestimmungsfreien Elemente in Betracht, da dies auf eine Beseitigung des insoweit bestehenden Entscheidungsspielraums des Arbeitgebers hinauslaufen würde[305]. Eine Transformation in Individualrecht ist in diesem Fall ausgeschlossen.

(3) Erzwingbare Betriebsvereinbarungen

Bei erzwingbaren Betriebsvereinbarungen, d.h. bei Betriebsvereinbarungen über Angelegenheiten, in denen der Spruch der Einigungsstelle die fehlende Einigung zwischen Arbeitgeber und Betriebsrat ersetzen kann, kommt es zur Nachwirkung gemäß § 77 Abs. 6 BetrVG. Die Nachwirkung der Betriebsvereinbarung hat zur Folge, dass ihre Regelungen auch nach Beendigung mit unmittelbarer, allerdings nicht mehr zwingender Wirkung fortgelten[306]. Die einjährige Veränderungssperre des § 613a Abs. 1 Satz 2 2. Halbsatz BGB darf daher, um eine Besserstellung der Arbeitnehmer beim Betriebsübergang zu vermeiden, hier ausnahmsweise nicht zur Anwendung kommen[307]. Als Beispiel ist eine Betriebsvereinbarung zur Nutzung des Internets für private Zwecke heranzuziehen.

[303] Siehe BAG vom 23.06.1992, AP Nr. 55 zu § 77 BetrVG 1972; GK-Kreutz, BetrVG, § 77, Rn. 405; FESTL, BetrVG, § 77, Rn. 189; Löwisch/Kaiser, BetrVG, § 77, Rn. 48.

[304] Vgl. GK-Kreutz, BetrVG, § 77, Rn. 406.

[305] Siehe BAG vom 09.02.1989, AP Nr. 40 zu § 77 BetrVG 1972; BAG vom 19.09.1995, AP Nr. 61 zu § 77 BetrVG 1972; GK-Kreutz, BetrVG, § 77, Rn. 407 f.; FKHES, BetrVG, § 77, Rn. 189; Löwisch/Kaiser, BetrVG, § 77, Rn. 48; von Hoyningen-Huene, BB 1997, S. 1998, 2000; a.A. LAG Köln vom 27.04.1995, AiB 1996, S. 250, das auf eine „untrennbare Verknüpfung" zwischen mitbestimmungspflichtigen und mitbestimmungsfreien Elementen verweist, die eine Nachwirkung der Betriebsvereinbarung insgesamt erfordere; DKK-Berg, BetrVG, § 77, Rn. 59.

[306] Vgl. FESTL, BetrVG, § 77, Rn. 182.

[307] Vgl. Heinze, FS Schaub, S. 275, 280; Heinze, DB 1998, S. 1861, 1864; Gussen/Dauck, Weitergeltung, Rn. 143.

Diesbezüglich ist anerkannt, dass es sich um eine nach § 87 Abs. 1 Nr. 1 BetrVG mitbestimmungspflichtige Angelegenheit handelt[308]. Ist die Kündigungsfrist dieser Betriebsvereinbarung abgelaufen, kann der Arbeitgeber nun - mangels jetzt zwingender Wirkung – mit einzelnen Beschäftigten anders lautende Vereinbarungen treffen. Es kann z.B. vereinbart werden, dass entgegen der Regelung der nachwirkenden Betriebsvereinbarung eine private Nutzung des Internets am Arbeitsplatz ausgeschlossen ist. Kommt es in der Nachwirkungsphase der Betriebsvereinbarung zu einem Betriebsübergang, liefe eine dann gemäß § 613a Abs. 1 Satz 2 2. Halbsatz BGB einsetzende Veränderungssperre auf eine nicht zu rechtfertigende Besserstellung der vom Betriebsübergang betroffenen Arbeitnehmer hinaus.

Bezüglich der Transformation in Individualrecht gemäß § 613a Abs. 1 Satz 2 1. Halbsatz ist jedoch festzustellen, dass es keinen Unterschied macht, ob der Betriebsübergang noch im Normwirkungszeitraum vollzogen wird und dann die Nachwirkung eintritt oder ob die Betriebsvereinbarung bereits im Zeitpunkt des Betriebsübergangs nur noch nachwirkt[309]. Erst wenn auch die Nachwirkung beendet ist, scheidet eine Anwendung des § 613a Abs. 1 Satz 2 1. Halbsatz BGB aus[310].

e) Rechtsfolgen des § 613a Abs. 1 Satz 2 BGB

aa) Beschränkung der Transformation auf normative Regelungen

Betriebsvereinbarungen können sowohl einen normativen als auch einen schuldrechtlichen Teil enthalten. Schuldrechtliche Regelungen beziehen sich lediglich auf das Verhältnis der Betriebspartner zueinander, so dass eine Transformation derartiger Vereinbarungen in Individualrecht von vornherein nicht in Betracht kommt[311]. Somit beschränkt sich die individualrechtliche Fortgeltung auf den normativen Teil von Betriebsvereinbarungen. Dieser kann Inhalts-, Abschluss- und Beendigungsnormen sowie betriebliche und betriebsverfassungsrechtliche Regelungen enthalten.

Inhaltsnormen, die nach dem Willen der Betriebsparteien in erster Linie das vertragliche Synallagma betreffen, werden im Hinblick auf die eindeutige Formu-

[308] Vgl. FESTL, BetrVG, § 87, Rn. 71.
[309] Vgl. Preis/Steffan, FS Kraft, S. 477, 482; BAG vom 27.11.1991, AP Nr. 22 zu § 4 TVG Nachwirkung (zur Parallelsituation bei Tarifverträgen).
[310] Kritisch RGRK-Ascheid, BGB, § 613a, Rn. 203, der, um eine Besserstellung der vom Betriebsübergang betroffenen Arbeitnehmer zu vermeiden, § 613a Abs. 1 Satz 1 BGB anwenden will.
[311] Vgl. Hergenröder, AR-Blattei SD, Betriebsinhaberwechsel I, 500.1, Rn. 518; Staudinger-Richardi/Annuß, BGB, § 613a, Rn. 177; ErfKom-Preis, § 613a BGB, Rn. 114; Preis/Steffan, FS Kraft, S. 477, 482.

lierung in § 613a Abs. 1 Satz 2 BGB unproblematisch transformiert[312]. Dagegen muss nach dem Normzweck die Transformation von Abschlussnormen grundsätzlich ausscheiden, da nur die im Zeitpunkt des Betriebsübergangs bestehenden Arbeitsverhältnisse von § 613a Abs. 1 Satz 2 BGB erfasst werden und es insofern am Anwendungsbereich der Vorschrift mangelt[313]. Ausnahmsweise werden jedoch auch Abschlussnormen vom Regelungszweck des § 613a Abs. 1 Satz 2 BGB erfasst, wenn sie sich auf die Wiederaufnahme alter oder die Fortsetzung unterbrochener Arbeitsverhältnisse beziehen[314]. Bei Beendigungsnormen ist im Einzelfall zu entscheiden, ob sie auf das Arbeitsverhältnis einwirken. Ist dies zu bejahen, kommt eine individualrechtliche Fortgeltung in Betracht[315].

Bei betrieblichen und betriebsverfassungsrechtlichen Normen ist ebenfalls nach der Regelungsfunktion, die gegebenenfalls durch Auslegung zu bestimmen ist, zu differenzieren. Eine Regelung über betriebliche Fragen kommt z.B. nach § 98 BetrVG über betriebliche Bildungsmaßnahmen in Betracht. Eine Betriebsvereinbarung über betriebsverfassungsrechtliche Fragen ist z.B. eine anderweitige Regelung der Freistellung gemäß § 38 Abs. 1 Satz 3 BetrVG. Regelmäßig beziehen sich betriebliche und betriebsverfassungsrechtliche Normen nicht auf Rechte und Pflichten aus dem Arbeitsverhältnis, sondern auf die Ordnung des Betriebs, die Organisationsgewalt des Arbeitgebers, Fürsorgemaßnahmen zu Gunsten der Belegschaft etc.[316]. Nur ausnahmsweise – z.B. bei betrieblichen Bildungsmaßnahmen gemäß § 98 BetrVG - sollen hiermit Rechte und Pflichten der Arbeitnehmer normiert werden, die über § 613a Abs. 1 Satz 2 BGB in Individualrecht zu transformieren sind[317]. Dies ist insofern konsequent, als nach herrschender Ansicht[318] § 613a BGB als subsidiäre Vorschrift nur dann zur Anwendung kommt, wenn der Betriebsübergang zum Verlust der Betriebsidentität

[312] Vgl. Erman-Edenfeld, BGB, § 613a, Rn. 81; Gussen/Dauck, Weitergeltung, Rn. 135.
[313] Vgl. Hergenröder, AR-Blattei SD, Betriebsinhaberwechsel I, 500.1, Rn. 514; Erman-Edenfeld, BGB, § 613a, Rn. 81.
[314] Vgl. Preis/Steffan, FS Kraft, S. 477, 482; Moll, RdA 1996, S. 275, 277; Soergel-Raab, BGB, § 613a, Rn. 110.
[315] Vgl. MüKo-Schaub, BGB, § 613a, Rn. 154; RGRK-Ascheid, § 613a, Rn, Rn. 193.
[316] Vgl. WHSS-Hohenstatt, Umstrukturierung und Übertragung von Unternehmen, E 27; RGRK-Ascheid, § 613a, Rn, Rn. 195.
[317] Vgl. Hanau/Vossen, FS Hilger/Stumpf, S. 271, 290; MüKo-Schaub, BGB, § 613a, Rn. 156.
[318] Siehe BAG vom 05.02.1991, AP Nr. 89 zu § 613a BGB; BAG vom 27.07.1994, AP Nr. 118 zu § 613a BGB; BAG vom 01.08.2001, EzA Nr. 199 zu § 613a BGB; Hergenröder, Anm. zu BAG vom 18.09.2002, AP Nr. 7 zu § 77 BetrVG 1972; ders., FS 50 Jahre BAG, S. 713, 717; ErfKom-Preis, § 613a BGB, Rn. 109; Hanau/Vossen, FS Hilger/Stumpf, S. 271, 272 ff., Gussen/Dauck, Weitergeltung, Rn. 48; Bachner, AiB 1996, S. 291, 302; Trittin, AiB 1994, S. 12; Richardi/Kortstock, RdA 2004, S. 173, 174; Richardi-Richardi, BetrVG, § 77, Rn. 213; Staudinger-Richardi/Annuß, BGB, § 613a, Rn. 175.

führt und in diesem Fall die Fortgeltung betrieblicher und betriebsverfassungsrechtlicher Regelungen sowieso unmöglich ist[319].

bb) Zeitlicher Anknüpfungspunkt

Für die Transformation ist die Rechtslage im Zeitpunkt des Betriebsübergangs maßgeblich[320]. Umfasst sind hiervon auch Betriebsvereinbarungen, die beim Betriebsübergang bereits geschlossen sind, aber erst später, d.h. nach dem Betriebsübergang in Kraft treten[321]. Dagegen finden spätere Änderungen auch dann keine Berücksichtigung, wenn sie rückwirkend zu einem Zeitpunkt vor dem Betriebsübergang gelten sollen[322].

cc) Veränderungssperre

Durch die Transformation gemäß § 613a Abs. 1 Satz 2 BGB verlieren die individualrechtlich weitergeltenden Betriebsvereinbarungen ihren Normcharakter. Gleichwohl ergibt sich aus dieser Vorschrift eine gewisse Nachwirkung des früheren Normcharakters, denn gleichzeitig mit der Transformation der Betriebsvereinbarung wird deren zwingende Weitergeltung zu Gunsten der Arbeitnehmer auf arbeitsvertraglicher Ebene für die Dauer eines Jahres nach dem Zeitpunkt des Betriebsübergangs angeordnet[323]. Diese Veränderungssperre stellt ein gesetzliches Verbot dar, ursprünglich kollektive Regelungen zu verändern, wobei das Günstigkeitsprinzip Anwendung findet[324]. Arbeitsvertragliche Verschlechterungen sind unabhängig davon ausgeschlossen, ob zwischen Arbeitgeber und Arbeitnehmer hierüber Einigkeit besteht oder ob der Arbeitgeber einseitig Veränderungen vornimmt[325].

f) Vorzeitige Beendigung der Veränderungssperre

Um dem neuen Inhaber nach einer Übergangsfrist eine individualrechtliche Harmonisierung der Arbeitsbedingungen zu ermöglichen, wurde die Veränderungssperre gemäß § 613a Abs. 1 Satz 2 BGB auf ein Jahr begrenzt[326]. § 613a

[319] Vgl. Gussen/Dauck, Weitergeltung, Rn. 136; Hanau/Vossen, FS Hilger/Stumpf, S. 271, 280.
[320] Siehe BAG vom 01.04.1987, AP Nr. 64 zu § 613a BGB.
[321] Vgl. Erman-Edenfeld, BGB, § 613a, Rn. 83.
[322] Siehe BAG vom 13.09.1994, AP Nr. 125 zu § 613a BGB; BAG vom 13.11.1985, AP Nr. 46 zu § 613a BGB; ErfKom-Preis, § 613a BGB, Rn. 115.
[323] Vgl. Gussen/Dauck, Weitergeltung, Rn. 142.
[324] Vgl. MüKo-Schaub, BGB, § 613a, Rn. 167; WHSS-Hohenstatt, Umstrukturierung und Übertragung von Unternehmen, E 30.
[325] Vgl. Soergel-Raab, BGB, § 613a, Rn. 116.
[326] Vgl. MüKo-Schaub, BGB, § 613a, Rn. 168; Staudinger-Richardi/Annuß, BGB, § 613a, Rn. 194.

Abs. 1 Satz 4 BGB kommt den Interessen des Erwerbers weiter entgegen. Die Vorschrift regelt zwei Fälle, in denen einzelvertraglich auch schon vor Ablauf der Jahresfrist des Abs. 1 Satz 2 BGB die nach dem Betriebsübergang ins Arbeitsverhältnis transformierten Kollektivnormen zum Nachteil der Arbeitnehmer abgeändert werden dürfen.

aa) Abänderbarkeit gemäß § 613a Abs. 1 Satz 4 1.Alt. BGB

(1) Zielsetzung

Gemäß § 613a Abs. 1 Satz 4 1. Alt. BGB können die individualrechtlich fortgeltenden Betriebsvereinbarungen schon vor Ablauf der einjährigen Veränderungssperre geändert werden, wenn die Betriebsvereinbarung „nicht mehr gilt". Hierunter sind die Fälle zu verstehen, in denen die Betriebspartner die Betriebsvereinbarung von Anfang an befristet haben oder in denen die Betriebsvereinbarung nur noch gemäß § 77 Abs. 6 BetrVG nachwirkt, d.h. keine zwingende Wirkung mehr entfaltet. In diesen Konstellationen muss eine vorzeitige Änderung möglich sein, um zu verhindern, dass die betroffenen Arbeitnehmer durch den Betriebsübergang bessergestellt werden. Es ist diesbezüglich zu beachten, dass die Ansprüche aus § 613a Abs. 1 Satz 2 BGB nie weiter reichen dürfen als auf der ursprünglich kollektivrechtlichen Grundlage, da mit § 613a BGB lediglich ein Bestandsschutz der bestehenden Arbeitsverhältnisse bezweckt ist[327].

(2) Kündigungsrecht

Im Zusammenhang mit § 613a Abs. 1 Satz 4 1. Alt. BGB stellt sich die Frage, ob bzw. von wem die nunmehr nach der Transformation individualrechtlich fortgeltenden Reglungen gekündigt werden können.

Teilweise wird vertreten, es entspreche der rechtsdogmatischen Konstruktion des § 613a Abs. 1 Satz 2 BGB, wenn das ursprünglich den Betriebsparteien zustehende Kündigungsrecht nach der Transformation der Kollektivnormen in das Arbeitsverhältnis den Arbeitsvertragsparteien zustehe[328]. Die in Abs. 1 Satz 2 vorgesehene individualrechtliche Fortgeltung von Betriebsvereinbarungen schließe auch ein zwischen den Kollektivparteien vereinbartes oder ein gesetzliches Recht zur Kündigung der ins Arbeitsverhältnis transformierten Normen

---

[327] Siehe BAG vom 13.09.1994, NZA 1995, S. 740, 741; Schiefer, NJW 1998, S. 1817, 1820; Staudinger-Richardi/Annuß, BGB, § 613a, Rn. 195.

[328] Vgl. Gussen/Dauck, Weitergeltung, Rn. 174; Hanau/Vossen, FS Hilger/Stumpf, S. 271, 283; Röder, DB 1981, S. 1980, 1982; sehr weitgehend Meyer, DB 2000, S. 1174, 1178, wonach sowohl dem Veräußerer als auch dem Erwerber ein Kündigungsrecht zustehen soll; einschränkend Erman-Edenfeld, BGB, § 613a, Rn. 85, der sich für ein Kündigungsrecht der übergegangenen Arbeitnehmer, nicht dagegen des neuen Inhabers ausspricht.

ein[329]. Da bei einer kollektivrechtlichen Weitergeltung von Betriebsvereinbarungen nach allgemeiner Ansicht dem neuen Inhaber das Kündigungsrecht zustehe, sei es unverständlich, wenn bei einer nur individualrechtlichen Fortgeltung das Kündigungsrecht beim früheren Arbeitgeber verbleiben sollte[330]. Es sei dem Vertragsrecht fremd, dass ein völlig außerhalb des Schuldverhältnis stehender Dritter, d.h. der bisherige Inhaber, durch ein Kündigungsrecht gestaltend auf dieses einwirken könne[331]. Zudem sei das Verbleiben des Kündigungsrechts bei den ursprünglichen Parteien auch deshalb abzulehnen, weil diese zur Beurteilung der Interessenlage in dem übernommenen Betrieb weder berufen noch fähig seien[332].

Diese Auffassung überzeugt nicht. Der Übergang des Kündigungsrechts auf die neuen Arbeitsvertragsparteien ist mit dem durch § 613a BGB bezweckten Bestandsschutz unvereinbar. § 613a BGB soll Nachteile für die Arbeitnehmer durch den Betriebsübergang vermeiden bzw. abmildern. Es ist allgemein anerkannt, dass die Kündigung einer Betriebsvereinbarung gemäß § 77 Abs. 5 BetrVG - vorbehaltlich einer anderweitigen Abrede – keines sachlichen Grundes bedarf[333]. Die Betriebsparteien sind mithin frei in ihrer Entscheidung, von dem ihnen zustehenden Gestaltungsrecht Gebrauch zu machen.

Mit dem Schutzzweck des § 613a BGB wäre es unvereinbar, dem Arbeitnehmer nach der Transformation ein Kündigungsrecht zuzubilligen. Ein derartiges Kündigungsrecht des Arbeitnehmers wäre mit dem einseitig zwingenden Charakter des § 613a BGB nicht in Einklang zu bringen. Es bestünde die Gefahr, dass der Arbeitnehmer etwa auf Druck des Arbeitgebers oder aus Sorge um seinen Arbeitsplatz „freiwillig“ auf ihm zustehende Rechte verzichtet. Noch eklatanter wäre der Verstoß gegen § 613a BGB bei einem vorzeitigen Kündigungsrecht des neuen Betriebsinhabers. Der Erwerber hätte es als zur Kündigung Berechtigter in der Hand, dafür sorgen, dass die transformierte Betriebsvereinbarung „nicht mehr gilt“ und könnte sich auf diesem Wege der einjährigen Veränderungssperre entziehen. Hiermit würde die differenzierte Regelung des § 613a Abs. 1 Satz 2-4 BGB unterlaufen[334].

Des Weiteren ist zu beachten, dass eine Transformation von in Betriebsvereinbarungen geregelten Rechten und Pflichten nur insofern in Betracht kommt, als

---

[329] Vgl. Erman-Edenfeld, BGB, § 613a, Rn. 85.
[330] Vgl. Gussen/Dauck, Weitergeltung, Rn. 174.
[331] Vgl. Erman-Edenfeld, BGB, § 613a, Rn. 85.
[332] Vgl. Hanau/Vossen, FS Hilger/Stumpf, S. 271, 283.
[333] Siehe BAG vom 18.04.1989, AP Nr. 2 zu § 1 BetrAVG; BAG vom 26.04.1990, AP Nr. 4 zu § 77 BetrVG 1972 Nachwirkung; MünchArbR-Matthes, § 328, Rn. 41; DKK-Berg, BetrVG, § 77, Rn. 53; Löwisch/Kaiser, BetrVG, § 77, Rn. 37.
[334] Vgl. Picot/Schnitker, Arbeitsrecht bei Unternehmenskauf, Teil 1, Rn. 302; Bange, Fortgeltung von Kollektivverträgen bei Unternehmensumstrukturierung, S. 230 f.

sie sich auf den normativen Teil bezieht. Beim Kündigungsrecht gemäß § 77 Abs. 5 BetrVG handelt es sich jedoch nicht um ein den Arbeitnehmern aufgrund einer Betriebsvereinbarung normativ zustehendes Recht. Vielmehr ist die Befugnis zur Kündigung einer Betriebsvereinbarung untrennbar mit der Stellung als Vertragspartei einer Betriebsvereinbarung verbunden[335]. Ein Übergang des Kündigungsrechts auf den neuen Inhaber kann demnach nur dann in Betracht kommen, wenn die Betriebsvereinbarung kollektivrechtlich fortgilt und der Erwerber als Vertragspartner eintritt. Da § 613a Abs. 1 Satz 2 BGB wie gezeigt[336] eine Transformation in das Individualrecht anordnet, kann weder den Arbeitnehmern noch dem neuen Inhaber ein Kündigungsrecht zustehen.

Geht dagegen nur ein Betriebsteil über, bleibt bezüglich des verbleibenden Restbetriebs ein Kündigungsrecht der Betriebsparteien bestehen. In diesem Fall gilt die Betriebsvereinbarung im Ursprungsbetrieb unverändert kollektivrechtlich, in dem übergegangenen Betriebsteil jedoch nur noch individualrechtlich. Kündigt nun eine der Betriebsparteien des Ursprungsbetriebs die Betriebsvereinbarung, beschränken sich die Auswirkungen dieses Gestaltungsrechts nicht auf den verbleibenden Restbetrieb, sondern wirken sich auch auf den übergegangenen Betriebsteil aus. Das Argument, hiermit wirke ein außenstehender Dritter, der zur sachgerechten Beurteilung des übernommenen Betriebsteils nicht in der Lage sei, auf die Rechtslage beim Erwerber ein[337], greift auch in diesem Fall nicht. Zwar ist – sofern es nicht nach dem Betriebsteilübergang zur Bildung eines Gemeinschaftsbetriebs im Sinne von § 1 Abs. 2 Nr. 2 BetrVG kommt – regelmäßig davon auszugehen, dass die Betriebsparteien des verbleibenden Restbetriebs die Auswirkungen einer Kündigung für den übergegangenen Betriebsteil nicht in ihre Überlegungen miteinbeziehen. Ein derartige – unbewusste – Einflussnahme ist jedoch durch die gesetzliche Regelung des § 613a Abs. 1 Satz 4 1. Alt. BGB angelegt[338]. Es ist allgemein anerkannt, dass Betriebsvereinbarungen ohne sachlichen Grund befristet werden können[339] und gegebenenfalls erst nach dem Betriebs(teil-)übergang durch Zeitablauf enden. Auch in diesem Fall wirken die Betriebsparteien des Ursprungsbetriebs auf den übergegangenen Betriebsteil ein.

Schließlich wird erwogen, beim Betriebsteilübergang ein auf den übertragenen Betriebsteil beschränktes Kündigungsrecht des Erwerbers zuzulassen[340]. Dieser Ansatz überzeugt nicht. Mit einer derartigen Kündigungsmöglichkeit würde ebenfalls in unzulässiger Weise in den aufeinander abgestimmten Schutzmecha-

---

335 Vgl. Boecken, Unternehmensumwandlungen, Rn. 172.

336 Siehe oben 4. Teil, A.2.b).

337 Vgl. Erman-Edenfeld, BGB, § 613a, Rn. 85; Hanau/Vossen, FS Hilger/Stumpf, S. 271, 283.

338 Vgl. Boecken, Unternehmensumwandlungen, Rn. 172.

339 Siehe oben 3. Teil, B.II.4.b).

340 Vgl. Bauer, Unternehmensveräußerung, S. 112; Seiter, Betriebsinhaberwechsel, S. 91.

nismus des § 613a Abs. 1 Satz 2-4 BGB eingegriffen. Zum einen liefe dies auf eine nach allgemeiner Ansicht[341] unzulässige Teilkündigung von ins Individualrecht transformierten Regelungen hinaus. Zum anderen kann der Erwerber keinen Einfluss auf die im Ursprungsbetrieb kollektivrechtlich fortgeltende Betriebsvereinbarung nehmen, so dass § 613a Abs. 1 Satz 4 1.Alt. BGB mit den soeben aufgezeigten Rechtsfolgen (auch) für den übergegangenen Betriebsteil keine Anwendung findet.

Aber auch ohne ein Kündigungsrecht des Betriebsteilerwerbers sind dessen Interessen hinreichend gewahrt. Er hat die Möglichkeit, durch Abschluss einer Betriebsvereinbarung mit dem Betriebsrat die Verdrängungswirkung des § 613a Abs. 1 Satz 3 BGB auszunutzen[342]. Ist der Abschluss einer derartigen Betriebsvereinbarung ausgeschlossen oder unwahrscheinlich, kann der neue Inhaber mit dem Veräußerer bereits vor dem Betriebsübergang in einem Vertrag vereinbaren, dass dieser von seinem Kündigungsrecht Gebrauch macht[343].

(3) Freiwillige Betriebsvereinbarungen

Zu klären ist die Frage, ob obige Ausführungen auch für Betriebsvereinbarungen, die in Abweichung von § 77 Abs. 6 BetrVG bzw. mangels einer entsprechenden Regelung nicht nachwirken, gelten. § 613a Abs. 1 Satz 4 1. Alt. BGB differenziert insofern nicht und spricht lediglich von „nicht mehr geltenden“ Betriebsvereinbarungen. Danach müsste nach dem Wortlaut der Anwendungsbereich dieser Norm auch freiwillige Betriebsvereinbarungen umfassen.

In Konsequenz hieraus wird von Teilen der Literatur vertreten, es bedürfe auch bezüglich des transformierten Inhalts einer „nicht mehr geltenden“ freiwilligen Betriebsvereinbarung einer Änderungsvereinbarung[344]. In Anbetracht dessen, dass eine Beschränkung der Nachwirkung durch § 77 Abs. 6 BetrVG ausdrücklich geregelt sei, könne nicht unterstellt werden, der Gesetzgeber habe bei Schaffung des § 613a Abs. 1 Satz 4 1. Alt. BGB die Möglichkeit des ersatzlosen Fortfalls von Betriebsvereinbarungen übersehen[345].

Diese Auffassung überzeugt nicht. Sie verkennt, dass § 613a BGB lediglich eine Bestandsschutzfunktion hat. Nähme man keine einschränkende Auslegung der Vorschrift vor, liefe dies auf eine Besserstellung der übergegangenen Arbeitnehmer hinaus. Der Arbeitgeber wäre gehalten, hinsichtlich der übergegangenen

---

[341] Siehe BAG vom 07.10.1982, AP Nr. 5 zu § 620 BGB Teilkündigung; BAG vom 22.01.1997, AP Nr. 6 zu § 620 BGB Teilkündigung; Schaub, Arbeitsrechtshandbuch, § 123, Rn. 49.

[342] Vgl. Schaub, FS Wiese, S. 535, 541; ders., Arbeitsrechtshandbuch, § 117, Rn. 38.

[343] Vgl. Bauer, Unternehmensveräußerung, S. 112; Seiter, Betriebsinhaberwechsel, S. 91.

[344] Vgl. Moll, RdA 1996, S. 275, 284; Gussen/Dauck, Weitergeltung, Rn. 146.

[345] Vgl. Gussen/Dauck, Weitergeltung, Rn. 146.

Arbeitnehmer eine Änderungsvereinbarung zu schließen bzw. eine Änderungskündigung auszusprechen. Dies ist jedoch mit dem Grundsatz, dass die in den Arbeitsvertrag abgesenkten Kollektivnormen keine stärkere Schutzwirkung entfalten können als es die Betriebsvereinbarung ohne den Betriebsübergang getan hätte[346], unvereinbar.

Somit ist festzuhalten, dass dem Erwerber bezüglich der ins Individualrecht transformierten Regelungen freiwilliger Betriebsvereinbarungen das Recht der Teilkündigung ohne Erfordernis eines Kündigungsgrundes zusteht[347]. Die transformierten Regelungen entfallen nach Ablauf der Kündigungsfrist ersatzlos[348].

bb) Abänderbarkeit gemäß § 613a Abs. 1 Satz 4 2. Alt. BGB

§ 613a Abs. 1 Satz 4 2. Alt. BGB bestimmt, dass die transformierten Regelungen dann vor Jahresfrist abgelöst werden, wenn die Parteien im Fall fehlender beiderseitiger Tarifbindung im Geltungsbereich eines Tarifvertrages dessen Anwendung individualrechtlich vereinbaren. Diese Alternative, die zur Vereinheitlichung der Arbeitsbedingungen beim Erwerber führen soll[349], besteht nach herrschender Auffassung auch dann, wenn entgegen dem Wortlaut nur eine Seite nicht tarifgebunden ist[350]. Die Interessenlage der Beteiligten ändert sich in diesem Fall nicht. Auch hier ist regelmäßig eine Angleichung der Arbeitsbedingungen zweckmäßig. Vereinbart werden kann jedoch nur der andere Tarifvertrag insgesamt, weil nur die Geltung des tarifvertraglichen Gesamtwerks eine gewisse Richtigkeitsgewähr bietet[351]. Im Hinblick auf die Bestandsschutzfunktion des § 613a BGB ist der Arbeitnehmer zum Abschluss einer derartigen Vereinbarung nicht verpflichtet[352]. Eine Änderungskündigung des Erwerbers zur Erzwingung des Einverständnisses des Arbeitnehmers ist nur ausnahmsweise dann sozial gerechtfertigt, wenn die Unterwerfung unter den anderen Tarifvertrag die Interessen des übernommenen Arbeitnehmers hinreichend wahrt[353]. Des

---

[346] Siehe BAG vom 13.09.1994, NZA 1995, S. 740, 741; Schiefer, NJW 1998, S. 1817, 1820; Staudinger-Richardi/Annuß, BGB, § 613a, Rn. 195.
[347] Zutreffend Bauer/von Steinau-Steinrück, NZA 2000, S. 505, 509.
[348] So BAG vom 13.11.1985, AP Nr. 46 zu § 613a BGB; Erman-Edenfeld, BGB, § 613a, Rn. 93; Hanau/Vossen, FS Hilger/Stumpf, S. 271, 280.
[349] Siehe BT-Drs. 8/3317, S. 11.
[350] Vgl. Picot-Schnitker, Arbeitsrecht bei Unternehmenskauf, Teil 1, Rn. 303; MüKo-Schaub, BGB, § 613a, Rn. 172; Gussen/Dauck, Weitergeltung, Rn. 148; a.A. Moll, RdA 1996, S. 275, 284; Zöllner, DB 1995, S. 1401, 1404.
[351] Vgl. ErfKom-Preis, § 613a BGB, Rn. 118; MüKo-Schaub, BGB, § 613a, Rn. 172; Erman-Edenfeld, BGB, § 613a, 93; Preis/Steffan, FS Kraft, S. 477, 484; Seiter, Betriebsinhaberwechsel, S. 96; Staudinger-Richardi/Annuß, BGB, § 613a, Rn. 199.
[352] Vgl. ErfKom-Preis, § 613a BGB, Rn. 118.
[353] Vgl. Seiter, Betriebsinhaberwechsel, S. 96; Moll, RdA 1996, S. 275, 284, der sein Festhalten am Erfordernis einer beiderseitigen Tarifgebundenheit auch mit den mit einer Änderungskündigung einhergehenden Schwierigkeiten begründet.

weiteren ist es nicht möglich, einen Tarifvertrag durch eine Betriebsvereinbarung für anwendbar zu erklären. Hierin läge ein Verstoß gegen § 77 Abs. 3 BetrVG[354].

g) Ausschluss der individualrechtlichen Weitergeltung aufgrund einer anderen Kollektivvereinbarung gemäß § 613a Abs. 1 Satz 3 BGB

aa) Zielsetzung

Gemäß § 613a Abs. 1 Satz 3 BGB ist eine Transformation ins Individualrecht ausgeschlossen, wenn die Rechte und Pflichten beim neuen Inhaber durch Rechtsnormen eines anderen Tarifvertrags oder durch eine andere Betriebsvereinbarung geregelt werden. Dies bedeutet, dass die Veränderungssperre des § 613a Abs. 1 Satz 2 BGB nur für eine Änderung auf arbeitsvertraglicher Ebene, nicht dagegen für eine Änderung durch eine beim Erwerber geltende Betriebsvereinbarung gilt[355]. Ausweislich der Gesetzesbegründung soll der Betriebsinhaber nur verpflichtet sein, die bei ihm bereits geltenden Betriebsvereinbarungen einzuhalten und nicht daneben noch Arbeitsbedingungen, die sich nach § 613a Abs. 1 Satz 2 BGB aus anderen Betriebsvereinbarungen ergeben[356]. Hintergrund ist auch in diesem Fall eine beschleunigte Anpassung der Arbeitsbedingungen. Dem Betriebs- bzw. Betriebsteilerwerber soll eine Vereinheitlichung der Arbeitsbedingungen in seinem Betrieb erleichtert werden[357].

bb) Voraussetzungen

(1) Gleicher Regelungsgegenstand

Voraussetzung für die verdrängende Wirkung gemäß § 613a Abs. 1 Satz 3 BGB ist zunächst, dass sich die bei dem Erwerber geltende Kollektivregelung auf den gleichen Regelungssachverhalt bezieht wie die bisherige kollektive Regelung im Veräußererunternehmen[358]. Ob eine Übereinstimmung gegeben ist, ist gegebenenfalls durch Auslegung zu ermitteln[359]. Die Kollektivnorm muss zumindest

---

[354] Vgl. Picot/Schnitker, Arbeitsrecht bei Unternehmenskauf, Teil 1, Rn. 303; ErfKom-Preis, § 613a BGB, Rn. 118; Kania, DB 1995, S. 626.
[355] Vgl. Hanau/Vossen, FS Hilger/Stumpf, S. 271, 281.
[356] Siehe BT-Drs. 8/3317, S. 11.
[357] Siehe BAG vom 14.08.2001, ZIP 2002, S. 316, 319; MüKo-Schaub, BGB, § 613a, Rn. 180; Schiefer, NJW 1998, S. 1817, 1820.
[358] Siehe BAG vom 20.04.1994, EzA Nr. 18 zu § 613a BGB; Soergel-Raab, BGB, § 613a, Rn. 126; Kasseler Handbuch-Hattensen, Betriebsübergang, Rn. 181; Picot/Schnitker, Arbeitsrecht bei Unternehmenskauf, Teil 1, Rn. 277, die von der „Identität der Regelungsgegenstände" sprechen.
[359] Siehe BAG vom 22.01.2003, AP Nr. 242 zu § 613a BGB; ErfKom-Preis, § 613a BGB, Rn. 121.

erkennen lassen, dass über den Regelungsgegenstand eine Vereinbarung getroffen werden sollte. Fehlt eine Regelung komplett, ist dies zu verneinen, da bloßem Schweigen nach allgemeinen Auslegungsregeln grundsätzlich kein Erklärungswert beizumessen ist[360]. Das Erfordernis einer vergleichbaren Regelung darf jedoch nicht zu eng verstanden werden. Es muss verhindert werden, dass die ablösende Wirkung leerläuft[361]. Daher ist dann, wenn eine Regelung vorliegt, davon auszugehen, dass diese auch den gesamten Regelungskomplex abdeckt[362].

Zur Verdeutlichung dient folgendes Beispiel: Besteht beim Erwerber ein System der betrieblichen Altersversorgung, das jedoch nicht auf einer Betriebsvereinbarung, sondern auf einzelvertraglicher Grundlage beruht, muss sich der Erwerber zumindest übergangsweise mit unterschiedlichen Altersversorgungssystemen im Unternehmen abfinden. Einzelvertragliche Vereinbarungen haben im Verhältnis zur individualrechtlichen Fortgeltung von Betriebsvereinbarungen gemäß § 613a Abs. 1 Satz 2 BGB keine verdrängende Wirkung. Hingegen erfolgt eine Ablösung gemäß § 613a Abs. 1 Satz 3 BGB, wenn im aufnehmenden Betrieb eine betriebliche Altersversorgung auf der Grundlage einer Betriebsvereinbarung besteht, auch wenn diese aus Arbeitnehmersicht ungünstiger ausfällt als das beim Veräußerer geltende System.

(2) Zeitpunkt des Abschlusses der verdrängenden Kollektivvereinbarung

Aus dem Wortlaut des § 613a Abs. 1 Satz 3 BGB geht nicht eindeutig hervor, ob die ablösende Betriebsvereinbarung im Zeitpunkt des Betriebsübergangs bereits gegolten haben muss oder ob auch eine nach dem Betriebsübergang abgeschlossene Betriebsvereinbarung für die Herbeiführung der Rechtsfolge ausreicht. Problematisch ist insoweit das Verhältnis zwischen Transformation und Günstigkeitsprinzip. Ist zunächst eine Transformation kollektivrechtlicher Ansprüche gemäß § 613a Abs. 1 Satz 2 BGB in Individualrecht erfolgt, wäre bei erst später abgeschlossenen Betriebsvereinbarungen das Günstigkeitsprinzip anwendbar mit der Folge, dass eine Verdrängung der Ansprüche nur noch unter Anwendung der Regeln in Betracht käme, die das Bundesarbeitsgericht[363] zur ablösenden Betriebsvereinbarung entwickelt hat[364].

Im Hinblick auf diese Bedenken wird teilweise wird vertreten, es bedürfe zumindest eines zeitlichen Zusammenhangs zwischen dem Betriebsübergang und

---

[360] Siehe BAG vom 20.04.1994, EzA Nr. 118 zu § 613a BGB.
[361] Vgl. Soergel-Raab, BGB, § 613a, Rn. 126; Zöllner, DB 1995, S. 1401, 1403; Nicolai, SAE 1995, S. 205.
[362] Vgl.WHSS-Hohenstatt, Umstrukturierung und Übertragung von Unternehmen, E 37 und 134.
[363] Siehe BAG GS vom 16.09.1986, BB 1987, S. 265.
[364] Vgl. WHSS-Hohenstatt, Umstrukturierung und Übertragung von Unternehmen, E 38.

der anschließend abgeschlossenen Betriebsvereinbarung[365]. Diese Ansicht überzeugt bereits deshalb nicht, weil das Kriterium „Zeitlicher Zusammenhang“ nicht hinreichend bestimmt wird und demzufolge für eine erhebliche Rechtsunsicherheit sorgt. Auch der Gesetzeswortlaut – „geregelt werden“ – spricht dafür, dass die Vereinbarung eines neuen Kollektivvertrags jederzeit möglich ist. Dementsprechend ist davon auszugehen, dass unabhängig vom Günstigkeitsprinzip jeder nach dem Betriebsübergang abgeschlossenen Betriebsvereinbarung verdrängende Wirkung zukommt[366]. Nur mittels einer insoweit einschränkten Anwendung des § 613a Abs. 1 Satz 2 BGB kann der Zielsetzung des § 613a Abs. 1 Satz 3 BGB, die Arbeitsbedingungen im Betrieb des Erwerbers anzugleichen, hinreichend Rechnung getragen werden.

(3) Verdrängung auch durch nachwirkende Kollektivvereinbarung

§ 613a Abs. 1 Satz 3 BGB trifft keine eindeutige Aussage zu der Frage, ob eine beim Erwerber nur noch nachwirkende Betriebsvereinbarung einer Transformation der im übertragenen Betrieb bzw. Betriebsteil geltenden Betriebsvereinbarung in Individualrecht entgegensteht. Dies ist unter Berücksichtigung von § 77 Abs. 6 BetrVG zu bejahen[367]. Auch eine gemäß § 77 Abs. 6 BetrVG lediglich nachwirkende Betriebsvereinbarung „regelt“ Rechte und Pflichten und wirkt so einem rechtslosen Zustand entgegen[368]. Es wäre mit der gesetzgeberischen Intention unvereinbar, wollte man § 613a Abs. 1 Satz 3 BetrVG auf nachwirkende Betriebsvereinbarungen nicht anwenden.

Die in Rechtsprechung und Literatur überwiegend vertretene Ansicht, die eine Anwendung von Tarifverträgen auf Arbeitnehmer, deren Arbeitsverhältnisse erst nach Eintritt der Nachwirkung begründet werden, ablehnt[369], steht dem nicht entgegen. Insofern ist zwischen einem neu eingestellten Arbeitnehmer und einem Arbeitnehmer, dessen Arbeitsverhältnis kraft Gesetzes übergeht, zu unterscheiden. Bei letzteren handelt es sich um keine Neueinstellung im eigentlichen

---

365 Vgl. MüKo-Schaub, BGB, § 613a, Rn. 181; Henssler, NZA 1994, S. 913, 919.

366 Siehe BAG vom 19.03.1986, NZA 1986, S. 687; BAG vom 20.04.1994, NZA 1994, S. 1140; BAG vom 16.05.1995, AP Nr. 15 zu § 4 TVG Ordnungsprinzip bzgl. einer Ablösung durch Tarifvertrag; BAG vom 14.08.2001, NZA 2002, S. 276; BAG vom 14.08.2002, NZA 2002, S. 276, 279; HWK-Gaul, Arbeitsrecht Kommentar, § 77 BetrVG, Rn. 73; Silberberger, Veränderungsprozesse, S. 67; DKK-Berg, BetrVG, § 77, Rn. 51; Erman-Edenfeld, BGB, § 613a, Rn. 87; ErfKom-Preis, § 613a BGB, Rn. 121; Schiefer, NJW 1998, S. 1817, 1820; Picot/Schnitker, Arbeitsrecht bei Unternehmenskauf, Teil 1, Rn. 282; kritisch BTM-Trittin, § 613a, Rn. 298.

367 Vgl. Erman-Edenfeld, BGB, § 613a, Rn. 90; Hanau/Vossen, FS Hilger/Stumpf, S. 271, 282.

368 Vgl. Picot/Schnitker, Arbeitsrecht bei Unternehmenskauf, Teil 1, Rn. 283.

369 Siehe BAG vom 29.01.1975, AP Nr. 8 zu § 4 TVG Nachwirkung; BAG vom 03.12.1985, AP Nr. 1 zu § 74 BAT; BAG vom 22.07.1998, AP Nr. 29 zu § 4 TVG Nachwirkung; MünchArbR-Löwisch/Rieble, Band 3, § 273, Rn. 6; ErfKom-Schaub/Franzen, § 4 TVG, Rn. 75.

Sinne, so dass sich die allgemeine Problematik eines nachwirkenden Tarifvertrags nicht stellt[370]. Somit ist festzuhalten, dass eine Vereinheitlichung von Arbeitsbedingungen auch durch nachwirkende Kollektivvereinbarungen erfolgen kann.

(4) Keine Anwendung des Günstigkeitsprinzips

Im Rahmen des § 613a Abs. 1 Satz 3 BGB findet das Günstigkeitsprinzip keine Anwendung. Hierfür spricht zunächst der Wortlaut der Norm, der keinerlei Hinweis diesbezüglich enthält. Des Weiteren führte eine Anwendung des Günstigkeitsprinzips zu inakzeptablen Wertungswidersprüchen. Es ist zu berücksichtigen, dass es sich im Grunde – lässt man die Transformation einmal außer Acht – um ranggleiche Rechtsquellen handelt. Es wäre insofern nicht zu begründen, warum die im aufnehmenden Betrieb bereits geltenden Betriebsvereinbarungen jederzeit nach der Zeitkollisionsregel durch eine – auch nachteilige – Betriebsvereinbarung abgelöst werden können, dies jedoch für die zuvor beim Veräußerer geltenden Betriebsvereinbarungen nicht möglich sein soll[371].

(5) Billigkeitskontrolle/Rechtskontrolle

Nach bisheriger Rechtsprechung wurden Betriebsvereinbarungen, d.h. auch die hier interessierenden Kollektivreglungen gemäß § 613a Abs. 1 Satz 3 BGB, einer Billigkeitskontrolle unterzogen[372]. Zu klären ist, ob sich diese Rechtsprechung unter Berücksichtigung von § 310 Abs. 4 BGB noch aufrechterhalten lässt. Gemäß § 310 Abs. 4 Satz 1 BGB finden die §§ 305 ff. BGB auf Betriebsvereinbarungen keine Anwendung. Der Gesetzgeber verdeutlicht hiermit, dass in diesen „normsetzenden" Bereich nicht durch eine AGB-Kontrolle eingegriffen werden darf[373]. Dementsprechend ergibt sich aus § 310 Abs. 4 Satz 1 BGB, dass eine Inhaltskontrolle im Sinne einer Angemessenheitskontrolle gemäß §§ 307 ff. BGB nicht stattzufinden hat[374]. Betriebsvereinbarungen sind folglich keiner allgemeinen Billigkeitskontrolle mehr zu unterziehen.

Einer Rechtskontrolle von Betriebsvereinbarungen steht dagegen § 310 Abs. 4 BGB nicht entgegen. Dies bedeutet, dass kollektive Regelungen auch weiterhin

---

[370] Vgl. Gussen/Dauck, Weitergeltung, Rn. 170.

[371] Siehe BAG vom 20.04.1994, EzA Nr. 118 zu § 613a BGB; Kasseler Handbuch-Hattensen, Betriebsübergang, Rn. 182; Seiter, Betriebsinhaberwechsel, S. 94; Gaul, NZA 1995, S. 717, 724.

[372] Siehe BAG vom 24.03.1981, AP Nr. 12 zu § 112 BetrVG 1972; BAG 01.12.1992, AP Nr. 3 zu § 77 BetrVG 1972 Tarifvorbehalt.

[373] Siehe BT-Drs. 14/6857, S. 54.

[374] Vgl. ErfKom-Preis, § 305-310 BGB, Rn. 12; HWK-Gotthardt, Arbeitsrecht Kommentar, § 310 BGB, Rn. 20; Palandt-Heinrichs, BGB, § 310, Rn. 51; kritisch Däubler, NZA 2001, S.1329, 1334.

auf Verstöße gegen die Verfassung, höherrangiges Recht oder gegen die guten Sitten zu untersuchen sind[375].

cc) Verdrängung durch eine andere Betriebsvereinbarung

§ 613a Abs. 1 Satz 3 BGB schießt eine Konkurrenz zwischen den ins Individualrecht transformierten Regelungen und den kollektivrechtlich beim neuen Inhaber geltenden Betriebsvereinbarungen aus. Unproblematisch ist daher zum einen der Fall, in dem beim Erwerber vor dem Betriebsübergang kein Betrieb und mithin keine Betriebsvereinbarung existierte. Wird nach dem Betriebsübergang für den übergegangenen Betrieb bzw. Betriebsteil eine Betriebsvereinbarung geschlossen, verdrängt diese die transformierten Regelungen. Zum anderen tritt diese Folge auch dann ein, wenn bereits im Zeitpunkt des Betriebsübergangs ein Betrieb beim Erwerber bestand und der übergegangene Betrieb bzw. Betriebsteil in diesen eingliedert wird.

Fraglich ist jedoch, was geschieht, wenn beim neuen Inhaber bereits mehr als ein Betrieb existiert. Als Bezugspunkt kommt dann sowohl der übergegangene Betrieb bzw. Betriebsteil als auch das gesamte Unternehmen in Betracht. Vereinzelt wird vertreten, hier sei das Unternehmen maßgeblich[376]. Der Erwerber sei regelmäßig an einer einheitlichen Regelung im gesamten Unternehmen interessiert. Daher reiche es für die Anwendung des § 613a Abs. 1 Satz 3 BGB bereits aus, wenn in den übrigen Betrieben bestimmte Arbeitsbedingungen übereinstimmend geregelt seien. Für hiermit nicht in Einklang stehende, individualrechtlich fortgeltende Regelungen sei dann kein Raum.

Dieser Ansicht kann im Ergebnis nicht gefolgt werden. Zwar ist die Annahme, der Erwerber sei an unternehmenseinheitlichen Regelungen interessiert, in der Regel zutreffend. Dies rechtfertigt jedoch nicht, im Rahmen eines Betriebsübergangs die Systematik des Betriebsverfassungsrechts zu durchbrechen[377]. Dem neuen Inhaber steht es frei, mit dem Gesamtbetriebsrat einheitliche Regelungen für alle Betriebe, d.h. auch für den übergegangenen Betrieb bzw. Betriebsteil zu treffen. Dann ist in der Tat auf das Unternehmen abzustellen. Das Bestandsschutzinteresse der übergegangenen Arbeitnehmer an den transformierten Regelungen muss in diesem Fall hinter das Vereinheitlichungsinteresse des Erwerbers zurücktreten. Kommt es jedoch nicht zum Abschluss einer entsprechenden Gesamtbetriebsvereinbarung, ist eine Verdrängung der transformierten Regelungen ausgeschlossen. Dies gilt auch dann, wenn mangels Vorliegens der Voraussetzungen gemäß § 47 Abs. 1 BetrVG kein Gesamtbetriebsrat zu bilden ist und es dementsprechend an einem Verhandlungspartner für den Erwerber fehlt.

---

[375] Siehe zum Umfang der Rechtskontrolle BAG vom 06.09.1995, AP Nr. 22 zu § 611 BGB.
[376] Vgl. Henssler, NZA 1994, S. 913, 918.
[377] Ebenso Gaul, ZTR 1995, S. 387, 388.

dd) Verdrängung durch eine Gesamtbetriebsvereinbarung

Wie soeben dargestellt, kommt es gemäß § 613a Abs. 1 Satz 3 BGB zu einer Verdrängung der ins Individualrecht transformierten Regelungen, wenn der Erwerber *nach* dem Betriebs(-teil)übergang mit dem Gesamtbetriebsrat eine Gesamtbetriebsvereinbarung mit vergleichbarem Inhalt schließt, die sich auch auf den übergegangenen Betrieb oder Betriebsteil bezieht. Fraglich ist jedoch, ob auch bereits vor dem Betriebs(-teil)übergang im Unternehmen des neuen Inhabers bestehende Gesamtbetriebsvereinbarungen für den erworbenen Betrieb bzw. Betriebsteil gelten.

Vereinzelt wird die Anwendung dieser Gesamtbetriebsvereinbarungen mit dem Argument abgelehnt, es fehle an der Legitimation des Gesamtbetriebsrats für diese Personengruppe[378]. Die übergegangenen Arbeitnehmer seien bei der Beschlussfassung über die Gesamtbetriebsvereinbarung noch nicht durch eigene Mitglieder im Gesamtbetriebsrat repräsentiert gewesen[379]. Daher bestehe die Gefahr von unzulässigen Verträgen zu Lasten Dritter[380]. Nach Ansicht der Rechtsprechung[381] und nach der herrschenden Literaturauffassung[382] werden dagegen grundsätzlich auch gemäß § 613a BGB übergegangene Betriebe bzw. Betriebsteile von bereits bestehenden Gesamtbetriebsvereinbarungen erfasst. Ausnahmsweise sei eine andere Betrachtung geboten, wenn die Geltung einer Gesamtbetriebsvereinbarung ausdrücklich auf bei Abschluss dem Unternehmen angehörende Betriebe begrenzt werde bzw. sich dies im Wege der Auslegung ergebe[383].

---

[378] Vgl. MünchArbR-Joost, § 313, Rn. 49, der – um die übergegangenen Arbeitnehmer einzubeziehen – generell den Abschluss neuer Gesamtbetriebsvereinbarungen fordert.

[379] Vgl. HSWG-Glock, BetrVG, § 50, Rn. 51, der erst dann von der Erstreckung der Gesamtbetriebsvereinbarung auf den neu erworbenen Betrieb bzw. Betriebsteil ausgeht, wenn der Gesamtbetriebsrat durch Vereinbarung mit dem Arbeitgeber die Vereinbarung auf die hinzugekommenen Arbeitnehmer erstreckt. Dies soll aber erst möglich sein, wenn der Betriebsrat des neuen Betriebes allein oder gemeinschaftlich mit anderen Betrieben gemäß § 47 Abs. 2 und 5 Mitglieder in den Gesamtbetriebsrat entsandt hat.

[380] Vgl. Sowka/Weiss, DB 1991, S. 1518, 1520.

[381] Siehe BAG vom 27.06.1985, AP Nr. 14 zu § 77 BetrVG; BAG vom 28.04.1992, EzA Nr. 10 zu § 50 BetrVG; einschränkend LAG München vom 08.11.1988, DB 1989, S. 1880: Für die Erstreckung der Gesamtbetriebsvereinbarung durch Wahl des Betriebsrats im übergegangenen Betrieb, sofern eine originäre Zuständigkeit gemäß § 50 Abs. 1 BetrVG besteht.

[382] Vgl. FESTL, BetrVG, § 50, Rn. 76; DKK-Trittin, BetrVG, § 50, Rn. 51; GK-Kreutz, BetrVG, § 50, Rn. 76; ErfKom-Eisemann, § 50 BetrVG, Rn. 8; WHSS-Hohenstatt, Umstrukturierung und Übertragung von Unternehmen, E 11; Gussen/Dauck, Weitergeltung, Rn. 353; Gaul, NZA 1995, S. 717, 724, der ausnahmsweise dann von einer Erstreckung absehen will, wenn die Auslegung der im aufnehmenden Betrieb bestehenden Gesamtbetriebsvereinbarung ergibt, dass sie gerade keine neuaufgenommenen Betriebe bzw. Betriebsteile erfassen soll.

[383] Vgl. Picot/Schnitker, Arbeitsrecht bei Unternehmenskauf, Teil 1, Rn. 291.

Letztgenannter Auffassung ist zu folgen. Die im aufnehmenden Unternehmen geltenden Gesamtbetriebsvereinbarungen gelten auch für die übergegangenen Arbeitnehmer und schließen gemäß § 613a Abs. 1 Satz 3 BGB die Transformation entgegenstehender Kollektivnormen des übertragenen Betriebs in Individualrecht aus. Das Argument, dem Gesamtbetriebsrat fehle für später hinzukommende Arbeitnehmer die Legitimation, überzeugt nicht. Die normativen Regelungen einer Betriebsvereinbarung gelten gemäß § 77 Abs. 4 Satz 1 BetrVG unmittelbar und zwingend. Sie gestalten unabhängig vom Willen und der Kenntnis der Vertragspartner das Arbeitsverhältnis[384]. Dies gilt insbesondere auch für die Arbeitsverhältnisse von Arbeitnehmern, die erst nach Abschluss der Betriebsvereinbarung hinzukommen[385]. § 77 Abs. 4 Satz 1 BetrVG findet über § 51 Abs. 5 BetrVG auch auf Gesamtbetriebsvereinbarungen Anwendung[386]. Folglich kann die fehlende Unternehmenszugehörigkeit der übergegangenen Arbeitnehmer im Zeitpunkt des Abschlusses der Kollektivvereinbarung deren Wirksamkeit nicht entgegenstehen.

Auch die Intention des § 613a I Satz 2-4 BGB spricht für die hier vertretene Auffassung. Danach wird der Bestandsschutz der Rechte und Pflichten für die übergegangenen Arbeitnehmer zugunsten der Vereinheitlichung der Arbeitsbedingungen für das ganze Unternehmen eingeschränkt. Dies muss auch dann gelten, wenn die gemäß § 613a Abs. 1 Satz 2 BGB transformierten Regelungen einer Betriebsvereinbarung aufgrund eines Betriebsübergangs auf eine beim Erwerber geltende Gesamtbetriebsvereinbarung treffen[387]. Käme es auf die Repräsentation der übergegangenen Arbeitnehmer bei der Beschlussfassung über die beim Erwerber geltenden Gesamtbetriebsvereinbarung an, liefe der Anwendungsbereich des § 613a Abs. 1 Satz 3 BGB diesbezüglich leer. Mit der gesetzgeberischen Zielsetzung einer Rechtsvereinheitlichung im aufnehmenden Unternehmen wäre dies unvereinbar[388].

Mit der Neufassung des § 50 Abs. 1 Satz 1 HS 2 BetrVG hat der Gesetzgeber überdies deutlich gemacht, das eine unterbliebene Betriebsratswahl in einem Betrieb der Geltung einer Gesamtbetriebsvereinbarung auch in diesem Betrieb nicht entgegensteht. Der insofern bestehende Legitimationsmangel ist im Interesse einer unternehmenseinheitlichen Regelung hinzunehmen[389]. Es entspricht

---

[384] Siehe BAG vom 21.09.1989, AP Nr. 43 zu § 77 BetrVG; HSWG, BetrVG, § 77, Rn. 181; Richardi-Richardi, BetrVG, § 77, Rn. 134.

[385] Siehe BAG vom 05.09.1960, AP Nr. 4 zu § 399 BGB; DKK-Berg, BetrVG, § 77, Rn. 35; FESTL, BetrVG, § 77, Rn. 35; HSWG-Worzalla, BetrVG; § 77, Rn. 10.

[386] Vgl. GK-Kreutz, BetrVG, § 51, Rn. 80.

[387] Ebenso BAG vom 27.06.1985, AP Nr. 14 zu § 77 BetrVG; Gussen/Dauck, Weitergeltung, Rn. 101.

[388] Zutreffend Picot/Schnitker, Arbeitsrecht bei Unternehmenskauf, Teil 1 Rn. 288.

[389] Siehe BAG vom 16.08.1983, AP Nr. 5 zu § 50 BetrVG zur bisherigen Rechtslage nach § 50 Abs. 1 Satz 1 BetrVG a.F. Das Gericht stellt, konsequent am Wortlaut der Norm orientiert,

dem Willen des Gesetzgebers, auch die Arbeitnehmer in den Geltungsbereich einer Kollektivvereinbarung einzubeziehen, die sich bewusst gegen die Wahl einer Interessenvertretung in ihrem Betrieb entschieden haben. Mit verfassungsrechtlichen Gesichtspunkten ist die Neuregelung insofern vereinbar, als die Arbeitnehmer weiterhin die Möglichkeit haben, ihrerseits einen Betriebsrat zu wählen, der kraft seiner Zugehörigkeit zum Gesamtbetriebsrat Einfluss auf dessen Entscheidungen nehmen könnte[390].

Für die hier interessierende Frage bedeutet dies, dass sich die beim Erwerber existierenden Gesamtbetriebsvereinbarungen über § 613a Abs. 1 Satz 3 BGB auch auf die übernommenen Arbeitnehmer erstrecken müssen. Diese Arbeitnehmer haben - im Gegensatz zu den in § 50 Abs. 1 Satz 1 HS 2 BetrVG angesprochenen - mit der Wahl eines Betriebsrates beim Veräußerer deutlich gemacht, dass sie nicht außerhalb der Betriebsverfassung stehen möchten. Wenn also sogar bisher nicht von einem Betriebsrat vertretene Arbeitnehmer in den Geltungsbereich einer Gesamtbetriebsvereinbarung einbezogen werden, muss dies erst recht dann gelten, wenn die übergegangenen Arbeitnehmer vor dem Betriebsübergang von einem Betriebsrat repräsentiert wurden.

Schließlich ist die hier befürwortete Auffassung, wonach eine individualrechtlich fortgeltende Betriebsvereinbarung von einer kollektivrechtlich geltenden Gesamtbetriebsvereinbarung verdrängt wird, auch mit der ganz überwiegend vertretenen Ansicht zum Verhältnis zwischen Betriebsvereinbarungen und Gesamtbetriebsvereinbarungen über denselben Regelungsgegenstand in Einklang zu bringen. Danach wird im Hinblick auf die gesetzliche Zuständigkeitsabgrenzung gemäß § 50 Abs. 1 BetrVG davon ausgegangen, dass eine Gesamtbetriebsvereinbarung grundsätzlich eine Betriebsvereinbarung der einzelnen Betriebsräte ausschließt[391].

ee) Verdrängung durch eine Konzernbetriebsvereinbarung

Eine der bei Gesamtbetriebsvereinbarungen vergleichbare Situation besteht bei Konzernbetriebsvereinbarungen. Es existiert keine gesetzliche Regelung, wie sich der Eintritt in einen Konzern durch einen Betriebsübergang auf den Konzernbetriebsrat und die von ihm abgeschlossenen Konzernbetriebsvereinbarungen auswirkt. Einigkeit besteht insoweit, als Änderungen in der Konzernzusammensetzung den Bestand des Konzernbetriebsrats als solchen nicht berüh-

---

die fehlende demokratische Legitimation des Gesamtbetriebsrats für betriebsratslose Betriebe fest.

[390] Vgl. Löwisch/Kaiser, BetrVG, § 50, Rn. 14; ähnlich DKK-Trittin, BetrVG, § 50, Rn. 17; FESTL, BetrVG, § 77, Rn. 29.

[391] Siehe BAG vom 31.01.1989, EzA Nr. 14 zu § 81 ArbGG; FESTL, BetrVG, § 50, Rn. 75; HSWG-Glock, BetrVG, § 50, Rn. 50a.

ren[392]. Grundsätzlich bestehen dann auch Konzernbetriebsvereinbarungen fort und erstrecken sich über § 613a Abs. 1 Satz 3 BGB auf den übergegangenen Betrieb bzw. Betriebsteil. Gleichwohl kann sich ausnahmsweise eine andere Betrachtung ergeben, wenn die Konzernbetriebsvereinbarung erkennbar nur für die bei Abschluss dem Konzern angehörende Unternehmen gelten soll. Dann muss im Einzelfall entschieden werden, ob die Vereinbarung nur für die bisher konzernangehörigen Unternehmen fortgilt oder ein Wegfall der Geschäftsgrundlage anzunehmen ist[393].

ff) Verdrängung durch einen Tarifvertrag

Im Zusammenhang mit der Verdrängung transformierter Regelungen gemäß § 613a Abs. 1 Satz 3 BGB durch einen beim Erwerber geltenden Tarifvertrag stellen sich im wesentlichen zwei Fragen. Zunächst ist problematisch, ob angesichts des insoweit unklaren Wortlauts des § 613a Abs. 1 Satz 3 BGB eine Verdrängung von aus Betriebsvereinbarungen stammenden Regelungen durch einen Tarifvertrag überhaupt möglich ist. Bejaht man dies, ist weiter die Frage zu beantworten, welche Anforderungen an die Tarifbindung gestellt werden, um zur Anwendbarkeit des § 613a Abs. 1 Satz 3 BGB zu gelangen.

Im Hinblick auf §§ 77 Abs. 3, 87 Abs. 1 ES BetrVG ist jedoch zu berücksichtigen, dass die ins Individualrecht transformierten Regelungen von Betriebsvereinbarungen nur ausnahmsweise den gleichen Regelungsgegenstand betreffen werden wie der Tarifvertrag beim Erwerber. Ein solcher Ausnahmefall läge z.B. dann vor, wenn beim Veräußerer eine Betriebsvereinbarung über die Zahlung eines Jubiläumsgeldes nach 10 Jahren Unternehmenszugehörigkeit gilt. Die Regelungen dieser Betriebsvereinbarungen, die Ansprüche der einzelnen Arbeitnehmer begründen,, werden als Inhaltsnormen gemäß § 613a Abs. 1 Satz 2 BGB ins Individualrecht transformiert. Findet beim Erwerber nun ein Tarifvertrag Anwendung, der ebenfalls die Zahlung eines Jubiläumsgeldes nach 10 Jahren Unternehmenszugehörigkeit vorsieht, entsteht diese Konkurrenzproblematik.

(1) Ablösung durch Kollektivvertrag der jeweils anderen Art

Nach § 613a Abs. 1 Satz 3 BGB ist die in Satz 2 angeordnete individualrechtliche Fortgeltung von Betriebsvereinbarungen ausgeschlossen, wenn diese Rechte und Pflichten beim neuen Inhaber durch Normen eines „anderen Tarifvertrages" oder einer „anderen Betriebsvereinbarung" geregelt werden. Der Wortlaut selbst lässt keine eindeutige Aussage darüber zu, ob auch eine sog. „Über-Kreuz-

---

392 Vgl. DKK-Trittin, BetrVG, § 57, Rn. 5; FESTL, BetrVG, § 57, Rn. 7; Richardi-Annuß, BetrVG, § 54, Rn 51.

393 Vgl. Picot/Schnitker, Arbeitsrecht bei Unternehmenskauf, Teil 1, Rn. 290; Richardi-Annuß, BetrVG, § 54, Rn 51; ähnlich Boecken, Unternehmensumwandlungen, Rn. 160.

Ablösung“ von der Norm erfasst sein soll. Daher könnte man eine Ablösung durch Kollektivvertrag der jeweils anderen Art als mit dem Willen des Gesetzgebers unvereinbar ansehen.

Vereinzelt[394] wird die Über-Kreuz-Ablösung abgelehnt. Es wird argumentiert, tarifvertraglichen Regelungen und Betriebsvereinbarungen unterlägen unterschiedlichen Ordnungen der Gruppenautonomie, die nebeneinander stünden und nicht gegeneinander austauschbar seien[395]. Zutreffend wird jedoch von der ganz überwiegenden Ansicht[396] eine Ablösung im Verhältnis Betriebsvereinbarung/Tarifvertrag[397] als zulässig angesehen. Hierfür spricht zunächst die Zielsetzung des § 613a Abs. 1 Satz 3. Der Gesetzgeber wollte mit der Norm die individualrechtliche der kollektivrechtlichen Lösung annähern und dem neuen Inhaber die Anpassung und Vereinheitlichung von Arbeitsbedingungen in seinem Betrieb ermöglichen[398]. Dies kann nur dann vollständig erreicht werden, wenn eine individualrechtliche Transformation auch durch einen beim Erwerber geltenden Tarifvertrag ausgeschlossen ist[399]. Darüber hinaus ist zu vermuten, dass die Formulierung des § 613a Abs. 1 Satz 3 BGB ein Redaktionsversehen des Gesetzgebers bei der Ausführung der Betriebsübergangsrichtlinie darstellt[400]. Gemäß Art. 3 Abs. 2 der Richtlinie[401] hat der Erwerber die in einem Kollektivvertrag vereinbarten Arbeitsbedingungen bis zur Anwendung eines „anderen Kollektivvertrages“ aufrechtzuerhalten. Diese weite Formulierung, die sich offenkundig sowohl auf eine Betriebsvereinbarung als auch auf einen Tarifvertrag bezieht, spricht ebenfalls dafür, die Ablösung einer transformierten Betriebsvereinbarung durch einen Tarifvertrag zuzulassen.

---

394 Vgl. Staudinger-Richardi/Annuß, BGB, § 613a, Rn. 185; ähnlich Kempen, BB 1991, S. 2006; Gaul, NZA 1995, S. 717, 722.

395 So Staudinger-Richardi/Annuß, BGB, § 613a, Rn. 185.

396 Vgl. Erman-Edenfeld, BGB, § 613a, Rn. 87; DKK-Berg, BetrVG, § 77, Rn. 51; RGRK-Ascheid, § 613a, Rn. 225; ErfKom-Preis, BGB, § 613a, Rn. 122; Moll, RdA 1996, S. 275, 283; Kania, DB 1995, S. 625, 626; WHSS-Hohenstatt, Umstrukturierung und Übertragung von Unternehmen, E 127; Gussen/Dauck, Weitergeltung, Rn. 164 ff.; Hanau/Vossen, FS Hilger/Stumpf, S. 271, 281; offen: BAG vom 01.08.2001, NZA 2002, S. 41 ff.

397 Sehr umstritten ist dagegen das Verhältnis Tarifvertrag/Betriebsvereinbarung, auf das im Rahmen dieser Arbeit nicht vertieft eingegangen werden kann. Für eine Ablösung von Tarifrecht durch Betriebsvereinbarungen spricht sich Meyer in NZA 2001, S. 751 ff. (m.w.N.) aus, der die Tarifüblichkeitssperre aus § 77 Abs. 3 BetrVG im Regelungsverhältnis zu § 613a Abs. 1 Satz 3 teleologisch reduzieren will. Dies lehnt DKK-Berg, BetrVG, § 77, Rn. 67 (m.w.N.) explizit ab.

398 Siehe BT-Drs. 8/3317, S. 11.

399 Vgl. Gussen/Dauck, Weitergeltung, Rn. 164.

400 Ebenso Hanau/Vossen, FS Hilger/Stumpf, S. 271, 282.

401 Siehe ABl. EG Nr. L 61 = RdA 1977, 26.

(2) Anforderung an die Tarifbindung

Mit diesem Ergebnis ist jedoch noch nicht entschieden, welche Anforderungen an die Tarifbindung gestellt werden müssen.

(α) Meinungsstand

Teilweise wird vertreten, § 613a Abs. 1 Satz 3 BGB setze lediglich die Tarifbindung des Erwerbers voraus[402]. Dies entspreche zum einen dem mit dieser Norm verfolgten Vereinheitlichungsinteresse des neuen Inhabers[403]. Zum anderen spreche der Gesetzeswortlaut „geregelt werden" dafür, dass eine tarifliche Regelung unabhängig von einer etwaigen Tarifbindung der übergegangenen Arbeitnehmer ausreichend sei[404]. In europarechtlicher Hinsicht sei zu berücksichtigen, dass Art. 3 Abs. 2 der Betriebsübergangsrichtlinie nur von der „Anwendung" und vom „In-Kraft-Treten" eines anderen Kollektivvertrages, nicht dagegen vom Erfordernis einer beiderseitigen Tarifbindung spreche[405].

Unter Berufung auf das Industrieverbandsprinzip wird in der Instanzrechtsprechung[406] und der Literatur[407] eine Kompromisslösung vorgeschlagen[408]. Danach soll die individualrechtliche Fortgeltung des § 613a Abs. 1 Satz 2 BGB nur dann gemäß § 613a Abs. 1 Satz 3 BGB verdrängt werden, wenn der übergegangene Arbeitnehmer einer DGB-Gewerkschaft angehört und beim neuen Arbeitgeber ein anderer, mit einer anderen DGB-Gewerkschaft abgeschlossener Tarifvertrag Anwendung findet. Gegen die Koalitionsfreiheit gemäß Art. 9 Abs. 3 GG werde nicht verstoßen, da der Grundsatz der Tarifeinheit lediglich Folge der Umsetzung des Industrieverbandsprinzips sei[409]. Daraus folgend beinhalteten die Satzungen der DGB-Gewerkschaften eine Verpflichtung ihrer Mitglieder, in die

---

402 Vgl. Heinze, FS Schaub, S. 275, 290; ders. DB 1998, S. 1861, 1866; Henssler, FS Schaub, S. 311, 319; Moll, RdA 1996, S. 275, 280 ff.; ders. in Preis/Willemsen, Umstrukturierung von Betrieb und Unternehmen im Arbeitsrecht, E 38 ff.; Buchner, GmbHR 1997, S. 434, 439; Zöllner, DB 1995, S. 1401, 1404; WHSS-Hohenstatt, Umstrukturierung und Übertragung von Unternehmen, E 136 ff.; einschränkend Bauer, FS Schaub, S. 19, 39, der in diesem Fall für eine analoge Anwendung von § 613a Abs. 1 Satz 3 BGB eintritt.

403 Vgl. Zöllner, DB 1995, S. 1401, 1404; Henssler, FS Schaub, S. 311, 320.

404 Vgl. Moll, in: Preis/Willemsen, Umstrukturierung von Betrieb und Unternehmen im Arbeitsrecht, E 41.

405 Vgl. WHSS-Hohenstatt, Umstrukturierung und Übertragung von Unternehmen, E 150.

406 Siehe LAG Köln vom 30.09.1999, NZA-RR 2000, S. 179 ff.

407 Vgl. Kania, DB 1996, S. 1921, 1922; Hanau/Kania, FS Schaub, S. 239, 256; Hanau, RdA 1998, S. 65, 70; Erman-Edenfeld, BGB, § 613a, Rn. 89.

408 Vgl. Kania, DB 1996, S. 1921, 1922.

409 Vgl. Hanau, RdA 1998, S. 65, 70.

jeweils zuständige DGB-Gewerkschaft zu wechseln, falls ein Betrieb aus dem Zuständigkeitsbereich einer DGB-Gewerkschaft herausfalle[410].

Dagegen sind das Bundesarbeitsgericht[411] und ein Großteil der Literatur[412] der Auffassung, eine Verdrängung von transformierten Regelungen einer Betriebsvereinbarung gemäß § 613a Abs. 1 Satz 3 BGB bedürfe einer beidseitigen Tarifgebundenheit. Dies folge aus Wortlaut und Auslegung des § 613a Abs. 1 Satz 3 BGB[413]. Die fehlende ausdrückliche Anordnung beidseitiger Tarifgebundenheit in der Betriebsübergangsrichtlinie sei irrelevant, da die Mitgliedsstaaten gemäß Art. 7 der Betriebsübergangsrichtlinie zu Gunsten der Arbeitnehmer von den Vorgaben der Richtlinie abweichen dürften[414]. Eine Verdrängung der bislang kollektiv geregelten Arbeitsbedingungen würde ein Loch in das Regelungsgeflecht des Arbeitsverhältnisses reißen, für dessen Ausfüllung keinerlei Anhaltspunkte zu finden sind[415]. Daher sei erforderlich, dass sowohl Arbeitnehmer als auch Arbeitgeber entweder kraft Mitgliedschaft in den tarifschließenden Parteien oder kraft Allgemeinverbindlicherklärung gemäß § 5 TVG nach dem Betriebsübergang an den beim Erwerber geltenden Tarifvertrag gebunden sind[416].

(β) Stellungnahme

Mit dem Bundesarbeitsgericht und der herrschenden Literaturauffassung ist davon auszugehen, dass es für ein Eingreifen der verdrängenden Wirkung des § 613a Abs. 1 Satz 3 BGB einer beidseitigen Tarifgebundenheit bedarf. Die Gegenauffassungen überzeugen nicht.

---

410 Vgl. Kania, DB 1996, S. 1921, 1922; zu derartigen Satzungsinhalten zuvor bereits Zöllner, DB 1995, S. 1401, 1404, der sie als nichtig ansieht.

411 Siehe BAG vom 21.02.2001, AP Nr. 20 zu § 4 TVG; BAG vom 30.08.2000, AP Nr. 12 zu § 1 TVG Bezugnahme; BAG vom 19.11.1996, AP Nr. 153 zu § 613a BGB; BAG vom 16.05.1995, BAGE 80, S. 139, 143; BAG vom 20.04.1994, AP Nr. 108 zu § 613a BGB; offen: BAG vom 19.03.1986, BAGE 51, S. 274, 279; a.A. noch BAG vom 26.09.1979, AP Nr. 17 zu § 613a BGB.

412 Vgl. Hergenröder, AR-Blattei SD, Betriebsinhaberwechsel I, 500.1, Rn. 541; Erman-Edenfeld, BGB, § 613a, Rn. 89: Grundsätzlich ist beiderseitige Tarifbindung erforderlich, ausnahmsweise genügt ein anderer DGB-Tarifvertrag beim Erwerber; ErfKom-Preis, § 613a, Rn. 119; MüKo-Schaub, § 613a, Rn. 182; Staudinger-Richardi/Annuß, BGB, § 613a, Rn. 193; MünchArbR-Wank, § 124, Rn. 193; Waas, Tarifvertrag und Betriebsübergang, S. 64 ff.; Gussen/Dauck, Weitergeltung, Rn. 233 ff.; Jacobs, Tarifeinheit und Tarifkonkurrenz, S. 324 ff.; Soergel-Raab, BGB, § 613a, Rn. 125.

413 Siehe BAG vom 21.02.2001, AP Nr. 20 zu § 4 TVG unter B. I. 2. b) ee) (1) - (4) der Gründe.

414 Siehe BAG vom 21.02.2001, AP Nr. 20 zu § 4 TVG unter B. I. 2. b) ee) (4) (b) der Gründe.

415 Vgl. Staudinger-Richardi/Annuß, BGB, § 613a, Rn. 193.

416 Vgl. ErfKom-Preis, § 613a, Rn. 119.

Die vermittelnde Ansicht, nach der § 613a Abs. 1 Satz 3 BGB bereits dann Anwendung finden soll, wenn beim Erwerber ein mit einer anderen DGB-Gewerkschaft abgeschlossener Tarifvertrag gilt, ist mit Art. 9 Abs. 3 GG unvereinbar[417]. Zwar ist zuzugestehen, dass derartige Wechselverpflichtungen in gewerkschaftlichen Satzungen durchaus praktikabel erscheinen und im Einklang mit der Zielsetzung des § 613a Abs. 1 Satz 3 BGB, eine Vereinheitlichung von Arbeitsbedingungen herbeizuführen, stehen. Indes ist dieser Ansatz nicht tragfähig. Zum einen ist unklar, was geschieht, wenn sich die betroffenen Arbeitnehmer weigern, ihrer satzungsgemäßen Pflicht zum Wechsel der Gewerkschaft nachzukommen. Gewerkschaftsinterne Sanktionen wegen Satzungsverstoßes sind insofern ohne Belang. Ein „Zwangswechsel" ist mit der negativen Koalitionsfreiheit der betroffenen Arbeitnehmer völlig unvereinbar[418]. Zum anderen ist offen, wie zu verfahren ist, wenn die Wechselverpflichtung aus der Satzung zwar zunächst besteht, dann aber aufgrund einer gerichtlichen Entscheidung als nichtig anzusehen ist. Es stellt sich hier das im Betriebslauf zu erheblichen Schwierigkeiten führende Folgeproblem, ob für diese Arbeitnehmer der Eintritt der Transformationswirkung gemäß § 613a Abs. 1 Satz 2 BGB bis zur rechtskräftigen Entscheidung aufschiebend bedingt ist.

Die Argumente, die von den Befürwortern einer einseitigen Tarifbindung vorgebracht werden, greifen nicht durch. Der mit § 613a Abs. 1 BGB bezweckte Bestandsschutz der übergehenden Arbeitnehmer[419] ist bei einer bloß einseitigen Tarifbindung des Arbeitgebers nicht hinreichend gewährleistet. Zwar kann es dann zeitweise zu einer parallelen Geltung einer transformierten Betriebsvereinbarung und eines beim Erwerber bestehenden Tarifvertrages kommen. Dies ist jedoch zur Vermeidung von Schutzlücken unabdingbar. Ließe man für § 613a Abs. 1 Satz 3 BGB eine Tarifbindung des Arbeitgebers genügen, wäre weder die bisherige Betriebsvereinbarung noch der beim neuen Inhaber geltende Tarifvertrag anwendbar. Die individualrechtliche Fortgeltung des alten Kollektivvertrages wäre durch § 613a Abs. 1 Satz 3 BGB verdrängt, der neue Tarifvertrag wäre mangels Tarifbindung der Arbeitnehmer nicht anwendbar[420].

Um diese Folge zu vermeiden, wird aus den Reihen der Befürworter einer einseitigen Tarifbindung des Erwerbers vorgeschlagen, den Anwendungsbereich des § 612 Abs. 2 BGB auf alle Regelungen des Kollektivvertrages auszudehnen[421]. Hintergrund ist, auf diesem Wege auch ohne Tarifbindung der Arbeitnehmer bzw. einzelvertraglicher Inbezugnahme zur Anwendung des beim Er-

---

[417] SieheBAG vom 21.02.2001, AP Nr. 20 zu § 4 TVG unter B. I. 2. b) ff) der Gründe.
[418] Vgl. MünchArbR-Wank, § 120, Rn. 182; ErfKom-Preis, § 613a BGB, Rn. 120.
[419] Siehe BT-Drs. 8/3317, S. 1.
[420] Zutreffend Gussen/Dauck, Weitergeltung, Rn. 237 f.
[421] Vgl. Zöllner, DB 1995, S. 1401, 1405; zu Recht abgelehnt von BAG vom 21.02.2001, AP Nr. 20 zu § 4 TVG unter B. I. 2. b) ee) (4) (d) der Gründe.

werber geltenden – für die Arbeitnehmer ungünstigeren[422] - Tarifvertrages zu gelangen[423]. Dies ist indes mit Art. 9 Abs. 3 GG unvereinbar[424]. Entscheidet sich ein übergegangener Arbeitnehmer gegen einen Beitritt zu der bei dem Betriebserwerber zuständigen Gewerkschaft, macht er von seinem Recht auf negative Koalitionsfreiheit Gebrauch. Dieses Wahlrecht darf nicht dadurch unterlaufen werden, dass es gegen erklärten Willen des Arbeitnehmers über eine analoge Anwendung des § 612 Abs. 2 BGB faktisch doch zu einer Anwendung des beim Erwerber geltenden Tarifvertrages kommt. Der in diesem Zusammenhang erfolgte Hinweis, die negative Koalitionsfreiheit bewahre den Arbeitnehmer nicht davor, bei Zugehörigkeit zu keiner oder einer unzuständigen Gewerkschaft schlechter zu stehen, als bei Zugehörigkeit zur zuständigen Gewerkschaft[425], läuft dem mit § 613a Abs. 1 BGB bezweckten Bestandsschutz diametral entgegen und ist daher unzutreffend.

Somit ist festzustellen, dass bei nur einseitiger Tarifbindung des Erwerbers der Bestandsschutz gemäß § 613a Abs. 1 Satz 2 BGB unangetastet bleibt. Der übergegangene Arbeitnehmer kann entscheiden, durch Beitritt in die beim neuen Inhaber zuständige Gewerkschaft bzw. durch einzelvertragliche Inbezugnahme bereits vor Ablauf der einjährigen Veränderungssperre die Geltung des neuen Tarifvertrages herbeizuführen.

II. Alternativer Lösungsansatz von *Kreutz* / Gestaltungsaufgabe

1. Ausgangspunkt

Einen gegenüber der herrschenden Auffassung grundlegend anderen Lösungsansatz vertritt *Kreutz*. Nach dessen Ansicht ist es unzutreffend, bezüglich der normativen Fortgeltung von Betriebsvereinbarungen auf die Beibehaltung der Betriebsidentität abzustellen. Diese Konzeption gründe auf bloß theoretischer, inhaltsleerer Begrifflichkeit und sei insoweit zur stimmigen Abgrenzung untauglich[426].

---

[422] Ist der Tarifvertrag beim Erwerber günstiger, kommt es regelmäßig zu einem Wechsel der Arbeitnehmer in die zuständige Gewerkschaft. Die übergehenden Arbeitnehmer bedürfen in diesem Fall keines Bestandschutzes gemäß § 613a Abs. 1 BGB.

[423] Vgl. WHSS-Hohenstatt, Umstrukturierung und Übertragung von Unternehmen, E 146.

[424] A.A. Kania, DB 1996, S. 1921, 1922.

[425] Vgl. Kamanabrou, SAE 2003, S. 26, 32.

[426] Vgl. GK-Kreutz, BetrVG, § 21a, Rn. 24 und § 77, Rn. 376; tendenziell zustimmend DKK-Trümner, BetrVG, § 1, Rn. 175; MünchArbR-Joost, § 305, Rn. 17, FN 12, der die Betriebsidentität als „diffus" bezeichnet; Vogelsang, DB 1990, S. 1329, 1332, nach dessen Ansicht das Merkmal „Identität des Betriebs" oftmals zu keinem klaren Ergebnis führt.

Für die normative Fortgeltung von Betriebsvereinbarungen sei vielmehr auf den Fortbestand der Gestaltungsaufgabe abzustellen[427]. Danach soll es ungeachtet der Schaffung neuer Betriebseinheiten auch dann zur normativen Fortgeltung kommen, wenn die Betriebsvereinbarung darauf angelegt ist, Rechtsverhältnisse zwischen Arbeitgeber und Arbeitnehmern unabhängig von Umstrukturierungen zu gestalten[428]. Ob die Gestaltungsaufgabe wegfalle und die Betriebsvereinbarung wegen Zweckerreichung ende, sei gegebenenfalls durch Auslegung zu ermitteln[429]. Zur Bestimmung der Gestaltungsaufgabe sei notfalls nur auf den persönlichen Geltungsbereich der jeweiligen Betriebsvereinbarung abzustellen[430]. Betriebsvereinbarungen, die hinsichtlich ihres Regelungsgehalts auf den ursprünglichen Betrieb als Organisation bezogen seien, verlören bei strukturellen Veränderungen ihre Gestaltungsaufgabe und endeten wegen Zweckerreichung[431].

2. Stets Veränderung von Leitungsstrukturen

Zur Begründung verweist *Kreutz* auf das von der herrschenden Auffassung für die Beurteilung der Betriebsidentität als wesentlich angesehene Kriterium „Aufrechterhaltung der Leitungsstruktur". Dieses Merkmal könne nicht zur Konkretisierung des Identitätsbegriffs herangezogen werden. Betriebsumstrukturierungen – ob unternehmensintern oder unternehmensübergreifend – seien immer mit dem Verlust der Identität betroffener Betriebe verbunden, weil neue Leitungsstrukturen entstünden, mit denen die bisherigen Identitätsstrukturen entfielen[432]. Dies zeige sich beim Betriebsteilübergang augenfällig darin, dass dessen Leitung auf den neuen Inhaber übergehe und damit die einheitliche Leitung aufge-

---

[427] Vgl. Kreutz, FS Kraft, S. 323, 334, 339 ff., GK-Kreutz. BetrVG, § 77, Rn. 373; Kreutz, ZfA 2003, S. 361, 386 f.; ablehnend Rieble/Gutzeit, NZA 2003, S. 233, 234 f.
[428] Vgl. GK-Kreutz, BetrVG, § 77, Rn. 378.
[429] Vgl. Kreutz, FS Kraft, S. 323, 341.
[430] Vgl. GK-Kreutz, BetrVG, § 77, Rn. 378; Kreutz, ZfA 2003, S. 361, 383 ff., 386 f.; ebenso Kittner/Zwanziger-Bachner, Arbeitsrecht für die Praxis, § 116, Rn. 13h, 20, der bei unternehmensübergreifenden Umstrukturierungen für die normative Fortgeltung von Betriebsvereinbarungen zwar grundsätzlich auf die Beibehaltung der Betriebsidentität abstellt, zugleich bei Verlust der Betriebsidentität in Ausnahmefällen das bloße Anknüpfen an den bisherigen Geltungsbereich der in Rede stehenden Betriebsvereinbarung aber für denkbar hält; ähnlich Mues, DB 2003, S. 1273, 1276, nach dessen Auffassung ein Verlust der Betriebsidentität für die normative Fortgeltung von Betriebsvereinbarungen unbeachtlich ist, wenn der bisherige betriebliche Geltungsbereich der Regelung bei dem neuen Rechtsträger identifizierbar bleibt.
[431] Vgl. GK-Kreutz, BetrVG, § 77, Rn. 374.
[432] Vgl. Kreutz, FS 50 Jahre BAG, S. 993, 1008; zuvor schon Joost, Betrieb und Unternehmen, S. 126; i.E. ebenso Hohenstatt/Müller-Bonanni, NZA 2003, S. 766, 769, nach deren Auffassung mit einem Betriebsteilübergang stets der Verlust der Betriebsidentität verbunden ist.

hoben werde, die für den Ursprungsbetrieb als organisatorische Einheit konstituierend gewesen sei[433].

Indes stellt *Kreutz* klar, dass hinsichtlich des betriebsverfassungsrechtlichen Betriebsbegriffs zutreffend auf eine einheitliche Leitungsstruktur abgestellt werde[434]. Diese Erkenntnis dürfe nicht vernachlässigt oder verdrängt werden, um bei der Frage der Fortgeltung von Betriebsvereinbarungen das gewünschte Ergebnis – Fortbestand der Betriebsidentität - doch noch zu erreichen. Es sei daher nicht zielführend, für die Beurteilung der Identität auf andere Kriterien auszuweichen, etwa auf die gleichbleibende Zusammensetzung der Belegschaft, auf räumliche Veränderungen, auf Veränderungen der arbeitstechnischen Zwecksetzungen, oder etwa die Betriebsidentität von Fall zu Fall nach der Anschauung der beteiligten Kreise beurteilen zu wollen[435].

Gänzlich unbeachtlich soll das von der herrschenden Auffassung für die kollektive Fortgeltung von Betriebsvereinbarungen als entscheidend erachtete Kriterium Betriebsidentität nach der Ansicht von *Kreutz* aber auch nicht sein. Bedeutung billigt er – insofern in Übereinstimmung mit der herrschenden Meinung – diesem Merkmal bei einfachen Betriebsübergängen zu[436]. Dies sind die Fälle, in denen der Erwerber den Betrieb als selbstständigen Betrieb fortführt, sei es, dass er keinen sonstigen Betrieb hat, sei es neben schon vorhandenen Betrieben.

Ein Widerspruch zum Ansatz, hinsichtlich der Fortgeltung von Betriebsvereinbarungen entscheidend auf die Beibehaltung der Gestaltungsaufgabe abzustellen, ist hierin nicht zu sehen. Bei unverändert fortbestehender betrieblicher Organisation behalten die Betriebsvereinbarungen regelmäßig ihre Regelungsfunktion bei[437]. Folglich stehen Betriebsidentität und Gestaltungsaufgabe in diesem Fall in Einklang und führen zum gleichen Ergebnis.

3. Bedeutung des Übergangsmandats gemäß § 21a BetrVG / Hilfserwägung des BAG in der Entscheidung vom 18. September 2002

In jüngerer Vergangenheit wird von *Kreutz* zur Begründung seiner Lösungskonzeption ergänzend auf den sowohl bei unternehmensinternen als auch bei unternehmensübergreifenden Umstrukturierungen einschlägigen, durch das Betriebsverfassungsreformgesetz 2001 eingefügten § 21a BetrVG abgestellt[438]. Die Amtskontinuität bei Fortführung des regulären Betriebsratsamtes, aber insbe-

---

433 Vgl. Kreutz, FS 50 Jahre BAG, S. 993, 1008; ähnlich Bachner, NJW 2003, S. 2861, 2864.
434 Vgl. Kreutz, FS für Wiese, S. 235, 241, FN 21.
435 Vgl. Kreutz, FS für Wiese, S. 235, 241, FN 21.
436 Vgl. GK-Kreutz, BetrVG, § 377, Rn. 392.
437 Vgl. Kreutz, FS 50 Jahre BAG, S. 993, 995.
438 Vgl. Kreutz, FS 50 Jahre BAG, S. 993, 1009, der insofern einen „Prioritätenwechsel“ erkennt; Kreutz, GS Sonnenschein, S. 829, 835; GK-Kreutz, BetrVG, § 77, Rn. 377.

sondere auch bei der Wahrnehmung eines Übergangsmandats verlange grundsätzlich die kollektive Fortgeltung der Betriebsvereinbarungen in ihrem bisherigen Geltungsbereich[439]. Andernfalls trete eine völlig ungerechtfertigte Funktionsbeeinträchtigung der das Übergangsmandat wahrnehmenden Betriebsräte ein und es entstünde ein Wertungswiderspruch dazu, dass das Übergangsmandat selbst zum Abschluss neuer Betriebsvereinbarungen berechtigt[440].

In diese Richtung argumentiert auch das BAG. In seiner Entscheidung vom 18.09.2002[441] hat es unter B. III. 2. b) dd) der Gründe neben der Frage des Erhalts der betrieblichen Identität folgende Hilfserwägung zur Rechtfertigung einer kollektivrechtlichen Fortgeltung von Betriebsvereinbarungen formuliert:

„... Im übrigen bleibt wegen § 21a BetrVG auch der Betriebsrat im Amt und führt die Geschäfte für die ihm bislang zugeordneten Betriebsteile weiter, soweit diese nach § 1 Abs. 1 Satz 1 BetrVG betriebsratsfähig sind. Zumindest im Hinblick auf Einzelbetriebsvereinbarungen wäre es dann nicht folgerichtig, den Betriebsrat zwar mit dem Übergangsmandat nach § 21a BetrVG auszustatten, die Fortgeltung der von ihm selbst auch für den veräußerten Betriebsteil geschlossenen Betriebsvereinbarungen aber zu verneinen. ...“

III. Einzelfallbetrachtung / Aufzeigen von Anwendungsschwierigkeiten und Folgeproblemen

In der nun folgenden Einzelfallbetrachtung werden die einzelnen Fallgruppen des Betriebsübergangs sowohl anhand des von der herrschenden Meinung vertretenen Kriteriums „Betriebsidentität“ als auch nach dem Kriterium „Gestaltungsaufgabe“ beurteilt. Dabei werden Anwendungsschwierigkeiten und Folgeprobleme aufgezeigt.

1. Übergang eines Betriebs als Ganzes / Einfacher Betriebsübergang

a) Beurteilung nach dem Kriterium „Betriebsidentität“

Wird ein Betrieb als Ganzes übertragen und beim Erwerber eigenständig fortgeführt, lässt dies nach herrschender Auffassung[442] die Identität dieser Organisati-

---

[439] Vgl. Kreutz, GS Sonnenschein, S. 829, 837.
[440] Vgl. GK-Kreutz, BetrVG, § 77, Rn. 377.
[441] AP Nr. 7 zu § 77 BetrVG 1972.
[442] Siehe BAG vom 27.07.1994, AP Nr. 118 zu § 613a BGB; BAG vom 07.11.2000, n.v., 1 ABR 17/00 (juris); Sieg/Maschmann, Unternehmensumstrukturierung aus arbeitsrechtlicher Sicht, Rn. 265; FESTL, BetrVG, § 77, Rn. 167; Lindemann/Simon, BB 2003, S. 2510, 2513; HWK-Gaul, Arbeitsrecht Kommentar, § 77 BetrVG, Rn. 69; WHSS-Hohenstatt, Umstrukturierung und Übertragung von Unternehmen, E 10; Picot/Schnitker, Arbeitsrecht bei Unter-

on unberührt. Es ändert sich lediglich die rechtliche Zuordnung der Betriebsmittel. Somit wird davon ausgegangen, dass die kollektivrechtliche Fortgeltung von Betriebsvereinbarungen im Regelfall unproblematisch ist.

Eine Ausnahme wird aber für unternehmensspezifische Regelungen, z.B. bei einem Stock-Option-Plan, erwogen. Eine kollektivrechtliche Fortgeltung von Betriebsvereinbarungen soll dann nicht in Betracht kommen, wenn diese ihrem Inhalt nach derart mit den Verhältnissen und Einrichtungen beim übertragenden Rechtsträger verknüpft sind, dass sie nicht auf den aufnehmenden oder neugegründeten Rechtsträger übertragen werden können[443]. Zur Begründung wird vorgeschlagen, eine Anpassung nach den Grundsätzen zur Störung der Geschäftsgrundlage vorzunehmen[444]. Der Verdeutlichung dient folgendes Beispiel: Aufgrund einer Betriebsvereinbarung werden an die Beschäftigten der Ascom-GmbH zum 1. Januar 2005 insgesamt 99.000 Optionen ausgegeben, die zum Kauf je einer Aktie zu nominal 13,50 € berechtigen. Zum 1. Oktober 2005 geht einer der Betriebe der Ascom-GmbH gemäß § 613a BGB auf die Power-GmbH über. Der Optionsplan kann bei der Power-GmbH keine Anwendung finden, da er spezifisch auf die Ascom-GmbH zugeschnitten ist. Da eine Anpassung der Betriebsvereinbarung gemäß § 313 Abs. 1 BGB ausgeschlossen ist, endet die Betriebsvereinbarung gemäß § 313 Abs. 3 BGB.

In diesem Zusammenhang ist darauf hinzuweisen, dass die Möglichkeit einer zwingenden Verbindung zwischen einer Betriebsvereinbarung und dem bisherigen Rechtsträger bereits bei Verabschiedung der § 613a Abs. 1 Satz 2-4 BGB zugrundeliegenden EG-Richtlinie 77/187/EWG vom 14.02.1977 bekannt war. In einer Protokollnotiz zu Art. 3 ist dokumentiert, dass die Mitgliedstaaten nicht verpflichtet sind, bei der Umsetzung der Richtlinie in nationales Recht auch die Pflichten des Veräußerers einzubeziehen, die sich ihrem Wesen nach nicht dazu eignen, auf den Erwerber überzugehen und von diesem aufrechterhalten zu werden[445]. Eine entsprechende Einschränkung ist gleichwohl in § 613a BGB nicht enthalten.

---

nehmenskauf, Teil 1, Rn. 249; Haag, Umstrukturierung und Betriebsverfassung, S. 100; Boecken, Unternehmensumwandlungen, Rn. 158; Richardi-Richardi, BetrVG, § 77, Rn. 214.

[443] Vgl. Gussen/Dauck, Weitergeltung, Rn. 73; Hanau/Vossen, FS Hilger/Stumpf, S. 271, 276; MüKo-Schaub, BGB, § 613a, Rn. 145.

[444] Vgl. HWK-Gaul, Arbeitsrecht Kommentar, § 77, Rn. 69; ders., in: Arbeitsrecht der Betriebs- und Unternehmensspaltung, § 13, Rn. 40 ff.

[445] Vgl. von Alevensleben, Rechte der Arbeitnehmer bei Betriebsübergang im Europäischen Gemeinschaftsrecht, S. 247 ff., der auf die erst durch einen Kommissionsbericht bekannt gewordene, nicht im Amtsblatt der EG veröffentlichte Notiz hinweist. Die Notiz lautet hiernach: *«Les états membres ne sont pas obligés d'étendre l'application des paragraphes 1 et 2 aux obligations du cédant qui, par nature, ne sont pas aptes à etre transférées au cessionaire ou maintenues par celui-ci.»*

b) Beurteilung nach dem Kriterium „Gestaltungsaufgabe“

Im Fall des einfachen Betriebsübergangs führt die Anwendung des Kriteriums „Gestaltungsaufgabe“ regelmäßig ebenfalls zur kollektivrechtlichen Fortgeltung von Betriebsvereinbarungen. Bleibt die betriebliche Organisation unverändert, behalten auch die Betriebsvereinbarungen des übergehenden Betriebs grundsätzlich ihre Regelungsfunktion[446]. Bei unternehmensspezifischen Regelungen wie z.B. umsatzabhängigen Bonusregelungen hat dieses Kriterium den Vorteil, dass es keines Rückgriffs auf die Grundsätze zur Störung der Geschäftsgrundlage bedarf, um Ausnahmen zu rechtfertigen.

c) Verhältnis zu beim Erwerber bereits bestehenden Kollektivnormen

Die soeben aufgezeigte normative Fortgeltung von Betriebsvereinbarungen – unabhängig davon, ob sie auf Wahrung der Betriebsidentität oder Aufrechterhaltung der Gestaltungsaufgabe beruht - führt u.U. zu einer Konkurrenzsituation mit beim Erwerber zu diesem Regelungsinhalt bereits geltenden Kollektivnormen[447]. Im Fall des einfachen Betriebsübergangs kann die kollektivrechtlich fortgeltende Einzelbetriebsvereinbarung mit einem Tarifvertrag oder einer Gesamt- bzw. Konzernbetriebsvereinbarung kollidieren.

aa) Tarifvertrag beim Erwerber

Unproblematisch ist das Aufeinandertreffen einer normativ fortgeltenden Betriebsvereinbarung mit einem Tarifvertrag. Gilt beim Erwerber ein Tarifvertrag mit vergleichbarem Inhalt, geht dieser grundsätzlich gemäß § 4 Abs. 3 TVG, §§ 77 Abs. 3, 87 Abs. 1 Satz 1 BetrVG der im übergehenden Betrieb bisher anzuwendenden Betriebsvereinbarung vor[448].

bb) Gesamt- bzw. Konzernbetriebsvereinbarung beim Erwerber

Schwieriger ist die Situation, wenn eine im übergehenden Betrieb kollektivrechtlich fortgeltende Einzelbetriebsvereinbarung auf eine beim Erwerber gel-

---

[446] Vgl. GK-Kreutz, BetrVG, § 77, Rn. 391.

[447] Vgl. hierzu Schubert, Behandlung kollektivrechtlicher Normenkollisionen nach Verschmelzung und Spaltung von Unternehmen, S. 162 ff., 294 ff. Dieser spricht sich für den Legitimationsgedanken als Kollisionslösung aus. Danach müsse sich jede Normsetzung und Normwirkung auf eine für den Betroffenen nachvollziehbare Basis zurückführen lassen. Das Legitimationsprinzip führe bei Erhalt der Betriebseinheit zur normativen Weitergeltung von Betriebsvereinbarungen. In diesem Fall setze sich die fortgeltende Betriebsvereinbarung gegen alle Betriebsvereinbarungen beim Erwerber durch.

[448] Vgl. Gussen/Dauck, Weitergeltung, Rn. 96; Bange, Fortgeltung von Kollektivverträgen bei Unternehmensumstrukturierung, S. 221; Kreutz, FS 50 Jahre BAG, S. 993, 995; Hanau/Vossen, FS Hilger/Stumpf, S. 271, 277.

tende Gesamt- bzw. Konzernbetriebsvereinbarung trifft. Das BetrVG enthält keine Regelung bezüglich des entstehenden Konkurrenzverhältnisses. Ein Kollisionsproblem stellt sich jedoch von vornherein nur dann, wenn der Geltungsbereich der Gesamt- bzw. Konzernbetriebsvereinbarung nicht auf bislang beim Erwerber bestehende Betriebe beschränkt ist, sondern auch im Wege eines Betriebsübergangs gemäß § 613a BGB neu hinzukommende Betriebe potenziell mit einbezieht. Daher ist vorab zu prüfen, ob die im aufnehmenden Unternehmen geltenden Kollektivnormen bei sinngemäßer Auslegung die übernommenen Betriebsvereinbarungen überhaupt beeinflussen, verschlechtern oder verbessern wollen[449].

(1) Gesetzliche Zuständigkeitsabgrenzung

Teilweise wird vertreten, für das Verhältnis einer Einzelbetriebsvereinbarung zu einer Gesamt- bzw. Konzernbetriebsvereinbarung sei die gesetzliche Zuständigkeitsabgrenzung entscheidend[450]. Ergebe diese eine Zuständigkeit des Gesamtbzw. Konzernbetriebsrats, werde dadurch ausgeschlossen, dass in der gleichen Angelegenheit Einzelbetriebsräte eine Regelungskompetenz haben[451]. Maßgebend sei allein die vom zuständigen betriebsverfassungsrechtlichen Organ abgeschlossene Betriebsvereinbarung[452]. Die danach zurücktretende Kollektivnorm sei ungeachtet der Frage der Günstigkeit und des Abschlusszeitpunkts als unwirksam anzusehen[453].

Ob der prinzipielle Vorrang einer beim Erwerber geltenden Gesamt- bzw. Konzernbetriebsvereinbarung gegenüber einer normativ fortgeltenden Einzelbetriebsvereinbarung jedoch bei Betriebsübergängen zu sachgerechten Ergebnissen führt[454], ist zweifelhaft[455]. Zur Verdeutlichung ist folgendes Beispiel zu bilden:

Ein 1.500 Arbeitnehmer zählender Betrieb der A-GmbH geht gemäß § 613a BGB auf die B-GmbH mit bisher zwei Betrieben à 25 Arbeitnehmern über. Zum Regelungsgegenstand „Bereitschaftsdienst“[456] existiert im übergehenden Be-

---

[449] Vgl. Hanau/Vossen, FS Hilger/Stumpf, S. 271, 278.

[450] Vgl. FESTL, BetrVG, § 50, Rn. 74; HWK-Gaul, Arbeitsrecht Kommentar, § 77 BetrVG, Rn. 58; DKK-Trittin, BetrVG, § 50, Rn. 16; Richardi/Annuß, BetrVG, § 50, Rn. 71; HSWG-Glock, BetrVG, § 50, Rn. 50a; KDZ-Zwanziger, § 613a BGB, Rn. 75a; Röder/Haussmann, DB 1999, S. 1754, 1758; Silberberger, Veränderungsprozesse, S. 63 f., der jedoch ausnahmsweise das Günstigkeitsprinzip heranziehen will, wenn im übernommenen Betrieb eine materiell bessere Einzelbetriebsvereinbarung besteht; Kreutz, FS 50 Jahre BAG, S. 993, 995.

[451] Vgl. Richardi/Annuß, BetrVG, § 50, Rn. 71.

[452] Vgl. HSWG-Glock, BetrVG, § 50, Rn. 50a.

[453] Siehe BAG vom 03.05.1984, DB 1984, S. 2413, 2414; FESTL, BetrVG, § 50, Rn. 74.

[454] Vgl. Bange, Fortgeltung von Kollektivverträgen bei Unternehmensumstrukturierung, S. 222 f.; Lindemann/Simon, BB 2003, S. 2510, 2513.

[455] Vgl. Preis/Richter, ZIP 2004, S. 925, 933 f.

[456] Siehe hierzu BAG vom 29.02.2000, AP Nr. 81 zu § 87 BetrVG 1972 Arbeitszeit.

trieb eine – aus Arbeitnehmersicht günstige - Einzelbetriebsvereinbarung und im aufnehmenden Unternehmen B-GmbH eine – aus Arbeitnehmersicht ungünstige - Gesamtbetriebsvereinbarung.

Konsequenz einer strikten Orientierung an der gesetzlichen Zuständigkeitsabgrenzung wäre, dass die Einzelbetriebsbetriebsvereinbarung ihre zwingende Wirkung für die übergangenen Arbeitnehmer verlöre. Auf diese Personengruppe fände nun ebenfalls die ungünstigere Gesamtbetriebsvereinbarung der aufnehmenden B-GmbH Anwendung.

In Anbetracht derartiger Folgewirkungen erscheint es bedenklich, warum im Falle kollidierender Kollektivnormen das durchaus legitime Interesse des Erwerbers an der Vereinheitlichung der Arbeitsbedingungen in seinem Unternehmen dem Bestandsschutzinteresse der übergehenden Belegschaft stets vorgehen soll[457]. Dies verdeutlicht auch folgendes Beispiel: Regelt eine Gesamtbetriebsvereinbarung im aufnehmenden Unternehmen eine Sondervergütung für gesundheitsgefährdende Arbeiten, die nur halb so hoch ist wie in einer übernommenen Betriebsvereinbarung, würden die Arbeitnehmer des übernommenen Betriebs ab Betriebsübernahme die Hälfte ihrer Sondervergütung einbüßen. Hat das aufnehmende Unternehmen dagegen überhaupt keine entsprechende kollektive Regelung, würde die des übernommenen Betriebs mangels Normenkonkurrenz in voller Höhe bestehen bleiben.

Zur Begründung weisen *Hanau/Vossen* in diesem Zusammenhang zutreffend auf die Rechtsprechung des BAG[458] zur Kontrolle ablösender Betriebsvereinbarungen hin. Diese erfordere einen weichen Übergang und verbiete den plötzlichen, unerwarteten Verlust von Rechtsstellungen[459]. Insbesondere dann, wenn in dem übergehenden Betrieb mehr Arbeitnehmer als bisher beim Erwerber beschäftigt sind, kann der aus der Anwendung der gesetzlichen Zuständigkeitsabgrenzung resultierende Wertungsvorrang „Vereinheitlichungsinteresse des Arbeitgebers vor Bestandsschutzinteresse der Arbeitnehmer" daher nicht überzeugen[460]. Somit ist festzustellen, dass die gesetzliche Zuständigkeitsabgrenzung bei der Lösung der Kollisionsproblematik nicht weiterhilft.

(2) § 613a Abs. 1 Satz 3 BGB als gesetzliches Leitbild

Des Weiteren wird in der Literatur vorgeschlagen, in Anlehnung an das gesetzliche Leitbild des § 613a Abs. 1 Satz 3 BGB bei vergleichbarem Regelungsge-

---

[457] Vgl. Hanau/Vossen, FS Hilger/Stumpf, S. 271, 277, die von „ungereimten Ergebnissen" sprechen.

[458] Siehe BAG vom 24.03.1981, AP Nr. 12 zu § 112 BetrVG 1972; BAG vom 08.12.1981, DB 1982, S. 46 ff.

[459] Vgl. Hanau/Vossen, FS Hilger/Stumpf, S. 271, 278.

[460] Vgl. Rieble, Sonderbeilage zu NZA Heft 16, 2003, S. 62, 69.

genstand stets den bereits beim Erwerber geltenden Kollektivnormen Vorrang zu gewähren[461].

Diese Ansicht ist mit dem Gesetzeswortlaut unvereinbar[462]. § 613a Abs. 1 Satz 3 schließt die Rechtsfolgenanordnung gemäß Satz 2 aus, wenn die Rechte und Pflichten bei dem neuen Inhaber durch Rechtsnormen einer anderen Betriebsvereinbarung geregelt werden. Die Vorschrift setzt damit zwingend eine zuvor ins Individualrecht erfolgte Transformation voraus. Gilt eine Betriebsvereinbarung – gleich ob wegen Beibehaltung der Betriebsidentität oder der Gestaltungsaufgabe – jedoch kollektivrechtlich fort, ist der Anwendungsbereich von § 613a Abs. 1 Satz 3 BGB gar nicht erst nicht eröffnet. Allein aus § 613a Abs. 1 Satz 3 BGB kann demnach nicht folgen, dass eine beim Erwerber geltende Gesamt- bzw. Konzernbetriebsvereinbarung die für den übergehenden Betrieb bislang maßgebliche und nun kollektivrechtlich fortgeltende Betriebsvereinbarung verdrängt.

(3) Grundsatz der Spezialität

Eine weitere Literaturansicht tritt für eine Auflösung des Konkurrenzverhältnisses zwischen kollektivrechtlich fortgeltenden Betriebsvereinbarungen nach dem aus dem Tarifvertragsrecht bekannten Grundsatz der Spezialität ein[463]. Der Spezialitätsgrundsatz wird vom Bundesarbeitsgericht[464] für den Fall der Tarifkonkurrenz vertreten. Danach verdrängt der speziellere Tarifvertrag den generelleren, soweit es sich um die gleichen Regelungsbereiche handelt. Verhindert werden soll, dass mehrere sich widersprechende Regelungen gleichzeitig Anwendung finden. Oftmals fällt allerdings die Beurteilung schwer, welcher Tarifvertrag der speziellere ist. In Rechtsprechung[465] und Literatur[466] wird daher ergänzend auf die Anzahl der durch den Tarifvertrag erfassten Arbeitsverhältnisse abgestellt. Nach dem sog. Mehrheitsprinzip ist allein der Tarifvertrag der im Betrieb stärker vertretenen Gewerkschaft einschlägig. Zur Begründung des Mehrheitsprinzips wird auf den Legitimationsgedanken Bezug genommen. Danach

---

461 Vgl. Grobys, BB 2003, S. 1391, 1392; Hanau, RdA 1989, S. 207, 211; Haas, Auswirkungen des Betriebsübergangs insbesondere bei der Fusion von Kapitalgesellschaften auf Betriebsvereinbarungen, S. 99; ähnlich JRH-Röder/Haussmann, Praxishandbuch Betriebsverfassungsrecht, § 29, Rn. 51.

462 Vgl. Preis/Richter, ZIP 2004, S. 925, 934 (FN 64); Mues, DB 2003, S. 1273, 1276; Silberberger, Veränderungsprozesse, S. 63.

463 Vgl. Hueck/Nipperdey, Lehrbuch des Arbeitsrechts, Band 2/II, S. 1300; Mues, DB 2003, S. 1273, 1276.

464 Siehe BAG vom 04.04.2001, AP Nr. 26 zu § 4 TVG Tarifkonkurrenz.

465 Siehe BAG vom 14.06.1989, AP Nr. 16 zu § 4 TVG Tarifkonkurrenz; BAG vom 20.03.1991, AP Nr. 20 zu § 4 TVG Tarifkonkurrenz.

466 Vgl. Däubler-Zwanziger, TVG, § 4, Rn. 935; Kittner/Zwanziger-Kittner, § 10 TVG, Rn. 194; HWK-Henssler, Arbeitsrecht Kommentar, § 4 TVG, Rn. 40; Wiedemann-Wank, TVG, § 4, Rn. 295; Wiedemann/Arnold, ZTR 1994, S. 399, 409.

wird die Legitimation eines Tarifvertrages umso stärker, je mehr Gewerkschaftsmitglieder im Betrieb diesem Kollektivvertrag unterfallen[467].

Ob sich mit Hilfe des Spezialitätsgrundsatzes bzw. des Abgrenzungskriteriums „Mehrheitsprinzip“[468] - das Konkurrenzverhältnis mehrerer kollektivrechtlich fortgeltender Betriebsvereinbarungen im aufnehmenden Unternehmen jedoch stets sachgerecht auflösen lässt, ist angesichts der dann entstehenden Folgeprobleme aber sehr fragwürdig. Zur Verdeutlichung der Bedenken ist auf den bereits oben[469] im Rahmen der Diskussion des Lösungsvorschlags „Gesetzliche Zuständigkeitsabgrenzung“ gebildeten Beispielsfall zurückzugreifen:

Die Anwendung des „Mehrheitsprinzips“ hätte danach zur Folge, dass die Einzelbetriebsvereinbarung für die 1500 von der A-GmbH auf die B-GmbH – bislang nur insgesamt 50 Arbeitnehmer - übergehenden Arbeitnehmer normativ fortgilt. Sie ginge der bislang bei der B-GmbH schon existierenden Gesamtbetriebsvereinbarung somit vor. Für die nach wie vor bei der B-GmbH beschäftigten 50 Arbeitnehmer stellt sich nun die Frage, ob sie weiterhin dem Geltungsbereich der - im Vergleich zur Einzelbetriebsvereinbarung des hinzu erworbenen Betriebs – ungünstigeren Gesamtbetriebsvereinbarung unterfallen oder ob sie nunmehr auch in den Genuss der günstigeren Einzelbetriebsvereinbarung kommen.

Wollte man das Mehrheitsprinzip wie im Tarifvertragsrecht konsequent anwenden, müsste die Einzelbetriebsvereinbarung nun auch auf die bereits bei der B-GmbH beschäftigten Arbeitnehmer Anwendung finden. Indes mangelte es hierfür an einer tragfähigen Begründung: Eine Ausweitung des Geltungsbereichs der günstigeren Einzelbetriebsvereinbarung auf bereits bestehende Betriebe des Erwerbers, d.h. eine „Verwandlung“ der Einzelbetriebsvereinbarung in eine Gesamtbetriebsvereinbarung, wäre mit betriebsverfassungsrechtlichen Grundprinzipien unvereinbar.

Diese Bedenken gewinnen an zusätzlichem Gewicht, wenn die Zahl der übergehenden Arbeitnehmer kleiner ist als die Zahl der bereits beim Erwerber beschäftigten Arbeitnehmer. Hierzu folgendes Beispiel: *Ein 50 Arbeitnehmer zählender Betrieb der C-GmbH geht gemäß § 613a BGB auf die D-GmbH mit bisher zwei Betrieben à 750 Arbeitnehmern über. Zu einem vergleichbaren Regelungsinhalt existiert im übergehenden Betrieb eine – aus Arbeitnehmersicht günstige - Ein-*

---

[467] Vgl. Däubler-Zwanziger, TVG, § 4, Rn. 935.

[468] Vgl. hierzu Däubler, FS Zeuner, S. 19, 29 (FN 74) für den Fall kollidierender Gesamtbetriebsvereinbarungen in einem Gemeinschaftsbetrieb: Neben dem Günstigkeitsprinzip soll hilfsweise soll der Grundsatz Anwendung finden, dass die Gesamtbetriebsvereinbarung des Unternehmens Anwendung findet, das für die relativ größte Zahl von Arbeitnehmern Vertragsarbeitgeber ist; kritisch Preis/Richter, ZIP 2004, S. 925, 934 (FN 65).

[469] Siehe oben 4. Teil, A.III.1.c)bb)(1).

zelbetriebsvereinbarung und im aufnehmenden Unternehmen D-GmbH eine – aus Arbeitnehmersicht ungünstige - Gesamtbetriebsvereinbarung. Aus der Anwendung des „Mehrheitsprinzips“ folgt, dass sich die bei der D-GmbH geltende Gesamtbetriebsvereinbarung nun auf alle Arbeitnehmer einschließlich der übergegangenen erstreckt. Damit wäre zwangsläufig für die vom Betriebsübergang betroffenen 50 Arbeitnehmer eine Schlechterstellung verbunden. Es ist insofern zu berücksichtigen, dass das Betriebsratsgremium des übernommenen Betriebs keinerlei Möglichkeit hatte, an der Entstehung der aus Arbeitnehmersicht ungünstigeren Gesamtbetriebsvereinbarung mitzuwirken, d.h. ihr entgegenzutreten[470].

Somit ist festzuhalten, dass der Grundsatz der Spezialität bzw. das Mehrheitsprinzip bei der hier zu untersuchenden Kollisionsproblematik nicht weiterhilft.

(4) Günstigkeitsprinzip

In der Literatur wird auch eine Auflösung des Konkurrenzverhältnisses nach dem Günstigkeitsprinzip vorgeschlagen[471]. Eine gesetzliche Normierung des Günstigkeitsprinzips findet sich in § 4 Abs. 3 Alt. 2 TVG. Nach dieser Vorschrift können tarifliche Arbeitsbedingungen durch individualvertragliche Vereinbarungen zugunsten des Arbeitnehmers oder – sofern der Tarifvertrag eine entsprechende Öffnungsklausel enthält – durch Betriebsvereinbarungen verändert werden. Trotz Fehlens einer § 4 Abs. 3 TVG entsprechenden Vorschrift im Betriebsverfassungsrecht ist in der Rechtsprechung des BAG[472] anerkannt, dass das Günstigkeitsprinzip auch im Verhältnis des Arbeitsvertrags zu einer Betriebsvereinbarung Anwendung findet. Übertragen auf die Kollision einer fortgeltenden Einzelbetriebsvereinbarung mit einer beim Erwerber geltenden Gesamt- bzw. Konzernbetriebsvereinbarung hieße dies, dass stets die für die Arbeitnehmer günstigere Kollektivnorm vorgeht.

Die Feststellung, welche Regelung tatsächlich für die Arbeitnehmer günstiger ist, bereitet in der Praxis aber oftmals erhebliche Schwierigkeiten[473]. Bei umfassenden Betriebsvereinbarungen ist eine eindeutige und gerechte Bestimmung der günstigeren Norm aus diesem Grund in vielen Fällen nicht zu erreichen[474]. Angesichts der mit der konkreten Anwendung des Günstigkeitsprinzips verbunde-

---

470 Vgl. Silberberger, Veränderungsprozesse, S. 64.
471 Vgl. Dietz, BetrVG, 4. Auflage, § 48, Rn. 11.
472 Siehe BAG GS vom 16.09.1986, NZA 1987, S. 168 ff.
473 Siehe BAG vom 12.04.1972, AP Nr. 13 zu § 4 TVG Günstigkeitsprinzip; BAG vom 07.11.1989, AP Nr. 46 zu § 77 BetrVG 1972; ErfKom-Schaub/Franzen, § 4 TVG, Rn.71; HWK-Henssler, Arbeitsrecht Kommentar, § 4 TVG, Rn. 29; Kempen/Zachert, TVG, § 4, Rn. 160.
474 Ebenso Weiss/Weyand, AG 1993, S. 97, 100.

nen Probleme hat der Bundesrat zu Recht einen Gesetzesentwurf[475] u.a. zur Konkretisierung dieses Begriffs eingebracht. Dieser Vorschlag wurde im dann verabschiedeten Gesetz zu den Reformen am Arbeitsmarkt[476] allerdings nicht mehr berücksichtigt[477].

Im Ergebnis ist daher festzustellen, dass das Günstigkeitsprinzip mangels Praktikabilität bei der Auflösung der Normenkonkurrenz von Betriebsvereinbarungen nicht heranzuziehen ist.

(5) Identifizierbarkeit / Eigene Auffassung

Mues[478] schlägt vor, bei der Frage der kollektivrechtlichen Fortgeltung von Betriebsvereinbarungen neben dem Kriterium „Betriebsidentität“ zusätzlich auf die Identifizierbarkeit des Geltungsbereichs abzustellen. Dies bedeute, dass die kollektivrechtliche Fortgeltung von Betriebsvereinbarungen nach einem Betriebsübergang solange gelte, wie der ursprünglich definierte betriebliche Geltungsbereich der Regelung bei dem neuen Rechtsträger identifizierbar sei. Die Identifizierbarkeit des definierten betrieblichen Geltungsbereichs der Betriebsvereinbarung liege solange vor, wie mit dem zuständigen Betriebsrat auch ohne den Betriebsübergang eine separate Betriebsvereinbarung hätte vereinbart werden können, deren Geltungsbereich auf den übergehenden Betrieb (-steil) beschränkt ist[479].

Zu klären ist nun, ob dieser Lösungsansatz, hinsichtlich der kollektivrechtlichen Fortgeltung auch auf das Kriterium „Identifizierbarkeit“ abzustellen, für die Lösung des hier zu untersuchenden Kollisionsproblems zwischen normativ fortgeltenden Betriebsvereinbarungen und Gesamt- bzw. Konzernbetriebsvereinbarungen aufgenommen und weiterentwickelt werden kann. Ziel ist es zu erkennen, welche Anforderungen an die Ablösung einer kollektivrechtlich fortgeltenden Betriebsvereinbarung durch eine Gesamt- bzw. Konzernbetriebsvereinbarung des Erwerbers gestellt werden müssen.

Auszugehen ist vom ursprünglich definierten betrieblichen Geltungsbereich der Betriebsvereinbarung beim Veräußerer. Betriebsvereinbarungen können dort entweder im Rahmen eines Betriebs i.S.v. § 1 Abs. 1 BetrVG oder in einem gemäß § 4 Abs. 1 BetrVG als selbständiger Betrieb geltenden Betriebsteil[480] abgeschlossen werden. Letzteres gilt jedoch nur dann, wenn die Belegschaft des Be-

---

[475] Siehe BT-Drs. 15/406.
[476] Siehe BGBl. 2003 I, S. 3002.
[477] Siehe BR-Drs. 421/03, S. 2 mit kritischer Stellungnahme des von der Opposition dominierten Bundesrats zum Gesetzgebungsvorhaben.
[478] Vgl. Mues, DB 2003, S. 1273, 1276 f.
[479] Vgl. Mues, DB 2003, S. 1273, 1276.
[480] Siehe BAG vom 27.06.1995, BB 1995, S. 1504, 1505.

triebsteils einen eigenen Betriebsrat wählt und nicht gemäß § 4 Abs. 1 Satz 2 BetrVG formlos beschließt, an der Wahl des Betriebsrats im Hauptbetrieb teilzunehmen. Die Legitimation des Betriebsrats, Betriebsvereinbarungen abzuschließen, erfolgt demnach entweder durch die Wahl der Beschäftigten eines Betriebs oder - im Fall des § 4 Abs. 1 BetrVG – durch die Wahl der Beschäftigten eines als selbständiger Betrieb geltenden Betriebsteils.

Unter rechtsstaatlichen Gesichtspunkten können nur legitimierte Normen Akzeptanz und Anerkennung finden. Im Grundgesetz findet sich das Legitimationsprinzip in Art. 20 GG (Demokratieprinzip)[481] und Art. 23 (Europaartikel)[482]. Rechtsphilosophisch ist diesbezüglich auf Hobbes, Locke, Montesquieu, Rousseau, Kant und Mill zu verweisen, wenn auch die jeweiligen Ausführungen nicht in einer Forderung nach Demokratie im modernen Sinn münden[483]. Allgemein dient die Anwendung des Legitimationsgrundsatzes dem Gerechtigkeitsgedanken und ermöglicht als einzige Variante die Abgabe von Kompetenzen von Menschen an Organisationen im weiteren Sinne in vertretbarer Weise und unter Ablösung des ursprünglich für jeden Menschen geltenden Naturrechts[484].

Diese verfassungsrechtliche und rechtsphilosophische Herleitung des Legitimationsprinzips bezieht sich zunächst auf das öffentliche Recht und damit auf das Verhältnis zwischen Bürger und Staat. Grundrechte und allgemeine Rechtsprinzipien wie z.B. das Demokratieprinzip binden vorrangig den Staat. Das Betriebsverfassungsrecht wird aber nach allgemeiner Auffassung dem Privatrecht zugeordnet[485]. Dennoch sind Grundrechte und die Grundprinzipien des Art. 20 GG auch im privatrechtlichen Verhältnis nicht ohne Bedeutung. So wie für die Grundrechte das Prinzip der Drittwirkung gilt, wonach über Generalklauseln des Zivilrechts den Grundrechten Eingang in ein zivilrechtliches Verhältnis verschafft wird, gelten die Grundprinzipien wie der Legitimationsgedanke (Art. 20 GG) immer dann, wenn privatrechtlichen Handlungen quasi Gesetzeskraft zukommt[486]. Hauptgestaltungsmittel der Betriebsparteien ist die Betriebsvereinbarung, für die § 77 Abs. 4 S. 1 BetrVG festlegt, dass diese unmittelbar und zwingend, also wie Gesetze, wirken.

Diese Rechtsfolge ist im Zusammenhang mit den Vorschriften zur Wahl des Betriebsrats gemäß §§ 7 ff. BetrVG zu sehen. Der Gesetzgeber musste, wollte er eine Norm wie § 77 Abs. 4 BetrVG aufnehmen, Regelungen zur Installierung des Gremiums „Betriebsrat“ schaffen[487]. Hierfür wurden die allgemeinen

481 Vgl. Jarass/Pieroth, GG, Art. 20, Rn. 9.
482 Vgl. Jarass/Pieroth, GG, Art. 23, Rn. 8.
483 Vgl. Mill, Betrachtungen über die repräsentative Demokratie, S. 59 ff.
484 Vgl. Bleckmann, JZ 2001, S. 53, 58.
485 Vgl. Richardi-Richardi, BetrVG, Einl. Rn. 130.
486 Vgl. Waltermann, Rechtsetzung durch Betriebsvereinbarung, S. 203.
487 Vgl. Richardi-Richardi, BetrVG, Einl. Rn. 131.

Grundsätze verwendet, wie sie in Art. 38 GG enthalten sind. Damit trägt der Gesetzgeber den Gedanken der Repräsentation in das Betriebsverfassungsrecht[488]. Die Arbeitnehmerschaft wird vom Betriebsrat repräsentiert, wenn dieser demokratisch legitimiert wurde, d.h. durch Wahlen[489]. Die Grundprinzipien des Art. 20 GG können mithin auf die Normsetzung der Betriebsparteien übertragen werden. Das Legitimationsprinzip gilt nicht nur für den Fall der staatlichen Gesetzgebung, sondern für jede Konstellation, in welchem Organe – Gesetzgeber oder Verbände – als Repräsentanten der Normadressaten auftreten[490]. Unter diese Definition fällt nicht nur der Tarifvertrag, sondern auch – wie § 77 Abs. 4 Satz 1 BetrVG verdeutlicht - die hier zu untersuchende Betriebsvereinbarung. Dementsprechend sind die festgelegten Grundsätze zur Legitimation auch im kollektiven Arbeitsrecht heranzuziehen[491].

In Bezug auf die Kollisionsproblematik zwischen einer kollektivrechtlich fortgeltenden Betriebsvereinbarung und beim Erwerber bestehenden Gesamt- bzw. Konzernbetriebsvereinbarung ist aus dem Legitimationsgedanken folgender Schluss zu ziehen: Geht ein Betrieb oder ein gemäß § 4 Abs. 1 BetrVG als selbständiger Betrieb geltender Betriebsteil mit eigenem Betriebsrat über, gelten Betriebsvereinbarungen ungeachtet der beim Erwerber bestehende Gesamt- bzw. Konzernbetriebsvereinbarungen fort, wenn der ursprünglich definierte betriebliche Geltungsbereich der Betriebsvereinbarung durch den Betriebsübergang nicht tangiert wird, mithin „identifizierbar" ist. Der betriebliche Geltungsbereich, für den die Beschäftigten den Betriebsrat durch Wahlen auch zum Abschluss von Betriebsvereinbarungen legitimiert haben, bleibt in diesem Fall unverändert. Es wäre widersprüchlich, wenn einerseits der betriebliche Geltungsbereich der Betriebsvereinbarung unangetastet bleibt, andererseits aber für diesen Bereich geschlossene Betriebsvereinbarungen durch entsprechende Gesamt- bzw. Konzernbetriebsvereinbarungen des Erwerbers verdrängt würden.

Eine „Identifizierbarkeit" ist dagegen zu verneinen, wenn der ursprüngliche betriebliche Geltungsbereich der Betriebsvereinbarung im Zuge des Betriebsübergangs verloren geht. Dies ist z.B. dann der Fall, wenn ein übergehender Betrieb mit einem Betrieb des Erwerbers zusammengelegt wird oder nach einer Betriebsaufspaltung ein daraus hervorgegangener Betriebsteil gemäß § 613a BGB übergeht. In diesen Fällen gehen die beim Erwerber bestehenden Gesamt- bzw. Konzernbetriebsvereinbarungen vor.

Für die im Rahmen der Einzelfallbetrachtung hier untersuchte Fallgruppe „Übergang eines Betriebs als Ganzes / Einfacher Betriebsübergang" ist dement-

---

488 Vgl. Kempen, FS Schaub, S. 357, 366.
489 Vgl. Richardi-Richardi, BetrVG, Einl. Rn. 101.
490 Vgl. Picker, RdA 2001, S. 259, 279.
491 Vgl. Dreier-Dreier, GG, Art. 20, Rn. 20.

sprechend festzuhalten, dass die Betriebsvereinbarungen in der übergehenden Einheit für die vom Betriebsübergang betroffenen Arbeitnehmer ungeachtet der bereits beim Erwerber bestehenden Kollektivnormen kollektivrechtlich fortgelten. Auf diese Weise wird der Gefahr eines plötzlichen, unerwarteten und nicht mehr auszugleichenden Verlusts von Rechtspositionen[492] für die übergehenden Arbeitnehmer vorgebeugt. Nun ist es Aufgabe der Betriebsparteien, bei Bedarf mit den ihnen zur Verfügung stehenden Gestaltungsmitteln – Ablösung, Aufhebung oder Kündigung – eine Harmonisierung der parallel geltenden Kollektivnormen herbeizuführen. Dabei ist prinzipiell auch eine Veränderung zuungunsten der betroffenen Arbeitnehmer denkbar. Diesbezüglich ist allerdings zu beachten, dass der bereits erdiente Teil einer betrieblichen Altersversorgung aus Gründen des Vertrauensschutzes stets gesichert bleiben muss[493].

2. Übergang eines Betriebsteils / Fortführung als selbständiger Betrieb

a) Beurteilung nach dem Kriterium „Betriebsidentität“

Wesentlich mehr Probleme bereitet die Beurteilung der kollektivrechtlichen Fortgeltung von Betriebsvereinbarungen, wenn nicht der Betrieb als Ganzes, sondern nur ein Betriebsteil übergeht und beim Erwerber als selbständiger Betrieb fortgeführt wird. Innerhalb der herrschenden Auffassung wird die Frage der Beibehaltung der Betriebsidentität beim Betriebsteilübergang kontrovers diskutiert.

aa) Entscheidung des BAG vom 18. September 2002

In seiner Entscheidung vom 18. September 2002[494] hat der 1. Senat weitreichende Aussagen zur Fortgeltung von Betriebsvereinbarungen beim Betriebsteilübergang getroffen. Unter B. III. 2. b) cc) der Gründe wird zunächst in Bestätigung der bisherigen Rechtsprechung[495] festgestellt, dass Einzelbetriebsvereinbarungen gegenüber einem neuen Rechtsträger normativ fortgelten, wenn der Betrieb bei der rechtsgeschäftlichen Übernahme seine Identität bewahrt. Sodann führt das BAG unter B. III. 2. b) dd) der Gründe aus, dass eine kollektivrechtliche Fortgeltung auch dann in Betracht kommt, wenn lediglich ein Betriebsteil

---

[492] So Hanau/Vossen, FS Hilger/Stumpf, S.271, 278 unter Bezug auf BAG vom 24.03.1981, AP Nr. 12 zu § 112 BetrVG 1972 sowie BAG vom 08.12.1981, DB 1982, S. 46.
[493] Siehe BAG vom 30.01.1970, E 22, 252, 256; BAG vom 08.12.1981, E 36, 327, 335; BAG vom 16.09.1986, E 53, 42, 69.
[494] Siehe AP Nr. 7 zu § 77 BetrVG 1972.
[495] Siehe BAG vom 05.02.1991, AP Nr. 89 zu § 613a BGB; BAG vom 27.07.1994, AP Nr. 118 zu § 613a BGB; BAG vom 15.01.2000, EzA Nr. 206 zu § 613a BGB; BAG vom 07.11.2000, EzA Nr. Nr. 2 zu § 77 BetrVG Nachwirkung; BAG vom 24.07.2001, EzA Nr. 204 zu § 613a BGB; BAG vom 14.08.2001, BAGE 98, S. 323 ff.; BAG vom 05.06.2002, ZIP 2003, S. 271 ff.

übergeht und dieser beim Erwerber als eigenständiger Betrieb fortgeführt wird. An der Geltung der „Grundsätze“, d.h. der Bedeutung der Betriebsidentität für die Fortgeltung von Betriebsvereinbarungen, ändere sich in diesem Fall nichts.

Folglich ist festzuhalten, dass das BAG auch bei einer Betriebsspaltung und sich anschließendem Betriebsteilübergang von einer Beibehaltung der Betriebsidentität im übergehenden Betriebsteil ausgeht.

bb) Reaktion der Literatur auf die Entscheidung des BAG vom 18. September 2002

Diese bezüglich des Betriebsidentitätsbegriffs sehr weitgehende Auffassung des BAG wird in der Literatur unterschiedlich interpretiert.

Vereinzelt wird in der Entscheidung eine Abkehr des BAG vom Identitätsbegriff bei der Frage der Fortgeltung von Betriebsvereinbarungen gesehen. Hinsichtlich eines organisatorisch von einem bislang einheitlichen Betrieb abgespaltenen Betriebsteils könne nicht mehr davon gesprochen werden, es handele sich um denselben Betrieb[496]. Es komme daher nicht mehr auf die Erhaltung der Betriebsidentität an.

Andere Autoren sehen noch keine völlige Aufgabe, jedoch eine problematische Ausdehnung des Identitätsbegriffs durch das BAG. Das Erfordernis der Betriebsidentität werde ohne Zwang aufgeweicht, wenn bereits eine Teilidentität mit dem Ursprungsbetrieb genüge[497]. Die Ansicht des BAG sei mit dem Identitätspostulat kaum zu vereinbaren, da eine neue betriebsverfassungsrechtliche Einheit entstehe[498]. Mit der Anwendung auf die Teilung von Betrieben werde dem Begriff „Identität“ Gewalt angetan[499].

Demgegenüber findet das BAG in der Literatur auch Zustimmung[500]. Die normative Fortgeltung sei unproblematisch, wenn der definierte betriebliche Geltungsbereich der Betriebsvereinbarung mit dem übergegangenen Betriebsteil

---

[496] Vgl. Hohenstatt/Müller-Bonanni, NZA 2003, S. 766, 769; Bachner, NJW 2003, S. 2861, 2864; Meyer, SAE 2003, S. 310, 312; Grobys, BB 2003, S. 1391, 1392; Rieble/Gutzeit, NZA 2003, S. 233, 237; Kreutz, FS 50 Jahre BAG, S. 993, 1008; FESTL, BetrVG, § 77, Rn. 169; HWK-Gaul, Arbeitsrecht Kommentar, § 77 BetrVG, Rn. 80 unter Bezugnahme auf Gaul, Arbeitsrecht der Betriebs- und Unternehmensspaltung, § 25, Rn. 223.

[497] Vgl. Lindemann/Simon, BB 2003, S. 2510, 2512; ähnlich ErfKom-Preis, § 613a BGB, Rn. 110 ff.

[498] Vgl. HWK-Willemsen/Müller-Bonanni, Arbeitsrecht Kommentar, § 613a BGB, Rn. 256; Preis/Richter, ZIP 2004, S. 925, 928.

[499] Vgl. Richardi/Kortstock, RdA 2004, S. 173, 175.

[500] Vgl. Mues, DB 2003, S. 1273, 1276; Sieg/Maschmann, Unternehmensumstrukturierung aus arbeitsrechtlicher Sicht, Rn. 266.

deckungsgleich sei. Dies müsse aber auch dann gelten, wenn die Betriebsvereinbarung vor dem Betriebsteilübergang für den ganzen Betrieb gegolten habe, da auch ohne Betriebsteilübergang allein eine Verkleinerung des Geltungsbereichs einer Betriebsvereinbarung nicht zu einem Ende der Geltung der Betriebsvereinbarung insgesamt führe.

cc) Herrschende Literaturauffassung

Nach überwiegend vertretener Ansicht in der Literatur[501] hat ein Betriebsteilübergang dagegen Auswirkungen auf die Betriebsidentität und damit auch auf die Fortgeltung von Betriebsvereinbarungen. Dabei ist zwischen Ursprungsbetrieb und übergehendem Betriebsteil zu differenzieren. Eine Fortgeltung komme entweder im Ursprungsbetrieb oder im übergehenden Betriebsteil in Betracht, da sich die Identität eines Betriebes schon begrifflich nicht in einer Mehr- oder Vielzahl zukünftig selbständiger Betriebe fortsetzen könne[502]. Grundsätzlich sollten bei einer Betriebsteilveräußerung die Betriebsvereinbarungen in dem Betriebsteil normativ bestehen bleiben, der mit dem bisherigen Betrieb identisch sei[503]. Regelmäßig sei davon auszugehen, dass sich durch die Veräußerung eines Betriebsteils die Identität des Ursprungsbetriebs nicht ändere, so dass dort die bestehenden Betriebsvereinbarungen kollektivrechtlich fortgelten[504]. Dann müsse eine kollektivrechtliche Fortgeltung von Betriebsvereinbarungen im übertragenen Betriebsteil aber ausscheiden[505]. Ausnahmsweise sei auch der umgekehrte Fall denkbar. Wenn der Hauptteil des Ursprungbetriebs übertragen werde und nur untergeordnete Teilbereiche beim übertragenden Rechtsträger verblieben, sei der übergehende Betriebsteil mit dem bisherigen Betrieb identisch[506].

Die konsequente Anwendung der Identitätslehre führt in der Regel also dazu, dass die Betriebsvereinbarungen im organisatorisch verselbständigten Be-

---

501 Vgl. FESTL, BetrVG, § 77, Rn. 172; DKK-Berg, BetrVG, § 77, Rn. 49; Löwisch/Kaiser, BetrVG, § 77, Rn. 43; WHSS-Hohenstatt, Umstrukturierung und Übertragung von Unternehmen, E 17; Kasseler Handbuch-Düwell, Band 2, Rn. 278; Boecken, Unternehmensumwandlungen, Rn. 159; Müller, RdA 1996, S. 287, 290; Erman-Edenfeld, BGB, § 613a, Rn. 73; Preis/Steffan, FS Kraft, S. 477, 481; Kreßel, DB 1989, S. 1623, 1625; Haag, Umstrukturierung und Betriebsverfassung, S. 91 f.; Gaul, Arbeitsrecht der Betriebs- und Unternehmensspaltung, § 25, Rn. 116 ff.; Richardi-Richardi, BetrVG, § 77, Rn. 216.

502 Vgl. WHSS-Hohenstatt, Umstrukturierung und Übertragung von Unternehmen, E 17; Preis/Richter, ZIP 2004, S. 925, 930.

503 Vgl. Löwisch/Kaiser, BetrVG, § 77, Rn. 43.

504 Vgl. FESTL, BetrVG, § 77, Rn. 172; DKK-Berg, BetrVG, § 77, Rn. 49.

505 Vgl. Kasseler Handbuch-Düwell, Band 2, Rn. 278; Boecken, Unternehmensumwandlungen, Rn. 159; Müller, RdA 1996, S. 287, 290.

506 Vgl. Gaul, Arbeitsrecht der Betriebs- und Unternehmensspaltung, § 25, Rn. 117.

triebsteil nicht kollektivrechtlich, sondern lediglich individualrechtlich gemäß § 613a Abs. 1 Satz 2 BGB fortgelten[507].

dd) Zwischenergebnis

Somit ist festzuhalten, dass die Beurteilung eines Betriebsteilübergangs anhand des Kriteriums „Betriebsidentität" erhebliche Abgrenzungsprobleme mit sich bringt. Diese sind durch die Entscheidung des BAG vom 18. September 2002 noch erschwert worden.

b) Beurteilung nach dem Kriterium „Gestaltungsaufgabe"

Ob die Anwendung des Kriteriums „Gestaltungsaufgabe" beim Betriebsteilübergang zum gleichen Ergebnis wie das Merkmal „Betriebsidentität" führt, hängt von der Interpretation des Identitätsbegriffs ab. Hält man mit dem BAG die Beibehaltung der Identität auch bei Herauslösen eines Betriebsteils und anschließendem Übergang desselben auf einen anderen Rechtsträger für möglich, wird es regelmäßig zum gleichen Ergebnis kommen. Lehnt man dagegen mit der herrschenden Literaturauffassung die Beibehaltung der Identität des Ausgangsbetriebs in zukünftig selbständigen Betrieben ab, sind differierende Ergebnisse denkbar. Als Beispiel ist hier eine Betriebsvereinbarung über die Einführung eines Job-Tickets[508] zu nennen. Sofern mit dem Betriebsteilübergang nicht ausnahmsweise eine räumliche Veränderung in eine Region ohne öffentlichen Personennahverkehr verbunden ist, bleibt die Regelungsfunktion dieser Betriebsvereinbarung auch nach dem Rechtsträgerwechsel aufrechterhalten. Die Betriebsvereinbarung gilt mithin nach dem Kriterium „Gestaltungsaufgabe" normativ fort. Bei Anwendung des Kriteriums „Betriebsidentität" kommt es dagegen gemäß § 613a Abs. 1 Satz 2 BGB zu einer Transformation in Individualrecht.

c) Verhältnis zu beim Erwerber bereits bestehende Kollektivnormen

Obige Ausführungen[509] zum einfachen Betriebsübergang gelten beim Betriebsteilübergang entsprechend. Es wurde herausgearbeitet, dass Betriebsvereinbarungen ungeachtet der beim Erwerber bestehenden Gesamt- bzw. Konzernbetriebsvereinbarungen fortgelten, wenn der ursprünglich definierte betriebliche Geltungsbereich der Betriebsvereinbarung durch den Betriebsübergang nicht tangiert wird, mithin „identifizierbar" ist. Eine „Identifizierbarkeit" ist da-

---

[507] Ebenso Preis/Steffan, FS Kraft, S. 477, 481; Kreßel, DB 1989, S. 1623, 1625; Haag, Umstrukturierung und Betriebsverfassung, S. 91 f.

[508] Siehe hierzu den Formulierungsvorschlag bei Eichhorn/Hickler/Steinmann, Handbuch Betriebsvereinbarung, S. 270.

[509] Siehe oben 4. Teil, A.III.1.c)bb).

gegen zu verneinen, wenn der ursprüngliche betriebliche Geltungsbereich der Betriebsvereinbarung im Zuge des Betriebsübergangs verloren geht.

Bei dem hier betrachteten Betriebsteilübergang mit anschließender Fortführung als selbständiger Betrieb ist zu differenzieren: Kommt es zu einer Betriebsaufspaltung und geht sodann ein daraus hervorgegangener Betriebsteil gemäß § 613a BGB über, besteht der ursprüngliche betriebliche Geltungsbereich einer beim Veräußerer abgeschlossenen Betriebsvereinbarung nicht fort. In diesem Fall ist der ursprüngliche betriebliche Geltungsbereich der Betriebsvereinbarung nicht mehr „identifizierbar". Die beim Erwerber bestehenden Gesamt- bzw. Konzernbetriebsvereinbarungen gehen folglich vor.

Eine andere Betrachtung ergibt sich jedoch dann, wenn ein gemäß § 4 Abs. 1 BetrVG als Betrieb anzusehender Betriebsteil übergeht und in diesem schon vor dem Betriebsteilübergang ein eigener Betriebsrat gewählt wurde. In diesem Fall wird der ursprüngliche betriebliche Geltungsbereich einer beim Veräußerer abgeschlossenen Betriebsvereinbarung durch den Betriebsteilübergang nicht berührt. Der ursprüngliche betriebliche Geltungsbereich der Betriebsvereinbarung ist weiter „identifizierbar". Dementsprechend gelten die Betriebsvereinbarungen ungeachtet der beim Erwerber bereits existierenden Gesamt- und Konzernbetriebsvereinbarungen kollektivrechtlich fort. Nun ist es Aufgabe der Betriebsparteien, im Bedarfsfalle mit den ihnen zur Verfügung stehenden Gestaltungsmitteln – Ablösung, Aufhebung oder Kündigung - eine Harmonisierung der parallel geltenden Kollektivnormen mit vergleichbarem Regelungsgegenstand herbeizuführen. Dabei sind insbesondere im Hinblick auf eine betriebliche Altersversorgung Vertrauensschutzgesichtspunkte zu berücksichtigen.

3. Eingliederung eines übergegangenen Betriebs/Betriebsteils in einen beim Erwerber vorhandenen Betrieb/Betriebsteil

a) Beurteilung nach dem Kriterium „Betriebsidentität"

aa) Ausgangspunkt/Rechtsfolge

Die Fallgruppen Eingliederung und Zusammenlegung sind in der Praxis nur schwer voneinander abgrenzbar, da in beiden Fällen zwingend neue Aufgaben für die Leitungsstelle der neuen Betriebseinheit entstehen. Die Grenzen sind und bleiben fließend[510]. Gleichwohl zieht die herrschende Auffassung[511] zur Beurtei-

[510] Vgl. Kittner/Zwanziger-Bachner, Arbeitsrecht für die Praxis, § 116, Rn. 13h.

[511] Siehe BAG vom 27.07.1994, AP Nr. 118 zu § 613a BGB; BAG vom 25.09.1996, EzA Nr. 2 zu § 97 ArbGG; BAG vom 24.07.2001, NZA 2002, S. 520 ff.; FESTL, BetrVG, § 77, Rn. 170; Löwisch/Kaiser, BetrVG, § 77, Rn. 42; Löwisch, BB 1990, S. 1698 ff.; Richardi-Richardi, BetrVG, § 77, Rn. 213; Gaul, Arbeitsrecht der Betriebs- und Unternehmensspal-

lung dieser Frage das Kriterium „Betriebsidentität“ heran. Anhand dessen soll festgestellt werden, ob der übertragene Betrieb bzw. Betriebsteil in einen beim aufnehmenden oder neugegründeten Rechtsträger bereits bestehenden Betrieb dergestalt eingegliedert wird, dass er in diesem aufgeht.

Maßgebliches Indiz für eine Eingliederung ist, dass die Organisation des aufnehmenden Betriebs im Wesentlichen erhalten bleibt, insbesondere das die Leitungsstrukturen in personellen und sozialen Angelegenheiten nicht verändert werden[512]. Von einer Eingliederung ist z.B. auch dann auszugehen, wenn in der aufnehmenden Einheit deutlich mehr Arbeitnehmer beschäftigt werden - ungefähr 60:40 - oder wenn der arbeitstechnische Zweck, der in den beteiligten Einheiten verfolgt wird, keine Integration einzelner Abteilungen/Bereiche erforderlich macht[513].

Liegt hiernach eine Eingliederung vor, gelten die im übernommenen Betrieb bzw. Betriebsteil abgeschlossenen Betriebsvereinbarungen nicht mehr normativ weiter. In diesem Fall werden die Rechte und Pflichten, die bislang in einer Betriebsvereinbarung geregelt waren, gemäß § 613a Abs. 1 Satz 2 BGB Bestandteil des Arbeitsvertrags. Grundsätzlich ist es dann für einen Zeitraum von einem Jahr ausgeschlossen, auf individualrechtlicher Ebene eine Abänderung der transformierten Regelungen zum Nachteil der betroffenen Arbeitnehmer herbeizuführen.

Indes gilt die individualrechtliche Weitergeltung mit einjähriger Veränderungssperre gemäß § 613a Abs. 1 Satz 3 BGB nicht für die Regelungsfelder, die beim Erwerber bereits seinerseits kollektivrechtlich durch Betriebsvereinbarungen normiert sind. In der Literatur wird insofern darauf aufmerksam gemacht, dass der Erwerber bei taktisch geschicktem Vorgehen mit der Öffnungsklausel des § 613a Abs. 1 Satz 3 BGB die bisherigen Betriebsvereinbarungen des Veräußerers unter zulässiger Umgehung des Günstigkeitsprinzips „kassieren“ kann[514]. Er

tung, § 25, Rn. 158 ff; Sieg/Maschmann, Unternehmensumstrukturierung aus arbeitsrechtlicher Sicht, Rn. 266.

[512] Vgl. Gaul, Arbeitsrecht der Betriebs- und Unternehmensspaltung, § 25, Rn. 159; Löwisch, BB 1990, S. 1698, 1699; kritisch GK-Kreutz, BetrVG, § 21a, Rn. 61 ff.: Für die Beurteilung, ob eine Eingliederung oder eine Zusammenlegung vorliege, sei die Entwicklung von Sachkriterien erforderlich. In Orientierung an § 13 Abs. 2 Nr. 1 BetrVG liege eine Eingliederung vor, wenn Betriebe zusammengefasst werden, von denen der kleinere regelmäßig weniger als die Hälfte der Arbeitnehmer des größeren Betriebs hat; ähnlich Rieble/Gutzeit, NZA 2003, S. 233, 234, die in § 13 Abs. 2 Nr. 1 BetrVG einen normativen Anhaltspunkt sehen, ab dem von einer „automatischen“ Identitätsänderung ausgegangen werden könne.

[513] Vgl. HWK-Gaul, Arbeitsrecht Kommentar, § 77 BetrVG, Rn. 75.

[514] Vgl. Schiefer, FS 50 Jahre BAG, S. 859, 876; Bauer/von Steinau-Steinrück, NZA 2000, S. 505, 506; Heinze, DB 1998, S. 1861, 1865.

muss nur die Materien der Betriebsvereinbarung im Betrieb des Veräußerers rechtzeitig mit eigenen Betriebsvereinbarungen abdecken[515].

bb) Widerstreitende Interessen bei § 21a BetrVG

Problematisch ist die oftmals unklare Abgrenzung zwischen Eingliederung und Zusammenlegung auch im Hinblick auf § 21a BetrVG. Hier treffen regelmäßig widerstreitende Interessen aufeinander[516]. Der Betriebsrat des aufnehmenden Betriebs ist eher geneigt, von einer Eingliederung auszugehen, um seine alleinige Zuständigkeit für den gesamten Betrieb zu erreichen und um das Entstehen eines Übergangsmandats zu verhindern. Insofern ist zu berücksichtigen, dass das Entstehen eines Übergangsmandats alsbald Neuwahlen und die Beendigung der Amtszeit des bisherigen Betriebsrats im aufnehmenden Betrieb zur Folge hätte. Dagegen hat der Betriebsrat des übergehenden Betriebs bzw. Betriebsteils oftmals Interesse, von einer Zusammenlegung auszugehen, um möglichst rasch Neuwahlen herbeizuführen.

Erhebliche Bedeutung für die Fortgeltung von Betriebsvereinbarungen gewinnt die Diskussion um das Vorliegen einer Eingliederung/Zusammenlegung bzw. Entstehen eines Übergangsmandats im Hinblick auf die nunmehr auch vom BAG in der Entscheidung vom 18. September 2002[517] vertretene Verknüpfung von Übergangsmandat und Betriebsvereinbarung. Bei Zweifelsfällen wird dies je nach Interessenlage ein weiterer Grund sein, vom Vorliegen einer Eingliederung auszugehen oder nicht.

cc) Zwischenergebnis

Die Unterscheidung zwischen einer Eingliederung und einer Zusammenlegung von Betrieben bzw. Betriebsteilen gestaltet sich oftmals schwierig. In Bezug auf das Übergangsmandat des Betriebsrats gemäß § 21a BetrVG gewinnt die Bedeutung dieser Abgrenzung an zusätzlichem Gewicht.

b) Beurteilung nach dem Kriterium „Gestaltungsaufgabe“

Die Anwendung des Kriteriums „Gestaltungsaufgabe“ führt dann zu einem anderen Ergebnis als das Kriterium „Betriebsidentität“, wenn die Regelungsfunktion der im übergehenden Betrieb bzw. Betriebsteil abgeschlossenen Betriebsvereinbarung auch nach der Eingliederung in einen beim Erwerber bestehenden Betrieb fortbesteht. Als Beispiel ist an eine Betriebsvereinbarung zur Familien-

---

515 Vgl. Staudinger-Richardi/Annuß, BGB, § 613a, Rn. 184.
516 Vgl. WHSS-Hohenstatt, Umstrukturierung und Übertragung von Unternehmen, D 68.
517 Siehe NZA 2003, S. 670 ff.

förderung[518] zu denken. Diese Betriebsvereinbarung gilt für die übergegangenen Arbeitnehmer grundsätzlich kollektivrechtlich fort[519]. Ausnahmsweise ist die kollektivrechtliche Fortgeltung von Betriebsvereinbarungen jedoch ausgeschlossen, wenn im aufnehmenden Betrieb bereits eine Betriebsvereinbarung mit vergleichbarem Regelungsinhalt besteht und deren persönlicher oder räumlicher Geltungsbereich einer Erstreckung auf die neu hinzugekommenen Arbeitnehmer zulässt[520]. In diesem Fall entfällt die Gestaltungsaufgabe der Betriebsvereinbarung des Ursprungsbetriebs und sie endet wegen Zweckerreichung.

c) Verhältnis zu beim Erwerber bereits bestehenden Kollektivnormen

Obige Ausführungen[521] zum einfachen Betriebsübergang und Betriebsteilübergang mit Fortführung als selbständiger Betrieb gelten bei Eingliederungsfällen entsprechend. Es wurde herausgearbeitet, dass Betriebsvereinbarungen ungeachtet der beim Erwerber bestehenden Kollektivnormen fortgelten, wenn der ursprünglich definierte betriebliche Geltungsbereich der Betriebsvereinbarung durch den Betriebs(-teil)übergang nicht tangiert wird, mithin „identifizierbar" ist. Eine „Identifizierbarkeit" ist dagegen zu verneinen, wenn der ursprüngliche betriebliche Geltungsbereich der Betriebsvereinbarung im Zuge des Betriebsübergangs verloren geht.

Bei der hier betrachteten Eingliederung eines übergegangenen Betriebs/Betriebsteils in einen beim Erwerber vorhandenen Betrieb/Betriebsteil besteht der ursprüngliche betriebliche Geltungsbereich einer beim Veräußerer abgeschlossenen Betriebsvereinbarung nicht fort. In diesem Fall ist der ursprüngliche betriebliche Geltungsbereich der Betriebsvereinbarung nicht mehr „identifizierbar". Die beim Erwerber im aufnehmenden Betrieb geltenden Einzel-, Gesamt- bzw. Konzernbetriebsvereinbarungen gehen folglich vor. Grundsätzlich kann damit eine Veränderung sowohl zugunsten als auch zu ungunsten der betroffenen Arbeitnehmer verbunden sein. In diesem Fall sind allerdings stets Vertrauensschutzgesichtspunkte bei einer betrieblichen Altersversorgung zu beachten.

---

518 Siehe hierzu den Formulierungsvorschlag bei Eichhorn/Hickler/Steinmann, Handbuch Betriebsvereinbarung, S. 131.

519 So im Ergebnis auch Mues, DB 2003, S. 1273, 1276, der eine kollektivrechtliche Fortgeltung von Betriebsvereinbarungen ungeachtet eines Identitätsverlusts dann bejaht, wenn der ursprünglich definierte betriebliche Geltungsbereich einer Betriebsvereinbarung beim Erwerber noch identifizierbar ist.

520 Vgl. GK-Kreutz, BetrVG, § 77, Rn. 379.

521 Siehe oben 4. Teil, A.III.1.c)bb).

4. Zusammenlegung eines übergegangenen Betriebs/Betriebsteils mit einem beim Erwerber vorhandenen Betrieb/Betriebsteil

a) Beurteilung nach dem Kriterium „Betriebsidentität"

aa) Ausgangspunkt/Rechtsfolge

In Abgrenzung zu der zuvor dargestellten Eingliederung ist nach herrschender Auffassung[522] dann von einer Zusammenlegung des übergegangenen Betriebs bzw. Betriebsteils mit einem beim Erwerber bereits vorhandenen Betrieb bzw. Betriebsteil auszugehen, wenn die mit der Integration verbundenen Maßnahmen zu Veränderungen in Bezug auf die Leitungsstrukturen führen. Eine Veränderung der Zuständigkeiten und Verantwortlichkeiten liegt regelmäßig dann vor, wenn nicht nur zwei, sondern drei oder mehr Betriebe und Betriebsteile zusammengeschlossen werden[523].

Um den Identitätsverlust der beteiligten Betriebe bzw. Betriebsteile und damit das Vorliegen einer Zusammenlegung in der Praxis besser beurteilen zu können, wird vorgeschlagen, an die Kriterien anzuknüpfen, die zur grundlegenden Änderung der Betriebsorganisation im Sinne des § 111 Satz 3 Nr. 4 BetrVG entwickelt wurden[524]. Eine Änderung der Betriebsorganisation liegt danach dann vor, wenn die Art und Weise wesentlich verändert wird, in der die Menschen und die Betriebsanlagen koordiniert sind, um den Betriebszweck zu verfolgen[525]. Unter dem Oberbegriff „Lean Production" ist hier z.B. an den Übergang zur Gruppenarbeit, die Verringerung der Fertigungstiefe oder Outsourcing[526] zu denken. Grundlegend ist eine Änderung insbesondere dann, wenn sie qualitative Auswirkungen auf den Betriebsablauf, die Arbeitsweise oder die Arbeitsbedingungen der Arbeitnehmer hat oder mit einem Sprung in der technischen Entwicklung verbunden ist[527]. Führt der Betriebs(-teil)übergang danach zu einer grundlegenden Änderung der Betriebsorganisation, besteht keiner der beteiligten Betriebe bzw. Betriebsteile in seiner bisherigen Identität fort. Eine kollektive Fortgeltung von Betriebsvereinbarungen scheidet dann aus.

---

522 Siehe BAG vom 27.07.1994, AP Nr. 118 zu § 613a BGB; BAG vom 25.09.1996, EzA Nr. 2 zu § 97 ArbGG; BAG vom 24.07.2001, NZA 2002, S. 520 ff.; FESTL, BetrVG, § 77, Rn. 170; Löwisch/Kaiser, BetrVG, § 77, Rn. 42; Löwisch, BB 1990, S. 1698 ff.; Richardi-Richardi, BetrVG, § 77, Rn. 215; Gaul, Arbeitsrecht der Betriebs- und Unternehmensspaltung, § 25, Rn. 169 ff.; Haag, Umstrukturierung und Betriebsverfassung, S. 101.

523 Vgl. HWK-Gaul, Arbeitsrecht Kommentar, § 77 BetrVG, Rn. 75.

524 Vgl. Gaul, Arbeitsrecht der Betriebs- und Unternehmensspaltung, § 25, Rn. 169.

525 Vgl. FESTL, BetrVG, § 111, Rn. 92; DKK-Däubler, BetrVG, § 111, Rn. 82; Löwisch/Kaiser, BetrVG, § 111, Rn. 31.

526 Siehe hierzu ArbG München vom 22.02.2000, AiB 2000, S. 766; ArbG Würzburg vom 30.08.2000, AiB 2001, S. 302.

527 Siehe BAG vom 17.12.1985, AP Nr. 15 zu § 111 BetrVG 1972; GK-Fabricius/Oetker, BetrVG, § 111, Rn. 95; ErfKom-Kania, § 111 BetrVG, Rn. 16.

Aus der Zusammenlegung betrieblicher Einheiten folgt, dass – entsprechend den Rechtsfolgen einer Eingliederung für die übergegangenen Arbeitnehmer – die bisherigen Rechte und Pflichten einer Betriebsvereinbarung bei den Arbeitnehmern, deren Arbeitsverhältnisse auf einen anderen Rechtsträger übergehen, gemäß § 613a Abs. 1 Satz 2 BGB in Individualrecht transformiert werden.

bb) Problem: Schutz der beim aufnehmenden Rechtsträger beschäftigten Arbeitnehmer

Beträchtliche Folgeprobleme ergeben sich im Hinblick auf die ebenfalls von der Zusammenlegung betroffenen, jedoch bereits schon vor dem Betriebsübergang beim aufnehmenden Rechtsträger beschäftigten Arbeitnehmer. Für diese Personengruppe scheidet eine unmittelbare Anwendung der Schutzvorschrift des § 613a Abs. 1 Satz 2 bis 4 BGB mangels Arbeitgeberwechsels aus. Gleichwohl stellt sich die Frage, ob und inwieweit auch die Arbeitnehmer des aufnehmenden Rechtsträgers einen Schutz ihrer Rechte und Pflichten erlangen können.

Hierzu werden im Einzelnen stark differierende Lösungsansätze vertreten.

(1) Lösungsansatz § 613a Abs. 1 Satz 2 BGB analog

Ein Teil der Literatur möchte den mit § 613a Abs. 1 Satz 2 BGB geschaffenen Schutzmechanismus auch in diesem Fall heranziehen und – wie es auch für unternehmensinterne Umstrukturierungen vertreten wird[528] - zur Vermeidung eines Wertungswiderspruchs die Vorschrift entsprechend anwenden[529]. Bei dieser Ansicht ist allerdings zu beachten, dass ein betriebsverfassungsrechtliches Vakuum droht, wenn für beide Belegschaften nur ein individualrechtlicher Schutz gemäß § 613a Abs. 1 Satz 2 BGB besteht[530]. Zur Umgehung dieser Problematik ist zu erwägen, ob der Rückgriff auf die in § 613a Abs. 1 Satz 2 BGB vorgesehene Auffanglösung mittels einer partiell-kollektivrechtlichen Fortgeltung umgangen werden kann.

(2) Lösungsansatz Sozialplan

Eine andere Auffassung weist darauf hin, dass die aus einer fehlenden kollektivrechtlichen Weitergeltung von Betriebsvereinbarungen resultierenden Nachteile für die Arbeitnehmer im Rahmen eines wegen einer Betriebsänderung gemäß §

528 Vgl. unten 4. Teil, B.II.2.
529 Vgl. Erman-Edenfeld, BGB, § 613a, Rn. 74; ders., RdA 1989, S. 207, 211; Gaul, Arbeitsrecht der Betriebs- und Unternehmensspaltung, § 25, Rn. 170; Düwell, NZA 1996, S. 393, 399.
530 Vgl. WHSS-Hohenstatt, Umstrukturierung und Übertragung von Unternehmen, E 71.

111 Satz 3 Nr. 3 BetrVG aufzustellenden Sozialplans Berücksichtigung finden müssen[531]. Dem Sozialplan soll hiernach also in gewissem Umfang die Schutzfunktion des § 613a BGB zugebilligt werden[532].

(3) Lösungsansatz Nachwirkung

Des Weiteren wird vorgeschlagen, den bisher im Betrieb des aufnehmenden Rechtsträgers bestehenden Betriebsvereinbarungen eine Nachwirkung gemäß § 77 Abs. 6 BetrVG bezogen auf die betreffenden Arbeitsverhältnisse zukommen zu lassen[533]. Diese Ansicht verhindert zwar einen völligen Rechtsverlust der betroffenen Arbeitnehmer. Problematisch ist aber, dass die nachwirkenden Regelungen jederzeit - unter Beachtung des Mitbestimmungsrechts des Betriebsrats[534] - einer einzelvertraglichen Verschlechterung zugänglich sind. Insofern liegt eine Schlechterstellung gegenüber den neu hinzugekommenen, gemäß § 613a Abs. 1 Satz 2 BGB für einen Zeitraum von einem Jahr vor nachteiligen Veränderungen geschützten Arbeitnehmern vor.

cc) Zwischenergebnis

Folglich ist festzuhalten, dass die Beantwortung der Frage, ob die zusammengelegten Einheiten ihre Identität verlieren und damit eine kollektivrechtliche Fortgeltung von Betriebsvereinbarungen ausscheidet, erhebliche Probleme bereitet. Das Schicksal von Betriebsvereinbarungen in Bezug auf bereits beim aufnehmenden Rechtsträger beschäftigte Arbeitnehmer ist keinesfalls abschließend geklärt.

b) Beurteilung nach dem Kriterium „Gestaltungsaufgabe“

Bei Anwendung des Kriteriums „Gestaltungsaufgabe“ ist die normative Fortgeltung von Betriebsvereinbarungen nach einer Zusammenlegung betrieblicher Einheiten - im Gegensatz zur vorangegangenen Betrachtung nach dem Kriterium „Betriebsidentität“ - prinzipiell denkbar. Es ist auch in Zusammenlegungsfällen entscheidend darauf abzustellen, ob die Regelungsfunktion nach der Umstrukturierung fortbesteht. Dies wird beispielsweise bei einer Betriebsvereinbarung zur Urlaubsplanung[535] regelmäßig der Fall sein. Im Rahmen derartiger Betriebsvereinbarungen kann u.a. geregelt werden, dass bereits erteilter Urlaub nur

---

[531] Vgl. Kreßel, DB 1989, S. 1623, 1625.
[532] Ähnlich BAG vom 16.6.1987, DB 1987, S. 1842 ff. unter B.II.1. der Gründe.
[533] Vgl. Richardi-Richardi, BetrVG, 9. Auflage, § 77, Rn. 215; Semler/Stengel-Simon, UmwG, § 131, Rn. 22; Müller, RdA 1996, S. 287, 290; Hohenstatt/Günther-Gräff, DStR 2001, S. 1980, 1983.
[534] Vgl. hierzu HSWG-Worzalla, BetrVG, § 77, Rn. 231.
[535] Siehe hierzu den Formulierungsvorschlag bei Eichhorn/Hickler/Steinmann, Handbuch Betriebsvereinbarung, S. 182.

mit Zustimmung des Betriebsrats widerrufen werden darf. Wichtig ist, das die Anwendung dieser Regelung - bezogen auf den Personenkreis, für die sie bisher schon galt - ohne weiteres auch im neu entstandenen Betrieb möglich ist. Die Regelungsfunktion entfällt erst dann, wenn für den neu entstandenen Betrieb vergleichbare Regelungen geschaffen werden.

c) Verhältnis zu beim Erwerber bereits bestehenden Kollektivnormen

Obige Ausführungen[536] zum einfachen Betriebsübergang, Betriebsteilübergang mit Fortführung als selbständiger Betrieb und zur Eingliederung gelten bei der Zusammenlegung eines übergegangenen Betriebs/Betriebsteils mit einem beim Erwerber vorhandenen Betrieb/Betriebsteil entsprechend. Es wurde herausgearbeitet, dass Betriebsvereinbarungen ungeachtet der beim Erwerber bestehenden Kollektivnormen mit vergleichbarem Regelungsgegenstand fortgelten, wenn der ursprünglich definierte betriebliche Geltungsbereich der Betriebsvereinbarung durch den Betriebs(-teil)übergang nicht tangiert wird, mithin „identifizierbar" ist. Eine „Identifizierbarkeit" ist dagegen zu verneinen, wenn der ursprüngliche betriebliche Geltungsbereich der Betriebsvereinbarung im Zuge des Betriebs(-teil)übergangs verloren geht.

Bei den hier betrachteten Zusammenlegungsfällen sind drei Fallgestaltungen zu unterscheiden: Kommt es 1. zu einer Betriebsaufspaltung, geht sodann 2. ein daraus hervorgegangener Betriebsteil gemäß § 613a BGB über und wird 3. mit einem Betrieb (-steil) des Erwerbers zusammengelegt, besteht der ursprüngliche betriebliche Geltungsbereich einer beim Veräußerer abgeschlossenen Betriebsvereinbarung nicht fort. In diesem Fall ist der ursprüngliche betriebliche Geltungsbereich der Betriebsvereinbarung nicht mehr „identifizierbar". Die beim Erwerber bestehenden Betriebs-, Gesamt- bzw. Konzernbetriebsvereinbarungen gehen folglich vor.

Das gleiche Ergebnis ergibt sich, wenn 1. ein Betrieb oder ein gemäß § 4 Abs. 1 BetrVG als selbständiger Betrieb anzusehender Betriebsteil übergeht, 2. mit einem Betrieb (-steil) des Erwerbers zusammengelegt wird und 3. nicht (mehr) die Voraussetzungen des § 4 Abs. 1 BetrVG erfüllt. In diesem Fall geht der ursprüngliche betriebliche Geltungsbereich der Betriebsvereinbarung verloren, d.h. er ist nicht mehr „identifizierbar". Die bei dem Erwerber bestehenden Betriebs-, Gesamt- bzw. Konzernbetriebsvereinbarungen verdrängen dementsprechend die beim Veräußerer abgeschlossene Betriebsvereinbarung.

Eine andere Betrachtung folgt jedoch dann, wenn 1. ein Betrieb oder ein gemäß § 4 Abs. 1 BetrVG als Betrieb anzusehender Betriebsteil übergeht und in diesem schon vor dem Betriebsteilübergang ein eigener Betriebsrat gewählt wurde, 2.

---

[536] Siehe oben 4. Teil, A.III.1.c)bb).

die übergehende Einheit mit einem Betrieb (-steil) des Erwerbers zusammengelegt wird und 3. danach die übergehende Einheit als selbständiger Betrieb im Sinne des § 4 Abs. 1 BetrVG anzusehen ist. In diesem Fall wird der ursprüngliche betriebliche Geltungsbereich einer beim Veräußerer abgeschlossenen Betriebsvereinbarung durch die Zusammenlegung nicht berührt. Der ursprüngliche betriebliche Geltungsbereich der Betriebsvereinbarung ist weiter „identifizierbar". Dementsprechend gelten die Betriebsvereinbarungen ungeachtet der beim Erwerber bereits existierenden Betriebs-, Gesamt- und Konzernbetriebsvereinbarungen kollektivrechtlich fort. Nun ist es Aufgabe der Betriebsparteien, im Bedarfsfalle mit den ihnen zur Verfügung stehenden Gestaltungsmitteln – Ablösung, Aufhebung oder Kündigung - eine Harmonisierung der parallel geltenden Kollektivnormen mit vergleichbarem Regelungsgegenstand herbeizuführen. Dabei sind insbesondere im Hinblick auf eine betriebliche Altersversorgung Vertrauensschutzgesichtspunkte zu berücksichtigen.

5. Gründung eines Gemeinschaftsbetriebs

a) Beurteilung nach dem Kriterium „Betriebsidentität"

aa) Ausgangspunkt

Die vorangegangenen Einzelfallbetrachtungen haben gezeigt, dass nach herrschender Auffassung der Verlust der Betriebsidentität in einem abgespaltenen und übertragenen Betriebsteil der normativen Fortgeltung von Betriebsvereinbarungen grundsätzlich entgegensteht. Eine Ausnahme hiervon kommt jedoch dann in Betracht, wenn nach einem Betriebsteilübergang die betriebliche Einheit unangetastet bleibt und nunmehr als gemeinsamer Betrieb mehrerer Unternehmen im Sinne des § 1 Abs. 1 Satz 2, Abs. 2 Nr. 2 BetrVG fortgeführt wird. Die Gründung eines Gemeinschaftsbetriebs kann beispielsweise dann sinnvoll sein, wenn eine Betriebsspaltung nur aus steuerlichen Gründen vollzogen, zugleich aber der Vorteil einer eingespielten arbeitstechnischen Einheit weiterhin genutzt werden soll[537].

bb) Voraussetzungen für die Bildung eines Gemeinschaftsbetriebs

Die Rechtsfigur des Gemeinschaftsbetriebs[538] ist vom BAG in ständiger Rechtsprechung[539] anerkannt. Hierauf aufbauend ist der gemeinsame Betrieb erstmals

---

[537] Vgl. Bonanni, Der gemeinsame Betrieb mehrerer Unternehmen, S. 4 ff.

[538] Vgl. Däubler, FS Zeuner, S. 19 ff.; WHSS-Hohenstatt, Umstrukturierung und Übertragung von Unternehmen, D 18 ff.

[539] Siehe BAG vom 23.03.1984, AP Nr. 4 zu § 23 KSchG 1969; BAG vom 13.06.1985, NZA 1986, S. 600, 601; BAG vom 07.08.1986, AP Nr. 5 zu § 1 BetrVG 1972; BAG vom 14.09.1988, AP Nr. 9 zu § 1 BetrVG 1972; BAG vom 18.01.1990, AP Nr. 9 zu § 23 KSchG

in § 322 UmwG a.F. mit Wirkung zum 1. Januar 1995[540] gesetzlich normiert worden. Durch das Betriebsverfassungsreformgesetz 2001 wurde diese Vorschrift mittlerweile aufgehoben und durch die allgemeine Regelung in § 1 Abs. 1 Satz 2, Abs. 2 BetrVG ersetzt.

Gemäß § 1 Abs. 2 Nr. 2 BetrVG wird ein gemeinsamer Betrieb vermutet, wenn die Spaltung eines Unternehmens zur Folge hat, dass von einem Betrieb ein oder mehrere Betriebsteile einem an der Spaltung beteiligten anderen Unternehmen zugeordnet werden, ohne dass sich dabei die Organisation des betroffenen Betriebs wesentlich ändert. Die Vermutung ist ausweislich der Begründung des Regierungsentwurfs widerlegbar[541]. Hierfür müssen die beteiligten Unternehmen nachweisen, dass nach einem Betriebsteilübergang keine gemeinsame Leitung der organisatorischen Einheit in den wichtigen Aufgaben eines Arbeitgebers, beispielsweise beim Einsatz der Arbeitnehmer und sozialen Angelegenheiten, mehr besteht[542]. Dabei ist es aber nicht ausreichend, auf eine Vereinbarung zu verweisen, wonach eine gemeinsame Führung nicht stattfindet[543]. Eine solche „protestatio facto contraria" kann die Vermutungswirkung des § 1 Abs. 2 Nr. 2 BetrVG folglich nicht erschüttern, wenn Tatsachen für die Annahme eines gemeinsamen Betriebs sprechen.

Indes ändern die Vermutungstatbestände gemäß § 1 Abs. 2 BetrVG nichts daran, dass es für die positive Feststellung bzw. die Widerlegung der Vermutung eines gemeinsamen Betriebs allein auf die vom BAG entwickelten Kriterien ankommt. Eine Definition des Gemeinschaftsbetriebs enthält das BetrVG nach wie vor nicht. Zu prüfen ist daher, ob neben der Verfolgung eines arbeitstechnischen Zwecks innerhalb einer organisatorischen Einheit unter einem einheitlichen Leitungsapparat, durch den die Arbeitgeberfunktion im Bereich des Personal- und Sozialwesens ausgeübt wird, eine rechtliche – u.U. auch konkludent zustande gekommene – Vereinbarung über die gemeinsame Leitung des Betriebs besteht[544].

1969; 24.01.1996, AP Nr. 8 zu § 1 BetrVG Gemeinsamer Betrieb; BAG vom 21.02.2001, n.v., 7 ABR 9/00 (juris).

[540] Siehe BGBl. I, S. 3210.

[541] Siehe BT-Drs. 14/5741, S. 33; ebenso FESTL, BetrVG, § 1, Rn. 87; Löwisch/Kaiser, BetrVG, § 1, Rn. 29; DKK-Trümner, BetrVG, § 1, Rn. 95.

[542] Vgl. Rieble, FS Wiese, S. 453, 476; ErfKom-Eisemann, § 1 BetrVG, Rn. 15; Boecken, Unternehmensumwandlungen, Rn. 391; Bauer/Lingemann, NZA 1994, S. 1057, 1060; Kreßel, BB 1995, S. 925, 927.

[543] Vgl. DKK-Trümner, BetrVG, § 1, Rn. 95; FESTL, BetrVG, § 1, Rn. 87; Däubler, FS Zeuner, S. 19, 22.

[544] Siehe BAG vom 21.02.2001, n.v., 7 ABR 9/00 (juris); Gaul, Arbeitsrecht der Betriebs- und Unternehmensspaltung, § 25, Rn. 61 ff.; Bachner, NJW 1995, S. 2881, 2885; Mengel, Umwandlungen, S. 275 ff., 308 ff.

cc) Rechtsfolgen/Zwischenergebnis

Wird der Betrieb danach von beteiligten Unternehmen nach dem Betriebsteilübergang als gemeinsamer Betrieb fortgeführt, ohne dass sich an der Organisation des bisherigen Betriebs etwas ändert, hat dies regelmäßig keine Auswirkungen auf die Betriebsidentität. Dementsprechend gelten auch die Betriebsvereinbarungen kollektivrechtlich fort[545]. Trotz des auf einen Betriebsteil bezogenen Inhaberwechsels kommt also § 613a Abs. 1 Satz 2 BGB nicht zur Anwendung, da es dieser Auffanglösung ebenso wie bei der Übertragung ganzer Betriebe bei Fortbestehen der Betriebsidentität nicht bedarf.

Ausnahmsweise kann bei unternehmensspezifischen Regelungen trotz Beibehaltung der Betriebsidentität aber eine andere Betrachtung geboten sein. Die diesbezüglichen Ausführungen[546] zum Übergang eines Betriebs als Ganzes gelten bei Gründung eines Gemeinschaftsbetriebs entsprechend.

dd) Abgrenzung zur Auflösung eines Gemeinschaftsbetriebs / Einordnung der BAG-Entscheidung vom 19. November 2003

Von der Gründung eines Gemeinschaftsbetriebs mehrerer Unternehmen infolge eines Betriebsteilübergangs ist der entgegengesetzte Fall, die Auflösung eines gemeinsamen Betriebs zu unterscheiden. Der 7. Senat hatte sich in seinem Urteil vom 19. November 2003[547] mit den betriebsverfassungsrechtlichen Folgen dieser Konstellation, insbesondere der Frage des Fortbestands der Betriebsidentität, zu befassen.

Der Entscheidung lag im Wesentlichen folgender Sachverhalt zugrunde: Zwischen der I-KG mit 26 Arbeitnehmern und der A-OHG mit 260 Arbeitnehmern bestand ein Gemeinschaftsbetrieb. Nach Eröffnung des Insolvenzverfahrens über das Vermögen der A-OHG stellte diese ihren Geschäftsbetrieb unter Beendigung sämtlicher Arbeitsverhältnisse ein, so dass der Betrieb nunmehr nur noch mit den vergleichsweise wenigen Arbeitnehmern der I-KG fortgeführt wurde.

---

[545] Vgl. Kittner/Zwanziger-Bachner, Arbeitsrecht für die Praxis, § 116, Rn. 6; HWK-Gaul, Arbeitsrecht Kommentar, § 77 BetrVG, Rn. 70; WHSS-Hohenstatt, Umstrukturierung und Übertragung von Unternehmen, E 16; Hohenstatt/Günther-Gräff, DStR 2001, S. 1980, 1981; HSWG-Worzalla, BetrVG, § 77, Rn. 226; Rieble, FS Wiese, S. 453, 469; Düwell, NZA 1996, S. 393, 398; Müller, RdA 1996, S. 287, 291; Picot/Schnitker, Arbeitsrecht bei Unternehmenskauf, Teil I, Rn. 251; Gussen/Dauck, Weitergeltung, Rn. 331; Silberberger, Veränderungsprozesse, S. 62; Haag, Umstrukturierung und Betriebsverfassung, S. 142.

[546] Siehe oben 4. Teil, A.III.1.a).

[547] Siehe NZA 2004, S. 435 ff.; zum Fortbestand des Betriebsrats im Gemeinschaftsbetrieb bereits BAG vom 31.05.2000, AP Nr. 12 zu § 1 BetrVG 1972 Gemeinsamer Betrieb.

In den Entscheidungsgründen[548] differenziert das BAG zwischen der Auflösung und der Spaltung eines gemeinsamen Betriebs. Bei der Auflösung eines Gemeinschaftsbetriebs, die einer Betriebsteilstilllegung oder einer Betriebseinschränkung gleichzusetzen sei, bleibe die Betriebsidentität unabhängig von der Zahl der ausscheidenden Mitarbeiter erhalten. Zur Begründung bezieht sich das Gericht auf § 13 Abs. 2 Nr. 1 BetrVG, wonach ein neuer Betriebsrat zu wählen ist, wenn die Stilllegung des Betriebsteils oder die Betriebseinschränkung dazu führt, dass sich die Belegschaftsstärke wesentlich, d.h. um die Hälfte, mindestens aber um 50 Arbeitnehmer reduziert. Von einem Verlust der Betriebsidentität sei dagegen auszugehen, wenn es zu organisatorischen Änderungen infolge einer Spaltung[549] des gemeinsamen Betriebs komme. Eine Spaltung läge demnach dann vor, wenn die A-OHG ihre Betriebsorganisation nicht stillgelegt, sondern unabhängig vom bisherigen Kooperationspartner I-KG fortgeführt hätte.

Wendet man diese Rechtsprechung nun auf den Fortbestand von Betriebsvereinbarungen an, gelangt man konsequenterweise zu dem Ergebnis, dass bei Auflösung eines Gemeinschaftsbetriebs und Beibehaltung der Betriebsidentität Betriebsvereinbarungen für die verbleibenden Arbeitnehmer stets normativ fortgelten. Bemerkenswert hieran ist, dass dies nach Ansicht des BAG selbst dann gelten soll, wenn wie im Beispielsfall die Zahl der Arbeitnehmer auf unter 10% der Ursprungsbelegschaft absinkt.

Ob dieser Restbetrieb noch als „identisch" mit der ursprünglichen Organisation angesehen werden kann, begegnet jedoch erheblichen Zweifeln[550]. Zwar ist nachvollziehbar und zutreffend, dass nicht jede noch so geringfügige Betriebsteilstilllegung oder Betriebseinschränkung Einfluss auf die Betriebsidentität haben kann. Andernfalls wäre nämlich die Möglichkeit der kollektivrechtlichen Fortgeltung von Betriebsvereinbarungen auf ein Minimum reduziert oder liefe sogar gänzlich leer. Allerdings erscheint es erwägenswert, diese schier uferlose Rechtsprechung des BAG zur Betriebsidentität durch die Entwicklung von Hilfskriterien einzuschränken. Hier bietet sich an, dann von einem Verlust der Betriebsidentität auszugehen, wenn der Schwellenwert des § 13 Abs. 2 Nr. 1 BetrVG erreicht ist[551].

b) Beurteilung nach dem Kriterium „Gestaltungsaufgabe"

Bei Gründung eines Gemeinschaftsbetriebs führt die Anwendung des Kriteriums „Gestaltungsaufgabe" zu einem vergleichbaren Ergebnis wie das Merkmal „Betriebsidentität". Bleibt die betriebliche Einheit unverändert bestehen, behalten

[548] Siehe unter I. 2. a) der Gründe.
[549] Siehe hierzu BAG vom 23.11.1988, AP Nr. 77 zu § 613a BGB.
[550] Ebenso Annuß/Hohenstatt, NZA 2004, S. 420, 421.
[551] Ebenso Rieble/Gutzeit, NZA 2003, S. 233, 234.

auch die Betriebsvereinbarungen des in rechtlicher Hinsicht nunmehr gespaltenen Betriebs ihre Regelungsfunktion[552]. Die Betriebsvereinbarungen gelten kollektivrechtlich fort.

c) Verhältnis zu beim Erwerber bereits bestehenden Kollektivnormen

Obige Ausführungen[553] zum einfachen Betriebsübergang, zu Betriebsteilübergang mit Fortführung als selbständiger Betrieb sowie zu Eingliederungs- und Zusammenlegungsfällen gelten bei der Gründung eines Gemeinschaftsbetriebs entsprechend. Es wurde herausgearbeitet, dass Betriebsvereinbarungen ungeachtet der beim Erwerber bestehenden Kollektivnormen fortgelten, wenn der ursprünglich definierte betriebliche Geltungsbereich der Betriebsvereinbarung durch den Betriebs(-teil)übergang nicht tangiert wird, mithin „identifizierbar“ ist. Eine „Identifizierbarkeit“ ist dagegen zu verneinen, wenn der ursprüngliche betriebliche Geltungsbereich der Betriebsvereinbarung im Zuge des Betriebsübergangs verloren geht.

Durch einen sich auf rechtlicher Ebene abspielenden Betriebsteilübergang wird der ursprüngliche betriebliche Geltungsbereich einer beim Veräußerer abgeschlossenen Betriebsvereinbarung nicht berührt. Der ursprüngliche betriebliche Geltungsbereich der Betriebsvereinbarung ist weiter „identifizierbar“. Dementsprechend gelten die Betriebsvereinbarungen ungeachtet der beim Erwerber des Betriebsteils bereits existierenden Gesamt- bzw. Konzernbetriebsvereinbarungen kollektivrechtlich fort. Nun ist es Aufgabe der Betriebsparteien, im Bedarfsfalle mit den ihnen zur Verfügung stehenden Gestaltungsmitteln – Ablösung, Aufhebung oder Kündigung - eine Harmonisierung der parallel geltenden Kollektivnormen mit vergleichbarem Regelungsgegenstand herbeizuführen. Dabei sind insbesondere im Hinblick auf eine betriebliche Altersversorgung Vertrauensschutzgesichtspunkte zu berücksichtigen.

B. Fortgeltung von Einzelbetriebsvereinbarungen bei unternehmensinternen Umstrukturierungen

I. Ausgangspunkt

Im vierten Teil der Arbeit wurde zunächst unter A. die Frage der Fortgeltung von Betriebsvereinbarungen bei Betriebsübergängen gemäß § 613a BGB thematisiert. Der nun folgende Abschnitt B. bezieht sich auf die Fortgeltung von Betriebsvereinbarungen bei unternehmensinternen Umstrukturierungen.

---

[552] Vgl. GK-Kreutz, BetrVG, § 77, Rn. 387.
[553] Siehe oben 4. Teil, A.III.1.c)bb).

Die bislang nicht abschließend geklärten Auswirkungen von Betriebsübergängen gemäß § 613a BGB auf Betriebsvereinbarungen nehmen wie gezeigt in der wissenschaftlichen Diskussion einen erheblichen Raum ein. Wesentlich zurückhaltender wird dagegen der Frage nachgegangen, welche Folgen unternehmensinterne Umstrukturierungen auf Betriebsvereinbarungen haben. Eine gesetzliche Regelung sucht man im deutschen Recht diesbezüglich vergebens[554]. Eine direkte Anwendung der Auffangregelung des § 613a Abs. 1 Satz 2 BGB, der eine Transformation in Individualrecht anordnet, scheidet mangels Rechtsträgerwechsels von vornherein aus. § 21a BetrVG bezieht sich zwar auch auf unternehmensinterne Umstrukturierungen, enthält jedoch nach dem Wortlaut keine Regelung zur Fortgeltung von Betriebsvereinbarungen.

Im Folgenden wird zunächst wird unter II. auf den Lösungsansatz der herrschenden Meinung eingegangen. Hieran schließt sich unter III. eine Darstellung alternativer Lösungsansätze an. Im Rahmen einer Einzelfallbetrachtung unter IV. werden die Lösungsansätze sodann auf Anwendungsschwierigkeiten und Folgeprobleme untersucht.

II. Lösungsansatz der herrschenden Meinung

1. Kollektivrechtliche Fortgeltung bei Wahrung der Betriebsidentität

Die überwiegende Auffassung[555] stellt bei der Frage nach den Auswirkungen unternehmensinterner Umstrukturierungen auf Betriebsvereinbarungen ebenso wie bei Betriebsübergängen gemäß § 613a BGB auf das Kriterium der Betriebsidentität ab. Umstrukturierungen, die die Identität des Betriebs unangetastet lassen, führen demnach nicht zu einer Beseitigung bestehender Betriebsvereinbarungen.

---

[554] Anders im österreichischen Recht, vgl. Grillberger, in: Tomandl, Betriebs(teil)übergang im Arbeitsrecht, S. 27 ff.: § 31 Abs. 4-7 ArbVG regelt die Fortgeltung von Betriebsvereinbarungen bei Umstrukturierungen. Gemäß § 31 Abs. 5 ArbVG gelten Betriebsvereinbarungen bei Betriebsspaltungen in den anschließend eigenständigen Betrieben als Normenordnung fort. Im Fall eines Betriebs(-teil)zusammenschlusses kann es gemäß § 31 Abs. 6 ArbVG zu einer parallelen Geltung mehrerer Betriebsvereinbarungen kommen. Bei Eingliederungen wird gemäß § 31 Abs. 7 Satz 1 ArbVG grundsätzlich den Betriebsvereinbarungen der aufnehmenden Betriebseinheit der Vorrang eingeräumt. Kommt es wegen Fehlens einer entsprechenden Betriebsvereinbarung nicht zur Normenkollision, gelten die Betriebsvereinbarungen des aufgenommenen Betriebs(-teils) dagegen fort.

[555] Vgl. WHSS-Hohenstatt, Umstrukturierung und Übertragung von Unternehmen, E 68; HWK-Gaul, Arbeitsrecht Kommentar, § 77 BetrVG, Rn. 83; Richardi-Richardi, BetrVG, § 77, Rn. 197; Gaul, Arbeitsrecht der Betriebs- und Unternehmensspaltung, § 25, Rn. 173 ff.; HSWG-Worzalla, BetrVG, § 77, Rn. 227; Haag, Umstrukturierung und Betriebsverfassung, S. 83, 86, 91, 94, 96; Kreßel, DB 1989, S. 1623, 1625; Buchner, GmbHR 1997, S. 377, 383; D. Gaul, NZA 1986, S. 628, 631; Brune, AR-Blattei SD 520, Rn. 409; Schiefer, RdA 1994, S. 83, 85.

2. Verlust der Betriebsidentität / Lösungsvorschläge

Verliert der Betrieb dagegen seine Identität, besteht innerhalb der auf die Betriebsidentität abstellenden Meinungsgruppe zunächst Einigkeit, dass die kollektivrechtliche Geltung enden soll[556]. Umstritten ist jedoch, ob überhaupt bzw. in welcher Form die Regelungen einer Betriebsvereinbarungen auch nach einer identitätsverändernden unternehmensinternen Umstrukturierung noch anzuwenden sind.

Teilweise wird vertreten, mit einer identitätsverändernden unternehmensinternen Umstrukturierung entfielen die Regelungen einer Betriebsvereinbarung ersatzlos[557]. Verliere ein Betrieb seine Identität, müsse die „Sinnhaftigkeit" bisher bestehender Betriebsvereinbarungen von den neuen Betriebspartnern gänzlich neu beurteilt werden[558].

Nach anderer Auffassung[559] ist § 613a Abs. 1 Satz 2 BGB auf unternehmensinterne Umstrukturierungen entsprechend anzuwenden. Es stelle einen nicht hinnehmbaren Wertungswiderspruch dar, wenn einerseits „sogar" bei einem Wechsel des Betriebsinhabers eine individualrechtliche Transformation gemäß § 613a Abs. 1 Satz 2 BGB angeordnet werde, soweit beim Betriebserwerber nicht hinsichtlich des betreffenden Gegenstands eine eigene Betriebsvereinbarung gelte, andererseits jedoch durch unternehmensinterne Umstrukturierungen sämtliche Betriebsvereinbarungen außer Kraft gesetzt werden könnten[560].

Um die betroffenen Arbeitnehmer nicht völlig schutzlos zu stellen, wird auch eine Nachwirkung der betreffenden Betriebsvereinbarungen befürwortet[561].

---

[556] Vgl. WHSS-Hohenstatt, Umstrukturierung und Übertragung von Unternehmen, E 68; HWK-Gaul, Arbeitsrecht Kommentar, § 77 BetrVG, Rn. 83; Richardi-Richardi, BetrVG, § 77, Rn. 197; Gaul, Arbeitsrecht der Betriebs- und Unternehmensspaltung, § 25, Rn. 173 ff.

[557] Vgl. HSWG-Worzalla, BetrVG, § 77, Rn. 227; Gussen/Dauck, Weitergeltung, Rn. 291 f.; Haag, Umstrukturierung und Betriebsverfassung, S. 83, 86, 91, 94, 96; Brune, AR-Blattei SD 520, Rn. 409; Kreßel, DB 1989, S. 1623, 1625; einschränkend D. Gaul, NZA 1986, S. 628, 631 für den Fall, dass im neuen Betrieb kein Betriebsrat gewählt wird.

[558] Vgl. HSWG-Worzalla, BetrVG, § 77, Rn. 227.

[559] Vgl. WHSS-Hohenstatt, Umstrukturierung und Übertragung von Unternehmen, E 68; Hanau, RdA 1989, S. 207, 210; Erman-Edenfeld, BGB, § 613a, Rn. 76; Düwell, NZA 1996, S. 393, 396; Gaul, Arbeitsrecht der Betriebs- und Unternehmensspaltung, § 25, Rn. 182; HWK-Gaul, Arbeitsrecht Kommentar, § 77 BetrVG, Rn. 83; ähnlich Mengel, Umwandlungen, FN 799, die bei Betriebsspaltungen eine analoge Anwendung von § 613a Abs. 1 Satz 2-4 BGB für erwägenswert hält.

[560] Vgl. WHSS-Hohenstatt, Umstrukturierung und Übertragung von Unternehmen, E 68.

[561] Vgl. Richardi-Richardi, BetrVG, 9. Auflage, § 77, Rn. 215 ff.; zurückhaltend Rieble, NZA 2002, S. 233, 241 sowie Sonderbeilage zu NZA Heft 16/2003, S. 62, 67, der ergänzend zur Diskussion um die normative Fortgeltung von Betriebsvereinbarungen eine Nachwirkung gemäß § 77 Abs. 6 BetrVG für bedenkenswert hält.

III. Alternative Lösungsansätze

Demgegenüber lehnen Teile der Literatur[562] das Kriterium „Wahrung der Betriebsidentität“ für die Frage der Fortgeltung von Betriebsvereinbarungen bei unternehmensinternen Umstrukturierungen ab und vertreten – teilweise übereinstimmende - alternative Lösungsansätze.

1. Kollektivrechtliche Fortgeltung / Einschränkung bei rechtlicher oder tatsächlicher Unmöglichkeit

Nach einer Ansicht[563] sollen Betriebsvereinbarungen nach unternehmensinternen Umstrukturierungen grundsätzlich kollektivrechtlich fortgelten. Es seien keine Gründe ersichtlich, die dafür sprächen, dass bei der Erhaltung bestimmter Organisationseinheiten auch nach der Umstrukturierung Betriebsvereinbarungen weitergelten sollen, während bei der vollständigen Auflösung der bisherigen Betriebsstrukturen, d.h. des Verlusts der Betriebsidentität, kollektivrechtliche Ansprüche gänzlich beseitigt werden sollen[564]. Da bei unternehmensinternen Umstrukturierungen eine Veränderung auf der betrieblichen Ebene allein durch die nach Abschluss einer Betriebsvereinbarung getroffene Organisationsentscheidung eintrete, der Arbeitgeber die Ursache für die Veränderung auf der Tatsachenebene also selbst setze, bestehe keine Veranlassung, von einer grundsätzlichen Beendigung der Gestaltungswirkung einer Betriebsvereinbarung mit Untergang des Betriebs/Betriebsteils auszugehen[565]. Die kollektivrechtliche Fortgeltung von Betriebsvereinbarungen sei erforderlich, um die Arbeitnehmer vor nicht kontrollierbaren Organisationsentscheidungen des Arbeitgebers zu schützen[566]. Ausnahmsweise sei die normative Fortgeltung aber ausgeschlossen, wenn die Erfüllung der Gestaltungsfunktion einer Betriebsvereinbarung als Folge der neugeschaffenen Betriebsorganisation rechtlich oder tatsächlich unmöglich werde[567]. Rechtlich unmöglich sei die Erfüllung von Leistungspflichten, die sich aus einer Betriebsvereinbarung ergeben, dann, wenn ein Betrieb bzw. Betriebsteil in einen anderen Betrieb eingegliedert werde, in dem es schon eine Be-

---

[562] Vgl. BKMT-Bachner, Handbuch Arbeitsrecht bei Unternehmensumwandlung und Betriebsübergang, D 145 ff.; Bachner, NZA 1997, S. 79 ff.; Kreutz, FS Wiese, S. 235, 247; Kreutz, GS Sonnenschein, S. 829, 835; GK-Kreutz, BetrVG, § 77, Rn. 376 ff.; DKK-Berg, BetrVG, § 77, Rn. 47a ff.; FESTL, BetrVG, § 77, Rn. 161; MünchArbR-Matthes, § 328, Rn. 47 f.; Otto, Schicksal von Betriebsvereinbarungen bei Betriebsuntergang, S. 110; Berg, Unternehmensinterne Umstrukturierungen, S. 127.

[563] Vgl. BKMT-Bachner, Handbuch Arbeitsrecht bei Unternehmensumwandlung und Betriebsübergang, D 145 ff.; Bachner, NZA 1997, S. 79 ff.

[564] Vgl. BKMT-Bachner, Handbuch Arbeitsrecht bei Unternehmensumwandlung und Betriebsübergang, D 145.

[565] Vgl. Bachner, NZA 1997, S. 79, 81.

[566] Vgl. BKMT-Bachner, Handbuch Arbeitsrecht bei Unternehmensumwandlung und Betriebsübergang, D 149.

[567] Vgl. Bachner, NZA 1997, S. 79, 81.

triebsvereinbarung zu demselben Regelungsgegenstand gebe[568]. Tatsächliche Unmöglichkeit liege vor, wenn der konkrete Betriebsablauf und die tatsächliche betriebliche Organisation der weiteren Durchführung einer Betriebsvereinbarung entgegenstehe[569].

2. Gestaltungsaufgabe

Im Gleichklang mit der von ihm vertretenen Ansicht zur Fortgeltung von Betriebsvereinbarungen bei Betriebsübergängen stellt *Kreutz*[570] auch bei unternehmensinternen Umstrukturierungen entscheidend auf die Aufrechterhaltung der Gestaltungsaufgabe ab[571]. Das Kriterium „Betriebsidentität" sei bei Betriebsumstrukturierungen im Unternehmen zur stimmigen Abgrenzung ebenfalls nicht tragfähig, da derartige Vorgänge stets mit dem Verlust der Identität der betroffenen Betriebe verbunden seien[572]. Hiernach ist also bei unternehmensinternen Umstrukturierungen davon auszugehen, dass nicht schon der Untergang des Betriebs als solcher zur Beendigung der kollektivrechtlichen Geltung einer Betriebsvereinbarung führt, sondern erst dann eintritt, wenn der Regelungsinhalt infolge der Organisationsänderung gegenstandslos wird.

IV. Einzelfallbetrachtung / Aufzeigen von Anwendungsschwierigkeiten und Folgeproblemen

1. Betriebsspaltung / Entstehung selbständiger Betriebe

a) Beurteilung nach dem Kriterium „Betriebsidentität"

Bei der Beurteilung nach dem Kriterium „Betriebsidentität" ist bei einer Betriebsspaltung zunächst die Frage zu beantworten, ob nur die Abspaltung eines Betriebsteils oder aber die Aufspaltung eines Betriebs vorliegt[573]. Bei einer Abspaltung behält der bisherige Betrieb seine Identität bei und es entsteht bei selbständiger Weiterführung des abgespaltenen Betriebsteils zusätzlich ein neuer

---

[568] Vgl. BKMT-Bachner, Handbuch Arbeitsrecht bei Unternehmensumwandlung und Betriebsübergang, D 153.

[569] Vgl. BKMT-Bachner, Handbuch Arbeitsrecht bei Unternehmensumwandlung und Betriebsübergang, D 158.

[570] Vgl. Kreutz, FS Wiese, S. 235, 247; Kreutz, GS Sonnenschein, S. 829, 835; GK-Kreutz, BetrVG, § 77, Rn. 376 ff.

[571] Ebenso DKK-Berg, BetrVG, § 77, Rn. 47a ff.; FESTL, BetrVG, § 77, Rn. 161; MünchArbR-Matthes, § 328, Rn. 47 f.; Otto, Schicksal von Betriebsvereinbarungen bei Betriebsuntergang, S. 110; Berg, Unternehmensinterne Umstrukturierungen, S. 127.

[572] Vgl. GK-Kreutz, BetrVG, § 77, Rn. 376; Kreutz, FS Wiese, S. 235, 241.

[573] Vgl. WHSS-Hohenstatt, Umstrukturierung und Übertragung von Unternehmen, E 68; HWK-Gaul, Arbeitsrecht Kommentar, § 77 BetrVG, Rn. 83, 71 ff.; Gaul, Arbeitsrecht der Betriebs- und Unternehmensspaltung, § 25, Rn. 173 ff.; HSWG-Worzalla, BetrVG, § 77, Rn. 227; Haag, Umstrukturierung und Betriebsverfassung, S. 91, 94.

Betrieb. Bei einer Aufspaltung geht dagegen die Identität des Ursprungsbetriebs verloren. Eine klare Abgrenzung, wann konkret eine Abspaltung ohne Identitätsverlust oder eine Aufspaltung mit Identitätsverlust gegeben ist, ist jedoch oftmals schwierig[574].

Nimmt man eine Abspaltung an, gelten die Betriebsvereinbarungen für den Ausgangsbetrieb kollektivrechtlich fort. Für die dort Beschäftigten ändert sich diesbezüglich nichts. Problematisch ist dagegen die Situation für die im abgetrennten und nun verselbständigten Betriebsteil beschäftigten Arbeitnehmer. Für diese Personengruppe ist fraglich, inwiefern die bisher für sie maßgeblichen Regelungsinhalte einer Betriebsvereinbarung auch weiterhin Bedeutung haben. Es ist eine Entscheidung erforderlich, ob die Betriebsvereinbarungen nach der Abspaltung ersatzlos entfallen, über eine analoge Anwendung des § 613a Abs. 1 Satz 2 BGB individualrechtlich fortgelten oder nachwirken.

Bei der Aufspaltung eines Betriebs endet die kollektivrechtliche Geltung von Betriebsvereinbarungen für alle Arbeitnehmer des Ursprungsbetriebs. Auch hier stellt sich die Folgefrage, ob die Betriebsvereinbarungen ersatzlos entfallen, individualrechtlich fortgelten oder nachwirken.

b) Beurteilung nach den alternativen Lösungsansätzen

aa) Kollektivrechtliche Fortgeltung / Einschränkung bei rechtlicher oder tatsächlicher Unmöglichkeit

Die soeben aufgezeigten Abgrenzungsschwierigkeiten bei Anwendung des Kriteriums „Betriebsidentität“ werden vermieden, wenn man ungeachtet der unternehmensinternen Umstrukturierung grundsätzlich eine normative Weitergeltung von Betriebsvereinbarungen befürwortet[575]. Danach bleibt die Gestaltungswirkung der Betriebsvereinbarungen des Ursprungsbetriebs ungeachtet der Differenzierung Auf-/Abspaltung bei jeder Betriebsspaltung für alle hieraus entstehenden Betriebe prinzipiell erhalten, sofern dies nicht rechtlich oder tatsächlich unmöglich ist.

Allerdings kann diese Ansicht zu weiteren Folgeproblemen führen, indem sie im Ergebnis über das Ziel des möglichst weitgreifenden Bestandsschutzes von Betriebsvereinbarungen „hinausschießt“. Als Beispiel ist hier eine gemäß § 87 Abs. 1 Nr. 3 BetrVG mitbestimmungspflichtige Betriebsvereinbarung über gleitende

[574] Siehe unten 4. Teil, C.I.1.b).
[575] Vgl. BKMT-Bachner, Handbuch Arbeitsrecht bei Unternehmensumwandlung und Betriebsübergang, D 145 ff.; Bachner, NZA 1997, S. 79 ff.

Arbeitszeit zu nennen[576]. In derartigen Kollektivvereinbarungen wird den Arbeitnehmern innerhalb gewisser Zeitspannen Entscheidungsfreiheit darüber zugebilligt, wann sie die Arbeit aufnehmen bzw. beenden. Um die dem einzelnen Arbeitnehmer zustehende Flexibilität mit einem ununterbrochenen und profitablen Geschäftsbetrieb zu vereinbaren, ist jedoch oftmals eine Mindestanzahl von anwesenden Mitarbeitern erforderlich. Es sind daher durchaus Konstellationen denkbar, in denen nach einer Betriebsspaltung die fortwährende Anwendung dieser Betriebsvereinbarung in den neu entstandenen Betrieben zu ernstlichen Schwierigkeiten führen kann.

Dies ist unter Umständen dann der Fall, wenn ein Ursprungsbetrieb mit 50 Arbeitnehmern in 10 neue Betriebe mit je 5 Arbeitnehmern aufgespalten wird. In einem der neu entstandenen Betriebe ist nun beispielsweise die Anwesenheit aller 5 Arbeitnehmer innerhalb eines bestimmten Zeitraums für einen wirtschaftlichen Geschäftsbetrieb zwingend erforderlich. Ein derartiges betriebliches Erfordernis steht einer normativen Fortgeltung der Gleitzeitregelung, die eine Abwesenheit – aus ökonomischer Sicht zu vieler – Arbeitnehmer in der für den Betriebsablauf äußerst wichtigen Zeitspanne erlaubt, nach dieser Ansicht aber nicht entgegen. Betriebswirtschaftliche Gründe führen allerdings noch nicht zu einer tatsächlichen Unmöglichkeit. Notfalls müsste der Geschäftsbetrieb hiernach also eingeschränkt oder sogar eingestellt werden. Somit ist festzuhalten, dass eine konsequente Anwendung dieses Lösungsansatzes selbst dort zu einer normativen Fortgeltung führen kann, wo dies den Interessen der Betriebsparteien an Wertschöpfung bzw. dem Erhalt von Arbeitsplätzen diametral zuwiderläuft.

bb) Gestaltungsaufgabe

Auch bei Anwendung des Kriteriums „Gestaltungsaufgabe“ ist eine Differenzierung zwischen Auf- und Abspaltung entbehrlich. Eine Betriebsspaltung führt stets zum Verlust der Betriebsidentität, da an die Stelle des bisherigen einheitlichen Leitungsapparats zwei Leitungsapparate treten[577]. Maßgebend für die normative Fortgeltung von Betriebsvereinbarungen ist jedoch hiernach, ob die Regelungen durch die Spaltung des Betriebs gegenstandslos werden oder nicht[578]. Besteht die Regelungsfunktion einer Betriebsvereinbarung in den neu geschaffenen organisatorischen Einheiten fort, ändert sich für die von der Betriebsspaltung betroffenen Arbeitnehmer nichts. Eine andere Betrachtung ist nur dann vorzunehmen, wenn sich die Regelungen einer Betriebsvereinbarung durch die

---

[576] Siehe hierzu den Formulierungsvorschlag bei Eichhorn/Hickler/Steinmann, Handbuch Betriebsvereinbarung, S. 151.

[577] Vgl. GK-Kreutz, BetrVG, § 77, Rn. 376; Kreutz, FS Wiese, S. 235, 239 f.

[578] Vgl. GK-Kreutz, BetrVG, § 77, Rn. 377; FESTL, BetrVG, § 77, Rn. 161, 165; DKK-Berg, BetrVG, § 77, Rn. 49a; MünchArbR-Matthes, § 328, Rn. 48.

neue Betriebsstruktur erledigen[579]. Wann dies der Fall ist, ist gegebenenfalls durch Auslegung zu ermitteln[580].

Zur Verdeutlichung ist auch bei diesem Lösungsansatz das bereits oben[581] zitierte Beispiel einer Betriebsvereinbarung über gleitende Arbeitszeit heranzuziehen. Besteht nach einer Betriebsspaltung aus Sicht eines verständigen Dritten weiterhin das Bedürfnis nach Anwendung einer derartigen Betriebsvereinbarung, gilt diese normativ fort. Diese Frage ist gegebenenfalls im Rahmen eines arbeitsgerichtlichen Beschlussverfahrens zu klären.

Es ist daher festzuhalten, dass das Kriterium „Gestaltungsaufgabe“ zwar oftmals zum selben Ergebnis führt wie die Ansicht „Kollektivrechtliche Fortgeltung“. Indes erlaubt das Kriterium „Gestaltungsaufgabe“ wie gezeigt eine sachgerechtere Handhabung von Ausnahmefällen.

c) Verhältnis zu anderen Kollektivnormen

Eine Betriebsspaltung ohne damit verbundenen Betriebsübergang gemäß § 613a BGB hat grundsätzlich keine Auswirkungen auf bestehende Tarifverträge sowie Gesamt- bzw. Konzernbetriebsvereinbarungen[582]. Diese gelten ungeachtet dieser unternehmensinternen Umstrukturierung kollektivrechtlich fort.

2. Eingliederung

a) Beurteilung nach dem Kriterium „Betriebsidentität“

Auf die mit dem Kriterium „Betriebsidentität“ verbundenen Abgrenzungsprobleme zwischen der Eingliederung und Zusammenlegung von Betrieben bzw. Betriebsteilen wurde bereits bei der Erörterung der Fortgeltung von Betriebsvereinbarungen bei Betriebsübergängen gemäß § 613a BGB eingegangen[583]. Dortige Ausführungen gelten bei unternehmensinternen Umstrukturierungen entsprechend. Liegt demnach eine Eingliederung vor, ist grundlegend danach zu differenzieren, ob beim aufnehmenden Betrieb eine entsprechende Betriebsvereinbarung besteht oder nicht.

Existiert eine derartige Betriebsvereinbarung, gilt diese für die bisher schon beim aufnehmenden Betrieb beschäftigten Arbeitnehmer unverändert kollektivrechtlich fort. Darüber hinaus soll sich diese Betriebsvereinbarung ungeachtet

---

[579] Vgl. Kreutz, FS Wiese, S. 235, 248.
[580] Vgl. Kreutz, FS Kraft, S. 323, 341.
[581] Siehe oben 4. Teil, B.IV.1.b)aa).
[582] Vgl. HWK-Gaul, Arbeitsrecht Kommentar, § 77 BetrVG, Rn. 83.
[583] Siehe oben 4. Teil, A.III.3.

vergleichbarer Betriebsvereinbarungen im Ursprungsbetrieb auch auf die Arbeitnehmer der aufgenommenen Einheit erstrecken[584]. Der Betriebsvereinbarung im aufnehmenden Betrieb kommt insofern ungeachtet der Günstigkeit der Regelungen verdrängende Wirkung zu[585].

Besteht dagegen keine entsprechende Betriebsvereinbarung im aufnehmenden Betrieb, ist fraglich, was für die Arbeitnehmer der aufgenommenen Einheit nun gilt. Eine kollektivrechtliche Fortgeltung von Betriebsvereinbarungen ihres Ursprungsbetriebs scheidet für diese Personengruppe wegen Verlusts der Betriebsidentität aus[586]. Wie bei der zuvor behandelten Betriebsspaltung ist daher eine Entscheidung erforderlich, ob die Betriebsvereinbarungen nach der Eingliederung ersatzlos entfallen, über eine analoge Anwendung des § 613a Abs. 1 Satz 2 BGB individualrechtlich fortgelten oder nachwirken.

b) Beurteilung nach den alternativen Lösungsansätzen

aa) Kollektivrechtliche Fortgeltung / Einschränkung bei rechtlicher oder tatsächlicher Unmöglichkeit

Die bei Anwendung des Kriteriums „Betriebsidentität" durchaus problematische Abgrenzung zwischen Eingliederung und Zusammenlegung wird umgangen, wenn man ungeachtet der unternehmensinternen Umstrukturierung grundsätzlich von einer normative Weitergeltung von Betriebsvereinbarungen ausgeht[587]. Existiert im aufnehmenden Betrieb bereits eine Betriebsvereinbarung zu demselben Regelungsgegenstand, kommt dieser verdrängende Wirkung zu[588]. Die Betriebsvereinbarungen gelten in diesem Fall aufgrund rechtlicher Unmöglichkeit ausnahmsweise nicht kollektivrechtlich fort.

---

584 Vgl. WHSS-Hohenstatt, Umstrukturierung und Übertragung von Unternehmen, E 71; HWK-Gaul, Arbeitsrecht Kommentar, § 77 BetrVG, Rn. 83, 75; Richardi-Richardi, BetrVG, § 77, Rn. 211; HSWG-Worzalla, BetrVG, § 77, Rn. 227; Haag, Umstrukturierung und Betriebsverfassung, S. 96.

585 Vgl. HWK-Gaul, Arbeitsrecht Kommentar, § 77 BetrVG, Rn. 83, 75; Richardi-Richardi, BetrVG, § 77, Rn. 211; HSWG-Worzalla, BetrVG, § 77, Rn. 227.

586 Siehe hierzu aber BAG vom 21.1.2003, NZA 2003, S. 1097 ff.: Der 1. Senat erwägt in diesem Beschluss unter II.2.a) der Gründe bei unternehmensinternen Eingliederungsfällen einen Fortbestand von Betriebsvereinbarungen für die eingegliederten Arbeitnehmer als „normative Teilordnung des aufnehmenden Betriebs". Die Frage brauchte indes nicht abschließend entschieden zu werden, da die Betriebsvereinbarung bereits wegen Verstoßes gegen § 77 Abs. 3 BetrVG unwirksam war.

587 Vgl. BKMT-Bachner, Handbuch Arbeitsrecht bei Unternehmensumwandlung und Betriebsübergang, D 145 ff.; Bachner, NZA 1997, S. 79 ff.

588 Vgl. BKMT-Bachner, Handbuch Arbeitsrecht bei Unternehmensumwandlung und Betriebsübergang, D 153.

Besteht eine derartige Betriebsvereinbarung dagegen nicht, werden die bisher für die aufgenommene Einheit geltenden Betriebsvereinbarungen – vorbehaltlich tatsächlicher Unmöglichkeit – Bestandteil der kollektiven Normenordnung des aufnehmenden Betriebs[589]. Die Betriebsvereinbarung gilt danach für die eingliederten Arbeitnehmer normativ fort. Die Frage, ob die Betriebsvereinbarungen nach der Eingliederung ersatzlos entfallen, individualrechtlich fortgelten oder nachwirken, stellt sich im Gegensatz zum Kriterium „Betriebsidentität" nicht. Die bei der Behandlung von Betriebsspaltungen bereits gegenüber dieser Auffassung formulierten Bedenken[590] bezüglich der Reichweite der kollektivrechtlichen Fortgeltung gelten hier entsprechend.

bb) Gestaltungsaufgabe

Bei Anwendung des Kriteriums „Gestaltungsaufgabe" ist zunächst ebenfalls entscheidend, ob im aufnehmenden Betrieb bereits eine Regelung vergleichbaren Inhalts existiert. Besteht bei Eingliederung in der aufnehmenden Einheit eine derartige Betriebsvereinbarung, soll diese gemäß § 77 Abs. 4 Satz 1 BetrVG für alle Arbeitnehmer des Betriebs gelten und die bisher für die aufgenommene Einheit geltende Betriebsvereinbarung verdrängen[591]. Die für den aufgenommenen Betrieb bzw. Betriebsteil geltenden Betriebsvereinbarungen verlieren mithin ihre Gestaltungsaufgabe.

Dagegen gibt es auch Konstellationen, in denen die Betriebsvereinbarung der aufgenommenen Einheit für die eingegliederten Arbeitnehmer normativ fortgilt[592]. Dies ist einmal dann der Fall, wenn die im aufnehmenden Betrieb bestehende Betriebsvereinbarung in ihrem persönlichen oder räumlichen Geltungsbereich beschränkt und eine Erstreckung auf die hinzugekommenen Arbeitnehmer aus diesem Grund nicht möglich ist. Die Gestaltungsaufgabe bleibt des Weiteren bei Betriebsvereinbarungen aufrechterhalten, die - wie beispielsweise Sozialpläne - gerade darauf angelegt sind, ungeachtet der Umstrukturierungsmaßnahme fortzubestehen. Schließlich gelten Betriebsvereinbarungen dann kollektivrechtlich fort, wenn es im aufnehmenden Betrieb überhaupt keine entsprechenden Betriebsvereinbarungen gibt.

---

[589] Vgl. Bachner, NZA 1997, S. 79, 81.
[590] Siehe oben 4. Teil, B.IV.1.
[591] Vgl. GK-Kreutz, BetrVG, § 77, Rn. 379; Kreutz, GS Sonnenschein, S. 829, 838; FESTL, BetrVG, § 77, Rn. 163; DKK-Berg, BetrVG, § 77, Rn. 48.
[592] Vgl. GK-Kreutz, BetrVG, § 77, Rn. 379; Kreutz, GS Sonnenschein, S. 829, 838; FESTL, BetrVG, § 77, Rn. 163; DKK-Berg, BetrVG, § 77, Rn. 48.

c) Verhältnis zu anderen Kollektivnormen

Obige Ausführungen[593] zur Betriebsspaltung gelten bei Eingliederungsfällen entsprechend. Danach bleibt die Anwendung von Tarifverträgen und Gesamt- bzw. Konzernbetriebsvereinbarungen regelmäßig unberührt. Zudem können bei Eingliederungsfällen kollektivrechtlich fortgeltende Betriebsvereinbarungen auf im aufnehmenden Betrieb bereits existierende Einzelbetriebsvereinbarungen mit vergleichbarem Regelungsinhalt treffen. Nach den alternativen Lösungsansätzen soll wie soeben gezeigt die Betriebsvereinbarung des aufnehmenden Betriebs prinzipiell vorrangig sein.

Im Rahmen der Untersuchung von Eingliederungsfällen bei Betriebsübergängen gemäß § 613a BGB[594] wurde zur Lösung des Kollisionsproblems auf das Kriterium „Identifizierbarkeit" abgestellt. Es wurde herausgearbeitet, dass Betriebsvereinbarungen fortgelten, wenn der ursprünglich definierte betriebliche Geltungsbereich der Betriebsvereinbarung durch den Betriebsübergang nicht tangiert wird, mithin „identifizierbar" ist. Eine „Identifizierbarkeit" ist dagegen zu verneinen, wenn der ursprüngliche betriebliche Geltungsbereich der Betriebsvereinbarung im Zuge des Betriebsübergangs verloren geht. Hieraus folgt, dass sich im Falle mangelnder Identifizierbarkeit der übergegangenen Einheit die im Betrieb des Erwerbers bereits geltende Betriebsvereinbarung nun auch auf die neu hinzugekommenen Arbeitnehmer erstreckt. Bei der Eingliederung eines übergegangenen Betriebs/Betriebsteils in einen beim Erwerber vorhandenen Betrieb/Betriebsteil besteht der ursprüngliche betriebliche Geltungsbereich einer beim Veräußerer abgeschlossenen Betriebsvereinbarung nicht fort. In diesem Fall ist der ursprüngliche betriebliche Geltungsbereich der Betriebsvereinbarung nicht mehr „identifizierbar". Die beim Erwerber im aufnehmenden Betrieb geltenden Einzel-, Gesamt- bzw. Konzernbetriebsvereinbarungen gehen folglich vor.

Dieser Vorrang eines an der Eingliederung beteiligten Betriebs ist bei den hier untersuchten unternehmensinternen Zusammenlegungsfällen mangels Rechtsträgerwechsels nicht sachgerecht. Es ist insofern zu berücksichtigen, dass für die von der unternehmensinternen Eingliederung betroffenen Arbeitnehmer der Arbeitgeber unverändert bleibt. Dementsprechend kann es vorübergehend zu einer partiellen Fortgeltung verschiedener, u.U. allein durch den persönlichen Geltungsbereich voneinander abgrenzbaren Betriebsvereinbarungen im neu entstanden Betrieb kommen. Die Betriebspartner sind nun gehalten, anhand der ihnen zur Verfügung stehenden Gestaltungsmittel – Kündigung, Aufhebung oder Ablösung - eine Harmonisierung herbeizuführen. Dabei ist darauf zu achten, dass

[593] Siehe oben 4. Teil, B.IV.1.c).
[594] Siehe oben 4.Teil, A.III.4.

der bereits erdiente Teil einer betrieblichen Altersversorgung aus Gründen des Vertrauensschutzes unangetastet bleibt.

3. Zusammenlegung

a) Beurteilung nach dem Kriterium „Betriebsidentität“

Die Zusammenlegung von Betrieben bzw. Betriebsteilen und die Frage des Identitätsverlusts der beteiligten Einheiten wurde bereits oben[595] im Zusammenhang mit einem Betriebsübergang gemäß § 613a BGB diskutiert. Diese Ausführungen gelten bei unternehmensinternen Umstrukturierungen entsprechend. Für die Wahrung der Betriebsidentität und damit für die kollektivrechtliche Fortgeltung von Betriebsvereinbarungen ist entscheidend, ob die Zusammenlegung zu einer Veränderung der Leitungsstruktur führt[596]. Ist dies zu bejahen, muss entschieden werden, ob die Betriebsvereinbarungen nach der Zusammenlegung ersatzlos entfallen, über eine analoge Anwendung des § 613a Abs. 1 Satz 2 BGB individualrechtlich fortgelten oder nachwirken.

b) Beurteilung nach den alternativen Lösungsansätzen

aa) Kollektivrechtliche Fortgeltung / Einschränkung bei rechtlicher oder tatsächlicher Unmöglichkeit

Nach dieser Auffassung sollen ungeachtet der Beibehaltung der Betriebsidentität Betriebsvereinbarungen in den zusammengelegten Betrieben bzw. Betriebsteilen grundsätzlich kollektivrechtlich fortgelten[597]. Wie in den zuvor behandelten Fallgruppen Spaltung und Eingliederung von Betrieben bzw. Betriebsteilen ist auch in Zusammenlegungsfällen problematisch, wann die Erfüllung einer Betriebsvereinbarung objektiv unmöglich ist. Es begegnet erheblichen Bedenken, die Anwendung unterschiedlicher Arbeitszeitregelungen in der neu geschaffenen betrieblichen Einheit von vornherein als tatsächlich unmöglich anzusehen. Das durchaus verständliche Interesse an einer innerbetrieblichen Koordinierung steht einer Anwendung verschiedener Arbeitszeitmodelle in einem Betrieb noch nicht zwingend entgegen. Tatsächlich unmöglich wäre die Anwendung einer Arbeitszeitregelung z.B. erst dann, wenn sie gegen das Ladenschlussgesetz verstieße.

---

[595] Siehe oben 4. Teil, A.III.4.

[596] Vgl. WHSS-Hohenstatt, Umstrukturierung und Übertragung von Unternehmen, E 68; HWK-Gaul, Arbeitsrecht Kommentar, § 77 BetrVG, Rn. 83, 75; HSWG-Worzalla, BetrVG, § 77, Rn. 227; Haag, Umstrukturierung und Betriebsverfassung, S. 97.

[597] Vgl. BKMT-Bachner, Handbuch Arbeitsrecht bei Unternehmensumwandlung und Betriebsübergang, D 163.

bb) Gestaltungsaufgabe

Bei Zusammenlegungsfällen ist nach dieser Ansicht entscheidend, ob die in den Ursprungsbetrieben geltenden Betriebsvereinbarungen auch nach der Umstrukturierung ihre Gestaltungsaufgabe beibehalten[598]. Dies ist regelmäßig dann der Fall, wenn die zusammengelegten Betriebe in der neuen Einheit in räumlicher oder organisatorischer Hinsicht abgrenzbare Betriebsteile darstellen[599]. Entstehen keine abgrenzbaren Betriebsteile, kommt gleichfalls eine kollektivrechtliche Fortgeltung von Betriebsvereinbarungen in Frage. Hinsichtlich des Anwendungsbereichs ist dabei mangels anderer Anhaltspunkte nur auf den persönlichen Geltungsbereich der Betriebsvereinbarung abzustellen[600].

Ist die gleichzeitige Anwendung der in den Ursprungsbetrieben geltenden Betriebsvereinbarungen zwar theoretisch möglich, wie z.B. bei unterschiedlichen Arbeitszeitregelungen aber nicht sinnvoll, sind die Betriebsvereinbarungen als gegenstandslos anzusehen[601]. Eine Fortgeltung scheidet dann aus.

c) Verhältnis zu anderen Kollektivnormen

Obige Ausführungen[602] zur Betriebsspaltung und zur Eingliederung gelten bei Zusammenlegungsfällen entsprechend. Dies bedeutet, dass die Anwendung von Tarifverträgen und Gesamt- bzw. Konzernbetriebsvereinbarungen regelmäßig unberührt bleibt. Zudem können bei Zusammenlegungsfällen nach den alternativen Lösungsansätzen wie gezeigt kollektivrechtlich fortgeltende Einzelbetriebsvereinbarungen aufeinander treffen.

Im Rahmen der Untersuchung von Zusammenlegungsfällen bei Betriebsübergängen gemäß § 613a BGB[603] wurde zur Lösung des Kollisionsproblems auf das Kriterium „Identifizierbarkeit" abgestellt. Dabei wurde festgestellt, dass Betriebsvereinbarungen fortgelten, wenn der ursprünglich definierte betriebliche Geltungsbereich der Betriebsvereinbarung durch den Betriebsübergang nicht tangiert wird, d.h. „identifizierbar" ist. Eine „Identifizierbarkeit" ist dagegen zu verneinen, wenn der ursprüngliche betriebliche Geltungsbereich der Betriebsvereinbarung im Zuge des Betriebsübergangs verloren geht. Hieraus folgt, dass sich im Falle mangelnder Identifizierbarkeit der übergegangenen Einheit die im Betrieb des Erwerbers bereits geltende Betriebsvereinbarung nun auch auf die neu hinzugekommenen Arbeitnehmer erstreckt.

---

598 Vgl. GK-Kreutz, BetrVG, § 77, Rn. 377; FESTL, BetrVG, § 77, Rn. 164; DKK-Berg, BetrVG, § 77, Rn. 49; MünchArbR-Matthes, § 328, Rn. 48.
599 Vgl. FESTL, BetrVG, § 77, Rn. 164.
600 Vgl. GK-Kreutz, BetrVG, § 77, Rn. 378.
601 Vgl. FESTL, BetrVG, § 77, Rn. 164.
602 Siehe oben 4. Teil, B.IV.1.c).
603 Siehe oben 4.Teil, A.III.4.

Es ist jedoch fraglich, ob dieser Vorrang eines an der Zusammenlegung beteiligten Betriebs auch bei unternehmensinternen Zusammenlegungsfällen mangels Rechtsträgerwechsels sachgerecht ist. Insofern ist zu berücksichtigen, dass für die von der unternehmensinternen Zusammenlegung betroffenen Arbeitnehmer der Arbeitgeber unverändert bleibt. Folglich kann es zeitweise zu einer partiellen Fortgeltung verschiedener, u.U. allein durch den persönlichen Geltungsbereich voneinander abgrenzbaren Betriebsvereinbarungen im neu entstanden Betrieb kommen. Die Betriebspartner sind nun gehalten, mittels der ihnen zur Verfügung stehenden Gestaltungsmittel – Kündigung, Aufhebung oder Ablösung - eine Harmonisierung herbeizuführen. Dabei ist darauf zu achten, dass der bereits erdiente Teil einer betrieblichen Altersversorgung aus Gründen des Vertrauensschutzes gewahrt wird.

4. Betriebs(-teil)stilllegung

a) Beurteilung nach dem Kriterium „Betriebsidentität“

bb) Einordnung BAG-Rechtsprechung

Das BAG hatte sich bislang in zwei Entscheidungen mit den Auswirkungen unternehmensinterner Umstrukturierungen auf Betriebsvereinbarungen zu beschäftigen. In dem Beschluss vom 21. Januar 2003[604] ging es um die Eingliederung eines Betriebs in einen anderen Betrieb. Umstritten war das Schicksal der in der aufgenommenen Einheit geltenden Betriebsvereinbarung zur vorübergehenden Veränderung der Arbeitszeit in Notfällen. Da die Betriebsvereinbarung bereits wegen Verstoßes gegen den Tarifvorrang gemäß § 77 Abs. 3 BetrVG unwirksam war, brauchte das BAG über die hier vornehmlich interessierende Frage der normativen Fortgeltung der Betriebsvereinbarung nach dem Eingliederungsvorgang nicht abschließend zu befinden. Gleichwohl zieht das BAG unter Bezugnahme auf sein Urteil vom 24. Januar 1981[605] aber die Möglichkeit in Betracht, dass die Betriebsvereinbarung für die Arbeitnehmer des aufgenommenen Betriebs nun als normative Teilordnung des aufnehmenden Betriebs fortgilt.

Die zitierte Entscheidung vom 24. März 1981 beinhaltet bedeutsame Aussagen zur Fortgeltung von Betriebsvereinbarungen bei einer Betriebsstilllegung. In dem Fall ging es um Ansprüche von Arbeitnehmern aus einem anlässlich einer Betriebsstilllegung abgeschlossenen Sozialplan. Die von der Stilllegung betroffenen Arbeitnehmer wurden in einem anderen Betrieb des Unternehmens, in dem ebenfalls ein Betriebsrat gewählt war, weiterbeschäftigt.

---

604 NZA 2003, S. 1097 ff.
605 AP Nr. 12 zu § 112 BetrVG.

Fraglich war nun, ob und in welcher Form der Sozialplan als Anspruchsgrundlage für die begehrte Wegzeitvergütung weiter bestand. Das BAG hat hierauf festgestellt, dass der Sozialplan durch die Betriebsstilllegung seinen kollektivrechtlichen Charakter nicht verliert und somit weiter normativ auf die Arbeitsverhältnisse der betroffenen Arbeitnehmer einwirkt. Zur Begründung verweist das BAG darauf, dass es dem Wesen des Sozialplans als kollektivrechtlichem Normenvertrag widerspräche und dem Gedanken des Arbeitnehmerschutzes zuwiderlaufe, wenn man statt der normativen Fortgeltung die Regelungen des Sozialplans nach erfolgter Betriebsstilllegung ohne zwingenden Grund der einzelvertraglichen Disposition unterwerfe. Dies werde auch darin deutlich, dass das Gesetz in § 77 Abs. 4 Satz 2 BetrVG vorsieht, dass Arbeitnehmer nur mit Zustimmung des Betriebsrats auf ihre Rechte aus einer Betriebsvereinbarung verzichten können. Nach dem Willen des Gesetzgebers solle die Dispositionsbefugnis über Arbeitnehmerrechte aus einer Betriebsvereinbarung beim Betriebsrat als Repräsentant der Belegschaft verbleiben. Insofern könne ein über die Betriebsstilllegung hinaus fortgeltender Sozialplan so lange nur auf kollektivrechtlichem Weg geändert werden, wie die aus dem Sozialplan berechtigten Arbeitnehmer weiter in den Diensten des vertragschließenden Arbeitgebers stehen und dort durch einen Betriebsrat vertreten werden.

Somit ist festzuhalten, dass das BAG bei einem Sozialplan trotz Betriebsstilllegung und daraus zwingend folgendem Verlust der Betriebsidentität eine kollektivrechtliche Fortgeltung befürwortet, wenn die Arbeitsverhältnisse aufrechterhalten bleiben und weiterhin ein Betriebsrat für diese zuständig ist.

Auf andere Fallgestaltungen bezieht sich diese Entscheidung nicht. Insbesondere hat das BAG keine Aussage zum Schicksal der Sozialplanansprüche in den Konstellationen getroffen, in denen die Arbeitsverhältnisse beendet werden. Dies ist etwa dann der Fall, wenn die betroffenen Arbeitnehmer einen anderen Arbeitsplatz in einem anderen Unternehmen finden, arbeitslos werden oder in den Ruhestand gehen. Gerade die gefestigte Rechtsprechung des BAG[606] zu Ruhegeldansprüchen verdeutlicht vielmehr, dass sich der Entscheidung vom 24. März 1981 keine verallgemeinerungsfähigen Grundsätze zur kollektivrechtlichen Fortgeltung von Betriebsvereinbarungen entnehmen lassen. Das BAG vertritt die Ansicht, auf die Rechtsverhältnisse der bereits aus dem Betrieb ausgeschiedenen Arbeitnehmer, insbesondere der Ruheständler, wirkten Betriebsvereinbarungen nicht mehr normativ ein[607]. Ansprüche, die aus einer Betriebsver-

---

[606] Siehe BAG GS vom 16.3.1956, AP Nr. 1 zu § 57 BetrVG 1952; BAG vom 25.10.1988, AP Nr. 1 zu § 1 BetrAVG; BAG vom 13.5.1997, AP Nr. 65 zu § 77 BetrVG 1972; offen allerdings BAG vom 28.7.1998, AP Nr. 4 zu § 1 BetrAVG Überversorgung: Die Frage, ob die Veränderung einer Versorgungsanwartschaft auch für bereits aus dem Betrieb ausgeschiedene Arbeitnehmer kollektivrechtlich gilt, bleibt in dieser Entscheidung ausdrücklich dahingestellt.
[607] Siehe BAG vom 25.10.1988, AP Nr. 1 zu § 1 BetrAVG.

einbarung resultieren, verwandelten sich mit dem Ausscheiden in schuldrechtliche Ansprüche[608].

bb) Anwendung

Nach dem Kriterium „Betriebsidentität" soll mit der Stilllegung die kollektivrechtliche Geltung der für diesen Betrieb bzw. Betriebsteil abgeschlossenen Betriebsvereinbarungen grundsätzlich enden[609]. Mit der Stilllegung entfalle die Grundlage für die Regelungen einer Betriebsvereinbarung[610]. Da die Arbeitsverhältnisse im Zuge der Stilllegung beendet würden, müssten die auf sie einwirkenden Betriebsvereinbarungen ebenfalls enden[611].

Dies soll jedoch im Einzelfall dann nicht gelten, wenn eine Betriebsvereinbarung Tatbestände regelt, die über den Stilllegungszeitpunkt hinaus von Relevanz sind[612]. Diesbezüglich ist an einen Sozialplan, an eine Ruhegeldvereinbarung oder an eine Betriebsvereinbarung über Werkswohnungen zu denken. Eine Begründung dafür, auf welcher Grundlage die ausnahmsweise zulässige Fortgeltung von Betriebsvereinbarungen über den Stilllegungszeitpunkt hinaus beruht, wird jedoch nicht gegeben[613].

b) Beurteilung nach den alternativen Lösungsansätzen

aa) Kollektivrechtliche Fortgeltung / Einschränkung bei rechtlicher oder tatsächlicher Unmöglichkeit

Nach dieser Ansicht[614] sollen Betriebsvereinbarungen bei einer vollständigen Auflösung der bisherigen Betriebsstrukturen, mithin auch nach einer Betriebs(-teil)stilllegung grundsätzlich kollektivrechtlich fortgelten. Eine Einschränkung erfährt dieser Grundsatz nur durch Fälle tatsächlicher Unmöglichkeit[615]. Als

---

608 Siehe BAG vom 13.5.1997, AP Nr. 65 zu § 77 BetrVG 1972.

609 Vgl. WHSS-Hohenstatt, Umstrukturierung und Übertragung von Unternehmen, E 61; HWK-Gaul, Arbeitsrecht Kommentar, § 77 BetrVG, Rn. 83, 69; Richardi-Richardi, BetrVG, § 77, Rn. 210; HSWG-Worzalla, BetrVG, § 77, Rn. 227; Kreßel, DB 1989, S. 1623, 1625; Buchner, GmbHR 1997, S. 377, 383; D. Gaul, NZA 1986, S. 628, 631; Brune, AR-Blattei SD 520, Rn. 409; Schiefer, RdA 1994, S. 83, 85.

610 Vgl. HSWG-Worzalla, BetrVG, § 77, Rn. 227.

611 Vgl. WHSS-Hohenstatt, Umstrukturierung und Übertragung von Unternehmen, E 61.

612 Vgl. HSWG-Worzalla, BetrVG, § 77, Rn. 227; HWK-Gaul, Arbeitsrecht Kommentar, § 77 BetrVG, Rn. 83, 69; WHSS-Hohenstatt, Umstrukturierung und Übertragung von Unternehmen, E 61; Richardi-Richardi, BetrVG, § 77, Rn. 210.

613 Vgl. WHSS-Hohenstatt, Umstrukturierung und Übertragung von Unternehmen, E 61.

614 Vgl. BKMT-Bachner, Handbuch Arbeitsrecht bei Unternehmensumwandlung und Betriebsübergang, D 145 ff.; Bachner, NZA 1997, S. 79 ff.

615 Vgl. BKMT-Bachner, Handbuch Arbeitsrecht bei Unternehmensumwandlung und Betriebsübergang, D 152.

Beispiel sind hier Betriebsvereinbarungen über die betriebliche Ordnung und das Verhalten im Betrieb zu nennen. Die fortwährende Anwendung derartiger Regelungen ist bei einer Stilllegung zwingend ausgeschlossen. Folglich bedarf es im Gegensatz zum Kriterium „Betriebsidentität“ keiner Ausnahmen, um eine Fortgeltung über den Stilllegungszeitpunkt hinaus zu begründen.

bb) Gestaltungsaufgabe

Auch bei Anwendung des Kriteriums „Gestaltungsaufgabe“ werden Durchbrechungen des Betriebsidentitätsgrundsatzes vermieden. Danach gelten Betriebsvereinbarungen nach einer Betriebs(-teil)stilllegung weiter, wenn sie inhaltlich darauf angelegt sind, Rechtsverhältnisse auch und gerade nach Untergang des Betriebs zwischen Arbeitgeber und früheren Arbeitnehmern zu gestalten[616]. Fällt die Gestaltungsaufgabe dagegen weg, enden Betriebsvereinbarungen wegen Zweckerreichung[617]. Dies ist z.B. bei Betriebsvereinbarungen über Arbeitszeitfragen oder Urlaubsgrundsätze der Fall.

C. Stellungnahme und eigene Auffassung

Untersuchungsgegenstand des vierten Teils der Arbeit ist die Fortgeltung von Betriebsvereinbarungen. In den beiden vorangegangenen Abschnitten A. und B. wurde auf die Fortgeltung von Betriebsvereinbarungen bei Betriebsübergängen gemäß § 613a BGB und bei unternehmensinternen Umstrukturierungen eingegangen. Im nun folgenden Abschnitt C. wird hierzu Stellung genommen. Dabei wird zunächst unter I. der sowohl bei Betriebsübergängen als auch bei unternehmensinternen Umstrukturierungen überwiegend vertretene Lösungsansatz, von einer kollektivrechtlichen Fortgeltung bei Wahrung der Betriebsidentität auszugehen, diskutiert. Sodann werden die alternativen Lösungsansätze unter II. einer vertieften Betrachtung unterzogen. Der Abschnitt C. schließt mit einem Lösungsvorschlag.

I. Zum Lösungsansatz der herrschenden Meinung / kollektivrechtliche Fortgeltung bei Wahrung der Betriebsidentität

1. Diskussion

a) Grundsätzliche Bedenken gegen das Kriterium Betriebsidentität

In den vorangegangenen Abschnitten A und B des vierten Teils der Arbeit wurde dargelegt, dass von der überwiegend vertretenen Auffassung für die kollek-

---

[616] Vgl. GK-Kreutz, BetrVG, § 77, Rn. 375; FESTL, BetrVG, § 77, Rn. 160; DKK-Berg, BetrVG, § 77, Rn. 47; MünchArbR-Matthes, § 328, Rn. 47.
[617] Vgl. Kreutz, FS Kraft, S. 323, 341.

tivrechtliche Fortgeltung von Betriebsvereinbarungen sowohl bei Betriebsübergängen gemäß § 613a BGB als auch bei unternehmensinternen Umstrukturierungen auf die Wahrung der Betriebsidentität abgestellt wird. In beiden Fällen wurden im Rahmen der Einzelfallbetrachtung erhebliche, mit diesem Kriterium verbundene Anwendungsschwierigkeiten und Folgeprobleme aufgezeigt. Diese gehen im Kern auf den nach wie vor nur umrissartig definierten Betriebsbegriff zurück. Teilweise wird bezüglich des Betriebsbegriffs sogar die Einschätzung vertreten, Bemühungen um eine Konturierung verkehrten sich ins Gegenteil[618]. Versucht man gleichwohl eine Konkretisierung, ist dabei, wie oben[619] im Rahmen der Untersuchung des betriebsverfassungsrechtlichen Betriebsbegriffs gezeigt wurde, am ehesten auf das Bestehen bzw. die Aufrechterhaltung einer einheitlichen Leitungsstruktur abzustellen.

Allerdings erscheint eine gewisse Flexibilität des Betriebsbegriffs durchaus sachgerecht. Da die organisatorische Einheit Betrieb nicht für alle Zeiten unverändert bestehen bleiben muss, sondern durch Umgestaltung verschiedenartigen Veränderungen unterworfen werden kann, könnte eine feststehende, starre Definition nie alle denkbaren Fallgestaltungen abdecken[620]. Vor diesem Hintergrund ist es sinnvoll, den Betriebsbegriff im Rahmen einer Einzelfallprüfung, bei der das Bestehen einer einheitlichen Leitungsstruktur vorrangige Bedeutung zukommt, festzulegen.

Dieser gerechtfertigte Spielraum bei der Bestimmung des Betriebsbegriffs führt indes bei der Feststellung, ob nach einem Betriebsübergang bzw. nach einer unternehmensinternen Umstrukturierung die Betriebsidentität gewahrt ist, zu den genannten Schwierigkeiten. Gleichwohl zieht die herrschende Auffassung das Kriterium Betriebsidentität für die Frage der Fortgeltung von Betriebsvereinbarungen konsequent heran. Das Grundproblem, warum der Betriebsidentität diesbezüglich überhaupt Bedeutung zukommen soll, ist mit der bloßen Anwendung des Kriteriums aber keinesfalls gelöst. Vor diesem Hintergrund bestehen erhebliche Bedenken, ob die zentrale Bedeutung, die dem Kriterium Betriebsidentität in diesem Zusammenhang zugemessen wird, überhaupt gerechtfertigt ist[621].

---

[618] Vgl. Konzen, AuR 1985, S. 341, 349, der konstatiert, dass „von der gepriesenen Kontinuität des Betriebsbegriffs seit der Grundlegung durch Jacobi in der Rechtspraxis nicht viel übrig“ geblieben ist.
[619] Siehe oben 4. Teil, A.I.1.d)bb).
[620] Vgl. Haag, Umstrukturierung und Betriebsverfassung, S. 41.
[621] Ebenso GK-Kreutz, BetrVG, § 21a, Rn. 24 und § 77, Rn. 376; Vogelsang, DB 1990, S. 1329, 1331 ff.; DKK-Trümner, BetrVG, § 1, Rn. 175; MünchArbR-Joost, § 305, Rn. 17, FN 12.

b) Lösungsschwierigkeiten bei unternehmensinternen Umstrukturierungen

Die soeben formulierten Vorbehalte gegen das Kriterium Betriebsidentität gewinnen an zusätzlichem Gewicht, wenn die für unternehmensinterne Umstrukturierungen ohne Wahrung der Betriebsidentität vorgeschlagenen Lösungswege einer rechtlichen Überprüfung nicht standhalten. In Anbetracht eines fehlenden Rechtsträgerwechsels wird bei Verlust der Betriebsidentität zum einen eine analoge Anwendung von § 613a BGB, zum anderen eine Nachwirkung vorgeschlagen[622].

aa) Analoge Anwendung von § 613a BGB bei unternehmensinternen Umstrukturierungen

(1) Wertungswiderspruch/Umgehungsgefahr

Tragendes Argument der Befürworter[623] einer analogen Anwendung des § 613a BGB bei unternehmensinternen Umstrukturierungen ist der drohende Wertungswiderspruch im Vergleich zur Situation beim Betriebsübergang. Während bei Betriebsübergängen § 613a BGB als Auffangvorschrift eingreift, sind die betroffenen Arbeitnehmer bei unternehmensinternen Umstrukturierungen dem Gesetzeswortlaut nach schutzlos gestellt. Von daher bietet sich in der Tat auf den ersten Blick eine Ausdehnung des Anwendungsbereichs von § 613a BGB im Wege einer Analogie an. Hierbei ist insbesondere zu beachten, dass bei einem Betriebsübergang über § 613a BGB die grundsätzliche Bindung des Erwerbers an bestehende Regelungen allgemein anerkannt ist. Wenn es also sogar einem neuen Betriebsinhaber gemäß § 613a Abs. 1 Satz 2 verwehrt ist, binnen eines Jahres für die Arbeitnehmer nachteilige Veränderungen vorzunehmen, müsste dies doch erst Recht dann gelten, wenn sich der Veränderungsprozess innerhalb eines Rechtsträgers abspielt.

Darüber hinaus droht eine Umgehung von § 613a BGB. Lehnt man eine entsprechende Anwendung dieser Norm auf unternehmensinterne Umstrukturierungen ab, scheint es einfach, den darin gewährten Inhaltsschutz dadurch zu umgehen, dass die Veränderung betrieblicher Einheiten zeitlich so vorgezogen wird, dass kein Zusammenhang mehr zur späteren Übertragung besteht[624].

---

[622] Siehe oben 4. Teil, B.II.

[623] Vgl. WHSS-Hohenstatt, Umstrukturierung und Übertragung von Unternehmen, E 68; Hanau, RdA 1989, S. 207, 210; Erman-Edenfeld, BGB, § 613a, Rn. 76; Düwell, NZA 1996, S. 393, 396; Gaul, Arbeitsrecht der Betriebs- und Unternehmensspaltung, § 25, Rn. 182; HWK-Gaul, Arbeitsrecht Kommentar, § 77 BetrVG, Rn. 83.

[624] Vgl. Gaul, Arbeitsrecht der Betriebs- und Unternehmensspaltung, § 25, Rn. 187.

(2) Analogiebildung

Indes erscheint fraglich, ob § 613a BGB überhaupt einer analogen Anwendung bei unternehmensinternen Umstrukturierungen zugänglich ist. Voraussetzung analoger Anwendung einer Rechtsnorm ist es, dass die gesetzliche Regelung eine planwidrige Unvollständigkeit aufweist und dass der feststellbare Normzweck einer anderen Regelung auch die nicht explizit geregelte Fallkonstellation umfasst[625]. Erforderlich ist also das Vorliegen einer planwidrigen Regelungslücke bei vergleichbarer Interessenlage.

In einem ersten Schritt ist das Bestehen einer planwidrigen Regelungslücke zu prüfen. Die Vorschrift des § 613a BGB zielt ausdrücklich auf einen Bestandsschutz im Fall eines Arbeitgeberwechsels, um einen Mindeststandard der auf einen anderen Rechtsträger übergehenden Arbeitnehmer zu gewährleisten. Dieses gesetzgeberische Ziel lässt sich sowohl Art. 3 Abs. 2 der Richtlinie 77/187/EWG[626] als auch Art. 3 Abs. 3 der Richtlinie 2001/23/EG[627] entnehmen, die vom deutschen Gesetzgeber anschließend in § 613a BGB umgesetzt wurden. Somit ist zunächst festzustellen, dass im Hinblick auf die Rechtsfolgen einer unternehmensinternen Umstrukturierung eine Regelungslücke vorliegt[628].

Die Regelungslücke müsste jedoch auch als planwidrig einzustufen sein. Hiervon wäre nur dann auszugehen, wenn der Gesetzgeber sowohl bei Betriebsübergängen als auch bei unternehmensinternen Umstrukturierungen Rechte und Pflichten aus Betriebsvereinbarungen schützen wollte. In Anbetracht der eindeutigen Regelung in § 613a Abs. 1 Satz 2-4 BGB ist dies zu verneinen. Der Gesetzgeber hat in dieser Vorschrift eine bewusste Einschränkung auf die Arbeitnehmer vorgenommen, deren Arbeitsverhältnis auf einen anderen Rechtsträger übergeleitet wird. Bereits oben[629] wurde aufgezeigt, dass es im Zusammenhang mit einem Betriebsübergang Konstellationen geben kann, in denen von einem Betriebsübergang betroffene Arbeitnehmer mangels Arbeitgeberwechsels nicht in den Anwendungsbereich des § 613a BGB fallen. Dies ist beispielsweise dann der Fall, wenn nach einer Betriebsspaltung ein Betriebsteil unter Verlust seiner betriebsverfassungsrechtlichen Identität beim Veräußerer verbleibt. Es liegen keine Anhaltspunkte vor, das der Gesetzgeber entgegen seines in § 613a BGB formulierten Willens mit dieser Norm auch die nach wie vor beim gleichen Rechtsträger beschäftigten Arbeitnehmer schützen wollte. Vielmehr entspricht der Einschätzung des Gesetzgebers, dass die nicht von einem Arbeitgeberwechsel betroffenen Arbeitnehmer des Schutzes gemäß § 613a BGB nicht bedürfen.

---

625 Vgl. Larenz/Canaris, Methodenlehre, S. 202.
626 Siehe ABl. EG Nr. L 61 = RdA 1977, S. 26.
627 Siehe ABl. EG Nr. L 82, S. 16 ff.
628 Ebenso Gaul, Arbeitsrecht der Betriebs- und Unternehmensspaltung, § 25, Rn. 183.
629 Siehe oben 4. Teil, A.III.4.a)bb).

Diese Regelungsprärogative des parlamentarischen Gesetzgebers[630] darf nicht dadurch unterlaufen werden, dass – Planwidrigkeit unterstellend – Regelungslücken wie unternehmensinterne Umstrukturierungen durch eine entsprechende Anwendung von § 613a BGB geschlossen werden.

Eine andere Betrachtung ergibt sich auch nicht aus dem Umstand, dass die dem § 613a BGB zugrundeliegenden Richtlinien 77/187/EWG und 2001/23/EG lediglich einen Schutz beim Arbeitgeberwechsel, nicht jedoch bei unternehmensinternen Umstrukturierungen verlangen. Dem Gesetzgeber war die problematische Frage der Fortgeltung von Betriebsvereinbarungen bei unternehmensinternen Umstrukturierungen spätestens aufgrund eines Gesetzgebungsvorschlags im Rahmen der Reform des Betriebsverfassungsgesetzes bekannt[631]. Eine entsprechende weitergehende Regelung, hätte der Gesetzgeber sie denn für erforderlich gehalten, wäre ungeachtet der europarechtlichen Vorgaben möglich gewesen. Diesbezüglich ist darauf hinzuweisen, dass der Gesetzgeber bei Normierung des Übergangsmandats gemäß § 21a BetrVG unternehmensinterne Umstrukturierungen mit einbezogen hat und damit weit über die Umsetzung der Richtlinie, die sich nur auf rechtsträgerübergreifende Veränderungen bezieht, hinausgegangen ist[632].

Somit ist festzustellen, dass es bereits an einer planwidrigen Regelungslücke fehlt. Eine analoge Anwendung von § 613a BGB auf unternehmensinterne Umstrukturierungen scheidet folglich aus.

Der in einem zweiten Schritt vorzunehmenden Prüfung, ob eine vergleichbare Interessenlage vorliegt, kommt dementsprechend hier keine entscheidende Bedeutung mehr zu. Gleichwohl wird diese Frage hier im Interesse einer vollständigen Darstellung behandelt. Sie ist im Ergebnis zu bejahen. Sachliche Gründe für die vom Gesetzgeber vorgenommene und vom Rechtsanwender dementsprechend zu respektierende Differenzierung zwischen Arbeitnehmern, deren Arbeitsverhältnis übergeht und denjenigen, die beim bisherigen Arbeitgeber verbleiben, sind nicht ersichtlich[633]. Aus Sicht der aufnehmenden Organisation stellt die rechtsträgerübergreifende Übertragung von Betrieben bzw. Betriebsteilen eine unternehmensinterne Umstrukturierung dar, die keine andere Handhabung rechtfertigt[634]. Die beim Erwerber beschäftigten Arbeitnehmer haben eben-

---

[630] Vgl. hierzu BVerfG vom 03.04.1990, NJW 1990, S. 1593: Bei einer Rechtsfortbildung im Wege der Analogie darf keinesfalls aufgrund eigener rechtspolitischer Präferenz eine Entscheidung des Gesetzgebers ersetzt werden.
[631] Vgl. Rieble, Sonderbeilage zu NZA Heft 16/2003, S. 62, 68; Rieble/Gutzeit, NZA 2003, S. 233, 235.
[632] Siehe unten 4. Teil, C.II.2.a).
[633] Ebenso Gaul, Arbeitsrecht der Betriebs- und Unternehmensspaltung, § 25, Rn. 185.
[634] Vgl. Bachner, NZA 2003, S. 2861, 2865.

so ein Interesse an der Fortgeltung der bisher für sie geltenden Betriebsvereinbarungen wie die neu Hinzugekommenen.

(3) Entscheidung des BAG vom 12. Juli 1990

Die Ablehnung einer analogen Anwendung von § 613a BGB bei unternehmensinternen Umstrukturierungen steht im Einklang mit der Rechtsprechung des BAG. Das Gericht hatte sich in der Entscheidung vom 12. Juli 1990[635] mit der Frage zu befassen, ob die Vorschrift auch auf Vorgänge auszudehnen ist, die keinen Betriebsübergang darstellen. In der Entscheidung wird festgestellt, dass es sich bei § 613a BGB um eine Sondervorschrift handelt, deren Normzweck eine analoge Anwendung auf andere Geschehnisse als den Betriebsübergang verbietet[636].

bb) Nachwirkung

(1) Ausgangspunkt

Neben einer analogen Anwendung von § 613a BGB wird eine Nachwirkung von Betriebsvereinbarungen nach unternehmensinternen Umstrukturierungen vorgeschlagen[637]. Ziel ist es auch hier, eine abrupte Beendigung von Regelungen einer Betriebsvereinbarung nach einer derartigen Maßnahme zu verhindern. Eine nähere Begründung dieses Lösungsansatzes sucht man indes vergebens. Einerseits ist zu erwägen, auch in diesem Fall § 77 Abs. 6 BetrVG anzuwenden mit der Folge, dass zumindest die erzwingbaren Betriebsvereinbarungen nachwirken. Andererseits ist denkbar, dass – begründet mit einer analogen Anwendung von § 4 Abs. 5 TVG – nicht nur erzwingbare, sondern auch freiwillige und teilmitbestimmte Betriebsvereinbarungen nachwirken.

(2) Kollektivrechtliche Fortgeltung bei Nachwirkung

Zu klären ist zunächst, ob dieser Lösungsansatz zu einer individualrechtlichen oder einer kollektivrechtlichen Fortgeltung führt. Bei der zuvor diskutierten analogen Anwendung von § 613a BGB ist im Einklang mit der ganz herrschenden Meinung von einer Transformation in Individualrecht auszugehen. Ob dies auch im Fall der Nachwirkung gemäß § 77 Abs. 6 BetrVG und § 4 Abs. 5 TVG gilt,

---

[635] AP Nr. 87 zu § 613a BGB.

[636] Zustimmend Schiefer, RdA 1994, S. 83, 85; Rüthers/Franke, Anm. EzA Nr. 90 zu § 613a BGB =AP Nr. 87 zu § 613a BGB.

[637] Vgl. Richardi-Richardi, BetrVG, 9. Auflage, § 77, Rn. 215 ff.; zurückhaltend Rieble, NZA 2002, S. 233, 241 sowie Sonderbeilage zu NZA Heft 16/2003, S. 62, 67.

ist indes fraglich. Vereinzelt wird vertreten, mit der Nachwirkung gehe die Überleitung der betreffenden Regelung in den Inhalt der Arbeitsverträge einher[638].

Zutreffend geht die herrschende Meinung jedoch davon aus, dass weder § 77 Abs. 6 BetrVG[639] noch § 4 Abs. 5 TVG[640] einer weiteren normativen Fortgeltung entgegenstehen. Zunächst spricht der Wortlaut der Normen für diese Auffassung. Sowohl in § 77 Abs. 6 BetrVG als auch in § 4 Abs. 5 TVG wird die Weitergeltung der Kollektivnormen angeordnet. Anhaltspunkte, wonach hiermit eine Überleitung in Individualrecht gemeint sein könnte, sind nicht ersichtlich. Mit Eintritt der Nachwirkung wirkt eine zuvor unmittelbar und zwingend geltende Betriebsvereinbarung nun nicht mehr zwingend, sondern nur noch unmittelbar auf die Arbeitsverhältnisse ein[641]. Von ihr kann nun auch zuungunsten der Arbeitnehmer abgewichen werden, d.h. sie wird mit ihrem Ablauf abdingbares Recht[642]. Dies ergibt sich bereits aus der Entstehungsgeschichte von § 77 Abs. 6 BetrVG. Ausweislich des Regierungsentwurfs[643] sollte - in Orientierung an die bereits für Tarifverträge geltende Regelung in § 4 Abs. 5 TVG - mit § 77 Abs. 6 BetrVG die Nachwirkung von Betriebsvereinbarungen und damit die bis dato bestehende Rechtsunsicherheit beseitigt werden. Nach einhellig vertretener Auffassung in Rechtsprechung[644] und Literatur[645] regelt § 4 Abs. 5 TVG, dass der Tarifvertrag nach seinem Ablauf nur noch unmittelbar, jedoch nicht mehr zwingend weitergilt. § 4 Abs. 5 TVG bestimmt also die Abdingbarkeit von Inhaltsnormen eines Tarifvertrages, nicht aber die Überleitung in Individualrecht. Folglich ordnet auch § 77 Abs. 6 BetrVG eine kollektivrechtliche Fortgeltung nachwirkender Betriebsvereinbarungen an.

---

638 Zu § 77 Abs. 6 BetrVG vgl. D. Gaul, NZA 1986, S. 628, 632, der darauf hinweist, dass damit dem Arbeitgeber alle individualrechtlichen Gestaltungsmöglichkeiten, wie sie ihm auch für sonstige Veränderungen des Arbeitsvertrags verfügbar sind, an die Hand gegeben werden; zu § 4 Abs. 5 BetrVG vgl. Rieble, Arbeitsrecht und Wettbewerb, Rn. 1224 ff., der mit der vergleichbaren Sachlage bei § 613a BGB argumentiert.

639 Siehe BAG vom 18.02.2003, AP Nr. 11 zu § 77 BetrVG 1972 Nachwirkung; FESTL, BetrVG, § 77, Rn. 177; DKK-Berg, BetrVG, § 77, Rn. 58; Löwisch/Kaiser, BetrVG, § 77, Rn. 46; ErfKom-Kania, § 77 BetrVG, Rn. 107; HWK-Gaul, Arbeitsrecht Kommentar, § 77 BetrVG, Rn. 44; Richardi-Richardi, BetrVG, § 77, Rn. 161; GK-Kreutz, BetrVG, § 77, Rn. 397; JRH-Lambrich, Praxishandbuch Betriebsverfassungsrecht, Teil C, Kapitel 7, Rn. 188; HSWG-Worzalla, BetrVG, § 77, Rn. 229.

640 Siehe BAG vom 20.06.2001, AP Nr. 18 zu § 1 TVG Bezugnahme auf Tarifvertrag; Thüsing, DB 2003, S. 449; Kasseler Handbuch-Dörner, Teil 6.1, Rn. 215; Däubler-Bepler, TVG, § 4, Rn. 813; ErfKom-Schaub/Franzen, § 4 TVG, Rn. 73.

641 Siehe BAG vom 22.03.1995, AP Nr. 8 zu § 611 BGB Arbeitszeit.

642 Vgl. FESTL, BetrVG, § 77, Rn. 183.

643 Siehe BT-Drs. VI/1786 zu § 77 des Regierungsentwurfs zum BetrVG 1972.

644 Siehe BAG vom 29.01.1975, AP Nr. 8 zu § 4 TVG Nachwirkung; BAG vom 28.01.1987, AP Nr. 16 zu § 4 TVG Nachwirkung; BAG vom 17.05.2000, AP Nr. 8 zu § 3 TVG Verbandsaustritt.

645 Vgl. ErfKom-Schaub/Franzen, § 4 TVG, Rn. 73; Wiedemann-Wank, TVG, Rn. 322; Däubler-Bepler, TVG, § 4, Rn. 813.

(3) Nachwirkung erzwingbarer Betriebsvereinbarungen gemäß § 77 Abs. 6 BetrVG

§ 77 Abs. 6 BetrVG ordnet die Nachwirkung von Betriebsvereinbarungen in solchen Angelegenheiten an, in denen die Einigungsstelle die Einigung zwischen Arbeitgeber und Betriebsrat ersetzen kann. Nach allgemeiner Auffassung betrifft dies nur Regelungsgegenstände, die der erzwingbaren Mitbestimmung des Betriebsrats unterliegen[646]. Demgegenüber enden freiwillige Betriebsvereinbarungen mit ihrem Ablauf.

Fraglich ist, ob diese Differenzierung auch bei der Fortgeltung von Betriebsvereinbarungen nach einer innerbetrieblichen Umstrukturierung von Relevanz ist. Hierzu bietet es sich an, den Regelungszweck von § 77 Abs. 6 BetrVG und die damit verbundenen Interessen der Betriebsparteien näher zu betrachten.

Gäbe es die in § 77 Abs. 6 BetrVG angeordnete Nachwirkung nicht, ließe sich eine infolge Einigungszwangs zustande gekommene Betriebsvereinbarung durch Kündigung einer Betriebspartei beenden. Zwar wäre es anschließend nicht möglich, die abgelaufene Betriebsvereinbarung einseitig durch eine neue Regelung zu ersetzen. Dies ergibt sich für die in der Praxis sehr bedeutsamen Mitbestimmungsrechte gemäß § 87 BetrVG aus der sog. „Theorie der Wirksamkeitsvoraussetzung“[647]. Danach ist jede Maßnahme, die ohne Beachtung des Mitbestimmungsrechts des Betriebsrats getroffen wird, unwirksam. Gleichwohl würde eine Kündigungsmöglichkeit ohne anschließende Nachwirkung zur Folge haben, dass die arbeitsvertraglichen Regelungen, die durch eine für die Arbeitnehmer günstigere Betriebsvereinbarung nur verdrängt wurden, wieder zur Geltung kommen. Dies liefe dem Mitbestimmungsrecht des Betriebsrats, das auf diese Weise unterlaufen würde, entgegen.

Im Gegenzug werden auch die Interessen des Arbeitgebers durch § 77 Abs. 6 BetrVG geschützt. Dies ist etwa dann der Fall, wenn einzelvertragliche Regelungen im Bereich der erzwingbaren Mitbestimmung einem störungsfreien und/oder wirtschaftlichen Betriebsablauf entgegenstehen. Der Betriebsrat hätte es in der Hand, bereits durch Androhung einer Kündigung der entsprechenden

---

[646] Siehe BAG vom 28.04.1998, EzA Nr. 1 zu § 77 BetrVG 1972 Nachwirkung; BAG vom 11.05.1999, EzA Nr. 1 zu § 1 BetrAVG Betriebsvereinbarung; FESTL, BetrVG, § 77, Rn. 178; DKK-Berg, BetrVG, § 77, Rn. 59; Löwisch/Kaiser, BetrVG, § 77, Rn. 47; HSWG-Worzalla, BetrVG, § 77, Rn. 229; ErfKom-Kania, § 77 BetrVG, Rn. 104, 109; Richardi-Richardi, BetrVG, § 77, Rn. 164 f., der seine gegenteilige, bis zur 8. Auflage vertretene Auffassung aufgegeben hat.

[647] Siehe BAG GS vom 03.12.1991, AP Nr. 51 zu § 87 BetrVG 1972 Lohngestaltung; BAG vom 03.05.1994, AP Nr. 23 zu § 23 BetrVG 1972; BAG vom 10.03.1998, AP Nr. 5 zu § 84 ArbGG 1979; FESTL, BetrVG, § 87, Rn. 599; DKK-Berg, BetrVG, § 87, Rn. 4; Löwisch/Kaiser, BetrVG, § 87, Rn. 14.

Betriebsvereinbarung seine Verhandlungsposition zu stärken. Ob nun der Betriebsrat oder der Arbeitgeber durch die Kündigung einer Betriebsvereinbarung im Bereich der erzwingbaren Mitbestimmung einen Vorteil erzielt, hängt letztlich von den Umständen des Einzelfalls ab. An dieser Stelle ist jedoch festzuhalten, dass die Nachwirkung zum einen der Stärkung der Mitbestimmungsrechte des Betriebsrats, zum anderen dem Betriebsfrieden, d.h. einer Zusammenarbeit der Betriebspartner zum Wohle des Betriebs im Sinne des § 2 Abs. 1 BetrVG, dient.

Vorgenannte Ausführungen gelten nicht für freiwillige Betriebsvereinbarungen, die gerade keinen Einigungszwang voraussetzen. Derartige Regelungen enden, ohne dass sich eine Nachwirkungsphase anschließt.

Bei den hier zu untersuchenden unternehmensinternen Umstrukturierungen stellt sich indes nicht die Frage, warum erzwingbare Betriebsvereinbarungen im Gegensatz zu freiwilligen gemäß § 77 Abs. 6 BetrVG nachwirken. Die angeführten Argumente – vornehmlich Schutz von Mitbestimmungsrechten des Betriebsrats und des Betriebsfriedens – greifen insofern nicht. Von Bedeutung ist vielmehr, welche Rechtsfolgen mit einer Umstrukturierungsmaßnahme einhergehen. In diesem Kontext führt die im Rahmen des § 77 Abs. 6 BetrVG vorzunehmende Unterscheidung zwischen erzwingbaren und freiwilligen Betriebsvereinbarungen nicht weiter. Somit ist zu festzuhalten, dass eine Nachwirkung gemäß § 77 Abs. 6 BetrVG die Fortgeltung von Betriebsvereinbarungen nach unternehmensinternen Umstrukturierungen nicht begründen kann.

(4) Nachwirkung aller Betriebsvereinbarungen gemäß § 4 Abs. 5 TVG analog

Soeben wurde aufgezeigt, dass § 77 Abs. 6 BetrVG aufgrund seines auf erzwingbare Betriebsvereinbarungen beschränkten Regelungszwecks nicht dazu geeignet ist, die Fortgeltung aller - d.h. auch teilmitbestimmter und freiwilliger - Betriebsvereinbarungen nach einer unternehmensinternen Umstrukturierung zu stützen. Da sich in § 4 Abs. 5 TVG die Nachwirkung auf alle Rechtsnormen des Tarifvertrages erstreckt, ist nun zu prüfen, ob sich über eine analoge Anwendung dieser Norm die Nachwirkung aller Betriebsvereinbarungen nach einer unternehmensinternen Umstrukturierung begründen lässt.

Auf den ersten Blick könnte man diesem Gedanken nahe treten: Der Gesetzgeber hat § 4 Abs. 5 TVG eine Lückenfüllungs-, Ordnungs- und Überbrückungsfunktion zugemessen[648]. Dieser Zweck der Vermeidung einer inhaltlichen Ent-

---

[648] Siehe BAG vom 18.03.1992, NZA 1992, S. 700, 701; BAG vom 13.12.1995, NZA 1996, S. 796; BAG vom 17.05.2000, NZA 2001, 453, 457; BAG vom 04.04.2001, DB 2001, S.

leerung der Arbeitsverhältnisse bei Ablauf der Kollektivregelung ist in § 77 Abs. 6 gerade nicht geregelt. Diese Vorschrift zielt in erster Linie auf die Sicherung der Mitbestimmungsrechte und des Betriebsfriedens. Aufgrund dieser unterschiedlichen Zwecke der Weitergeltung in diesen beiden Normen ist die Vertrauensschutz- und Bestandsschutzproblematik durch die Anordnung der Weitergeltung von Betriebsvereinbarungen nach § 77 Abs. 6 BetrVG nicht gelöst[649]. Insoweit weisen die Arbeitsverhältnisse nach dem Ablauf freiwilliger Betriebsvereinbarungen inhaltliche Lücken auf[650].

Auch eine Betrachtung aus Sicht der betroffenen Arbeitnehmer könnte für eine entsprechende Anwendung von § 4 Abs. 5 TVG sprechen. Für die Beschäftigten entfallen in beiden Fällen das Arbeitsverhältnis gestaltende Regelungen, ohne dass sie hierauf direkt Einfluss nehmen können. Der Ablauf eines Tarifvertrags wird ebenso wie der einer Betriebsvereinbarung durch die Tarifvertrags- bzw. Betriebsparteien, nicht aber durch die Arbeitnehmer selbst herbeigeführt. Insofern besteht durchaus eine Parallele.

Voraussetzung einer analogen Anwendung von § 4 Abs. 5 TVG ist indes das Bestehen einer planwidrigen Regelungslücke bei vergleichbarer Interessenlage[651].

Ob im Hinblick auf freiwillige Betriebsvereinbarungen bei § 77 Abs. 6 BetrVG eine planwidrige Regelungslücke vorliegt, ist bereits sehr fraglich. Vereinzelt wird dies in der Literatur[652] bejaht. Über eine analoge Anwendung von § 4 Abs. 5 TVG könne eine Weitergeltung freiwilliger Betriebsvereinbarungen über den Wirksamkeitszeitpunkt der Kündigung hinaus erreicht werden[653]. Demgegenüber geht die Rechtsprechung[654] und überwiegende Auffassung in der Literatur[655] zu Recht davon aus, dass der Gesetzgeber durch § 77 Abs. 6 BetrVG bewusst eine abschließende Regelung getroffen hat und somit mangels planwidri-

---

2053, 2054; Wiedemann-Wank, TVG, § 4, Rn. 327; Däubler-Bepler, TVG, § 4, Rn. 810; ErfKom-Schaub/Franzen, § 4 TVG, Rn. 73.

649 Vgl. Hanau/Preis, NZA 1991, S. 81, 88; Kreutz, Betriebsautonomie, S. 226 ff.; Schwerdtner, ZfA 1975, S. 171, 192; Loritz, RdA 1991, S. 65, 75.

650 Vgl. Blomeyer, DB 1990, S. 173, 175.

651 Vgl. Larenz/Canaris, Methodenlehre, S. 202.

652 Vgl. Blomeyer, DB 1990, S. 173, 174; Schwerdtner, ZfA 1975, S. 171, 192; Richardi, Anm. zu BAG vom 09.02.1989, AP Nr. 40 zu § 77 BetrVG 1972.

653 Vgl. Schwerdtner, ZfA 1975, S. 171, 192.

654 Siehe BAG vom 21.08.1990, AP Nr. 5 zu § 77 BetrVG 1972; BAG vom 28.04.1998, EzA Nr. 1 zu § 77 BetrVG 1972 Nachwirkung; BAG vom 11.05.1999, EzA Nr. 1 zu § 1 BetrAVG Betriebsvereinbarung.

655 Vgl. FESTL, BetrVG, § 77, Rn. 178; DKK-Berg, BetrVG, § 77, Rn. 59; Rieble/Gutzeit, NZA 2003, S. 233, 235; HWK-Gaul, Arbeitsrecht Kommentar, § 77 BetrVG, Rn. 44; Löwisch/Kaiser, BetrVG, § 77, Rn. 47; HSWG-Worzalla, BetrVG, § 77, Rn. 229; ErfKom-Kania, § 77 BetrVG, Rn. 109.

ger Regelungslücke eine Analogie ausscheidet. § 77 Abs. 6 BetrVG ordnet seinem eindeutigen Wortlaut nach keine umfassende Nachwirkung sämtlicher Normen einer Betriebsvereinbarung an, sondern nur derjenigen, die der erzwingbaren Mitbestimmung unterfallen[656]. Eine analoge Anwendung des „Auffangtatbestandes"[657] § 4 Abs. 5 TVG unterliefe diese gesetzgeberische Konzeption.

Problematisch ist darüber hinaus das Vorliegen einer vergleichbaren Interessenlage. Führt die Rechtsfolge einer analog angewendeten Norm zu Ergebnissen, die für den zu regelnden Sachverhalt nicht passen, zeigt sich, dass der geregelte und der nicht geregelte Sachverhalt nicht vergleichbar sind. Dies ist im Verhältnis Betriebsvereinbarung zu § 4 Abs. 5 TVG der Fall. Eine analoge Anwendung des § 4 Abs. 5 TVG ginge über das beabsichtigte Ziel eines umfassenden Bestandsschutzes weit hinaus. Dem liegt zugrunde, dass § 4 Abs. 5 TVG nicht nach der Schutzbedürftigkeit der Regelung im Einzelnen differenziert. Die Kündigung einer Betriebsvereinbarung würde also bei einer umfassenden Nachwirkung im Sinne des § 4 Abs. 5 TVG die Ansprüche der Beschäftigten auch bei fehlender Schutzbedürftigkeit nicht beseitigen können, obwohl eine anspruchskürzende oder sogar anspruchsausschließende Betriebsvereinbarung durchaus zulässig wäre. Insofern ist zu berücksichtigen, dass nicht jede Betriebsvereinbarung Ansprüche der Arbeitnehmer begründet, die ihnen nicht mehr ohne weiteres entzogen werden könnten[658]. In diesem Zusammenhang ist z.B. an eine in einer Betriebsvereinbarung geregelten Schmutzzulage zu denken, die durch eine ablösende Betriebsvereinbarung mit Wirkung für die Zukunft eingestellt werden soll. Das schutzwürdige Vertrauen der Arbeitnehmer in den Erhalt der Zulage dürfte regelmäßig auf den jeweiligen Zulagenzeitraum begrenzt sein. Eine analoge Anwendung des § 4 Abs. 5 TVG hätte zur Konsequenz, dass die Zulage ungeachtet einer Kündigung der zugrundeliegenden Betriebsvereinbarung bis zur Ersetzung durch eine andere Abmachung weitergezahlt werden müsste.

Ein derartiges Ergebnis wäre mittel- und langfristig auch aus Sicht der Arbeitnehmer kontraproduktiv. Oftmals wird sich der Arbeitgeber bei freiwilligen Betriebsvereinbarungen nur dann zu einer Einigung bereit erklären, wenn er sich mit überschaubarem Aufwand bei Bedarf wieder einseitig von ihr lösen kann. Die über die eingeschränkte Nachwirkung des § 77 Abs. 6 BetrVG gewährleistete Flexibilität darf demnach nicht über eine analoge Anwendung von § 4 Abs. 5 TVG „kassiert" werden.

---

656 Vgl. Rieble/Gutzeit, NZA 2003, S. 233, 235.
657 Siehe BAG vom 18.03.1992, AP Nr. 13 zu § 3 TVG; BAG vom 13.07.1994, AP Nr. 14 zu § 3 TVG Verbandszugehörigkeit.
658 Vgl. Loritz, RdA 1991, S. 65, 68.

Eine Nachwirkung aller Betriebsvereinbarungen gemäß § 4 Abs. 5 TVG nach unternehmensinternen Umstrukturierungen kommt demnach nicht in Betracht.

2. Zwischenergebnis

Das von der herrschenden Meinung für die kollektivrechtliche Fortgeltung von Betriebsvereinbarungen bei Betriebsübergängen und unternehmensinternen Umstrukturierungen herangezogene Kriterium „Betriebsidentität" überzeugt nicht. Neben eine grundsätzlich unzureichende Praktikabilität dieser Begrifflichkeit tritt zusätzlich bei unternehmensinternen Umstrukturierungen das Problem auf, dass - mangels Eingreifens einer Auffangnorm wie § 613a BGB - die Regelungen einer Betriebsvereinbarung ersatzlos entfallen. Die in der Literatur vorgeschlagenen Lösungsansätze zur Vermeidung dieser Rechtsfolge – zum einen eine aufgrund fehlenden Rechtsträgerwechsels analoge Anwendung des § 613a BGB, zum anderen eine Nachwirkung gemäß § 77 Abs. 6 BetrVG bzw. § 4 Abs. 5 TVG analog - halten wie gezeigt einer rechtlichen Überprüfung nicht stand.

II. Zu den alternativen Lösungsansätzen

1. Kollektivrechtliche Fortgeltung / Einschränkung bei rechtlicher oder tatsächlicher Unmöglichkeit

Es besteht Übereinstimmung zwischen der soeben vertretenen Auffassung und dem nun zu untersuchenden alternativen Lösungsansatz, dass das Kriterium „Betriebsidentität" zu keiner befriedigenden Lösung der Frage der Fortgeltung von Betriebsvereinbarungen führt. Zu klären ist nun zum einen, ob hierfür eine tragfähige Begründung gegeben wird. Zum anderen sind die bezüglich der Einschränkung der kollektivrechtlichen Fortgeltung bei rechtlicher oder tatsächlicher Unmöglichkeit im Rahmen der Einzelfallbetrachtung[659] bereits formulierten Bedenken näher zu betrachten.

a) Begründung / Unmittelbare Wirkung einer Betriebsvereinbarung gemäß § 77 Abs. 4 Satz 1 BetrVG

Die kollektivrechtliche Fortgeltung von Betriebsvereinbarungen nach unternehmensinternen Umstrukturierungen ist nach dieser Ansicht erforderlich, um die Arbeitnehmer vor nicht kontrollierbaren Organisationsentscheidungen des Arbeitgebers zu schützen[660]. Zur Begründung der normativen Fortgeltung wird auf die unmittelbare und zwingende Wirkung von Betriebsvereinbarungen gemäß §

---

[659] Siehe oben 4. Teil, B.IV.

[660] Vgl. BKMT-Bachner, Handbuch Arbeitsrecht bei Unternehmensumwandlung und Betriebsübergang, D 149.

77 Abs. 4 Satz 1 BetrVG zurückgegriffen[661]. Ob dies einer rechtlichen Überprüfung standhält, ist indes zweifelhaft.

Durch die unmittelbare Geltung der Betriebsvereinbarung wirken ihre normativen Regelungen als Gesetz des Betriebes von außen auf die Arbeitsverhältnisse ein, ohne zum Bestandteil des Arbeitsvertrags zu werden[662]. Die zwingende Wirkung einer Betriebsvereinbarung bedeutet, dass von ihren Regelungen nicht zuungunsten der Arbeitnehmer durch anderweitige Absprachen der Arbeitsvertragsparteien abgewichen werden kann[663]. Jedoch kann eine Betriebsvereinbarung gemäß § 77 Abs. 5 BetrVG vorbehaltlich einer anderweitigen Absprache mit einer Frist von drei Monaten gekündigt werden. Die Geltungswirkung einer Betriebsvereinbarung steht demnach grundsätzlich zur Disposition der Betriebsparteien. Dies spricht dagegen, § 77 Abs. 4 Satz 1 BetrVG eine derart umfassende Bedeutung zuzumessen. Dieser Norm kann also keine Geltungsanordnung von Betriebsvereinbarungen über den Zeitpunkt einer unternehmensinternen Umstrukturierung hinaus entnommen werden[664].

b) Ausnahmen der kollektivrechtlichen Fortgeltung

Von der kollektivrechtlichen Fortgeltung sollen nach dieser Auffassung dann Ausnahmen zugelassen werden, wenn die Erfüllung der Gestaltungsfunktion einer Betriebsvereinbarung nach der unternehmensinternen Umstrukturierung rechtlich oder tatsächlich unmöglich ist[665]. Von rechtlicher Unmöglichkeit sei dann auszugehen, wenn ein Betrieb bzw. Betriebsteil in einen anderen Betrieb eingegliedert werde, in dem es schon eine Betriebsvereinbarung zu demselben Regelungsgegenstand gebe[666]. Dies ist mit der allgemein anerkannten Definition von objektiver Unmöglichkeit nicht in Einklang zu bringen. Danach liegt objektive Unmöglichkeit vor, wenn die Leistung von niemandem erbracht werden kann[667]. In Eingliederungsfällen ist die Fortführung der bisher schon im eingegliederten Betrieb bzw. Betriebsteil geltenden Betriebsvereinbarungen aber prinzipiell möglich.

Tatsächliche Unmöglichkeit sei dann gegeben, wenn der konkrete Betriebsablauf und die tatsächliche betriebliche Organisation der weiteren Durchführung

---

661 Vgl. Bachner, NZA 1997, S. 79, 80.
662 Vgl. FESTL, BetrVG, § 77, Rn. 125.
663 Vgl. DKK-Berg, BetrVG, § 77, Rn. 42.
664 Ebenso GK-Kreutz, BetrVG, § 77, Rn. 376; Berg, Unternehmensinterne Umstrukturierungen, S. 126.
665 Vgl. Bachner, NZA 1997, S. 79, 81.
666 Vgl. BKMT-Bachner, Handbuch Arbeitsrecht bei Unternehmensumwandlung und Betriebsübergang, D 153.
667 Vgl. Palandt/Heinrichs, BGB, § 275, Rn. 13; Staudinger/Löwisch, BGB, § 275, Rn. 3.

einer Betriebsvereinbarung entgegenstehe[668]. Beispielhaft werden hierfür divergierende Arbeitszeitregelungen in den Ursprungsbetrieben angeführt[669]. Auch in diesem Fall ist zu fragen, ob die geschuldete Leistung tatsächlich nicht erbracht werden kann. Bei konsequenter Anwendung der soeben zitierten Definition ist dies zu verneinen. Ungeachtet etwaiger Umsetzungsprobleme im Betriebsablauf ist die parallele Anwendung mehrerer Arbeitszeitregelungen grundsätzlich möglich.

c) Zwischenergebnis

Die kollektivrechtliche Fortgeltung von Betriebsvereinbarungen nach unternehmensinternen Umstrukturierungen kann nicht über § 77 Abs. 4 Satz 1 BetrVG begründet werden. Die Grenzziehung bei der Frage, ob eine Weitergeltung unmöglich ist, ist nicht tragbar. Dementsprechend ist dieser Lösungsansatz abzulehnen[670].

2. Gestaltungsaufgabe

Nach der Ansicht von *Kreutz* ist für die normative Fortgeltung von Betriebsvereinbarungen sowohl bei Betriebsübergängen als auch bei unternehmensinternen Umstrukturierungen auf den Fortbestand der Gestaltungsaufgabe abzustellen. Es besteht also zumindest insofern Übereinstimmung mit der hier vertretenen Auffassung, dass das Kriterium Betriebsidentität bei der Fortgeltung von Betriebsvereinbarungen nicht heranzuziehen ist.

Im Folgenden wird zunächst der vom BAG im Beschluss vom 18. September 2002[671] herangezogene und von *Kreutz* als Bestätigung seiner Auffassung[672] angesehene Ansatzpunkt, sich hinsichtlich der kollektivrechtlichen Fortgeltung von Betriebsvereinbarungen auch am Übergangsmandat des Betriebsrats gemäß § 21a BetrVG zu orientieren, untersucht. Hierzu wird zunächst auf die § 21a BetrVG zugrundeliegende Übergangsrichtlinie 2001/23/EG und die Voraussetzungen des § 21a BetrVG eingegangen. Auf dieser Grundlage wird die Frage der Fortgeltung von Betriebsvereinbarungen in Anlehnung an das Übergangsmandat beantwortet.

---

[668] Vgl. BKMT-Bachner, Handbuch Arbeitsrecht bei Unternehmensumwandlung und Betriebsübergang, D 158.
[669] Vgl. BKMT-Bachner, Handbuch Arbeitsrecht bei Unternehmensumwandlung und Betriebsübergang, D 159.
[670] Ebenso GK-Kreutz, BetrVG, § 77, Rn. 376; Berg, Unternehmensinterne Umstrukturierungen, S. 126.
[671] AP Nr. 7 zu § 77 BetrVG 1972.
[672] Vgl. Kreutz, FS 50 Jahre BAG, S. 993, 1010.

Im Anschluss hieran wird die Frage diskutiert, ob ein Abstellen auf das Kriterium Gestaltungsaufgabe bei der Fortgeltung von Betriebsvereinbarungen einer rechtlichen Überprüfung standhält.

a) Einordnung der Hilfserwägung / Übergangsmandat gemäß § 21a BetrVG

aa) Übergangsrichtlinie 2001/23/EG

(1) Entwicklung

Die Richtlinie 2001/23/EG[673] vom 12.03.2001 fasst die Richtlinie 77/187/EWG vom 14.02.1977 zur Angleichung der Rechtsvorschriften der Mitgliedsstaaten über die Wahrung von Ansprüchen der Arbeitnehmer beim Übergang von Unternehmen, Betrieben und Betriebsteilen[674] und die dazu ergangene Änderungsrichtlinie 98/50/EG[675] vom 29.06.1998 zusammen[676].

Erstmals wurde eine Regelung hinsichtlich der übergangsweisen Vertretung von Arbeitnehmern im Kommissionsvorschlag vom 01.10.1994[677] formuliert und ohne Änderungen in den Kommissionsvorschlag vom 21.04.1997[678] übernommen. Durch die Änderungsrichtlinie 98/50/EG wurde die Pflicht der Mitgliedsstaaten zur Schaffung einer Übergangsregelung in Art. 5 Abs. 1 Unterabs. 4 der Betriebsübergangsrichtlinie 77/187/EWG eingefügt. Nach der Zusammenfassung entspricht Art. 5 Abs. 1 Unterabs. 4 der Richtlinie 77/178/EWG inhaltlich unverändert Art. 6 Abs. 1 Unterabs. 4 der Richtlinie 2001/23/EG.

(2) Zielsetzung und Anwendungsbereich

Grundlegende Zielsetzung der Richtlinie 2001/23/EG[679] ist es gemäß Nr. 3 der Präambel, Arbeitnehmer bei einem Wechsel des Unternehmensinhabers zu schützen. Die Richtlinie findet gemäß Art. 1 Abs. 1 a) bei einem Übergang von Unternehmen, Betrieben oder Unternehmens- bzw. Betriebsteilen auf einen anderen Inhaber durch vertragliche Übertragung oder durch Verschmelzung Anwendung[680]. Ein Übergang liegt nach Art. 1 Abs. 1 b) dann vor, wenn bei einem Übergang eine wirtschaftliche Einheit im Sinne einer organisierten Zusammenfassung von Ressourcen zur Verfolgung einer wirtschaftlichen Haupt- oder Ne-

---

673 Siehe ABl. EG Nr. L 82, S. 16 ff.
674 Siehe ABl. EG Nr. L 61, S. 26 ff. (sog. "Betriebsübergangsrichtlinie")
675 Siehe ABl. EG Nr. L 201, S. 88 ff.
676 Vgl. Übereinstimmungstabelle in Anhang II der Richtlinie 20017/23/EG, a.a.O., S. 20.
677 Siehe ABl. EG Nr. C 274, S. 10 ff.
678 Siehe ABl. EG Nr. C 124, S. 48 ff.
679 Im Folgenden „Richtlinie“.
680 Vgl. zum Anwendungsbereich Willemsen/Annuß, NJW 1999, S. 2073 ff.; Gaul, BB 1999, S. 526 ff.; Krause, NZA 1998, S. 1201 ff.

bentätigkeit ihre Identität bewahrt. Unternehmensinterne Umstrukturierungen werden mangels Inhaberwechsels von der Richtlinie nicht erfasst.

Gemäß Art. 1 Abs. 1 c) Satz 1 gilt die Richtlinie für öffentliche und private Unternehmen, die eine wirtschaftliche Tätigkeit ausüben, unabhängig davon, ob sie Erwerbszwecke verfolgen oder nicht. Kein Übergang im Sinne dieser Richtlinie liegt gemäß Art. 1 Abs. 1 c) Satz 2 allerdings vor, wenn lediglich Aufgaben im Zuge einer Verwaltungsumstrukturierung oder von einer Behörde auf eine andere übergehen.

(3) Inhalt des Art. 6 Abs. 1 Unterabs. 4 der Richtlinie

(α) Sicherstellung einer angemessenen Vertretung

Die Richtlinie ordnet an, dass nach dem Übergang eine „angemessene Vertretung"[681] der Arbeitnehmer sichergestellt werden muss. Ausreichend ist hierfür eine angemessene Repräsentation, die auf den Zeitraum begrenzt werden kann, der für die Neubildung der Arbeitnehmervertretung erforderlich ist[682]. Eine unveränderte Aufrechterhaltung der bisherigen Arbeitnehmervertretung wird nicht ausdrücklich angeordnet und ist daher nicht zwingend[683]. Allerdings ist, um eine wirkungsvolle Vertretung der Arbeitnehmer auch in der Übergangsphase zu gewährleisten, regelmäßig das Fortbestehen des bereits existierenden Betriebsrats geboten[684].

Die Vertretung soll „im Einklang mit dem Recht oder der Praxis der Mitgliedsstaaten" erfolgen. Hiermit ist nicht das „Ob" des Übergangsmandats gemeint, sondern nur die Art und Weise der konkreten Umsetzung. Den Mitgliedstaaten ist es nicht freigestellt, ob sie überhaupt einen betriebsverfassungsrechtlichen Schutz für die betroffenen Arbeitnehmer vorsehen[685]. Ihnen bleibt lediglich überlassen, wie sie das von der Richtlinie vorgegebene Ziel[686] mit den Mitteln der jeweiligen nationalen Rechtsordnung erreichen.

Hinsichtlich des Umfangs des Übergangsmandats wird vereinzelt vertreten, die Richtlinie wolle der Vertretung der Arbeitnehmer keine eigenständigen Befugnisse verleihen, sondern nur die grundsätzliche Fortexistenz eines betriebsver-

---

681 Krause, NZA 1998, S. 1201, 1203 weist darauf hin, dass diese eher vage Formulierung bezweckt, den auf dem Gebiet des Betriebsverfassungsrechts sehr heterogenen nationalen Rechten keine zu engen Schranken zu setzen.
682 Vgl. Willemsen/Annuß, NJW 1999, S. 2073, 2078.
683 Vgl. MünchArbR-Birk, § 19, Rn.258
684 Vgl. Franzen, RdA 1999, S. 361, 369; Blanke, ZfPR 2001, S. 242, 247.
685 Vgl. Krause, NZA 1998, S. 1201, 1203.
686 Siehe Art. 249 III EGV n.F.

fassungsrechtlichen Schutzes gewährleisten[687]. Dies einschränkend wird darauf hingewiesen, dass zwar kein Vollmandat vorliegen müsse, eine Arbeitnehmervertretung ohne nennenswerte Mitwirkungsrechte aber mit der Vorgabe einer „angemessenen" Vertretung unvereinbar sei[688].

Mit der Gegenauffassung[689] ist jedoch davon auszugehen, dass dem Übergangsbetriebsrat sämtliche Rechte eines regulären Betriebsratsmandats zustehen. Die Formulierung der Richtlinie „angemessen" indiziert keinesfalls eine Absenkung des Schutzniveaus zu Lasten der vom Übergang betroffenen Arbeitnehmer. Gerade in der Übergangsphase bedürfen die Arbeitnehmer des uneingeschränkten Schutzes durch den Betriebsrat. Es ist daher nicht einsichtig, warum bei einer übergangsweisen Vertretung eine Begrenzung auf Angelegenheiten, die nur unmittelbar mit dem Übergang zusammenhängen, erfolgen soll. Hierfür spricht auch die Wortwahl des Richtliniengebers, wonach die Arbeitnehmer „weiterhin" angemessen vertreten werden sollen. Durch diese Bezugnahme auf den Zeitraum vor dem Übergang wird deutlich, dass der Übergangsvertretung nicht mehr, aber auch nicht weniger Kompetenzen als dem regulären Betriebsrat zustehen sollen.

Für den Abschluss von (ablösenden) Betriebsvereinbarungen durch den Übergangsbetriebsrat bedeutet dies, dass die Richtlinie dem nicht entgegensteht[690].

(β) Verlust der Selbständigkeit der übergehenden Einheit

Eine übergangsweise Vertretung setzt nach der Richtlinie voraus, dass die übergehende Einheit ihre Selbständigkeit verliert. Hierzu kommt es, wenn die Voraussetzungen für die Beibehaltung des bisherigen Betriebsrats nicht mehr erfüllt sind[691]. Nach herrschender Auffassung wird dies von der Beibehaltung der Betriebsidentität abhängig gemacht[692]. Ein Betriebsrat bleibt danach im Amt, solange der Betrieb seine Identität bewahrt. Unter Zugrundlegung dieses Ansatzes wird der Begriff der „Selbständigkeit" im deutschen Betriebsverfassungsrecht als „Betriebsidentität" aufgefasst[693].

---

687 Vgl. Jung, Übergangsmandat, S. 188.
688 Vgl. Krause, NZA 1998, S. 1201, 1203.
689 Vgl. Gaul, BB 1999, S. 582, 584.
690 Siehe oben 3. Teil, A.II.4.d)bb)(2).
691 Vgl. Willemsen/Annuß, NJW 1999, S. 2073, 2078.
692 Vgl. WHSS-Hohenstatt, Umstrukturierung und Übertragung von Unternehmen, D 68; Richardi-Thüsing, BetrVG, § 21, Rn. 27; Rieble, FS für Wiese, S. 453, 460; kritisch zum Identitätsbegriff GK-Kreutz, BetrVG, § 21a, Rn. 24.
693 Vgl. von Roetteken, NZA 2001, S. 414, 421; Gaul, BB 1999, S. 582, 584.

(γ) Vom Übergang betroffene Arbeitnehmer

Die Richtlinie sieht die Schaffung einer übergangsweisen Vertretung für „die vom Übergang betroffenen Arbeitnehmer" vor. Nach dem Wortlaut ist unklar, ob der Richtliniengeber nur die in der übergehenden Einheit beschäftigten oder aber auch die beim Veräußerer verbleibenden bzw. schon zuvor beim Erwerber beschäftigten Arbeitnehmer erfassen wollte[694]. Eine Entscheidung dieser Frage kann hier aber dahinstehen, da der Gesetzgeber bei § 21a BetrVG mit der Einbeziehung unternehmensinterner Betriebsumstrukturierungen weit über die Vorgabe der Richtlinie hinaus gegangen ist.

bb) Voraussetzungen des § 21a BetrVG

(1) Anwendungsbereich

Das Übergangsmandat entsteht nach einer Betriebsspaltung (§ 21a Abs. 1 Satz 1) oder nach einer Zusammenfassung von Betrieben oder Betriebsteilen (§ 21a Abs. 2 Satz 1), wenn die entstehende betriebliche Einheit selbst betriebsratsfähig ist und nicht in einen Betrieb eingegliedert wird, in dem bereits ein Betriebsrat besteht (§ 21a Abs. 1 Satz 1 bzw. § 21a Abs. 2 Satz 2 i.V.m. Abs. 1 Satz 1). § 21a Abs. 3 stellt klar, dass vorstehende Regelungen auch dann gelten, wenn die Spaltung oder Zusammenlegung von Betrieben und Betriebsteilen im Zusammenhang mit einer Betriebsveräußerung oder einer Umwandlung nach dem Umwandlungsgesetz erfolgt. Damit ist für die Entstehung des Übergangsmandats unerheblich, ob eine unternehmensinterne Umstrukturierung vorliegt oder ob der Betrieb bzw. Betriebsteil im Wege der Einzel- oder Gesamtrechtsnachfolge übertragen wird[695].

(2) Betriebsspaltung gemäß § 21a Abs. 1 Satz 1 BetrVG

In § 21a Abs. 1 BetrVG sind die Voraussetzungen für das Vorliegen einer Betriebsspaltung nicht geregelt. Von einer Betriebsspaltung ist auszugehen, wenn die organisatorische Einheit Betrieb nach der umstrukturierenden Maßnahme nicht mehr oder nicht mehr in ihrer bisherigen Form existiert[696]. Dabei ist zwischen Betriebsaufspaltung und Betriebsabspaltung[697] zu differenzieren. Bei der Aufspaltung wird der Ursprungsbetrieb aufgelöst, bei der Abspaltung besteht die

---

[694] Dafür i.E. Willemsen/Annuß, NJW 1999, S. 2073, 2077, auch wenn der Vergleich mit der englischen, französischen und italienischen Fassung der Richtlinie erkennen lässt, dass nur die in der übertragenen Einheit beschäftigten Arbeitnehmer geschützt sein sollen; dagegen Krause, NZA 1998, S. 1201, 1203.
[695] Siehe BT-Drs. 14/5741, S. 39.
[696] Vgl. Stege/Weinspach/Schiefer, BetrVG, § 21a, Rn. 6.
[697] Hiervon ist die Abspaltung i.S.v. § 123 Abs. 2 UmwG zu unterscheiden.

organisatorische Einheit des Ursprungsbetriebs dagegen fort[698]. Zur im Einzelfall oftmals schwierigen Abgrenzung zieht die herrschende Meinung den Begriff der Betriebsidentität heran[699]. Danach kann es bei einer Abspaltung unter Beibehaltung der Betriebsidentität nur in dem abgespaltenen Betriebsteil zur Entstehung des Übergangsmandats und zur Neuwahl des Betriebsrats kommen.

Nur im abgespaltenen Betriebsteil stellt sich folglich die Frage, ob die Fortgeltung von Betriebsvereinbarungen an das Übergangsmandat angeknüpft werden kann. Im Ursprungsbetrieb bleibt der bisherige Betriebsrat bestehen, die Betriebsvereinbarungen gelten unproblematisch fort.

(3) Zusammenlegung gemäß § 21a Abs. 1 Satz 2 BetrVG / Keine Eingliederung

Eine Zusammenfassung von Betrieben liegt vor, wenn zwei oder mehr bisher selbständige organisatorische Einheiten von Arbeitsmitteln so zusammengelegt werden, dass eine Organisationseinheit entsteht[700]. Hierbei ist die Zusammenfassung von Betrieben oder Betriebsteilen zu einem neuen Betrieb und die Eingliederung eines Betriebs oder eines Betriebsteils in einen anderen Betrieb zu unterscheiden. Nach herrschender Auffassung[701] liegt eine Eingliederung vor, wenn der entstandene Betrieb unter Zugrundelegung des Begriffs der Betriebsidentität als Fortführung einer der beteiligten Betriebe angesehen werden kann.

Ist danach von einer Zusammenfassung auszugehen, nimmt der Betriebsrat des nach der Zahl der wahlberechtigten Arbeitnehmer größten Betriebs oder Betriebsteils das Übergangsmandat wahr[702]. In diesem Fall ist fraglich, ob die Fortgeltung von Betriebsvereinbarungen an das Übergangsmandat geknüpft werden kann.

---

698 Vgl. HWK-Reichold, Arbeitsrecht Kommentar, § 21a BetrVG, Rn. 5; FESTL, BetrVG, § 21a, Rn. 9.

699 Siehe 4. Teil, A.III.3.

700 Vgl. FESTL, BetrVG, § 21a, Rn. 11; Löwisch/Kaiser, BetrVG, § 21a, Rn. 20; Fischer, RdA 2005, S. 39, 40; kritisch GK-Kreutz, § 21a, Rn. 61 ff.: Für die Beurteilung, ob eine Zusammenfassung oder Eingliederung vorliege, sei die Entwicklung von Sachkriterien erforderlich. In Orientierung an § 13 Abs.2 Satz 1 BetrVG liege eine Eingliederung vor, wenn Betriebe zusammengefasst werden, von denen der kleinere regelmäßig weniger als die Hälfte der Arbeitnehmer des größeren Betriebs hat.

701 Vgl. BAG vom 25.09.1996, EzA Nr. 2 zu § 97 ArbGG; FESTL, BetrVG, § 21a, Rn. 11, 14; Löwisch/Kaiser, BetrVG, § 21a, Rn. 22.

702 Zur Frage, ob auf den Zeitpunkt der letzten Betriebsratswahlen oder der tatsächlichen Zusammenfassung abzustellen ist, vgl. Rieble/Gutzeit, ZIP 2004, S. 693 ff., die für den Zeitpunkt der tatsächlichen Zusammenfassung eintreten; zur Frage, ob ein Übergangsmandat entsteht, wenn nicht alle Betriebe oder Betriebsteile im Zeitpunkt der Zusammenfassung einen Betriebsrat haben, vgl. Richardi-Thüsing, BetrVG, § 21a, Rn. 9 ff., der für ein uneingeschränktes Übergangsmandat plädiert.

(4) Entstehen einer betriebsratsfähigen Einheit i.S.d. § 1 Abs. 1 Satz 1 BetrVG

Das Entstehen des Übergangsmandats setzt voraus, dass die nach der Spaltung oder Zusammenfassung entstandene Einheit betriebsratsfähig i.S.d. § 1 Abs. 1 Satz 1 BetrVG ist. Im Falle einer Zusammenfassung müssen nicht die zusammengefassten Betriebsteile für sich gesehen betriebsratsfähig sein, sondern erst der durch die Zusammenfassung entstehende Betrieb[703]. Der neuen betrieblichen Einheit müssen mindestens fünf wahlberechtigte Arbeitnehmer angehören, von denen drei wählbar sind. Da das Übergangsmandat im Zeitpunkt der Spaltung bzw. Zusammenfassung entsteht, ist grundsätzlich die Anzahl der Arbeitnehmer maßgeblich, die unmittelbar nach der Umstrukturierung der neuen betrieblichen Einheit angehören. Ausnahmsweise ist jedoch eine andere Betrachtung geboten, wenn § 21a BetrVG in rechtsmissbräuchlicher Weise durch Unterschreitung des erforderlichen Schwellenwerts unterlaufen werden soll[704]. Dies ist beispielsweise dann der Fall, wenn vor der Organisationsänderung Aufhebungsverträge mit Arbeitnehmern geschlossen werden und diese Personen im Anschluss an die Umstrukturierung wieder eingestellt werden.

Über den Wortlaut des § 21a BetrVG hinaus kommt ein Übergangsmandat auch dann in Betracht, wenn die neu entstandene betriebliche Einheit zwar nicht betriebsratsfähig ist, aber Verhandlungen gemäß § 3 BetrVG darüber stattfinden, ob trotz dieses Umstandes eine betriebsverfassungsrechtliche Vertretung erfolgen soll[705].

(5) Wegfall der bisherigen regulären Vertretung

Weitere Voraussetzung für das Entstehen eines Übergangsmandats ist der Wegfall der bisherigen Vertretung[706]. Dies ist zwar nicht ausdrücklich geregelt, entspricht aber dem Willen des Gesetzgebers. Ausweislich der Gesetzesbegründung soll ein Übergangsmandat dann entstehen, wenn eine Organisationsänderung zum Wegfall des bisherigen Betriebsrats führt oder ein Teil der Arbeitnehmer aus dem Zuständigkeitsbereich herausfällt[707]. § 21a Abs. 1 Satz 1 BetrVG ordnet jedoch ein Übergangsmandat für sämtliche dem Betriebsrat bislang zugeordnete Betriebsteile an. Damit sind nach dem Wortlaut auch Betriebsteile umfasst, in denen nach einer Abspaltung weiterhin das reguläre Mandat besteht. In diesem Fall existiert jedoch kein Bedarf nach einem Übergangsmandat, da die Arbeitnehmer ihre Vertretung nicht verlieren. Dementsprechend ist eine teleologische

---

[703] Vgl. Thüsing, DB 2002, S. 738, 740.
[704] Zutreffend Lepper/Wiesinger, AuA 2002, S. 204, 206.
[705] Vgl. DKK-Buschmann, BetrVG, § 21a, Rn. 34.
[706] Vgl. Richardi-Thüsing, BetrVG, § 21a, Rn. 4; FESTL, BetrVG, § 21a, Rn. 6.
[707] Siehe BT-Drs. 14/5741, S. 39.

Reduktion des § 21a Abs. 1 Satz 1 BetrVG insofern erforderlich, als nur in solchen Betriebsteilen ein Übergangsmandat entsteht, in dem die bisherige Vertretung nicht mehr im Amt ist[708]. Im Falle einer Abspaltung bleibt daher der Betriebsrat im Ursprungsbetrieb bis zum Ablauf seiner regulären Amtszeit im Amt[709].

Kommt es zu einer Eingliederung von Betrieben bzw. Betriebsteilen, bedarf es ebenfalls keines Übergangsmandats. Der Betriebsrat des aufnehmenden Betriebs nimmt in diesem Fall auch die Vertretung der Arbeitnehmer des eingegliederten Betriebs bzw. Betriebsteils wahr, so dass ein Übergangsmandat überflüssig ist. Eine teleologische Reduktion ist hier allerdings nicht notwendig. § 21a Abs. 1 Satz 1 BetrVG, auf den § 21a Abs. 2 BetrVG Bezug nimmt, formuliert als Voraussetzung das Fehlen einer Eingliederung.

cc) Fortgeltung von Betriebsvereinbarungen in Anlehnung an das Übergangsmandat

(1) Argumente für ein Anknüpfen an das Übergangsmandat

Von den Befürwortern einer Anknüpfung an das Übergangsmandat wird zunächst auf die Gesetzesbegründung zu § 21a BetrVG verwiesen[710]. Danach ist Sinn und Zweck des Übergangsmandats, die Arbeitnehmer in der für sie besonders kritischen Phase im Anschluss an eine betriebliche Umstrukturierung vor dem Verlust der Beteiligungsrechte zu schützen[711]. Die Amtskontinuität bei Wahrnehmung eines Übergangsmandats verlange grundsätzlich die kollektive Fortgeltung der Betriebsvereinbarung in ihrem bisherigen Geltungsbereich, da andernfalls der beabsichtigte Arbeitnehmerschutz nur unvollständig gewährleistet sei[712]. Ferner sei schlecht einzusehen, dass einerseits der Betriebsrat für eine Übergangszeit im Amt bleibe, andererseits die kollektive Wirkung von Betriebsvereinbarungen entfallen solle[713]. Für eine kollektivrechtliche Fortgeltung im Gleichklang mit dem Übergangsmandat spreche auch, dass der Arbeitgeber einen Partner habe, den er zu Verhandlungen über Abänderungen auffordern oder dem gegenüber er die Kündigung der Betriebsvereinbarung erklären könne[714]. Das Übergangsmandat müsse die für den früheren Betrieb abgeschlossenen Betriebsvereinbarungen „mit sich ziehen“, denn die Funktion des fortbestehenden Betriebsrats wäre erheblich beeinträchtigt, wenn nach der Umstrukturie-

[708] Vgl. GK-Kreutz, BetrVG, § 21a, Rn. 19; Mengel, Umwandlungen, S. 293 (zu § 321 UmwG); Jung, Übergangsmandat, S. 51.
[709] Vgl. DKK-Buschmann, BetrVG, § 21a, Rn. 31.
[710] Vgl. Kreutz, GS für Sonnenschein, S. 829, 837.
[711] Siehe BT-Drs. 14/5741, S. 38, 39.
[712] Vgl. Kreutz, GS Sonnenschein, S. 829, 837.
[713] Vgl. Schaub, FS Wlotzke, S. 103, 108.
[714] Vgl. Düwell, NZA 1996, S. 393, 395.

rung mit dem Aufbau einer kollektiven Ordnung von vorne begonnen werden müsste[715]. Es sei widersprüchlich, dem Betriebsrat des Ursprungsbetriebes zwar die Kompetenz für den abgeteilten Betriebsteil weiterhin zuzubilligen, der von ihm auch für diesen abgeschlossenen Betriebsvereinbarung jedoch die Fortgeltung zu versagen[716]. Dies müsse auch bei Zusammenlegung mehrerer Betriebe/Betriebsteile gelten, wobei der für die Wahrnehmung des Übergangsmandats zuständige Betriebsrat die Betriebsvereinbarungen jeweils für die unterschiedlichen Teilbelegschaften auf normativer Ebene weiterführe[717].

(2) Diskussion

(α) Fehlen einer ausdrücklichen Regelung

Die Frage der Fortgeltung von Betriebsvereinbarungen bei Umstrukturierungen ist in § 21a BetrVG trotz eines entsprechenden Vorschlags im Gesetzgebungsverfahren[718] nicht ausdrücklich geregelt. Der Wortlaut der Norm bietet keinen Anhaltspunkt dafür, dass der Gesetzgeber das Schicksal des Betriebsratsamtes mit dem der Betriebsvereinbarungen verknüpfen wollte. Auch in der Gesetzesbegründung zu § 21a BetrVG[719] fehlt jeder diesbezügliche Hinweis.

Es ist daher fraglich, ob das Übergangsmandat gleichwohl die kollektive Weitergeltung von Betriebsvereinbarungen rechtfertigen kann. Hier kann ein Blick auf die Zeit vor Inkrafttreten des § 21a BetrVG hilfreich sein. Dies bietet sich insofern an, als in der Gesetzesbegründung zu § 21a BetrVG[720] explizit auf die Vorgängerregelungen in verschiedenen Spezialgesetzen Bezug genommen wird. Der Gesetzgeber beabsichtigte mit der Regelung des § 21a BetrVG, dass in § 13 Abs. 1 Satz 2 des Gesetzes über die Spaltung der von der Treuhandanstalt verwalteten Unternehmen (SpTrUG)[721], § 6b Abs. 9 des Gesetzes zur Regelung offener Vermögensfragen (VermG)[722], § 20 des Gesetzes über die Gründung einer Deutschen Bahn Aktiengesellschaft (DBGrG)[723] und § 321 Umwandlungsgesetz (UmwG)[724] geregelte Übergangsmandat als allgemein gültigen Rechtsatz im Betriebsverfassungsgesetz zu verankern. Im Rahmen der Betriebsverfassungsre-

---

715 Vgl. Brinkmann, Spaltung von Rechtsträgern nach dem neuen Umwandlungsrecht, S. 180.

716 Siehe BAG, NZA 2003, S. 670; Gussen/Dauck, Weitergeltung, Rn. 334; FESTL, BetrVG, § 77, Rn. 174.

717 Vgl. BKMT-Bachner, Handbuch Arbeitsrecht bei Unternehmensumwandlung und Betriebsübergang, D 102.

718 Vgl. Rieble, NZA 2002, S. 233, 241.

719 Siehe BT-Drs. 14/5741, S. 38 f.

720 Siehe BT-Drs. 14/5741, S. 38 f.

721 Siehe BGBl. 1991, Teil 1, S. 854 ff.

722 Siehe BGBl. 1997, Teil 1, S. 1975 ff.

723 Siehe BGBl. 1993, Teil 1, S. 2378 ff.

724 Siehe BGBl. 1994, Teil 1, S. 3210 ff.

form[725] wurden die mit der Einführung des § 21a BetrVG nun überflüssigen Sondervorschriften in § 321 UmwG und § 20 DBGrG aufgehoben. Die mit der Wiedervereinigung Deutschlands in Zusammenhang stehenden Regelungen in § 13 SpTrUG und § 6b VermG gelten zwar weiterhin, verlieren aber zunehmend an Bedeutung.

In keiner dieser Vorgängerregelungen war bzw. ist die Frage nach der Fortgeltung von Betriebsvereinbarungen bei Entstehen eines Übergangsmandats geregelt. Eine ausdrückliche gesetzliche Anordnung – wie in § 31 Abs. 5 des österreichischen Arbeitsverfassungsgesetzes – sucht man vergebens. Vor diesem Hintergrund wurde es überwiegend abgelehnt, eine kollektivrechtliche Fortgeltung von Betriebsvereinbarungen auf das Übergangsmandat des Betriebsrats zu stützen[726].

Dass dem Gesetzgeber die Problematik durchaus bekannt war, wird am Vorgehen bei der Privatisierung von Bundesbahn und Bundespost Mitte der neunziger Jahre deutlich. In § 14 Abs. 3 Deutsche Bahn Gründungsgesetz (DBGrG)[727] und § 25 Abs. 3 Postpersonalrechtsgesetz (PostPersRG)[728] wurde eine kollektivrechtliche Fortgeltung von Dienstvereinbarungen als Betriebsvereinbarungen angeordnet, obwohl in § 15 DBGrG und § 25 Abs. 1 PostPersRG ein Übergangsmandat für den Personalrat geregelt ist.

Es spricht daher viel dafür, dass der Gesetzgeber auch bei der jüngsten Betriebsverfassungsreform 2001 eine ausdrückliche Regelung getroffen hätte, wenn er mit dem Übergangsmandat solch weitreichende Rechtsfolgen wie die Fortgeltung von Betriebsvereinbarungen hätte verknüpfen wollen[729].

(β) Intention des Übergangsmandats nach der Gesetzesbegründung

Ausweislich der Gesetzesbegründung zu § 21a BetrVG[730] soll mit dem Übergangsmandat sichergestellt werden, dass bei betrieblichen Organisationsänderungen in der Übergangsphase keine betriebsratslosen Zeiten entstehen. Zweck

[725] Siehe BGBl. 2001, Teil 1, S. 1852 ff.
[726] Vgl. Dehmer, UmwG, § 321, Rn. 2; Picot, Unternehmenskauf und Restrukturierung, Teil III, Rn. 74; Mengel, Umwandlungen, S. 282; Müller, RdA 1996, 287, 289; Rieble, FS für Wiese, S. 453, 467; GK-Kreutz, BetrVG, 6. Auflage, § 77, Rn. 326 (a.A. noch in der 5. Auflage, § 77, Rn. 326); Boecken, Unternehmensumwandlungen, Rn. 159; B. Gaul, NZA 1995, S. 717, 724; Lutter-Joost, UmwG, § 324, Rn. 23; a.A. Gussen/Dauck, Weitergeltung, Rn. 334 ff.; Soergel-Raab, BGB, § 613a, Rn.183; Schaub, FS für Wlotzke, S. 103, 107 f.; Düwell, NZA 1996, S. 393, 395.
[727] Siehe BGBl. 1993, Teil 1, S. 2386.
[728] Siehe BGBl. 1994, Teil 1, S. 2353.
[729] Zutreffend HWK-Willemsen/Müller-Bonanni, Arbeitsrecht Kommentar, § 613a BGB, Rn. 256; WHSS-Hohenstatt, Umstrukturierung und Übertragung von Unternehmen, E 18.
[730] Siehe BT-Drs. 14/5741, S. 38, 39.

der Regelung ist es, die Arbeitnehmer vor dem Verlust von Beteiligungsrechten zu schützen. Es soll verhindert werden, dass es zu einer betriebsratslosen Phase kommt, in der es der Arbeitgeber in der Hand hätte, einschneidende Maßnahmen wie Kündigungen oder Betriebsänderungen gemäß §§ 111 ff. BetrVG mitbestimmungsfrei durchzuführen[731].

Eine weitergehende Bedeutung kann § 21a BetrVG nicht beigemessen werden. § 21a BetrVG regelt nur das Übergangsmandat des Betriebsrats, nicht aber die Fortgeltung von Betriebsvereinbarungen[732]. Dementsprechend ist zwischen dem Schicksal des Betriebsratsamtes einerseits und der Aufrechterhaltung der kollektiven Ordnung andererseits zu differenzieren. Dann ist es auch nicht widersprüchlich, dem bisherigen Betriebsrat nach der Umstrukturierung ein Übergangsmandat zuzubilligen, zugleich aber der von ihm abgeschlossenen Betriebsvereinbarung die Fortgeltung zu versagen[733].

(γ) Weitere Ansatzpunkte

(αα) Befristete Geltung des § 21a BetrVG

Problematisch ist das Anknüpfen der Fortgeltung von Betriebsvereinbarungen an das Übergangsmandat auch im Hinblick auf die befristete Geltung des § 21a BetrVG. Wird im gespaltenen bzw. zusammengefassten Betrieb entgegen der Zielsetzung des Gesetzgebers kein neuer Betriebsrat gewählt, stellt sich nach 6 bzw. im Fall des § 21a Abs. 1 Satz 4 BetrVG nach 12 Monaten erneut die Frage nach dem Schicksal der Betriebsvereinbarung.

Für den Fall des Betriebsübergangs gemäß § 613a BGB wird diesbezüglich vertreten, die übergangsmandatsbedingte normative Weitergeltung der Betriebsvereinbarung habe die Rechtsfolgen des § 613a Abs. 1 Satz 2 BGB lediglich suspendiert, d.h. die im Zeitpunkt des Betriebsübergangs auf die arbeitsvertragliche Ebene transformierten Regelungen der Betriebsvereinbarungen seien nur vorübergehend in ihrer Wirksamkeit gehemmt[734].

---

731 Ebenso WHSS-Hohenstatt, Umstrukturierung und Übertragung von Unternehmen, E 18.

732 Vgl. Löwisch/Kaiser, BetrVG, § 77, Rn. 43; ähnlich ErfKom-Preis, § 613a BGB, Rn. 110; Preis/Richter, ZIP 2004, S. 925, 929; HWK-Reichold, Arbeitsrecht Kommentar, § 21a, Rn. 10; Lindemann/Simon, BB 2003, S. 2510, 2511; Gaul, Arbeitsrecht der Betriebs- und Unternehmensspaltung, § 25, Rn. 119; Bange, Fortgeltung von Kollektivverträgen bei Unternehmensumstrukturierung, S. 208 (zu § 321 Abs. 1 UmwG); Picot, Unternehmenskauf und Restrukturierung, Teil III, Rn. 74 (zu § 321 Abs. 1 UmwG).

733 Ebenso Müller, RdA, 1996, S. 287, 291 (zu § 321 Abs. 1 UmwG).

734 Vgl. Gussen/Dauck, Weitergeltung, Rn. 359; Silberberger, Veränderungsprozesse, S. 62; ähnlich BKMT-Bachner, Handbuch Arbeitsrecht bei Unternehmensumwandlung und Betriebsübergang, D 104, wonach der Eintritt der Transformationswirkung von § 613a Abs. 1 Satz 2 BGB durch die Beendigung des Übergangsmandats aufschiebend bedingt ist; Kittner/Zwanziger-Bachner, Arbeitsrecht für die Praxis, § 116, Rn. 8b spricht sich nunmehr aber

Diese rechtstechnische Konstruktion erweist sich bei näherer Betrachtung als nicht tragfähig. Bei Beendigung des Übergangsmandats nach 6 bzw. 12 Monaten liegt definitiv kein Betriebsübergang vor. § 613a BGB knüpft jedoch unmittelbar an den Betriebsübergang als auslösendes Ereignis an[735]. Mit der einjährigen Veränderungssperre § 613a Abs. 1 Satz 2 hat der Gesetzgeber eine Schutzvorschrift zugunsten der Arbeitnehmer geschaffen. Nähme man den Fristbeginn erst nach dem endgültigen Wegfall des Übergangsmandats an, käme es zu einer nicht gerechtfertigten Besserstellung der hiervon betroffenen Arbeitnehmer. Konsequenterweise müsste man nämlich einen 18 bzw. 24-monatigen Bestandsschutz für die in der Betriebsvereinbarung geregelten Rechte und Pflichten annehmen. Betriebsübergänge sind jedoch keinesfalls immer mit der Schaffung eines Übergangsmandats verbunden. Besteht kein Übergangsmandat, schützt § 613a Abs. 1 Satz 2 BGB nur maximal 12 Monate[736] ab dem Betriebsübergang.

Um diese Ungleichbehandlung zu vermeiden, ist zu überlegen, bei Beendigung des Übergangsmandats rückwirkend auf den Zeitpunkt des Betriebsübergangs abzustellen[737]. Die einjährige Veränderungssperre liefe also unabhängig von einem Übergangsmandat stets nur 12 Monate ab Betriebsübergang. Dieser auf den ersten Blick einleuchtende Ausweg führte indes zu praktisch kaum lösbaren Schwierigkeiten. Handelt es sich beispielsweise um eine Betriebsvereinbarung, die den Arbeitnehmern eine Sondergratifikation gewährt, müsste der Arbeitgeber zunächst den Anspruch befriedigen, hätte dann aber gegebenenfalls – wenn es zu einer Beendigung des Übergangsmandats mit Wirkung es tunc kommt - im Nachhinein einen Rückforderungsanspruch. Ungeachtet einer etwaigen Entreicherung der Arbeitnehmer gemäß § 818 Abs. 3 BGB[738] wäre eine solche Rückabwicklung mit einem für den Arbeitgeber nicht zumutbaren Aufwand verbunden.

Ebenso wenig kann argumentiert werden, bei Ablauf des Übergangsmandats sei es mangels dann vorliegendem Identitätsverlust für eine weitere normative Fortgeltung von Betriebsvereinbarungen irrelevant, ob ein neuer Betriebsrat gewählt werde[739]. Dieser Wechsel vom Betriebsratsamt zur Betriebsidentität als Kriterium für die Fortgeltung ist inkonsequent[740]. Er liefe darauf hinaus, nach der „Ro-

---

für eine normative Fortgeltung von Betriebsvereinbarungen auch für den Fall aus, dass kein Betriebsrat gewählt wird.

735 Vgl. Preis/Richter, ZIP 2004, S. 925, 929.

736 Entsprechend verlängert, wenn vor Ablauf der 6 bzw. 12-monatigen Höchstfrist das Übergangsmandat mit der Wahl eines neuen Betriebsrats endet.

737 Vgl. Gussen/Dauck, Weitergeltung, Rn. 359.

738 Hierzu Palandt-Sprau, BGB, § 818, Rn. 1 ff.

739 Vgl. GK-Kreutz, BetrVG, 5. Auflage, § 77, Rn. 324, 326, der diese Ansicht in der 6. Auflage, § 77, Rn. 326 allerdings ausdrücklich aufgibt.

740 Vgl. Rieble, FS Wiese, S. 453, 467.

sinentheorie“ den jeweils passenden Anhaltspunkt für eine Fortgeltung heranzuziehen.

Die befristete Geltung des § 21a BetrVG spricht somit gegen Anknüpfen der Fortgeltung von Betriebsvereinbarungen an das Übergangsmandat[741].

(ββ) Zulässigkeit einer Vervielfältigung der Betriebsvereinbarung

Die Spaltung eines Betriebes im Sinne von § 21a Abs. 1 BetrVG wirft ebenfalls Fragen in bezug auf die normative Fortgeltung von Betriebsvereinbarungen auf. Es ist problematisch, ob sowohl im Ursprungsbetrieb - Betriebsrat bleibt regulär im Amt - als auch im organisatorisch abgespaltenen Betriebsteil – Betriebsrat führt das Amt übergangsweise fort - eine Fortgeltung in Betracht kommt. Es käme in diesem Fall im Wege einer „Zellteilung“ zu einer Vervielfältigung der Vereinbarung und der Vereinbarungspartner[742]. Dieser Aspekt wird unten[743] näher erörtert. Hier ist festzuhalten, dass dieser Aspekt hinsichtlich der Frage, ob für die Fortgeltung von Betriebsvereinbarungen an das Übergangsmandat anzuknüpfen ist, nicht weiterhilft.

(γγ) Fortgeltung bei Arbeitgeberwechsel

Knüpft man die Fortgeltung von Betriebsvereinbarungen an das Übergangsmandat des Betriebsrats, darf bei unvoreingenommener Betrachtung die Arbeitgeberseite als Vertragspartner nicht außer Betracht gelassen werden. § 21a Abs. 3 BetrVG ordnet das Entstehen eines Übergangsmandats auch bei unternehmensübergreifenden Umstrukturierungen, mit denen zwingend ein Arbeitgeberwechsel einhergeht, an. Es stellt sich insofern die Frage, inwiefern beim Wechsel „auf der anderen Seite“ die fehlende Vertragspartnerkontinuität die Fortgeltung der Betriebsvereinbarung hindert[744]. Stützt man einerseits die Fortgeltung auf den übergangsweise mandatierten Betriebsrat, müsste man andererseits konsequenterweise die Fortgeltung ablehnen, wenn es zu einem Arbeitgeberwechsel kommt. Dies kann in dieser Absolutheit nicht richtig sein. Eine kollektive Fortgeltung von Betriebsvereinbarungen bei Umstrukturierungen ist zu Recht grundsätzlich anerkannt. Das Übergangsmandat des Betriebsrats kann folglich aufgrund dieser Bedenken nicht als Vehikel einer normativen Fortgeltung herangezogen werden.

---

[741] Zutreffend JRH-Röder/Haußmann, Praxishandbuch Betriebsverfassungsrecht, § 29, Rn. 7.
[742] Vgl. Hohenstatt/Müller-Bonanni, NZA 2003, S. 766, 770.
[743] Siehe unten 4. Teil, C.II.2.b).
[744] Vgl. Rieble, NZA 2002, S. 233, 241.

(δδ) Widersprüchlichkeit

Die Verknüpfung des Übergangsmandats gemäß § 21a BetrVG mit der Fortgeltung von Betriebsvereinbarungen ist nicht widerspruchsfrei. Auch von den Befürwortern dieser Ansicht wird - insofern zutreffend[745] - vertreten, dass der vorübergehende oder endgültige Wegfall des Betriebsrats bestehende Betriebsvereinbarungen unberührt lässt[746]. In diesem Fall soll das Schicksal von Betriebsvereinbarungen also unabhängig vom Betriebsratsamt sein. Kann das Betriebsratsamt in Form eines Übergangsmandats jedoch zur Rechtfertigung einer kollektivrechtlichen Fortgeltung herangezogen werden, bestehen offenkundig keine Bedenken, sich über die in anderem Zusammenhang postulierte Unabhängigkeit von Betriebsratsamt und Betriebsvereinbarung hinwegzusetzen. Dieses Vorgehen, je nach Bedarf auf das Betriebsratsamt zur Rechtfertigung einer kollektivrechtlichen Fortgeltung abzustellen oder nicht, überzeugt nicht[747].

(3) Zwischenergebnis

Die durch das Übergangsmandat gemäß § 21a BetrVG gewährleistete Amtskontinuität kann die normative Fortgeltung von Betriebsvereinbarungen selbst nicht sichern. Diese Frage muss anhand anderer Kriterien entschieden werden. Es ist jedoch festzuhalten, dass auch nach der hier vertretenen Auffassung ein Gleichlauf von Übergangsmandat und kollektivrechtlicher Fortgeltung von Betriebsvereinbarungen keinesfalls ausgeschlossen ist. Lediglich ein striktes Anknüpfen der Fortgeltung an das Übergangsmandat scheidet aus.

b) Bedeutung des Kriteriums „Gestaltungsaufgabe“

Bei der Untersuchung der Bedeutung des Kriteriums „Gestaltungsaufgabe“ für die Fortgeltung von Betriebsvereinbarungen ist von der allgemein anerkannten Funktion der Betriebsvereinbarung auszugehen. Danach ist die Betriebsvereinbarung ein Vertrag zwischen Arbeitgeber und Betriebsrat im Rahmen des gesetzlichen Aufgabenbereichs des Betriebsrats über Inhalt, Abschluss und Beendigung von Arbeitsverhältnissen sowie über betriebliche und betriebsverfas-

---

[745] Siehe unten 4. Teil, C.II.2.b)aa)(2).

[746] Vgl. FESTL, BetrVG, § 77, Rn. 174; GK-Kreutz, BetrVG, § 77, Rn. 383; BKMT-Bachner, Handbuch Arbeitsrecht bei Unternehmensumwandlung und Betriebsübergang, D 166, der sich auf BAG vom 28.07.1981, AP Nr. 2 zu § 87 BetrVG Urlaub (dort unter IV. 2. der Gründe) bezieht; ähnlich Gaul, NZA 1986, S. 628, 631, der eine Beendigung der Betriebsvereinbarung dann annehmen will, wenn die Betriebsratslosigkeit endgültig feststeht; umfassend Lange, Die Betriebsvereinbarung nach Wegfall des Betriebsrats, S. 35 ff.

[747] Ähnlich Rieble, FS Wiese, S. 453, 467, der eine Entscheidung fordert, ob für die Fortgeltung von Betriebsvereinbarungen die Betriebsidentität oder das Betriebsratsamt heranzuziehen ist. Es gehe nicht an, mal auf den einen, mal auf den anderen Gesichtspunkt abzustellen, nur um jeweils die normative Geltung aufrechtzuerhalten.

sungsrechtliche Fragen[748]. Bestimmende Faktoren einer Betriebsvereinbarung sind mithin ihre Regelungsfunktion, die sie abschließenden Betriebspartner und der Betrieb, für den sie gilt. Im Folgenden wird untersucht, ob bzw. inwiefern diese Faktoren für die Fortgeltung von Betriebsvereinbarungen bei Betriebsübergängen und unternehmensinternen Umstrukturierungen von Bedeutung sind.

aa) Bestimmende Faktoren der Betriebsvereinbarung

(1) Regelungsfunktion

Die Regelungsfunktion einer Betriebsvereinbarung kann sich auf drei grundsätzliche inhaltliche Komponenten beziehen: Auf das Miteinander von Betriebsrat und Arbeitgeber, auf das betriebliche Geschehen und auf die unmittelbare Regelung der Individualarbeitsverhältnisse[749]. Welche Funktion einer Betriebsvereinbarung im Einzelnen zukommt, wird von den Betriebspartnern bestimmt und ist gegebenenfalls durch Auslegung zu ermitteln.

Im Zusammenhang mit Betriebsübergängen und unternehmensinternen Umstrukturierungen kann die Regelungsfunktion einer Betriebsvereinbarung entfallen. Als Beispiel ist an eine Betriebsvereinbarung zu technischen Überwachungseinrichtungen zu denken, deren Erfüllung infolge einer Veränderung des Arbeitsablaufs jeden Sinn verliert. Demgegenüber gibt es durchaus Konstellationen, in denen die Gestaltungsaufgabe einer Betriebsvereinbarung trotz Veränderungen im Zuge eines Betriebsübergangs oder einer unternehmensinternen Umstrukturierung fortbesteht. Als Beispiel sind Betriebsvereinbarungen zur Gewährung einer Sondergratifikation zu nennen. Diese behalten trotz einer Umstrukturierung regelmäßig ihre Gestaltungsaufgabe bei. Es ist somit festzustellen, dass die Regelungsfunktion einer Betriebsvereinbarung nicht zwingend von einer bestimmten Betriebsstruktur abhängt.

Auch die herrschende Auffassung, die vorrangig auf die Wahrung der Betriebsidentität abstellt, lässt die Regelungsfunktion einer Betriebsvereinbarung nicht völlig außer Betracht. Bei Betriebsstilllegungen sollen Betriebsvereinbarungen trotz Verlusts der Betriebsidentität dann normativ fortgelten, wenn Tatbestände geregelt sind, die über den Stilllegungszeitpunkt hinaus Bedeutung haben[750]. Von Relevanz ist dies insbesondere für Sozialpläne, denen gemäß § 112 Abs. 1 Satz 3 BetrVG die Wirkung einer Betriebsvereinbarung zukommt. In der Litera-

---

[748] Siehe BAG vom 09.04.1991, AP Nr. 1 zu § 77 BetrVG 1972 Tarifvorbehalt; FESTL, BetrVG, § 77, Rn. 45.
[749] Vgl. Kissel, FG Söllner, S. 143, 153.
[750] Vgl. HSWG-Worzalla, BetrVG, § 77, Rn. 227; HWK-Gaul, Arbeitsrecht Kommentar, § 77 BetrVG, Rn. 83, 69; WHSS-Hohenstatt, Umstrukturierung und Übertragung von Unternehmen, E 61; Richardi-Richardi, BetrVG, § 77, Rn. 210; MünchArbR-Matthes, § 328, Rn. 47.

tur wird insofern zutreffend darauf hingewiesen, dass der Wegfall des Sozialplans dem mit ihm verknüpften Zweck, die durch die Stilllegung entstehenden wirtschaftlichen Nachteile für die Arbeitnehmer abzumildern, diametral widersprechen würde[751].

Somit ist festzuhalten, dass die Aufrechterhaltung der Regelungsfunktion für die kollektivrechtliche Fortgeltung von Betriebsvereinbarungen von grundlegender Bedeutung ist.

(2) Betriebspartner

Oben[752] wurde bereits festgestellt, dass eine Verknüpfung des Übergangsmandats gemäß § 21a BetrVG mit der normativen Fortgeltung von Betriebsvereinbarungen nicht in Betracht kommt. Die Entstehung eines Übergangsmandats hat demnach nicht zwingend die kollektivrechtliche Weitergeltung von Betriebsvereinbarungen zur Folge. Zu klären ist nun, inwiefern sich ein Wechsel der Betriebspartner sowie ein Wegfall des Betriebsrats auf das Schicksal von Betriebsvereinbarungen auswirkt.

(α) Wechsel der Betriebspartner

Betriebsvereinbarungen sind nach einhelliger Auffassung in ihrem Bestand vom Wechsel der Betriebspartner unabhängig[753].

Auf Arbeitgeberseite gilt dies zum einen dann, wenn im Falle einer Universalsukzession eines Unternehmens oder Unternehmensteils durch Verschmelzung, Umwandlung, Unternehmensspaltung oder Teilübertragung auch die Betriebe des Unternehmens oder Unternehmensteils unverändert auf einen neuen Inhaber überführt werden[754]. Denn die bloße Änderung der rechtlichen Zuordnung auf der Unternehmensebene berührt die Organisation auf der Betriebsebene nicht[755]. Regelmäßig ist hiermit die Aufrechterhaltung der Gestaltungsaufgabe einer Betriebsvereinbarung verbunden. Dasselbe gilt auch für den hier zu untersuchen-

---

[751] Vgl. WHSS-Hohenstatt, Umstrukturierung und Übertragung von Unternehmen, E 61.
[752] Siehe oben 4. Teil, C.II.2.a)cc).
[753] Siehe BAG vom 28.07.1981, AP Nr. 2 zu § 87 BetrVG Urlaub; Kreft, FS Wissmann, S. 347, 349; FESTL, BetrVG, § 77, Rn. 167; DKK-Berg, BetrVG, § 77, Rn. 52; Löwisch/Kaiser, BetrVG, § 77, Rn. 42; HSWG-Worzalla, BetrVG, § 77, Rn. 226; MünchArbR-Matthes, § 328, Rn. 46; Gussen/Dauck, Weitergeltung, Rn. 330; GK-Kreutz, BetrVG, § 77, Rn. 385; Däubler, RdA 1995, S. 140; Wlotzke, DB 1995, S. 40; Schaub, BB 1995, S. 1639.
[754] Vgl. HSWG-Worzalla, BetrVG, § 77, Rn. 226; FESTL, BetrVG, § 77, Rn. 167; Richardi-Richardi, BetrVG, § 77, Rn. 213.
[755] Vgl. GK-Kreutz, BetrVG, § 77, Rn. 385; Däubler, RdA 1995, S. 140; Wlotzke, DB 1995, S. 40.

den Betriebsübergang gemäß § 613a BGB[756]. Es wurde bereits oben dargelegt[757], dass nach herrschender Auffassung der gesetzlich angeordnete Übergang der Parteistellung beim Betriebsinhaberwechsel einer normativen Fortgeltung von Betriebsvereinbarungen dann nicht entgegensteht, wenn die Betriebsidentität gewahrt bleibt.

Auch ein Wechsel des Betriebsrats ist kein Beendigungsgrund für die Betriebsvereinbarung[758]. Wie sich aus § 77 Abs. 5 und 6 BetrVG ergibt, sind Betriebsvereinbarungen nicht auf die Amtszeit des jeweiligen Betriebsrats beschränkt. Ihre Laufzeit ist vielmehr allein abhängig von der darüber in der Betriebsvereinbarung selbst getroffenen Bestimmung. Sie gelten in Angelegenheiten, in denen der Betriebsrat ein erzwingbares Mitbestimmungsrecht hat, auch noch nach ihrem Ablauf weiter, bis sie durch eine andere Abmachung ersetzt werden. Die Betriebspartner können daher Vereinbarungen auch über den Ablauf der Amtszeit des Betriebsrats hinaus für die Dauer mehrerer Amtszeiten hinweg treffen. Schließlich ist ein Wechsel des Betriebsrats auch deshalb für den Bestand einer Betriebsvereinbarung ohne Bedeutung, weil er lediglich Repräsentant der Belegschaft ist[759].

(β) Wegfall des Betriebsrats

Steht der Wechsel der Betriebspartner der Fortgeltung von Betriebsvereinbarungen nicht entgegen, stellt sich sodann die Frage, ob dies auch dann gilt, wenn das betriebsverfassungsrechtliche Grundverhältnis entfällt.

Betriebsratslosigkeit kann eintreten, wenn die Amtszeit eines Betriebsrats zu Ende geht und das Wahlergebnis einer Neuwahl noch nicht bekannt ist. Ebenso entfällt ein Betriebsrat, wenn seine Wahl nichtig ist oder ein Fall des § 13 Abs. 2 Nrn. 4, 5 BetrVG vorliegt. Die Arbeitnehmervertretung endet, wenn nach Ablauf der Amtszeit eines Betriebsrats keine Initiative zur Neuwahl ergriffen wird, obwohl der Betrieb betriebsratsfähig im Sinne des § 1 BetrVG ist. Schließlich kann der Betrieb die Voraussetzungen der Betriebsratsfähigkeit im Sinne des § 1 BetrVG dadurch verlieren, dass die Zahl der ständig wahlberechtigten Arbeitnehmer nicht nur vorübergehend, sondern auf Dauer unter 5 absinkt[760].

Wird ein Betrieb betriebsratslos, fehlt vorübergehend oder dauerhaft eine der beiden Vertragsparteien einer Betriebsvereinbarung. Der Abschluss einer neuen,

---

756 Vgl. Staudinger-Richardi/Annuß, BGB, § 613a, Rn. 171.

757 Siehe oben 4. Teil, A.I.1.

758 Siehe BAG vom 28.07.1981, AP Nr. 2 zu § 87 BetrVG Urlaub; Richardi-Richardi, BetrVG, § 77, Rn. 209; FESTL, BetrVG, § 77, Rn. 175.

759 Vgl. Richardi-Richardi, BetrVG, § 77, Rn. 209.

760 Zu den einzelnen Fallgruppen Lange, Die Betriebsvereinbarung nach Wegfall des Betriebsrats, S. 29 f.

u.U. ablösenden Betriebsvereinbarung kommt in dieser Phase nicht in Betracht. Für den Arbeitgeber stellt sich aber, sofern die Betriebsvereinbarung nicht durch Zeitablauf oder Zweckerreichung endet, die Frage, ob bzw. gegenüber wem er die Kündigung einer bestehenden Betriebsvereinbarung gemäß § 77 Abs. 5 BetrVG erklären kann. Das Betriebsverfassungsgesetz enthält weder eine Regelung für einen Ersatz-Adressaten, noch die Kompetenz für die Bestellung eines solchen[761]. Gleichwohl wäre es zu weitgehend, das Kündigungsrecht des Arbeitgebers gemäß § 77 Abs. 5 BetrVG bei Wegfall des Betriebsrats zu verneinen und ihn auf Grundsätze über die Störung der Geschäftsgrundlage im Sinne von § 313 BGB zu verweisen[762]. In diesem Fall genügt es, wenn der Arbeitgeber die Kündigung der Betriebsvereinbarung allen regelungsbetroffenen Arbeitnehmern gegenüber erklärt[763]. Dabei muss die Mitteilung nicht gegenüber jedem Arbeitnehmer gesondert erfolgen[764], sondern kann aus Praktikabilitätsgründen auch am „Schwarzen Brett“ geschehen[765].

Damit ist zunächst festzustellen, dass die mit dem Wegfall des Betriebsrats entstehende Kündigungsproblematik seitens des Arbeitgebers einer Fortgeltung von Betriebsvereinbarungen nicht entgegensteht.

Zu klären ist nun, ob hinsichtlich der Auswirkungen auf den Fortbestand von Betriebsvereinbarungen zwischen endgültiger – z.B. bei Wegfall der Betriebsratsfähigkeit - und nur vorübergehender Betriebsratslosigkeit zu differenzieren ist. Teilweise wird diesbezüglich vertreten, die Fortgeltung einer Betriebsvereinbarung sei ausgeschlossen, wenn der Wegfall eines Betriebspartners nicht nur zeitweise, sondern dauerhaft ist[766]. Dieser Ansicht ist abzulehnen. Zwar ist zutreffend, dass im betriebsratsunfähigen Betrieb nicht jederzeit wieder ein Betriebsrat gewählt werden kann, sondern erst dann, wenn der Betrieb durch eine Erhöhung der Beschäftigtenzahl wieder den Schwellenwert des § 1 BetrVG erreicht. Indes rechtfertigt dies keine sofortige Beendigung der Betriebvereinbarungen. Die Betriebsvereinbarungen behalten auch in diesem Fall ihre Gestaltungsaufgabe bei, sofern sie nicht gegenstandslos werden. So enden beispielsweise Betriebsvereinbarungen, die sich auf die Sprechstundenzeiten des Gremiums beziehen. Der Fortbestand einer wirksam vereinbarten Betriebsvereinba-

---

761 Vgl. insofern §§ 16 Abs. 2, 17 Abs. 4 BetrVG, die sich auf die Bestellung eines Wahlvorstandes durch den Gesamtbetriebsrat/Konzernbetriebsrat bzw. das Arbeitsgericht beziehen.
762 Vgl. Kissel, FG Söllner, S. 143, 154.
763 Siehe BAG vom 18.09.2002, AP Nr. 7 zu § 77 BetrVG 1972 unter B.III.2.b)cc)(2) der Gründe; Kittner/Zwanziger-Bachner, Arbeitsrecht für die Praxis, § 116, Rn. 13 b.
764 So Gaul, NZA 1986, S. 628, 631.
765 Vgl. FESTL, BetrVG, § 77, Rn. 176; DKK-Berg, BetrVG, § 77, Rn. 52; MünchArbR-Matthes, § 328, Rn. 45; Brune, AR-Blattei SD 520, Rn. 434; GK-Kreutz, BetrVG, § 77, Rn. 383; Kreutz, FS Kraft, S. 323, 336.
766 Vgl. Löwisch/Kaiser, BetrVG, § 77, Rn. 41; WHSS-Hohenstatt, Umstrukturierung und Übertragung von Unternehmen, E 64; ähnlich Preis/Richter, ZIP 2004, S. 925, 929.

rung ist folglich nicht davon abhängig, dass der Betriebsrat als gesetzliche Interessenvertretung der Arbeitnehmer fortbesteht[767].

Aus Vorstehendem ergibt sich, dass weder ein Wechsel der Betriebspartner noch ein Wegfall des Betriebsrats Bedeutung für die Fortgeltung von Betriebsvereinbarungen hat. Somit ist festzuhalten, dass kein Abhängigkeitsverhältnis zwischen Betriebsvereinbarungen und der Existenz der Betriebspartner besteht.

(3) Betrieb

Nach den Faktoren „Regelungsfunktion“ und „Betriebspartner“ wird nun die Bedeutung des Betriebs im Zusammenhang mit der Fortgeltung von Betriebsvereinbarungen erörtert.

Das Rechtsinstitut Betriebsvereinbarung ist nur unvollständig gesetzlich geregelt. Ausweislich § 77 Abs. 4 Satz 1 BetrVG gelten Betriebsvereinbarungen unmittelbar und zwingend. Ob sich dies nur auf den ursprünglichen – im Wesentlichen unveränderten - Betrieb beziehen soll, für den die Betriebsvereinbarung abgeschlossen wurde, oder ob die normative Wirkung auch nach Umstrukturierungsmaßnahmen weiter in Betracht kommt, ist dem Gesetz nicht zu entnehmen. Gleichwohl geht die herrschende, der Identitätslehre folgende Auffassung in Rechtsprechung und Literatur von vornherein davon aus, die Aufrechterhaltung einer betrieblichen Einheit sei tragend für die kollektivrechtliche Fortgeltung von Betriebsvereinbarungen[768]. Die Betriebsvereinbarung könne sich nicht vom Betrieb lösen und sich darüber hinausgreifende Geltung anmaßen[769].

Es ist jedoch fraglich, ob die Fortgeltung von Betriebsvereinbarungen tatsächlich untrennbar an den Bestand des Betriebs geknüpft ist. Hierfür spricht zunächst der räumliche Geltungsbereich einer Betriebsvereinbarung. Die Betriebsvereinbarung als „Gesetz des Betriebs“[770] ist auf den Betrieb bezogen, für den

---

[767] Ebenso BAG vom 19.09.2002, AP Nr. 7 zu § 77 BetrVG 1972 unter B.III.2.b)cc)(2) der Gründe; Kreft, FS Wissmann, S. 347, 349; FESTL, BetrVG, § 77, Rn. 175; DKK-Berg, BetrVG, § 77, Rn. 52; GK-Kreutz, BetrVG, § 77, Rn. 383; Brune, AR-Blattei SD 520, Rn. 434.

[768] Siehe BAG vom 07.11.2000, EzA Nr. Nr. 2 zu § 77 BetrVG Nachwirkung; BAG vom 24.07.2001, EzA Nr. 204 zu § 613a BGB; BAG vom 14.08.2001, BAGE 98, S. 323 ff.; BAG vom 05.06.2002, ZIP 2003, S. 271 ff.; BAG vom 18.09.2002, NZA 2003, S. 670 ff; WHSS-Hohenstatt, Umstrukturierung und Übertragung von Unternehmen, E 66; HWK-Gaul, Arbeitsrecht Kommentar, § 77 BetrVG, Rn. 69; Schiefer, FS 50 Jahre BAG, S. 859, 872 ff.; DKK-Berg, BetrVG, § 77, Rn. 50; Löwisch/Kaiser, BetrVG, § 77, Rn. 42; Lindemann/Simon, BB 2003, S. 2510, 2511; JRH-Röder/Haußmann, Praxishandbuch Betriebsverfassungsrecht, § 29, Rn. 2.

[769] Vgl. Rieble/Gutzeit, NZA 2003, S. 233, 234.

[770] Vgl. FESTL, BetrVG, § 77, Rn. 12; WHSS-Hohenstatt, Umstrukturierung und Übertragung von Unternehmen, E 72.

sie abgeschlossen wird. Dies folgt daraus, dass die Rechtsetzungskompetenz des Betriebsrats auf die Organisationseinheit beschränkt ist, für die er gewählt ist[771].

Ob diese Überlegung allerdings ausreicht, um den Zusammenhang zwischen Betrieb und Betriebsvereinbarung zu begründen, ist zweifelhaft. Es ist zu berücksichtigen, dass die herrschende Ansicht ohne Begründung oder Systematik je nach Interessenlage bzw. Zweckmäßigkeit Ausnahmen von der Betriebsbezogenheit der Betriebsvereinbarungen zulässt[772]. So ist allgemein anerkannt, dass es durchaus Betriebsvereinbarungen gibt, die trotz Stilllegung eines Betriebs normative Wirkung entfalten. Bezüglich eines Sozialplans im Fall einer Betriebsänderung sieht das BetrVG in § 112 Abs. 1 Satz 3 ausdrücklich die Geltung als Betriebsvereinbarung vor. Gleiches gilt für Regelungen über betriebliche Ruhegeldleistungen, aus denen ausgeschiedene Arbeitnehmer ungeachtet des Fortbestands der betrieblichen Organisation Ansprüche herleiten können.

Eine andere Sichtweise folgt auch nicht aus der in der Literatur geäußerten Befürchtung, eine von der Aufrechterhaltung des Betriebs lösgelöste Beurteilung der kollektivrechtlichen Fortgeltung von Betriebsvereinbarungen führe zu einem Leerlaufen von § 613a Abs. 1 Satz 2 BGB[773]. Gelte die Betriebsvereinbarung unabhängig vom Bestand des Betriebs weiter, sei § 613a Abs. 1 Satz 2 BGB überflüssig[774]. Diese Bedenken werden nicht geteilt. Zwar ist zutreffend, dass der Anwendungsbereich von § 613a Abs. 1 Satz 2 BGB infolge häufigerer normativer Fortgeltung zwangsläufig eingeschränkt wird. Überflüssig ist diese Vorschrift gleichwohl nicht. Eine normative Weitergeltung von Betriebsvereinbarungen scheidet ungeachtet des Schicksals des Betriebs stets dann aus, wenn als Folge des Betriebsübergangs der Betrieb bzw. Betriebsteil gemäß § 118 Abs. 2 sowie § 130 BetrVG nicht mehr dem Geltungsbereich des BetrVG unterfällt[775]. In diesen beiden Fällen kommt es zur individualrechtlichen Fortgeltung der bestehenden Betriebsvereinbarungen gemäß § 613a Abs. 1 Satz 2[776]. Darüber hinaus ist zu berücksichtigen, dass § 613a BGB nach ganz überwiegender Ansicht[777] lediglich eine Auffangfunktion zukommt, um Lücken im Betriebsverfas-

---

[771] Siehe BAG vom 19.02.2002, AP Nr. 13 zu § 4 BetrVG 1972; HSWG-Worzalla, BetrVG, § 77, Rn. 8; GK-Kreutz, BetrVG, § 77, Rn. 190; FESTL, BetrVG, Rn. 34.

[772] Vgl. WHSS-Hohenstatt, Umstrukturierung und Übertragung von Unternehmen, E 61, der entsprechende Erkenntnisse als „keineswegs nur von akademischem Interesse" einstuft.

[773] Vgl. Preis/Richter, ZIP 2004, S. 925, 926.

[774] Vgl. Rieble/Gutzeit, NZA 2003, S. 233, 236.

[775] Siehe oben 4. Teil, A.I.2.c)

[776] Vgl. GK-Kreutz, BetrVG, § 77, Rn. 395; Bange, Fortgeltung von Kollektivverträgen bei Unternehmensumstrukturierung, S. 217.

[777] Siehe BAG vom 05.02.1991, AP Nr. 89 zu § 613a BGB; BAG vom 27.07.1994, AP Nr. 118 zu § 613a BGB; BAG vom 01.08.2001, EzA Nr. 199 zu § 613a BGB; ErfKom-Preis, § 613a BGB, Rn. 109; Hanau/Vossen, FS Hilger/Stumpf, S. 271, 272 ff., Gussen/Dauck, Weitergeltung, Rn. 48; Bachner, AiB 1996, S. 291, 302; Trittin, AiB 1994, S. 12; Richardi/Kortstock, RdA 2004, S. 173, 174; Staudinger-Richardi/Annuß, BGB, § 613a, Rn. 175;

sungs- und Tarifvertragsrecht zu schließen. Mit der Regelung ist eine zusätzliche Sicherung von Arbeitnehmerrechten, nicht aber die Lockerung bereits bestehender betriebsverfassungsrechtlicher Bindungen wie Betriebsvereinbarungen intendiert.

Somit ist festzustellen, dass die kollektivrechtliche Fortgeltung von Betriebsvereinbarungen nicht an den Bestand des Betriebs geknüpft ist[778].

bb) Persönlicher Geltungsbereich der Betriebsvereinbarung

Soeben wurde gezeigt, dass bezüglich der Weitergeltung von Betriebsvereinbarungen auf die Aufrechterhaltung der Regelungsfunktion abzustellen ist. Nun ist zu klären, für welchen Personenkreis die Betriebsvereinbarungen dann auch fortgelten.

(1) Rechtsprechung/Teile der Literatur

Der persönliche Geltungsbereich von Betriebsvereinbarungen ist nicht ausdrücklich gesetzlich geregelt. Gleichwohl bezieht sich die unmittelbare und zwingende Wirkung von Betriebsvereinbarungen gemäß § 77 Abs. 4 Satz 1 BetrVG nach allgemeiner Auffassung auf die Aktivbelegschaft, d.h. auf die Arbeitsverhältnisse zwischen den betriebsangehörigen Arbeitnehmern im Sinne des § 5 Abs. 1 BetrVG und dem Arbeitgeber, der die Betriebsvereinbarung geschlossen hat[779]. Ebenso ist anerkannt, dass der persönliche Geltungsbereich unter Beachtung des Gleichbehandlungsgrundsatzes gemäß § 75 BetrVG durch Vereinbarung auf bestimmte Betriebsabteilungen oder Arbeitnehmergruppen begrenzt werden kann[780].

Dagegen sollen nach Ansicht des Bundesarbeitsgerichts[781] und teilweise vertretener Literaturauffassung[782] aus einem Betrieb ausgeschiedene Arbeitnehmer

---

Hergenröder, Anm. zu BAG vom 18.09.2002, AP Nr. 7 zu § 77 BetrVG 1972; ders., FS 50 Jahre BAG, S. 713, 717.

[778] Im Ergebnis ebenso Mues DB 2003, S. 1273, 1276 f., nach dessen Auffassung ein Verlust der Betriebsidentität für die normative Fortgeltung von Betriebsvereinbarungen unbeachtlich ist, wenn der bisherige betriebliche Geltungsbereich der Regelung bei dem neuen Rechtsträger identifizierbar bleibt.

[779] Vgl. Löwisch/Kaiser, BetrVG, § 77, Rn. 22; FESTL, BetrVG, § 77, Rn. 35; HWK-Gaul, Arbeitsrecht Kommentar, § 77, Rn. 23; DKK-Berg, BetrVG, § 77, Rn. 35.

[780] Siehe BAG vom 01.02.1957, AP Nr. 1 zu § 32 SchwbeschG; FESTL, BetrVG, § 77, Rn. 35; HWK-Gaul, Arbeitsrecht Kommentar, § 77, Rn. 23; DKK-Berg, BetrVG, § 77, Rn. 35; ErfKom-Kania, § 77 BetrVG, Rn. 33.

[781] Siehe BAG GS vom 16.3.1956, AP Nr. 1 zu § 57 BetrVG 1952; BAG vom 25.10.1988, AP Nr. 1 zu § 1 BetrAVG; BAG vom 13.5.1997, AP Nr. 65 zu § 77 BetrVG 1972; offen allerdings BAG vom 28.7.1998, AP Nr. 4 zu § 1 BetrAVG Überversorgung.

vom normativen Geltungsbereich einer Betriebsvereinbarung grundsätzlich nicht erfasst werden. Zur Begründung wird auf das diesem Personenkreis gegenüber der Aktivbelegschaft fehlende aktive und passive Wahlrecht verwiesen. Der die Betriebsvereinbarung abschließende Betriebsrat beziehe seine Legitimation aus der Wahl durch die aktuelle Belegschaft und könne daher auch nur deren Rechtsverhältnisse regeln.

Die Beschränkung des persönlichen Geltungsbereichs auf die Aktivbelegschaft im Sinne von § 5 Abs. 1 BetrVG habe zur Konsequenz, dass die im Rahmen einer Umstrukturierungsmaßnahme aus einem Betrieb ausscheidenden Arbeitnehmer nicht länger der Normwirkung einer im Ursprungsbetrieb geltenden Betriebsvereinbarung unterworfen sind. Ebenso folgte hieraus, dass trotz Aufrechterhaltung der Regelungsfunktion die Fortgeltung einer Betriebsvereinbarung mangels Adressatenkreis ausscheiden muss.

(2) Persönlicher Geltungsbereich in Anlehnung an die Regelungsfunktion

Die soeben dargestellte, auf die Aktivbelegschaft begrenzte Reichweite einer Betriebsvereinbarung ist abzulehnen. Es existiert kein gesetzlicher Anhaltspunkt, wonach sich die Betriebsautonomie in personeller Hinsicht nur auf Arbeitnehmer bezieht, die - noch – in einem Arbeitsverhältnis zum Arbeitgeber stehen. Insbesondere ist § 5 Abs. 1 BetrVG keine abschließende Regelung des personellen Anwendungsbereichs einer Betriebsvereinbarung zu entnehmen[783]. Das Argument, ausgeschiedenen Arbeitnehmern fehle das aktive und passive Wahlrecht, hilft ebenfalls nicht weiter. Zwar ist zutreffend, dass sich dieser Personenkreis an keiner Betriebsratswahl im Ursprungsbetrieb mehr beteiligen kann. Indes hat das Bundesarbeitsgericht bereits mehrmals entschieden, dass die Mitbestimmung des Betriebsrats auch über den Kreis der Aktivbelegschaft hinausgehen kann. Das Gericht bejaht z.B. ein Mitbestimmungsrecht des Betriebsrats bei der Zuweisung einer Werkmietwohnung an betriebsfremde Auszubildende, die im Rahmen einer überbetrieblichen Ausbildung in den vermietenden Betrieb entsandt werden[784]. Ferner wird ein Mitbestimmungsrecht des Betriebsrats gemäß § 99 BetrVG auch bezüglich der Personen anerkannt, die zwar in den Betrieb eingegliedert, nicht aber Arbeitnehmer im Sinne von § 5 Abs. 1 BetrVG werden sollen[785].

---

[782] Vgl. HSWG-Worzalla, BetrVG, § 77, Rn. 10; Richardi-Richardi, BetrVG, § 77, Rn. 73; HWK-Gaul, Arbeitsrecht Kommentar, § 77, Rn. 25; a.A. FESTL, BetrVG, § 77, 39; Löwisch/Kaiser, BetrVG, § 77, Rn. 23; Kreutz, ZfA 2003, S. 361, 383; GK-Kreutz, BetrVG, § 77, Rn. 178 ff.; Waltermann, NZA 1996, S. 357, 363; Waltermann, NZA 1998, S. 505, 507; MünchArbR-Matthes, § 327, Rn. 12.

[783] Ebenso Waltermann, NZA 1996, S. 357, 364.

[784] Siehe BAG vom 28.07.1992, NZA 1993, S. 272.

[785] Siehe BAG vom 12.11.2002, AP Nr. 43 zu § 99 BetrVG 1972 Einstellung.

Hieraus folgt, dass der persönliche Geltungsbereich einer Betriebsvereinbarung in Anlehnung an die Regelungsfunktion zu definieren ist.

(3) Partielle kollektivrechtliche Fortgeltung

Bleibt die Regelungsfunktion einer Betriebsvereinbarung nach einem Betriebsübergang bzw. einer unternehmensinternen Umstrukturierung aufrechterhalten, gilt die Betriebsvereinbarung prinzipiell kollektivrechtlich fort[786]. Da die Fortgeltung von Betriebsvereinbarungen wie gezeigt nicht zwingend an den Fortbestand des Betriebs gebunden ist, kann es innerhalb eines neu entstehenden Betriebs zur Anwendung einer Betriebsvereinbarung in Form einer normativen Teilordnung[787] kommen. Dies ist z.B. dann der Fall, wenn ein Betriebsteil in einen Betrieb eingliedert wird und nur für die Arbeitnehmer dieses Betriebsteils die bisherige Betriebsvereinbarung des Ursprungsbetriebs fortgilt. Lässt sich diese Fortgeltung nicht auf eine räumliche oder organisatorische Abgrenzung des eingegliederten Betriebs stützen, ist notfalls allein auf den persönlichen Geltungsbereich abzustellen[788].

Ob die partielle kollektivrechtliche Fortgeltung zu sachgerechten Ergebnissen in der neu entstehenden Einheit führt, ist in einem nächsten Schritt zu klären. Sollte z.B. die partielle kollektivrechtliche Fortgeltung einer Betriebsvereinbarung in einem aus der Zusammenfassung zweier Betriebe neu entstandenen Betrieb nicht mehr praktikabel sein, steht es den Betriebspartnern frei, dies mit den Gestaltungsmitteln ihrer kollektivrechtlichen Disposition durch Ablösung, Aufhebung oder Kündigung zu ändern[789].

c) Zwischenergebnis

Die Aufrechterhaltung der Gestaltungsaufgabe ist das zentrale Kriterium für die kollektivrechtliche Fortgeltung von Betriebsvereinbarungen bei Betriebsübergängen und unternehmensinternen Umstrukturierungen. Dabei ist zu beachten, die Aufrechterhaltung der Gestaltungsaufgabe einer Betriebsvereinbarung nicht bereits aus dem Entstehen eines Übergangsmandats gemäß § 21a BetrVG folgt. Die diesbezüglich vom BAG im Beschluss vom 18. September 2002 und von

---

[786] Vgl. Kreutz, ZfA 2003, S. 361, 383.
[787] Siehe BAG vom 21.01.2003, NZA 2003, S. 1097 ff.: Unter II. 2. a) der Gründe wird die Möglichkeit einer Fortgeltung als normative Teilordnung grundsätzlich anerkannt; Bachner, NJW 2003, S. 2861, 2865; ders., Arbeitsrecht für die Praxis, § 116, Rn. 13h; Moll, in: Preis/Willemsen, Umstrukturierung von Betrieb und Unternehmen im Arbeitsrecht, Abschnitt E, Rn. 5.
[788] Vgl. GK-Kreutz, BetrVG, § 77, Rn. 379; Bachner, NJW 2003, S. 2861, 2865; ders., Arbeitsrecht für die Praxis, § 116, Rn. 13h.
[789] Vgl. Mues, DB 2003, S. 1273, 1277.

Teilen der Literatur, namentlich von *Kreutz*, vertretene Auffassung ist abzulehnen. Eine derart weitreichende Bedeutung ist § 21a BetrVG nicht zuzumessen.

Bei Ermittlung der Gestaltungsaufgabe – ggfs. im Wege der Auslegung – ist entscheidend auf den Fortbestand der Regelungsfunktion abzustellen. Das Schicksal der Betriebspartner und des Betriebs selbst sind in diesem Zusammenhang unbeachtlich. Der persönliche Geltungsbereich einer Betriebsvereinbarung folgt der Regelungsfunktion. Besteht diese fort, steht einer Ausweitung des persönlichen Geltungsbereichs über die Aktivbelegschaft hinaus nichts entgegen. Aus der Aufrechterhaltung der Regelungsfunktion in einer neu entstehenden Einheit kann eine partielle kollektivrechtliche Fortgeltung von Betriebsvereinbarungen resultieren. Lässt sich diese Fortgeltung nicht auf eine räumliche oder organisatorische Abgrenzung des eingegliederten Betriebs stützen, ist allein auf den persönlichen Geltungsbereich abzustellen.

5. Teil: Fortgeltung von Gesamtbetriebsvereinbarungen

A. Fortgeltung von Gesamtbetriebsvereinbarungen bei Betriebsübergang

Im Folgenden wird untersucht, wie sich ein Betriebsübergang gemäß § 613a BGB auf Gesamtbetriebsvereinbarungen auswirkt. Dabei ist zu unterscheiden zwischen Gesamtbetriebsvereinbarungen, die vom Gesamtbetriebsrat gemäß § 50 Abs. 2 BetrVG für einzelne oder mehrere Betriebe abgeschlossen worden sind und Gesamtbetriebsvereinbarungen, die der Gesamtbetriebsrat in eigener Kompetenz gemäß § 50 Abs. 1 BetrVG abgeschlossen hat.

I. Gesamtbetriebsvereinbarungen gemäß § 50 Abs. 2 BetrVG

Bei Gesamtbetriebsvereinbarungen gemäß 50 Abs. 2 BetrVG, die der Gesamtbetriebsrat kraft Auftrags für einen Einzelbetriebsrat abgeschlossen hat, handelt es sich der Sache nach um Einzelbetriebsvereinbarungen[790]. Dementsprechend wird auf die Ausführungen zur Fortgeltung von Einzelbetriebsvereinbarungen bei Betriebsübergängen im vierten Teil der Arbeit Bezug genommen.

II. Gesamtbetriebsvereinbarungen gemäß § 50 Abs. 1 BetrVG

Die Auswirkungen eines Betriebsübergangs auf Gesamtbetriebsvereinbarungen, die der Gesamtbetriebsrat im Rahmen seiner gesetzlichen Zuständigkeit gemäß § 50 Abs. 1 BetrVG abgeschlossen hat, sind umstritten. Ob bzw. inwiefern eine kollektivrechtliche oder individualrechtliche Fortgeltung von Gesamtbetriebsvereinbarungen nach einem Betriebsübergang möglich ist, wird äußerst kontrovers beurteilt. Diese Diskussion hat im Zusammenhang mit der Entscheidung des Bundesarbeitsgerichts vom 18. September 2002[791], in der sich das Gericht nun erstmals grundlegend zu dieser Problematik geäußert hat, neue Impulse erfahren. Um die angesprochene Entscheidung einordnen zu können, werden zunächst die in der Literatur und Instanzrechtsprechung vertretenen Auffassungen dargestellt. Hieran schließt sich ein Überblick über die vom Bundesarbeitsgericht in seinem Beschluss aufgestellten Grundsätze an. Im Rahmen einer Stellungnahme werden diese Ausführungen sodann – unter Berücksichtigung obiger Feststellungen zur Fortgeltung von Einzelbetriebsvereinbarungen im vierten Teil der Arbeit – eingeordnet.

---

[790] Vgl. WHSS-Hohenstatt, Umstrukturierung und Übertragung von Unternehmen, E 50; Hohenstatt/Müller-Bonanni, NZA 2003, S. 766, 771; Kittner/Zwanziger-Bachner, Arbeitsrecht für die Praxis, § 116, Rn. 9.

[791] Siehe BAG vom 18.09.2002, AP Nr. 7 zu § 77 BetrVG 1972.

1. Meinungsstand / Entscheidung des BAG vom 18. September 2002

a) Kollektivrechtliche Fortgeltung von Gesamtbetriebsvereinbarungen bei Wahrung der Unternehmensidentität

Nach einer teilweise in der Literatur[792], früher vom BAG[793] und vereinzelt in der Instanzrechtsprechung[794] vertretenen Auffassung ist die kollektivrechtliche Fortgeltung von Gesamtbetriebsvereinbarungen in gemäß § 613a BGB übergehenden Betrieben an die Wahrung der Unternehmensidentität geknüpft. Die Unternehmensidentität gehe durch den Übergang eines Betriebs auf den Erwerber regelmäßig verloren, so dass die Gesamtbetriebsvereinbarung gemäß § 613a Abs. 1 Satz 2 BGB in Individualrecht transformiert werde[795]. Da die Organfunktion des Gesamtbetriebsrats des abgebenden Unternehmens nicht fortbestehe, sei eine zwingende Voraussetzung für die kollektivrechtliche Fortgeltung von Gesamtbetriebsvereinbarungen entfallen[796].

Eine normative Fortgeltung soll nur dann ausnahmsweise in Betracht kommen, wenn sämtliche Betriebe des abgebenden Unternehmens, in dem die Gesamtbetriebsvereinbarung bisher galt, auf den Erwerber übergehen und der übernehmende Rechtsträger seinerseits noch keine Betriebe oder Betriebsteile besitzt[797]. In diesem Fall werde die die kollektivrechtliche Fortgeltung stützende Unter-

---

[792] Vgl. Hergenröder, Anm. zu BAG vom 18.09.2002, AP Nr. 7 zu § 77 BetrVG 1972 Betriebsvereinbarung unter V.; Gussen/Dauck, Weitergeltung, Rn. 81; HWK-Gaul, Arbeitsrecht Kommentar, § 77 BetrVG, Rn. 79; Gaul, Arbeitsrecht der Betriebs- und Unternehmensspaltung, § 25, Rn. 219, 223; WHSS-Hohenstatt, Umstrukturierung und Übertragung von Unternehmen, E 48 f.; Hohenstatt/Müller-Bonanni, NZA 2003, S. 766, 771; Boecken, Unternehmensumwandlungen, Rn. 160; JRH-Röder/Haußmann, § 29, Rn. 25; Preis/Steffan, FS Kraft, S. 477, 479; Schaub, FS Wiese, S. 535, 542; Brinkmann, Spaltung von Rechtsträgern nach dem neuen Umwandlungsrecht, S. 185; Bachner, NJW 1995, S. 2881, 2883; Gaul, NZA 1995, S. 717, 724; Trittin, AiB 1996, S. 349, 361; Moll, in: Preis/Willemsen, Umstrukturierung von Betrieb und Unternehmen im Arbeitsrecht, E 13; Picot/Schnitker, Arbeitsrecht bei Unternehmenskauf, Teil 1, Rn. 256; Hohenstatt/Günther-Gräff, DStR 2001, S. 1980, 1982; Mengel, Umwandlungen, S. 197; RGRK-Ascheid, § 613a BGB, Rn. 211; Schiefer, NJW 1998, S. 1817, 1820; Preis/Richter, ZIP 2004, S. 925, 931 ff.; Bange, Fortgeltung von Kollektivverträgen bei Unternehmensumstrukturierung, S. 215; Grobys, BB 2003, S. 1391, 1392.

[793] Siehe BAG vom 29.10.1985, AP Nr. 4 zu § 1 BetrAVG.

[794] Siehe LAG Hamburg vom 07.06.1995, AuR 1996, S. 75, 76; LAG Hamburg vom 27.04.1999, n.v., 3 Sa 29/97 (juris); LAG Schleswig-Holstein vom 18.09.2001, n.v., 1 TaBV 6a/01 (juris).

[795] Vgl. Picot/Schnitker, Arbeitsrecht bei Unternehmenskauf, Teil 1, Rn. 256; Bachner, NJW 1995, S. 2881, 2883; Brinkmann, Spaltung von Rechtsträgern nach dem neuen Umwandlungsrecht, S. 185.

[796] Vgl. Gussen/Dauck, Weitergeltung, Rn. 81; Mengel, Umwandlungen, S. 197; Gaul, NZA 1995, S. 717, 724; Boecken, Unternehmensumwandlungen, Rn. 160.

[797] Vgl. HWK-Gaul, § 77 BetrVG, Rn. 79; WHSS-Hohenstatt, Umstrukturierung und Übertragung von Unternehmen, E 48.

nehmensidentität gewahrt[798]. Eine Veränderung der Identität des Unternehmens liege bereits dann vor, wenn ein Betrieb aus dem Unternehmensverbund ausscheide[799]. Damit wird – vergleichbar mit dem von der herrschenden Meinung bei der Fortgeltung von Einzelbetriebsvereinbarungen vertretenen Kriterium „Betriebsidentität" - entscheidend auf die unveränderte Aufrechterhaltung des bisherigen Bezugsrahmens abgestellt.

b) Kollektivrechtliche Fortgeltung von Gesamtbetriebsvereinbarungen bei Wahrung der Betriebsidentität

Für eine weitere in der Instanzrechtsprechung[800] und Literatur[801] vertretene Meinungsgruppe ist die Wahrung der Unternehmensidentität nicht von entscheidender Bedeutung. Vielmehr sei ebenso wie bei der Fortgeltung von Einzelbetriebsvereinbarungen die Aufrechterhaltung der „Betriebsidentität" für die kollektivrechtliche Fortgeltung einer Gesamtbetriebsvereinbarung maßgeblich[802]. Eine Gesamtbetriebsvereinbarung gestalte die betriebliche Ordnung nicht anders als eine Einzelbetriebsvereinbarung[803]. Ob die bisherige Gesamtbetriebsvereinbarung nach dem Betriebsübergang unverändert als Gesamtbetriebsvereinbarung oder aber als Einzelbetriebsvereinbarung normativ fortgilt, entscheidet sich danach, wie viele Betriebe übergehen.

---

[798] Vgl. Boecken, Unternehmensumwandlungen, Rn. 160; ErfKom-Preis, § 613a BGB, Rn. 111.

[799] Vgl. Gussen/Dauck, Weitergeltung, Rn. 81; Picot/Schnitker, Arbeitsrecht bei Unternehmenskauf, Teil 1, Rn. 256.

[800] Siehe ArbG Frankfurt/Main vom 12.09.1996, AiB 1997, S. 481, 482; LAG Düsseldorf vom 28.04.2004, NZA-RR 2004, S. 480, 481 unter Bezugnahme auf BAG vom 18.09.2002, AP Nr. 7 zu § 77 BetrVG 1972.

[801] Vgl. Kreft, FS Wissmann, S. 347, 357; Thüsing, DB 2004, S. 2474, 2480; Sieg/Maschmann, Unternehmensumstrukturierung aus arbeitsrechtlicher Sicht, Rn. 267; Hanau/Vossen, FS Hilger/Stumpf, S. 271, 275; MüKo-Schaub, BGB, § 613a, Rn. 145; Preis/Steffan, FS Kraft, S. 477, 481; Gaul, Arbeitsrecht der Betriebs- und Unternehmensspaltung, § 25, Rn. 215 ff., der sich in Rn. 215 von seiner zuvor in NZA 1995, S. 717, 724 wiedergegebenen Auffassung teilweise distanziert; Richardi-Richardi, BetrVG, § 77, Rn. 218; DKK-Trittin, BetrVG, § 50, Rn. 11; Trittin, Anm. zu BAG vom 18.09.2002, AiB 2004, S. 43; Kreßel, BB 1995, S. 925, 929; Erman-Edenfeld, BGB, § 613a, Rn. 73; FESTL, BetrVG, § 77, Rn. 169; Silberberger, Veränderungsprozesse, S. 62; Röder/Haussmann, DB 1999, S. 1754, 1755; HSWG-Worzalla, BetrVG, § 77, Rn. 227; Seiter, Betriebsinhaberwechsel, S. 150; Haas, Auswirkungen des Betriebsübergangs insbesondere bei der Fusion von Kapitalgesellschaften auf Betriebsvereinbarungen, S. 97; Däubler, RdA 1995, S. 136, 140; Müller, RdA 1996, S. 287, 292; Bachner, NJW 2003, S. 2861, 2864.

[802] Vgl. Richardi/Kortstock, RdA 2004, S. 173, 174; HSWG-Worzalla, BetrVG, § 77, Rn. 227; Gaul, Arbeitsrecht der Betriebs- und Unternehmensspaltung, § 25, Rn. 218.

[803] Vgl. FESTL, BetrVG, § 77, Rn. 169; Meyer, SAE 2003, S. 310, 314; Lindemann/Simon, BB 2003, S. 2510, 2511.

Gehen mehrere Betriebe unter Wahrung ihrer Betriebsidentität auf den Erwerber über, soll die Gesamtbetriebsvereinbarung des Ursprungsbetriebs auch beim Erwerber als Gesamtbetriebsvereinbarung fortgelten[804]. Ist der Betriebsübergang dagegen auf einen seine Identität wahrenden Betrieb beschränkt, sei von einer Fortgeltung der bisherigen Gesamtbetriebsvereinbarung als Einzelbetriebsvereinbarung in dem übergehenden Betrieb auszugehen[805].

c) Entscheidung des BAG vom 18. September 2002

Der Beschluss des BAG vom 18. September 2002 beinhaltet einige grundlegende Ausführungen zur Fortgeltung von Gesamtbetriebsvereinbarungen. Dabei ist zu beachten, dass der Erwerber in dem vom Gericht zu entscheidenden Sachverhalt bis zum Zeitpunkt des Betriebsübergangs über keine betriebliche Organisation verfügte. Ob die Ausführungen auch dann von Bedeutung sind, wenn das übernehmende Unternehmen im Erwerbszeitpunkt bereits einen oder mehrere Betriebe gebildet hat, wurde aus diesem Grund ausdrücklich offen gelassen[806]. Darüber hinaus stellt sich die Frage, wie sich die Entscheidung des 1. Senats vom 18. September 2002 zur Entscheidung des 7. Senats vom 5. Juni 2002[807] verhält.

aa) Kernaussagen

Nach Auffassung des 1. Senats des BAG, der insofern einem Teil der in der Literatur und Instanzrechtsprechung vertretenen Auffassung folgt, kommt es für die kollektivrechtliche Fortgeltung von Gesamtbetriebsvereinbarung ebenso wie bei Einzelbetriebsvereinbarungen entscheidend auf die Wahrung der Betriebsidentität an. Für den normativen Fortbestand von Gesamtbetriebsvereinbarungen sei nicht Voraussetzung, dass die Unternehmensidentität erhalten bleibe[808]. Ein damit gemeinter „Betriebsverbund" als entsprechendes überbetriebliches Bezugsobjekt und Regelungssubstrat sei hinsichtlich der Fortgeltung von Gesamtbetriebsvereinbarungen unbedeutend. Eine Gesamtbetriebsvereinbarung gestalte die kollektive Ordnung des von ihr betroffenen Betriebs nicht anders als eine

---

[804] Vgl. MüKo-Schaub, BGB, § 613a, Rn. 145; Sieg/Maschmann, Unternehmensumstrukturierung aus arbeitsrechtlicher Sicht, Rn. 267; Däubler, RdA 1995, S. 136, 140; FESTL, BetrVG, § 77, Rn. 169; Hanau/Vossen, FS Hilger/Stumpf, S. 271, 275; Röder/Haussmann, DB 1999, S. 1754, 1755.

[805] Vgl. FESTL, BetrVG, § 77, Rn. 169; Erman-Edenfeld, BGB, § 613a, Rn. 73; Silberberger, Veränderungsprozesse, S. 62; Kreßel, BB 1995, S. 925, 929; Gaul, Arbeitsrecht der Betriebs- und Unternehmensspaltung, § 25, Rn. 218; Sieg/Maschmann, Unternehmensumstrukturierung aus arbeitsrechtlicher Sicht, Rn. 267.

[806] Siehe BAG vom 18.09.2002, AP Nr. 7 zu § 77 BetrVG 1972 unter B.III.2.b)cc)(3) der Gründe.

[807] Siehe NZA 2003, S. 336 ff.

[808] Siehe BAG vom 18.09.2002, AP Nr. 7 zu § 77 BetrVG 1972 unter B.III.2.b)bb) der Gründe.

Einzelbetriebsvereinbarung. Werde nur ein Betrieb übernommen, gelte die Gesamtbetriebsvereinbarung des Ursprungsbetriebs als Einzelbetriebsvereinbarung normativ fort. Die kollektivrechtliche Fortgeltung einer Gesamtbetriebsvereinbarung als Einzelbetriebsvereinbarung komme selbst dann in Betracht, wenn nur ein als selbständiger Betrieb fortgeführter Betriebsteil übergehe[809]. Demnach geht das BAG selbst dann von der Wahrung der Betriebsidentität aus, wenn ein Betrieb gespalten wird und ein daraus entstandener Betriebsteil übergeht[810]. Von Bedeutung sind darüber hinaus zwei kurzgefasste Hinweise des 1. Senats:

Zum einen soll sich die kollektivrechtliche Fortgeltung von Gesamtbetriebsvereinbarungen zwar grundsätzlich an der Beibehaltung der Betriebsidentität orientieren. Daneben wird aber eingeräumt, eine normative Fortgeltung könne daran scheitern, dass die betreffende Regelung nach ihrem Inhalt die Zugehörigkeit zum bisherigen Unternehmen zwingend voraussetze und dementsprechend nach dem Betriebsübergang „gegenstandslos" sei[811].

Zum anderen wird die kollektivrechtliche Fortgeltung von Gesamtbetriebsvereinbarungen mit Hilfe des Übergangsmandats gemäß § 21a BetrVG begründet[812]. Insofern sei die Rechtslage mit der Situation bei Einzelbetriebsvereinbarungen vergleichbar.

bb) Abgrenzung zur Entscheidung des BAG vom 5. Juni 2002

In seiner Entscheidung vom 5. Juni 2002 hat der 7. Senat des BAG in Bezug auf das Schicksal des Gesamtbetriebsrats der Zusammensetzung des Ursprungsunternehmens, d.h. der Unternehmensidentität, noch entscheidende Bedeutung beigemessen[813]. Maßgeblich sei die Wahrung der „Betriebsidentität aller Betriebe"[814]. Ein Fortbestand des Gesamtbetriebsrats komme nicht in Betracht, wenn entweder nicht sämtliche Betriebe eines Unternehmens auf den neuen Inhaber übertragen werden oder das übernehmende Unternehmen bereits einen oder mehrere Betriebe habe und sich die betrieblichen Strukturen im übernehmenden Unternehmen durch die Integration der neuen Betriebe in das Unternehmen entsprechend ändern[815]. In diesem Fall müsse beim Erwerber ein neuer Gesamtbe-

---

809 Siehe BAG vom 18.09.2002, AP Nr. 7 zu § 77 BetrVG 1972 unter B.III.2.b)dd) der Gründe.

810 Siehe oben 4. Teil, A.III.2.a).

811 Siehe BAG vom 18.09.2002, AP Nr. 7 zu § 77 BetrVG 1972 unter B.III.2.b)cc(2) der Gründe.

812 Siehe BAG vom 18.09.2002, AP Nr. 7 zu § 77 BetrVG 1972 unter B.III.2.b)dd) der Gründe.

813 Ebenso die Vorinstanz LAG Düsseldorf vom 14.02.2001, NZA-RR 2001, S. 594.

814 Siehe BAG vom 05.06.2002, NZA 2003, S. 336 ff. unter B.II.2. der Gründe.

815 Siehe BAG vom 05.06.2002, NZA 2003, S. 336 ff. unter B.II.2. der Gründe.

triebsrat errichtet werden. Das gelte bereits dann, wenn die betriebsverfassungsrechtliche Identität nur eines Betriebs verändert werde.

Somit ist festzuhalten, das Gesamtbetriebsvereinbarungen und Gesamtbetriebsrat nach diesen Beschlüssen ein unterschiedliches Schicksal erfahren. Der 1. Senat knüpft die kollektivrechtliche Fortgeltung von Gesamtbetriebsvereinbarungen an die Wahrung der Betriebsidentität, wohingegen der 7. Senat für den Fortbestand des Gesamtbetriebsrats entscheidend auf die Beibehaltung der Unternehmensidentität abstellt.

2. Stellungnahme und eigene Auffassung

a) Ausgangspunkt

Im vierten Teil der Arbeit wurde festgestellt, dass die Aufrechterhaltung der Gestaltungsaufgabe das zentrale Kriterium für die kollektivrechtliche Fortgeltung von Einzelbetriebsvereinbarungen bei Betriebsübergängen ist. Im Folgenden ist zu klären, ob dies gleichermaßen für die Fortgeltung von Gesamtbetriebsvereinbarungen gilt.

b) Fortgeltung bei Wahrung der Unternehmensidentität

Zunächst wird untersucht, ob eine kollektivrechtliche Fortgeltung von Gesamtbetriebsvereinbarungen nur bei unverändertem Fortbestand der Unternehmensidentität in Frage kommt. Hierfür könnte die Zuständigkeit des Gesamtbetriebsrats und die damit verbundene Kompetenz zum Abschluss von Gesamtbetriebsvereinbarungen sprechen. Die originäre Zuständigkeit des Gesamtbetriebsrats gemäß § 50 Abs. 1 BetrVG setzt voraus, dass eine Angelegenheit das Gesamtunternehmen oder mehrere Betriebe betrifft und eine Regelung nicht durch die einzelnen Betriebsräte innerhalb der Betriebe erfolgen kann. Diese Voraussetzungen – überbetrieblicher Bezug und fehlende betriebliche Regelungsmöglichkeit – müssen kumulativ vorliegen[816]. Somit ließe sich vertreten, dass eine Gesamtbetriebsvereinbarung stets auf die speziellen Verhältnisse in einem Unternehmen und nicht auf die Verhältnisse im einzelnen Betrieb zugeschnitten ist[817]. Scheidet ein Betrieb im Zuge eines Betriebsübergangs aus dem Unternehmen aus, könnte damit ein Verlust des Anknüpfungspunkts für eine kollektivrechtliche Fortgeltung der unternehmenseinheitlichen Regelung verbunden sein. Von dieser Ausgangslage aus ist folglich zu erwägen, bei Veränderung des kollektiven Bezugsrahmens einer Gesamtbetriebsvereinbarung von einem Wegfall der Gestaltungsaufgabe auszugehen und dementsprechend – vergleichbar der Situation

[816] Vgl. HWK-Hohenstatt/Dzida, Arbeitsrecht Kommentar, § 50 BetrVG, Rn. 2.
[817] Vgl. Schnitker, Auswirkungen des neuen Umwandlungsgesetzes auf die Zuordnung und den Inhalt der Arbeitsverhältnisse sowie die Fortgeltung von Betriebsvereinbarungen, S. 150.

bei Einzelbetriebsvereinbarungen - eine kollektivrechtliche Fortgeltung von Gesamtbetriebsvereinbarungen zu verneinen.

Diesem Gedankengang ist jedoch aus mehreren Gründen entgegenzutreten. Gegen eine Orientierung der kollektivrechtlichen Fortgeltung an dem Kriterium „Unternehmensidentität" spricht zunächst der nach wie vor ungeklärte[818] Begriff als solcher. Die ständige Verwendung des Begriffs „Unternehmensidentität" im juristischen Sprachgebrauch mangels anderweitiger Alternativen trägt nicht zur Suche nach einer praktisch handhabbaren Definition bei[819]. Die Situation ist insofern nicht anders als bei der nach wie vor nur umrissartig beschriebenen „Betriebsidentität"[820]. Vor diesem Hintergrund ist von der Wahrung der Unternehmensidentität lediglich dann auszugehen, wenn sämtliche Betriebe des Ursprungsunternehmens auf einen Erwerber übergehen, der bislang noch über keine betriebliche Organisation verfügte. Dies dürfte jedoch nur bei einer geringen Anzahl von Betriebsübergängen der Fall sein. Im Regelfall gehen nicht alle Betriebe bzw. Betriebsteile des Veräußerers über und/oder das erwerbende Unternehmen verfügt bereits über eigene Betriebe. Somit wäre aufgrund des Verlusts der Unternehmensidentität eine kollektivrechtliche Fortgeltung in den meisten Fällen nicht möglich.

Eine auf wenige Ausnahmen beschränkte kollektivrechtliche Fortgeltung von Gesamtbetriebsvereinbarungen ist mit einer europarechtskonformen Auslegung von § 613a BGB unvereinbar[821]. Die § 613a Abs. 1 Satz 2-4 BGB zugrundeliegende EG-Richtlinie 77/187/EWG vom 14. Februar 1977[822] formuliert in Art. 3 Abs. 2 Unterabsatz 1 das Ziel, dass Arbeitsbedingungen in Kollektivvereinbarungen, zu denen auch Gesamtbetriebsvereinbarungen zu zählen sind, aufrecht erhalten werden. Die Vorschrift des § 613a Abs. 1 Satz 2-4 BGB weist jedoch aufgrund der von der herrschenden Meinung zutreffend[823] angenommenen Beschränkung auf Inhaltsnormen erhebliche Transformationslücken auf. Es ist allgemein anerkannt, dass die betrieblichen und betriebsverfassungsrechtlichen Regelungen grundsätzlich von der individualrechtlichen Transformation ausgenommen sind[824]. Die hierdurch entstehende Schutzlücke ist europarechtskonform durch eine möglichst weitgehende kollektivrechtliche Fortgeltung zu schließen.

---

818 Vgl. Rieble, NZA 2002, S. 233, 240 (FN 33), der die Unternehmensidentität als noch nicht erforscht ansieht.

819 Vgl. Grobys, BB 2003, S. 1391, 1392, der von einer „wie auch immer gearteten" Unternehmensidentität spricht.

820 Siehe oben 4. Teil, A.I.1.d).

821 Vgl. Bange, Fortgeltung von Kollektivverträgen bei Unternehmensumstrukturierung, S. 215.

822 Siehe ABl. EG Nr. L 61 = RdA 1977, S. 26 ff.

823 Siehe oben 4. Teil, A.I.2.c).

824 Vgl. Gussen/Dauck, Weitergeltung, Rn. 136; Seiter, DB 1980, S. 877, 878.

Schließlich ist die auf die Beibehaltung der Unternehmensidentität abstellende Auffassung nicht widerspruchsfrei. Das BAG weist in seiner Entscheidung vom 18. September 2002 insofern zutreffend darauf hin, dass nach dieser Ansicht einerseits die kollektivrechtliche Fortgeltung von Gesamtbetriebsvereinbarungen in der übertragenen Einheit mangels Wahrung der Unternehmensidentität ausscheiden soll, wenn nicht alle oder nahezu alle Betriebe des Veräußerers übergehen[825]. Andererseits sollen aber im abgebenden Unternehmen die Gesamtbetriebsvereinbarungen auch dann normativ fortgelten, wenn die Mehrzahl der bisherigen Betriebe übertragen oder stillgelegt wird[826]. Dies bedeutet, dass an die Beibehaltung der Unternehmensidentität beim Erwerber und beim Veräußerer unterschiedliche Anforderungen gestellt werden. Eine tragfähige Begründung für diese differenzierte Sichtweise ist nicht ersichtlich. Der Umstand, dass bezüglich der beim abgebenden Rechtsträger beschäftigten Arbeitnehmer eine Transformation in Individualrecht gemäß § 613a Abs. 1 Satz 2-4 BGB mangels Inhaberwechsels ausscheidet, vermag eine großzügigere Sichtweise bei der Beurteilung, ob die Unternehmensidentität gewahrt ist, nicht zu rechtfertigen.

Somit ist im Einklang mit dem BAG festzuhalten, dass die kollektivrechtliche Fortgeltung von Gesamtbetriebsvereinbarungen nicht anhand des Kriteriums „Unternehmensidentität" entschieden werden kann.

c) Fortgeltung bei Wahrung der Betriebsidentität

Sodann ist die Frage zu klären, ob dem Kriterium „Betriebsidentität" bei der Fortgeltung von Gesamtbetriebsvereinbarungen Bedeutung zukommen kann. Das BAG und einige Instanzgerichte sowie Teile der Literatur wollen diesem Kriterium sowohl bei Einzel- als auch bei Gesamtbetriebsvereinbarungen entscheidende Bedeutung beimessen[827].

Diese Ansicht ist nicht zu folgen. Das Kriterium „Betriebsidentität" führt weder bei der Fortgeltung von Einzelbetriebsvereinbarungen noch von Gesamtbetriebsvereinbarungen zu überzeugenden Ergebnissen. Bereits im vierten Teil der Arbeit[828] wurde grundsätzliche Kritik an dem Merkmal „Betriebsidentität" formuliert. Diese gilt gleichermaßen im Zusammenhang mit Gesamtbetriebsverein-

---

[825] Siehe BAG vom 18.09.2002, AP Nr. 7 zu § 77 BetrVG 1972 unter B.III.2.b)cc(3) der Gründe.

[826] Vgl. WHSS-Hohenstatt, Umstrukturierung und Übertragung von Unternehmen, E 48; Gussen/Dauck, Weitergeltung, Rn. 81; HWK-Gaul, Arbeitsrecht Kommentar, § 77 BetrVG, Rn. 81; Gaul, Arbeitsrecht der Betriebs- und Unternehmensspaltung, § 25, Rn. 229; Brinkmann, Spaltung von Rechtsträgern nach dem neuen Umwandlungsrecht, S. 185; Picot/Schnitker, Arbeitsrecht bei Unternehmenskauf, Teil 1, Rn. 256.

[827] Siehe oben 4. Teil, A.I.1.; 5. Teil, A.I.1.

[828] Siehe oben 4. Teil, C.I.

barungen. Es ist – auch unter Berücksichtigung der Entscheidung des BAG vom 18. September 2002 – nicht erkennbar, aus welchem Grund das Kriterium „Betriebsidentität" für die Fortgeltung von Gesamtbetriebsvereinbarungen maßgeblich sein sollte.

Das BAG geht einerseits davon aus, dass bei Wahrung der Betriebsidentität die im übertragenen Betrieb geltenden Gesamtbetriebsvereinbarungen als normative Regelungen in Kraft bleiben[829]. Andererseits soll aber auch in einem Betriebsteil, der nach einer Betriebsspaltung übergeht und als selbständiger Betrieb vom Erwerber weitergeführt wird, die kollektivrechtliche Fortgeltung von Gesamtbetriebsvereinbarungen möglich sein[830]. Dies bedeutet, dass nach dieser Auffassung selbst dann noch von einer Beibehaltung der Betriebsidentität auszugehen sein soll, wenn aus einem Betrieb plötzlich mehrere werden[831]. Mit der Aufrechterhaltung einer wie auch immer definierten Betriebsidentität hat dieses in sich widersprüchliche Ergebnis indes nichts mehr zu tun. Hinsichtlich eines organisatorisch von einem einheitlichen Betrieb abgespaltenen Betriebsteil kann nicht mehr davon ausgegangen werden, es handele sich um denselben Betrieb. Zutreffend wird daraus in der Literatur[832] die Schlussfolgerung gezogen, das BAG gebe mit diesem Beschluss das Postulat des Erhalts der Betriebsidentität auf.

Aus vorstehenden Gründen ist festzuhalten, dass die Frage der kollektivrechtlichen Fortgeltung von Gesamtbetriebsvereinbarungen entgegen der Auffassung des BAG nicht anhand des Kriteriums „Betriebsidentität" entschieden werden kann.

d) Ergänzendes Kriterium „Gegenstandslosigkeit" / Gestaltungsaufgabe

Vor dem Hintergrund der soeben getroffenen Feststellung, dass die kollektivrechtliche Fortgeltung von Gesamtbetriebsvereinbarungen weder auf das Merkmal „Unternehmensidentität" noch auf das Merkmal „Betriebsidentität" gestützt werden kann, gewinnt der eher beiläufige Hinweis des BAG auf die „Gegenstandslosigkeit" einer Gesamtbetriebsvereinbarung an Bedeutung. Das BAG sieht eine Gesamtbetriebsvereinbarung dann als gegenstandslos an, wenn die betreffende Regelung nach ihrem Inhalt die Zugehörigkeit zum bisherigen Unterneh-

[829] Siehe BAG vom 18.09.2002, AP Nr. 7 zu § 77 BetrVG 1972 unter B.III.2.b)cc.

[830] Siehe BAG vom 18.09.2002, AP Nr. 7 zu § 77 BetrVG 1972 unter B.III.2.b)dd.

[831] Vgl. hierzu Kreft, FS Wissmann, S. 347, 356: *„Die entstandenen Teileinheiten sind aber – unabhängig von ihrer relativen Größe – jedenfalls so lange teilidentisch mit dem Ursprungsbetrieb wie sie die Kriterien eines Betriebsteils erfüllen und selbständig geführt werden; ... "*.

[832] Vgl. Hohenstatt/Müller-Bonanni, NZA 2003, S. 766, 769; ähnlich Bachner, NJW 2003, S. 2861, 2864; Preis/Richter, ZIP 2004, S. 925, 928; Meyer, SAE 2003, S. 310, 312; Grobys, BB 2003, S. 1391, 1392; Rieble/Gutzeit, NZA 2003, S. 233, 237; Kreutz, FS 50 Jahre BAG, S. 993, 1008; Richardi/Kortstock, RdA 2004, S. 173, 175.

men zwingend voraussetzt[833]. Dies bedeutet, dass nach Ansicht des Gerichts eine normative Fortgeltung von Gesamtbetriebsvereinbarungen selbst dann ausgeschlossen sein kann, wenn die Betriebsidentität fortbesteht. Damit hat das BAG eine „systematisch bedeutsame Tür"[834] geöffnet, ohne sich aber im Einzelnen festzulegen.

Die Argumentation des BAG lässt folgenden Schluss zu: Einerseits möchte das Gericht so weit wie möglich an dem Kriterium „Betriebsidentität" festhalten. Andererseits ist es sich der im Rahmen dieser Arbeit bereits aufgezeigten Schwächen des Merkmals durchaus bewusst. Daher wird mit dem Abstellen auf die Gegenstandslosigkeit das Ziel verfolgt, neben der Betriebsidentität eine zweite dogmatische Grundlage für die kollektivrechtliche Fortgeltung von Gesamtbetriebsvereinbarungen zu schaffen.

Diesem in der Rechtsprechung des BAG neuen Lösungsansatz ist zuzustimmen. Das BAG löst sich zu Recht von einer einseitigen Fokussierung auf das Kriterium „Betriebsidentität". Die Orientierung an einer Gegenstandslosigkeit der betreffenden Kollektivnorm korrespondiert darüber hinaus mit der im vierten Teil der Arbeit vertretenen Auffassung zur Fortgeltung von Einzelbetriebsvereinbarungen. Dort wurde festgestellt, dass die Aufrechterhaltung der Gestaltungsaufgabe das zentrale Kriterium für die kollektivrechtliche Fortgeltung von Einzelbetriebsvereinbarungen bei Betriebsübergängen und unternehmensinternen Umstrukturierungen ist[835]. Dieses Ergebnis gilt gleichermaßen im Zusammenhang mit der kollektivrechtlichen Fortgeltung von Gesamtbetriebsvereinbarungen bei Betriebsübergängen. Auch hier ist entscheidend darauf abzustellen, ob die Gesamtbetriebsvereinbarung nach dem Betriebsübergang ihre Gestaltungsaufgabe beibehält, also nicht „gegenstandslos" wird.

e) Verhältnis Übergangsmandat gemäß § 21a BetrVG zu Gesamtbetriebsvereinbarungen

Das BAG zieht in seinem Beschluss vom 18. September 2002 zur Begründung einer kollektivrechtlichen Fortgeltung von Betriebsvereinbarungen ergänzend das Entstehen eines Übergangsmandats gemäß § 21a BetrVG heran[836]. Dabei folgert das Gericht aus einer hiermit hergeleiteten Fortgeltung von Einzelbetriebsvereinbarungen, dass dies für Gesamtbetriebsvereinbarungen, die sich auf den ursprünglichen Betrieb erstrecken, in gleicher Weise gelten müsse.

---

[833] Siehe BAG vom 18.09.2002, AP Nr. 7 zu § 77 BetrVG 1972 unter B.III.2.b)cc(2) der Gründe.
[834] So Richardi/Kortstock, RdA 2004, S. 173, 174.
[835] Siehe oben 4. Teil, C.II.2.c).
[836] Siehe BAG vom 18.09.2002, AP Nr. 7 zu § 77 BetrVG 1972 unter B.III.2.b)dd der Gründe.

Dieser Argumentation kann nicht gefolgt werden. Bereits im vierten Teil der Arbeit wurde dargelegt, dass entgegen der vom BAG und Teilen der Literatur vertretenen Ansicht das Entstehen eines Übergangsmandats nicht mit der Fortgeltung von Einzelbetriebsvereinbarungen verknüpft werden kann[837]. Gleiches gilt erst Recht im Zusammenhang mit Gesamtbetriebsvereinbarungen. Es ist insofern zu beachten, dass das BetrVG für den Gesamtbetriebsrat weder in § 21a noch an anderer Stelle ein Übergangsmandat vorsieht[838]. Man könnte zwar – was das BAG in seiner Entscheidung nicht einmal andeutet – eine analoge Anwendbarkeit von § 21a BetrVG auf den Gesamtbetriebsrat erwägen[839]. Indes mangelt es an einer hierfür erforderlichen planwidrigen Regelungslücke bei vergleichbarer Interessenlage[840]. Dem Gesetzgeber dürfte bei Schaffung des § 21a BetrVG die nahezu einhellige Literaturmeinung bekannt gewesen sein, wonach ein Übergangsmandat des Gesamtbetriebsrats nicht anzuerkennen ist[841]. Einem Regelungsbedürfnis steht entgegen, dass die Beteiligungsrechte des Gesamtbetriebsrats vom Einzelbetriebsrat, ggfs. im Übergangsmandat, wahrgenommen werden können[842].

Somit ist festzuhalten, dass die kollektivrechtliche Fortgeltung einer Gesamtbetriebsvereinbarung nicht mit dem Entstehen eines Übergangsmandats gemäß § 21a BetrVG begründet werden kann. Da es bereits an einem Übergangsmandat des Gesamtbetriebsrats fehlt, stellt sich die Folgefrage, ob mit einem solchen Übergangsmandat die Fortgeltung von Gesamtbetriebsvereinbarungen verbunden werden kann, überhaupt nicht[843].

f) Zwischenergebnis

Die Aufrechterhaltung der Gestaltungsaufgabe ist das zentrale Kriterium für die kollektivrechtliche Fortgeltung von Gesamtbetriebsvereinbarungen bei Betriebsübergängen. Der Wahrung der Betriebs- bzw. Unternehmensidentität kommt in diesem Zusammenhang keine Bedeutung zu. Das Schicksal von Gesamtbetriebsvereinbarungen bei Betriebsübergängen orientiert sich nicht am Entstehen eines Übergangsmandats gemäß § 21a BetrVG.

---

837 Siehe oben 4. Teil, C.II.2.a).

838 Vgl. HWK-Reichold, Arbeitsrecht Kommentar, § 21a BetrVG, Rn. 22; Richardi/Thüsing, BetrVG, 21a, Rn. 25; GK-Kreutz, BetrVG, § 21a, Rn. 11; Löwisch/Kaiser, BetrVG, § 21a, Rn. 4; FESTL, BetrVG, § 21a, Rn. 5; ErfKom-Eisemann, § 21a BetrVG, Rn. 1; Rieble, NZA 2002, S. 233, 240; HSWG-Worzalla, BetrVG, § 21a, Rn. 27; a.A. DKK-Trittin, § 47, Rn. 11.

839 So DKK-Buschmann, BetrVG, § 21a, Rn. 11; vgl. auch Schimanski, Behindertenrecht 1999, S.129, 132 zur analogen Anwendbarkeit von § 321 UmwG auf Schwerbehindertenvertretungen; Oetker/Busche, NZA 1991, Sonderbeilage Nr. 1, S. 18, 23 zur Anwendung des betriebsverfassungsrechtlichen Übergangsmandats auf Sprecherausschüsse.

840 Vgl. Larenz/Canaris, Methodenlehre, S. 202.

841 Vgl. Richardi/Thüsing, BetrVG, 21a, Rn. 25; HSWG-Worzalla, BetrVG, § 21a, Rn. 27.

842 Vgl. GK-Kreutz, BetrVG, § 21a, Rn. 11; FESTL, BetrVG, § 21a, Rn. 5.

843 Ebenso Richardi/Kortstock, RdA 2004, S. 173, 174.

3. Fortgeltung von Gesamtbetriebsvereinbarungen / Einzelfallbetrachtung

Im Rahmen der nun folgenden Einzelfallbetrachtung wird aufgezeigt, wie sich die soeben getroffenen Feststellungen in verschiedenen Konstellationen auswirken. Dabei wird grundlegend zwischen Erwerbern ohne betriebliche Organisation und Erwerbern mit betrieblicher Organisation unterschieden. Diese Differenzierung ist deshalb sinnvoll, weil sich das BAG in seiner Entscheidung vom 18. September 2002 ausdrücklich nur auf Erwerber ohne bereits vorhandene Betriebe, nicht dagegen auf Erwerber mit Betrieben bezieht[844].

a) Erwerber ohne betriebliche Organisation

In den nun folgenden Fallgruppen wird untersucht, welche Auswirkungen ein Betriebsübergang auf eine Vorratsgesellschaft (Rechtsträger ohne betriebliche Organisation bislang) des Erwerbers auf Gesamtbetriebsvereinbarungen hat.

aa) Übergang mehrerer Betriebe bzw. Betriebsteile / Fortführung als selbständige Betriebe

Existieren beim abgebenden Unternehmen mehrere Betriebe, kann sich ein Betriebsübergang gemäß § 613a BGB auf verschiedene Art und Weise vollziehen. Gemeinsam ist den nachfolgenden Varianten, dass beim Erwerber im Anschluss an den Betriebsübergang mindestens zwei selbständige Betriebe fortgeführt werden. Zum einen ist denkbar, dass sämtliche Betriebe des abgebenden Unternehmens auf den Erwerber übergehen. Zum anderen können mehrere, aber nicht alle Betriebe des Veräußerers vom Betriebsübergang auf den Erwerber betroffen sein. Schließlich können im Anschluss an eine Betriebsspaltung einzelne Betriebsteile allein oder gemeinsam mit weiteren Betrieben auf den Erwerber übergehen.

Die Frage, ob eine beim Veräußerer existierende Gesamtbetriebsvereinbarung für die übergegangenen betrieblichen Einheiten als Gesamtbetriebsvereinbarung kollektivrechtlich fortgilt, ist anhand des Kriteriums „Gestaltungsaufgabe" zu entscheiden. Eine normative Fortgeltung kommt dementsprechend nicht in Frage bei Gesamtbetriebsvereinbarungen über Sozialeinrichtungen wie z.B. Kindergärten, zu denen der die übergehenden Betriebe bzw. Betriebsteile aufnehmende Erwerber keinen Zugang hat[845]. In diesem Fall ist offenkundig, dass die Gesamtbetriebsvereinbarung in Bezug auf die übergehenden Arbeitnehmer ihre Gestaltungsaufgabe verliert, mithin gegenstandslos wird.

---

[844] Siehe BAG vom 18.09.2002, AP Nr. 7 zu § 77 BetrVG 1972 unter B.III.2.b)cc(3) der Gründe.

[845] Vgl. Hanau/Vossen, FS Hilger/Stumpf, S. 271, 276.

Indes ist fraglich, ob bei Betriebsübergängen „in der Regel“[846] von einem Wegfall der Gestaltungsaufgabe einer vom Gesamtbetriebsrat in originärer Zuständigkeit abgeschlossenen Gesamtbetriebsvereinbarung ausgegangen werden kann. Hierfür ist die Frage zu klären, in welchem Rahmen das für eine Fortgeltung als Gesamtbetriebsvereinbarung gemäß § 50 Abs. 1 BetrVG zwingend erforderliche überbetriebliche Regelungsinteresse[847] bestehen muss.

Zum einen ist denkbar, dass sich das überbetriebliche Regelungsinteresse auch nach dem Betriebsübergang auf alle – beim Veräußerer verbliebenen und auf den Erwerber übergegangenen – Betriebe bezieht[848]. In diesem Fall dürften Gesamtbetriebsvereinbarungen überwiegend gegenstandslos werden, da mit der Herauslösung eines Betriebs aus einem Unternehmen oftmals die Notwendigkeit entfallen wird, den fraglichen Gegenstand einheitlich mit den Betrieben des Ursprungsunternehmens zu regeln. Als Beispiel ist an eine Provisionsregelung für alle Verkaufsrepräsentanten eines Unternehmens zu denken. Das BAG hat in diesem Fall eine originäre Zuständigkeit des Gesamtbetriebsrats gemäß § 50 Abs. 1 BetrVG bejaht[849]. Nach dem Übergang eines von mehreren Betrieben besteht regelmäßig kein Bedürfnis mehr danach, die Provision für Verkaufsrepräsentanten betriebsübergreifend, d.h. hier unternehmensübergreifend zu regeln.

Zum anderen könnte man bei Beurteilung des überbetrieblichen Regelungsinteresses einschränkend nur auf die übergegangenen Einheiten abstellen[850]. Dann bliebe die Gestaltungsaufgabe in wesentlich mehr Fällen aufrechterhalten, es käme folglich häufiger zu einer kollektivrechtlichen Fortgeltung von Gesamtbetriebsvereinbarungen.

Letztgenannter Auffassung ist zu folgen. Das BAG hat in seiner Entscheidung vom 18. September 2002 zutreffend festgestellt, dass die durch eine Gesamtbetriebsvereinbarung zu regelnde Angelegenheit nicht nur einen einzigen, sondern mehrere oder alle Betriebe des Unternehmens betreffen muss[851]. Dies bedeutet aber gerade nicht, dass auf diese Weise eine Art „Betriebsverbund“ als entspre-

---

846 So Rieble/Gutzeit, NZA 2003, S. 233, 236.

847 Vgl. hierzu FESTL, BetrVG, § 50, Rn. 50; Löwisch/Kaiser, BetrVG, § 50, Rn. 3.

848 Vgl. Rieble/Gutzeit, NZA 2003, S. 233, 236; Preis/Richter, ZIP 2004, S. 925, 934 f.

849 Siehe BAG vom 18.10.1988, EzA Nr. 8 zu § 83 ArbGG 1979.

850 Vgl. Röder/Haussmann, DB 1999, S. 1754, 1756: „*... Ausgangspunkt der weiteren Überlegungen ist die Annahme, dass eine Gesamtbetriebsvereinbarung bei jedem der aus der Umwandlung hervorgehenden Rechtsträger weitergilt, wenn der Gesamtbetriebsrat dieses Unternehmens die Gesamtbetriebsvereinbarung für die ihm zugeordneten Betriebe im Rahmen seiner originären Zuständigkeit nach § 50 Abs. 1 Satz 1 BetrVG hätte abschließen können. ...*“.

851 Siehe BAG vom 18.09.2002, AP Nr. 7 zu § 77 BetrVG 1972 unter B.III.2.b)bb) der Gründe; Hanau/Vossen, FS Hilger/Stumpf, S. 271, 275 f.

chendes überbetriebliches Bezugsobjekt und Regelungssubstrat entsteht[852]. Stellte man bei der Beurteilung des für die Fortgeltung als Gesamtbetriebsvereinbarung erforderlichen überbetrieblichen Regelungsinteresses auf das veräußernde Unternehmen in seiner ursprünglichen Gestalt ab, liefe dies auf eine Orientierung an einem vom BAG zu Recht abgelehnten „Betriebsverbund" hinaus. Dementsprechend kommt es allein auf die Situation beim Erwerber an. Besteht für die übergegangenen Einheiten ein überbetriebliches Regelungsinteresse, gelten die Gesamtbetriebsvereinbarungen wegen Aufrechterhaltung der Gestaltungsaufgabe unverändert als Gesamtbetriebsvereinbarungen kollektivrechtlich fort.

Bilden sich in den übergegangenen Betrieben Betriebsräte bzw. bestehen diese fort, ist beim erwerbenden Unternehmen gemäß § 47 Abs. 1 BetrVG ein Gesamtbetriebsrat zu bilden. Dieses Gremium ist der Verhandlungspartner des Erwerbers für eine ablösende Gesamtbetriebsvereinbarung bzw. Erklärungsempfänger bei Ausspruch einer Kündigung[853]. Kommt es infolge des Fehlens von Einzelbetriebsräten in den Betrieben – zumindest vorübergehend - zu keiner Konstituierung eines Gesamtbetriebsrats gemäß § 47 Abs. 1 BetrVG, steht dies der kollektivrechtlichen Fortgeltung von Gesamtbetriebsvereinbarungen nicht entgegen[854]. Der Fortbestand des Gesamtbetriebsrats ist keine zwingende Voraussetzung für die normative Weitergeltung von Gesamtbetriebsvereinbarungen[855]. Die Rechtslage ist insofern nicht anders als bei Einzelbetriebsvereinbarungen. Hierzu wurde im vierten Teil der Arbeit festgestellt, dass die kollektivrechtliche Fortgeltung von Einzelbetriebsvereinbarungen unabhängig vom Schicksal des Betriebsrats ist[856]. Fehlt der Gesamtbetriebsrat, kann der Erwerber die Kündigung der Gesamtbetriebsvereinbarung allen regelungsbetroffenen Arbeitnehmern gegenüber – ggfs. am „Schwarzen Brett" – erklären[857].

---

852 Siehe BAG vom 18.09.2002, AP Nr. 7 zu § 77 BetrVG 1972 unter B.III.2.b)bb) der Gründe.

853 Siehe BAG vom 18.09.2002, AP Nr. 7 zu § 77 BetrVG 1972 unter B.III.2.b)cc)(3) der Gründe.

854 Kritisch Meyer, SAE 2003, S. 310, 311, der, um eine Abänderung bereits zum Zeitpunkt des Betriebsübergangs zu erreichen, auch dann für die Fortgeltung einer Gesamtbetriebsvereinbarung als Einzelbetriebsvereinbarung plädiert, wenn mehrere Betriebe übergehen; ähnlich Hergenröder, Anm. zu BAG vom 18.09.2002, AP Nr. 7 zu § 77 BetrVG 1972.

855 Siehe BAG vom 18.09.2002, AP Nr. 7 zu § 77 BetrVG 1972 unter B.III.2.b)cc)(1) der Gründe.

856 Siehe oben 4. Teil, C.II.b)aa)(2).

857 Siehe BAG vom 18.09.2002, AP Nr. 7 zu § 77 BetrVG 1972 unter B.III.2.b)cc)(2) der Gründe; Kittner/Zwanziger-Bachner, Arbeitsrecht für die Praxis, § 116, Rn. 13 b; FESTL, BetrVG, § 77, Rn. 176; DKK-Berg, BetrVG, § 77, Rn. 52; MünchArbR-Matthes, § 328, Rn. 45; Brune, AR-Blattei SD 520, Rn. 434; GK-Kreutz, BetrVG, § 77, Rn. 383; Kreutz, FS Kraft, S. 323, 336.

bb) Übergang eines Betriebs bzw. Betriebsteils / Fortführung als selbständiger Betrieb

Geht lediglich ein Betrieb bzw. ein zukünftig als selbständiger Betrieb fortgeführter Betriebsteil auf den Erwerber über, ist die Rechtslage etwas anders zu beurteilen. Die eine kollektivrechtliche Fortgeltung begründende Aufrechterhaltung der Gestaltungsaufgabe kann in diesem Fall nicht aus einem überbetrieblichen Regelungsinteresse resultieren. Hieraus folgt zunächst, dass eine Fortgeltung als Gesamtbetriebsvereinbarung bei nur einem Betrieb zwingend ausscheiden muss[858]. Fraglich ist nun, ob die ursprüngliche Gesamtbetriebsvereinbarung im Betrieb des Erwerbers als Einzelbetriebsvereinbarung kollektivrechtlich fortgelten kann. Gegen eine solch „wundersame Verwandlung“[859] der Gesamtbetriebsvereinbarung in eine Einzelbetriebsvereinbarung werden schwerwiegende Ungereimtheiten geltend gemacht[860]. Eine Metamorphose der Gesamt- in eine Einzelbetriebsvereinbarung sei im Gesetz nicht angelegt[861].

Diesen Einwänden ist nicht zu folgen. Besteht die Gestaltungsaufgabe einer Gesamtbetriebsvereinbarung im Betrieb des Erwerbers fort, gilt diese Kollektivnorm dort als Einzelbetriebsvereinbarung weiter. Diese Wandlung der Gesamtbetriebsvereinbarung in eine Einzelbetriebsvereinbarung wird von der neueren Rechtsprechung[862] und Teilen der Literatur[863] dann ebenfalls befürwortet, wenn der Betriebs(-teil)übergang identitätswahrend erfolgt. Zur Begründung ist auf das Regelungssubstrat einer Gesamtbetriebsvereinbarung abzustellen. Dieses ist – auch wenn sie betriebsübergreifend in einem Unternehmen gilt – stets auf den einzelnen Betrieb bezogen[864]. Damit gestaltet eine Gesamtbetriebsvereinbarung die kollektive Ordnung des Betriebs nicht anders als eine Einzelbetriebsvereinbarung[865]. Dem widerspräche es diametral, wollte man die Gestaltungsaufgabe

[858] Vgl. Kittner/Zwanziger-Bachner, Arbeitsrecht für die Praxis, § 116, Rn. 13 d.
[859] So Hohenstatt/Müller-Bonanni, NZA 2003, S. 766, 771.
[860] Vgl. WHSS-Hohenstatt, Umstrukturierung und Übertragung von Unternehmen, E 49; Rieble, Sonderbeilage zu NZA Heft 16/2003, S. 62, 69; Hergenröder, Anm. zu BAG vom 18.09.2002, AP Nr. 7 zu § 77 BetrVG 1972.
[861] Vgl. Preis/Richter, ZIP 2004, S. 925, 932 f.
[862] Siehe BAG vom 18.09.2002, AP Nr. 7 zu § 77 BetrVG 1972 unter B.III.2.b)cc)(2) der Gründe; ArbG Frankfurt/Main vom 12.09.1996, AiB 1997, S. 481, 482; a.A. noch BAG vom 29.10.1985, BB 1986, S. 1644, 1645; LAG Hamburg vom 07.06.1995, AuR 1996, S. 75, 76.
[863] Vgl. ErfKom-Kania, § 77 BetrVG, Rn. 118; Kittner/Zwanziger-Bachner, Arbeitsrecht für die Praxis, § 116, Rn. 13a, 13c; ders., NJW 2003, S. 2861, 2862; Hanau, Arbeitsrechtliche Folgen der Umstrukturierung, S. 82, 98; HWK-Gaul, Arbeitsrecht Kommentar, § 77 BetrVG, Rn. 80 unter Bezugnahme auf Gaul, Arbeitsrecht der Betriebs- und Unternehmensspaltung, § 25, Rn. 216, 220; FESTL, BetrVG, § 77, Rn. 169; Meyer, SAE S. 310, 311; Richardi/Kortstock, RdA 2004, S. 173, 175.
[864] Siehe BAG vom 18.09.2002, AP Nr. 7 zu § 77 BetrVG 1972 unter B.III.2.b)cc)(3) der Gründe.
[865] Vgl Hanau/Vossen, FS Hilger/Stumpf, S. 271, 275 f.

einer Gesamtbetriebsvereinbarung bereits in der überbetrieblichen Regelung eines Sachverhalts erschöpft sehen. Zutreffend ist vielmehr, dass die Gestaltungsaufgabe einer Gesamtbetriebsvereinbarung neben einer überbetrieblichen Koordination auch die Regelung der Kollektivordnung in einem einzelnen Betrieb umfasst. Letztere kann aber auch dann von einer Betriebsvereinbarung zu gestalten sein, wenn beim Erwerber nach dem Betriebsübergang nur ein Betrieb besteht. Als Beispiel ist eine Gesamtbetriebsvereinbarung zur ergebnisabhängigen Bezahlung der Abteilungsleiter im Verkauf zu betrachten. Das BAG hat diesbezüglich eine originäre Zuständigkeit des Gesamtbetriebsrats gemäß § 50 Abs. 1 BetrVG bejaht[866]. Geht einer von mehreren Betrieben des Veräußerers auf einen Erwerber ohne betriebliche Organisation über, entfällt zwar das Bedürfnis nach überbetrieblicher Koordination. Gleichwohl besteht die Gestaltungsaufgabe der bisherigen Gesamtbetriebsvereinbarung in Bezug auf die im übergehenden Betrieb beschäftigten Abteilungsleiter fort. Dementsprechend gilt die Gesamtbetriebsvereinbarung im übergehenden Betrieb als Einzelbetriebsvereinbarung fort.

cc) Betriebsteilübergang und Fortführung als Gemeinschaftsbetrieb

Ein Betriebsteilübergang auf einen bis dahin betriebslosen Erwerber kann zur Bildung eines Gemeinschaftsbetriebs führen. Dies ist dann der Fall, wenn nach dem Übergang die betriebliche Einheit unangetastet bleibt und nunmehr als gemeinsamer Betrieb mehrerer Unternehmen im Sinne des § 1 Abs. 1 Satz 2, Abs. 2 Nr. 2 BetrVG fortgeführt wird. Ein solches Vorgehen bietet sich an, wenn die Betriebsspaltung aus steuerlichen Gründen vorgenommen, zugleich aber der Vorteil einer bereits eingespielten arbeitstechnischen Einheit auch zukünftig genutzt werden soll. In diesem Fall stellt sich die Frage, welche Auswirkungen dies auf die in dem von der Betriebsspaltung betroffenen Betrieb geltenden Gesamtbetriebsvereinbarungen hat. Als Beispiel ist an eine Gesamtbetriebsvereinbarung zur leistungsbezogenen Vergütung für Außendienstangestellte zu denken. Das BAG hat diesbezüglich eine originäre Zuständigkeit des Gesamtbetriebsrats gemäß § 50 Abs. 1 BetrVG anerkannt[867]. Die Gründung des Gemeinschaftsbetriebs lässt die Gestaltungsaufgabe der Gesamtbetriebsvereinbarung im betreffenden Betrieb regelmäßig unangetastet. Sie gilt dementsprechend kollektivrechtlich im als Gemeinschaftsbetrieb weitergeführten Betrieb fort[868].

b) Erwerber mit betrieblicher Organisation

Gegenstand der nun folgenden Untersuchung ist die vom BAG in seiner Entscheidung vom 18. September 2002 nicht entschiedene Frage des normativen

---

[866] Siehe BAG vom 31.01.1989, EzA Nr. 14 zu § 81 ArbGG 1979.
[867] Siehe BAG vom 29.03.1977, AP Nr. 1 zu § 87 BetrVG Provision.
[868] Vgl. Gaul, Arbeitsrecht der Betriebs- und Unternehmensspaltung, § 25, Rn. 223.

Fortbestandes einer Gesamtbetriebsvereinbarung bei Übergang in ein Unternehmen mit bereits bestehender betrieblicher Organisation. Dabei ist vorab auf das Verhältnis zwischen einer normativ fortgeltenden Gesamtbetriebsvereinbarung und eines beim Erwerber geltenden Tarifvertrag einzugehen. Findet beim Erwerber ein Tarifvertrag mit vergleichbarem Inhalt Anwendung, geht dieser grundsätzlich gemäß § 4 Abs. 3 TVG, §§ 77 Abs. 3, 87 Abs. 1 Satz 1 BetrVG den im übergehenden Betrieb bisher anzuwendenden Gesamtbetriebsvereinbarung vor[869]. Die Rechtslage ist insofern nicht anders als bei kollektivrechtlich fortgeltenden Einzelbetriebsvereinbarungen.

aa) Übergang mehrerer Betriebe bzw. Betriebsteile / Fortführung als selbständige Betriebe

In dieser Fallgruppe gehen mehrere Betriebe bzw. Betriebsteile auf den Erwerber über und werden von diesem als selbständige Betriebe fortgeführt. Hinsichtlich der bereits beim Erwerber bestehenden betrieblichen Organisation ist zu unterscheiden, ob in dieser bereits eine Arbeitnehmervertretung besteht oder nicht.

Ist dies zu verneinen, ist eine Kollision zwischen fortgeltenden und beim Erwerber Anwendung findenden Kollektivnormen von vornherein ausgeschlossen. Ob eine Gesamtbetriebsvereinbarung kollektivrechtlich fortgilt, entscheidet sich auch hier danach, ob ihre Gestaltungsaufgabe nach dem Betriebsübergang erhalten bleibt. Diese kann sich zum einen aus einem Bedarf an betriebsübergreifender Koordination hinsichtlich der übernommenen Betriebe bzw. als selbständige Betriebe fortgeführte Betriebsteile ergeben. Zum anderen kann die Wahrung der Gestaltungsaufgabe aus dem Regelungsinhalt selbst folgen. Somit ist zunächst festzuhalten, dass die Gesamtbetriebsvereinbarung zum Bestandteil der kollektiven Normenordnung des aufnehmenden Unternehmens wird und so als Gesamtbetriebsvereinbarung erhalten bleibt. Der im aufnehmenden Unternehmen zu bildende Gesamtbetriebsrat führt die Gesamtbetriebsvereinbarung für die Teilmenge der übernommenen Betriebe als normative Teilordnung fort[870]. Eine Ausweitung des Geltungsbereichs der kollektivrechtlich fortgeltenden Gesamtbetriebsvereinbarungen auf das „neue" Gesamtunternehmen ohne Einbeziehung des Erwerbers – etwa durch Beschluss des neu zu bildenden Gesamtbetriebsrats - ist dagegen ausgeschlossen[871]. Eine Erstreckung der noch mit dem Veräußerer abgeschlossenen Gesamtbetriebsvereinbarung auf alle Betriebe des Erwerbers bedarf einer übereinstimmenden Willenserklärung des Gesamtbetriebsrats und

[869] Vgl. Gussen/Dauck, Weitergeltung, Rn. 96; Bange, Fortgeltung von Kollektivverträgen bei Unternehmensumstrukturierung, S. 221; Kreutz, FS 50 Jahre BAG, S. 993, 995; Hanau/Vossen, FS Hilger/Stumpf, S. 271, 277.
[870] Vgl. Kittner/Zwanziger-Bachner, Arbeitsrecht für die Praxis, § 116, Rn. 13f.
[871] Vgl. Bange, Fortgeltung von Kollektivverträgen bei Unternehmensumstrukturierung, S. 216; Rieble/Gutzeit, NZA 2003, S. 233, 238.

des Erwerbers. Dementsprechend kann durch eine neue Gesamtbetriebsvereinbarung festgelegt werden, dass die beim Veräußerer abgeschlossene Gesamtbetriebsvereinbarung nicht nur für die übernommenen Betriebe/Betriebsteile, sondern für alle Betriebe/Betriebsteile des Erwerbers Anwendung finden sollen.

Ist dagegen beim Erwerber bereits eine Arbeitnehmervertretung vorhanden, kann es zu einer Normenkollision kommen. Dies ist dann der Fall, wenn im aufnehmenden Unternehmen bereits Gesamt- bzw. Konzernbetriebsvereinbarungen mit vergleichbarem Regelungsinhalt gelten und diese potenziell auch auf die neu hinzukommenden Betriebe Anwendung finden können. Im 4. Teil der Arbeit wurde die Kollision zwischen kollektivrechtlich fortgeltenden Einzelbetriebsvereinbarungen und beim Erwerber geltenden Gesamt- bzw. Konzernbetriebsvereinbarungen untersucht. Zur Lösung des Kollisionsproblems wurde auf die „Identifizierbarkeit" der übergegangenen Einheiten abgestellt[872]. Dieser Ansatz ist im Zusammenhang mit nach einem Betriebsübergang normativ fortgeltenden Gesamtbetriebsvereinbarungen ebenfalls anzuwenden.

Die übergegangen Betriebe bzw. Betriebsteile sind als „identifizierbar" anzusehen, wenn sie vom Erwerber als selbständige Betriebe fortgeführt werden bzw. gemäß § 4 Abs. 1 Satz 1 BetrVG als solche anzusehen sind. Die Gesamtbetriebsvereinbarung des veräußernden Unternehmens gilt in diesem Fall ungeachtet der bereits beim Erwerber bestehenden Gesamt- bzw. Konzernbetriebsvereinbarungen als normative Teilordnung für die übergehenden Einheiten fort. Diesbezüglich ist zu berücksichtigen, dass nach zutreffender Rechtsprechung des BAG eine Gesamtbetriebsvereinbarung die kollektive Ordnung des von ihr betroffenen Betriebs nicht anders gestaltet als eine Einzelbetriebsvereinbarung[873]. Dementsprechend ist bei Beurteilung der „Identifizierbarkeit" der übergehenden Einheiten vom ursprünglich beim Veräußerer definierten betrieblichen Geltungsbereich auszugehen. Es ist Aufgabe der Betriebsparteien, im Bedarfsfalle mit den ihnen zur Verfügung stehenden Gestaltungsmitteln – Kündigung, Aufhebung, Ablösung - eine Harmonisierung der parallel geltenden Kollektivnormen herbeizuführen. Dabei sind insbesondere im Hinblick auf eine betriebliche Altersversorgung Vertrauensschutzgesichtspunkte zu berücksichtigen.

bb) Übergang eines Betriebs bzw. Betriebsteils / Fortführung als selbständiger Betrieb

Geht nur ein Betrieb bzw. ein als selbständiger Betrieb fortgeführter Betriebsteil über, ergibt sich keine grundlegend andere Sichtweise. Im Unterschied zu der zuvor besprochenen Fallgruppe kann die Gesamtbetriebsvereinbarung des Ve-

---

[872] Siehe oben 4. Teil, A.III.1.c)bb)(5).

[873] Siehe BAG vom 18.09.2002, AP Nr. 7 zu § 77 BetrVG 1972 unter B.III.2.b)bb) der Gründe.

räußerers in der übergegangenen Einheit allerdings nur als Einzelbetriebsvereinbarung kollektivrechtlich fortgelten. Auch in diesem Fall ist zunächst zu klären, ob beim Erwerber bereits eine Arbeitnehmervertretung besteht. Sollte dies der Fall sein, kann die normativ fortgeltende Einzelbetriebsvereinbarung mit einer Gesamt- bzw. Konzernbetriebsvereinbarung des Erwerbers kollidieren. Zur Lösung des Kollisionsproblems ist auch in dieser Konstellation auf die „Identifizierbarkeit“ der übergegangenen Einheiten abzustellen.

Der übergegangene Betrieb bzw. Betriebsteil ist als „identifizierbar“ anzusehen, wenn er vom Erwerber als selbständiger Betrieb fortgeführt wird bzw. gemäß § 4 Abs. 1 Satz 1 BetrVG als solcher anzusehen ist. Die Gesamtbetriebsvereinbarung des veräußernden Unternehmens gilt in diesem Fall ungeachtet der bereits beim Erwerber bestehenden Gesamt- bzw. Konzernbetriebsvereinbarungen in Gestalt einer Einzelbetriebsvereinbarung als normative Teilordnung für die übergehende Einheit fort. Die Betriebsparteien können nun im Bedarfsfalle mit den ihnen zur Verfügung stehenden Gestaltungsmitteln – Kündigung, Aufhebung, Ablösung - eine Harmonisierung der parallel geltenden Kollektivnormen herbeiführen. Hierbei sind insbesondere im Hinblick auf eine betriebliche Altersversorgung Vertrauensschutzgesichtspunkte zu wahren.

cc) Eingliederung/Zusammenlegung

Bei Eingliederungs- und Zusammenlegungsfällen ist für die kollektivrechtliche Fortgeltung von Gesamtbetriebsvereinbarungen zunächst ebenfalls auf das Kriterium „Gestaltungsaufgabe“ abzustellen. Danach kann es zum Entstehen normativer Teilordnungen für die übergangenen Arbeitnehmer kommen. Bestehen beim Erwerber Einzel-, Gesamt- bzw. Konzernbetriebsvereinbarungen mit vergleichbarem Regelungsinhalt, ist eine bei Eingliederungs- und Zusammenlegungsfällen entstehende Normenkollision anhand des Kriteriums „Identifizierbarkeit“ aufzulösen.

Der übergegangene Betrieb bzw. Betriebsteil ist als „identifizierbar“ anzusehen, wenn er vom Erwerber als selbständiger Betrieb fortgeführt wird bzw. gemäß § 4 Abs. 1 Satz 1 BetrVG als solcher anzusehen ist. Bei Zusammenlegungsfällen ist die übergegangene Einheit „identifizierbar“, wenn 1. ein Betrieb oder ein gemäß § 4 Abs. 1 BetrVG als Betrieb anzusehender Betriebsteil übergeht, 2. die übergehende Einheit mit einem Betrieb (-steil) des Erwerbers zusammengelegt wird und 3. danach die übergehende Einheit als selbständiger Betrieb im Sinne des § 4 Abs. 1 BetrVG anzusehen ist. In diesem Fall wird der ursprüngliche betriebliche Geltungsbereich einer beim Veräußerer abgeschlossenen Gesamtbetriebsvereinbarung durch die Zusammenlegung nicht berührt. Der ursprüngliche betriebliche Geltungsbereich der Gesamtbetriebsbetriebsvereinbarung ist weiter „identifizierbar“. Dementsprechend gelten die Betriebsvereinbarungen ungeachtet der beim Erwerber bereits existierenden Einzel-, Gesamt- und Konzernbetriebsvereinbarungen kollektivrechtlich fort.

Ist die übergegangene Einheit dagegen nach einer Zusammenlegung oder Eingliederung nicht mehr identifizierbar, erstreckt sich die bislang beim Erwerber geltende Einzel-, Gesamt- bzw. Konzernbetriebsvereinbarung auch auf die neu hinzugekommenen Arbeitnehmer[874].

dd) Teilbetriebsübergang und Fortführung als Gemeinschaftsbetrieb

Eine Gesamtbetriebsvereinbarung gilt in einem nach einem Teilbetriebsübergang als Gemeinschaftsbetrieb weitergeführten Betrieb prinzipiell kollektivrechtlich fort, wenn die Gestaltungsaufgabe aufrechterhalten bleibt. Zu einer Normenkonkurrenz kommt es dann, wenn im Unternehmen des Betriebsteilerwerbers bereits eine Gesamt- bzw. Konzernbetriebsvereinbarung mit vergleichbarem Regelungsinhalt besteht. Das Kollisionsproblem ist in diesem Fall ebenfalls mit Hilfe des Kriteriums „Identifizierbarkeit" zu lösen.

Die Gesamtbetriebsvereinbarungen des Veräußerers gelten ungeachtet der beim Erwerber bestehenden Gesamt- bzw. Konzernbetriebsvereinbarungen fort, wenn der ursprünglich definierte betriebliche Geltungsbereich durch den Betriebsteilübergang nicht tangiert wird, mithin „identifizierbar" ist. Diesbezüglich ist zu berücksichtigen, dass nach zutreffender Rechtsprechung des BAG eine Gesamtbetriebsvereinbarung die kollektive Ordnung des von ihr betroffenen Betriebs nicht anders gestaltet als eine Einzelbetriebsvereinbarung[875]. Dementsprechend ist bei Beurteilung der „Identifizierbarkeit" der übergehenden Einheit vom ursprünglich beim Veräußerer definierten betrieblichen Geltungsbereich auszugehen.

Eine „Identifizierbarkeit" ist dagegen zu verneinen, wenn der ursprüngliche betriebliche Geltungsbereich der Betriebsvereinbarung im Zuge des Betriebsübergangs verloren geht.

Durch einen sich allein auf rechtlicher Ebene abspielenden Betriebsteilübergang wird der ursprüngliche betriebliche Geltungsbereich einer beim Veräußerer abgeschlossenen Gesamtbetriebsvereinbarung nicht berührt. Der ursprüngliche betriebliche Geltungsbereich der Betriebsvereinbarung ist weiter „identifizierbar". Dementsprechend gelten die Betriebsvereinbarungen ungeachtet der beim Erwerber des Betriebsteils bereits existierenden Gesamt- bzw. Konzernbetriebs-

874 Vgl. Richardi/Kortstock, RdA 2004, S. 173, 175, die bei Eingliederungsfällen eine Fortgeltung der ursprünglichen Gesamtbetriebsvereinbarung stets ausschließen wollen.

875 Siehe BAG vom 18.09.2002, AP Nr. 7 zu § 77 BetrVG 1972 unter B.III.2.b)bb) der Gründe.

vereinbarungen kollektivrechtlich fort. Nun ist es Aufgabe der Betriebsparteien, im Bedarfsfalle mit den ihnen zur Verfügung stehenden Gestaltungsmitteln – Ablösung, Aufhebung oder Kündigung - eine Harmonisierung der parallel geltenden Kollektivnormen mit vergleichbarem Regelungsgegenstand herbeizuführen. Dabei sind insbesondere im Hinblick auf eine betriebliche Altersversorgung Vertrauensschutzgesichtspunkte zu berücksichtigen.

B. Fortgeltung von Gesamtbetriebsvereinbarungen bei unternehmensinternen Umstrukturierungen

Eine unternehmensinterne Umstrukturierung hat keine Konsequenzen für die kollektivrechtliche Fortgeltung einer Gesamtbetriebsvereinbarung. Dabei ist insbesondere zu beachten, dass sich die Zuständigkeit des Gesamtbetriebsrats gemäß § 50 Abs. 1 Satz 1, 2. HS BetrVG auch auf betriebsratslose Betriebe erstreckt. Somit hat z.B. eine Eingliederung eines Betriebs mit Betriebsrat in einen betriebsratslosen Betrieb keine Auswirkungen auf Gesamtbetriebsvereinbarungen.

6. Teil: Vertragliche Gestaltung der kollektivrechtlichen Fortgeltung von Betriebsvereinbarungen bei Betriebsübergängen und unternehmensinternen Umstrukturierungen

Im vierten und fünften Teil der Arbeit wurde auf die Fortgeltung von Einzel- und Gesamtbetriebsvereinbarungen bei Betriebsübergängen und unternehmensinternen Umstrukturierungen eingegangen. Dabei wurde aufgezeigt, dass die Feststellung, ob eine Betriebsvereinbarung normativ fortgilt, für die Praxis oftmals mit erheblichen Schwierigkeiten verbunden ist. Das von der herrschenden Auffassung hierfür herangezogene Kriterium „Wahrung der Betriebsidentität" bringt wie gezeigt erhebliche Abgrenzungsprobleme mit sich. Aber auch das hier vertretene Kriterium „Gestaltungsaufgabe" kann zu der im Einzelfall schwierig zu beantwortenden Frage führen, ob die Regelungsfunktion einer Betriebsvereinbarung durch einen Betriebsübergang oder eine unternehmensinterne Umstrukturierung entfallen ist. Dies ist gegebenenfalls im Rahmen eines arbeitgerichtlichen Beschlussverfahrens zu klären.

Der nun folgende sechste Teil der Arbeit beschäftigt sich mit der Fragestellung, ob bzw. wie die kollektivrechtliche Fortgeltung von Betriebsvereinbarungen durch eine vertragliche Gestaltung[876] herbeigeführt werden kann. Dies kommt z.B. bei einer Betriebsspaltung dann in Frage, wenn im Ursprungsbetrieb eine anderweitige Regelung über die Freistellung von Betriebsratsmitgliedern gemäß § 38 Abs. 1 Satz 5 BetrVG getroffen wurde und diese nach dem Willen der Betriebspartner auch in den neu entstehenden Betrieben normativ fortgelten soll[877]. Im Folgenden wird grundlegend zwischen der Fortschreibung der normativen Wirkung durch Betriebsvereinbarung, Interessenausgleich und Sozialplan einerseits und durch Tarifvertrag andererseits unterschieden.

A. Fortschreibung der normativen Wirkung durch Betriebsvereinbarung, Interessenausgleich und Sozialplan

Bei der vertraglichen Gestaltung der kollektivrechtlichen Fortgeltung von Betriebsvereinbarungen ist an den Abschluss einer freiwilligen Betriebsvereinbarung gemäß § 88 BetrVG sowie eines Interessenausgleichs und eines Sozialplans gemäß §§ 112 ff. BetrVG zu denken.

---

876 Vgl. Röder/Haussmann, DB 1999, S. 1754, 1759, die ausdrücklich Fortgeltungsvereinbarungen mit Betriebsräten und Gesamtbetriebsräten empfehlen.
877 Vgl. Wlotzke, DB 1995, S. 40, 46.

I. Freiwillige Betriebsvereinbarungen gemäß § 88 BetrVG

1. Bezugsrahmen der Vorschrift

Die Vorschrift des § 88 BetrVG betrifft, wie sich aus ihrer systematischen Stellung im Vierten Teil des Dritten Abschnitts des BetrVG und aus den in ihr genannten Beispielen ergibt, den Bereich der sozialen Angelegenheiten. Zutreffend wird jedoch von der Rechtsprechung[878] und einem Teil der Literatur[879] vertreten, dass sich dieser Norm keine Beschränkung der Betriebspartner beim Abschluss freiwilliger Betriebsvereinbarungen auf soziale Angelegenheiten entnehmen lässt. Zum einen ist zu beachten, dass die Annahme einer umfassenden Regelungskompetenz in Übereinstimmung mit der Gesetzesbegründung steht[880]. Zum anderen wird eine weitreichende, auch personelle Angelegenheiten umfassende Regelungsbefugnis durch § 28 Abs. 1, Abs. 2 Satz 1 SprAuG bestätigt[881]. Danach können der Sprecherausschuss und der Arbeitgeber Richtlinien über den Inhalt, den Abschluss oder die Beendigung von Arbeitsverhältnissen vereinbaren, die für diese unmittelbare und zwingende Wirkung entfalten. Hieraus ist zu folgern, dass auch dem Betriebsrat und dem Arbeitgeber eine über die sozialen Angelegenheiten hinausgehende Regelungsbefugnis beim Abschluss von freiwilligen Betriebsvereinbarungen zusteht.

Somit ist festzuhalten, dass die vertragliche Vereinbarung der kollektivrechtlichen Fortgeltung von Betriebsvereinbarungen prinzipiell vom Bezugsrahmen des § 88 BetrVG erfasst ist[882]. Eine Fortgeltungsvereinbarung kann damit nicht über ein Einigungsstellenverfahren erzwungen werden[883].

---

878 Siehe BAG GS vom 07.11.1989, AP Nr. 46 zu § 77 BetrVG 1972; BAG vom 26.08.1997, DB 1998, S. 265, 266.

879 Vgl. FESTL, BetrVG, § 88, Rn. 2; ErfKom-Kania, § 88 BetrVG, Rn. 1; DKK-Berg, BetrVG, § 88, Rn. 4; a.A. Richardi-Richardi, BetrVG, § 88, Rn. 3; Löwisch/Kaiser, BetrVG, § 88, Rn. 1; HSWG-Worzalla, BetrVG, § 88, Rn. 3; Münchener Anwaltshandbuch Arbeitsrecht/Kauffmann-Lauven, § 60, Rn. 43; HWK-Clemenz, Arbeitsrecht Kommentar, § 88 BetrVG, Rn. 6

880 Siehe BT-Drs. VI/1786, S. 47.

881 Vgl. ErfKom-Kania, § 88 BetrVG, Rn. 1; FESTL, BetrVG, § 88, Rn. 2.

882 Vgl. hierzu im Zusammenhang mit § 325 Abs. 2 UmwG: Boecken, Unternehmensumwandlungen, Rn. 415; Schaub, FS Wiese, S. 535, 545; Rieble, FS Wiese, S. 453, 468; Semler/Stengel-Simon, UmwG, § 325, Rn. 36; HWK-Willemsen, Arbeitsrecht Kommentar, § 325 UmwG, Rn. 14.

883 Vgl. Lutter-Joost, UmwG, § 325, Rn. 46; Boecken, Unternehmensumwandlungen, Rn. 415; Kasseler Handbuch-Düwell, Rn. 257; HWK-Willemsen, Arbeitsrecht Kommentar, § 325 UmwG, Rn. 14; Mengel, Umwandlungen, S. 358.

2. Vertragspartner

Im nächsten Schritt ist zu klären, welche der von einem Betriebsübergang oder einer unternehmensinternen Umstrukturierung betroffenen Betriebsparteien zu beteiligen sind, um derartige Fortgeltungsvereinbarungen rechtswirksam zu schließen. In Betracht kommen beim Betriebsübergang gemäß § 613a BGB insofern Veräußerer, Erwerber und Arbeitnehmervertretung(en). Sind wie z.B. bei Zusammenlegungsfällen mehrere Betriebe betroffen, kann sich die Anzahl der in Frage kommenden Betriebsräte entsprechend erhöhen.

a) Vertrag zugunsten Dritter / Verhältnis zu Betriebsvereinbarungen

Ein Schuldverhältnis ist grundsätzlich eine Zweiparteienbeziehung zwischen Gläubiger und Schuldner. Es begründet Rechte und Pflichten nur für die an ihm unmittelbar Beteiligten. Die Forderung des Gläubigers auf die Leistung besteht als relatives Recht nur gegenüber dem Schuldner. Diese Beschränkungen werden aber durch Ausnahmen durchbrochen. Die wichtigste ergibt sich aus § 328 BGB. Danach können die Vertragsparteien vereinbaren, dass der Schuldner die Leistung an einen vom Gläubiger verschiedenen Dritten zu erbringen hat.

Für Betriebsvereinbarungen und Tarifverträge hat der Gesetzgeber hiervon Abweichungen[884] vorgesehen. Die normativen Regelungen einer Betriebsvereinbarung gelten für den Adressatenkreis gemäß § 77 Abs. 4 Satz 1 BetrVG ebenso wie Tarifnormen gemäß § 4 Abs. 1 und 3 TVG unmittelbar und zwingend[885]. Daneben gibt es jedoch Konstellationen, in denen Betriebsvereinbarungen gleichwohl wie Verträge zugunsten Dritter gemäß § 328 BGB wirken[886]. Dies ist von der Rechtsprechung in einigen Fällen, in denen Betriebsvereinbarungen nicht bereits per Gesetz normative Wirkung zukommt, ausdrücklich anerkannt worden. So können zum einen Sozialpläne im Sinne von § 112 Abs. 1 Satz 2 BetrVG Rechte für leitende Angestellte beinhalten[887]. Zum anderen können durch Betriebsvereinbarungen schuldrechtliche Ansprüche für Pensionäre begründet werden[888].

---

[884] Zu beachten ist in diesem Zusammenhang, dass für den schuldrechtlichen Teil von Tarifverträgen die Anwendung von § 328 BGB bejaht wird. Der Tarifvertrag wird insofern als „berechtigender schuldrechtlicher Normenvertrag" angesehen, vgl. MünchArbR-Löwisch/Rieble, § 280, Rn. 16. Das gilt insbesondere für die Vereinbarung der sog. „Friedenspflicht" zwischen den Tarifvertragsparteien, vgl. Staudinger-Jagmann, BGB, § 328, Rn. 127; MünchArbR-Löwisch/Rieble, § 279, Rn. 10.

[885] Vgl. FESTL, BetrVG, § 77, Rn. 124; Löwisch/Kaiser, BetrVG, § 77, Rn. 16.

[886] Vgl. Palandt-Grüneberg, BGB, § 328, Rn. 8.

[887] Siehe BAG vom 31.01.1979, NJW 1979, S. 1621; Palandt-Grüneberg, BGB, § 328, Rn. 8; kritisch Hanau, RdA 1979, S. 324, 329; Spinti, DB 1986, S. 1571, 1572.

[888] Siehe BAG GS vom 16.3.1956, AP Nr. 1 zu § 57 BetrVG 1952; BAG vom 25.10.1988, AP Nr. 1 zu § 1 BetrAVG; LAG Berlin vom 25.09.1991, NZA 1992, S. 383; BAG vom 13.05.1997, AP Nr. 65 zu § 77 BetrVG 1972.

b) Vertrag zu Lasten Dritter / Rechtsprechung des BAG

Bei Fortgeltungsvereinbarungen besteht die Gefahr, dass diese sich als unzulässiger Vertrag zu Lasten Dritter[889] auswirken und damit unwirksam sind. Offenkundig ist dies bei Fortgeltungsvereinbarungen nur zwischen dem Veräußerer und dem Betriebsrat, die gerade für den Zeitraum nach einem bevorstehenden Betriebsübergang gemäß § 613a BGB abgeschlossen werden. In diesem Fall hat der nicht miteinbezogene Erwerber als Dritter die Folgen einer solchen Vereinbarung zu tragen.

Das BAG hatte sich bereits mehrmals mit Fortgeltungsvereinbarungen zu Lasten des Erwerbers zu beschäftigen. Im Urteil vom 1. April 1987[890] ging es um die Ausgliederung und rechtliche Verselbständigung einer Restaurantabteilung aus Einzelhandelsbetrieben von Warenhäusern. Durch den Übergang der Arbeitsverhältnisse auf den Betriebserwerber wurden finanzielle Einbußen für die betroffenen Arbeitnehmer befürchtet, die entweder aus der zeitlich begrenzten statischen Weitergeltung der betrieblichen bzw. tariflichen Regelungen oder aus der Verdrängung gemäß § 613a Abs. 1 Satz 3 BGB durch andere, ungünstigere Tarifnormen resultieren können. Zur Vermeidung dieser Auswirkungen hatten die Betriebspartner vor dem Betriebsübergang mittels einer Betriebsvereinbarung Kompensationszahlungen des Betriebserwerbers vereinbart. Diesem Ausgleichsinstrument wurde vom BAG die rechtliche Anerkennung versagt[891].

In dieselbe Richtung geht der Beschluss des BAG vom 18. September 2002[892]. In dem zu beurteilenden Sachverhalt hatte die Dasa als Veräußerer mit dem Betriebsrat vereinbart, es sollten *„alle Betriebsvereinbarungen im Betrieb Wedel gemäß Anlage 4 nach dem Stichtag (des Betriebsübergangs) unverändert fortgelten"*. Das BAG hat hierzu festgestellt, dass ein Veräußerer nicht befugt ist, Regelungen ausschließlich für die Zeit ab dem Betriebsübergang zu treffen. Den Betriebsparteien sei es verwehrt, Arbeitsbedingungen für die Zeit nach einem Betriebsübergang unmittelbar zu regeln[893].

Dem BAG ist beizupflichten. Eine Fortgeltungsvereinbarung ohne Einbeziehung eines noch außenstehenden, gleichwohl von den Folgen betroffenen Betriebserwerbers verstößt gegen das aus Art. 2 Abs. 1 GG[894] folgende Verbot von Verträgen zu Lasten Dritter. Bei der vertraglichen Gestaltung der Fortgeltungsfrage

---

[889] Siehe hierzu BVerfGE 73, S. 262, 271; Staudinger-Jagmann, BGB, § 328, Rn. 110; Palandt-Grüneberg, BGB, Einf. v. § 328, Rn. 10.
[890] Siehe SAE 1987, S. 301 ff.
[891] Siehe BAG vom 01.04.1987, SAE 1987, S. 301, 304.
[892] Siehe AP Nr. 7 zu § 77 BetrVG 1972.
[893] Siehe BAG vom 18.09.2002, AP Nr. 7 zu § 77 BetrVG 1972 unter B.III.2.b)ee) der Gründe.
[894] Siehe hierzu BVerfG vom 23.04.1986, E 73, 262, 271.

sind die Grenzen der Betriebsautonomie zu beachten[895]. Dies bedeutet im Einzelnen: Wirken die Betriebspartner kollektivvertragsrechtlich auf die Rechtsverhältnisse Dritter ein, die am Abschluss der Regelung nicht unmittelbar beteiligt sind, werden sie durch den im BetrVG kodifizierten Rahmen begrenzt[896]. Die Betriebspartner können folglich nur die Arbeitsverhältnisse der Betriebsangehörigen einer kollektivrechtlichen Regelung unterwerfen. Ein Betriebserwerber gehört dem durch den Gesetzgeber verfassten Betriebsverband gerade nicht an, so dass sich die Betriebspartner außerhalb ihres kompetenziellen Rahmens bewegen, wollten sie per Betriebsvereinbarung eine Verpflichtung des Betriebserwerbers begründen[897].

Das Verbot von Verträgen zu Lasten Dritter darf auch nicht über eine Anwendung des in dieser Arbeit für die kollektivrechtliche Fortgeltung von Betriebsvereinbarungen vertretenen Kriteriums „Aufrechterhaltung der Gestaltungsaufgabe" umgangen werden. Man könnte zunächst argumentieren, Gestaltungsaufgabe einer noch vom Veräußerer mit dem Betriebsrat abgeschlossenen Fortgeltungsvereinbarung sei gerade die Regelung von Arbeitsbedingungen nach dem Betriebsübergang. Dieser Gedankengang verkennt jedoch, dass der Veräußerer – wie das BAG zutreffend festgestellt hat[898] – nicht befugt ist, Regelungen ausschließlich für die Zeit ab dem Betriebsübergang zu treffen. Hiervon zu unterscheiden sind Betriebsvereinbarungen, die beim Veräußerer abgeschlossen wurden, um auch dort zunächst Wirkung zu entfalten. Ob diese Betriebsvereinbarungen dann beim Erwerber kollektivrechtlich fortgelten, beurteilt sich nach herrschender Auffassung nach der Wahrung der Betriebsidentität bzw. nach der hier vertretenen Meinung nach der Aufrechterhaltung der Gestaltungsaufgabe.

Eine andere Sichtweise folgt auch nicht aus § 613a Abs. 1 Satz 2 BGB[899]. Die in dieser Norm angeordnete Fortgeltung der in einer Betriebsvereinbarung getroffenen Regelungen basiert nicht auf einer Willenserklärung der Betriebspartner, sondern fußt auf einer Entscheidung des Gesetzgebers. Zudem ist mit § 613a BGB eine Transformation in Individualrecht und damit ein Verlust der kollektivrechtlichen Wirkung von Betriebsvereinbarungen verbunden[900].

---

895 Vgl. Schubert, Behandlung kollektivrechtlicher Normenkollisionen nach Verschmelzung und Spaltung von Unternehmen, S. 274 f.; Oetker, Anm. zu BAG vom 01.04.1987, SAE 1987, S. 305, 308; Richardi, Kollektivgewalt und Individualwille bei der Gestaltung des Arbeitsverhältnisses, S. 291.

896 Vgl. Richardi, Anm. zu BAG vom 01.04.1987, EWiR 1987, S. 921, 922.

897 Vgl. Oetker, Anm. zu BAG vom 01.04.1987, SAE 1987, S. 305, 308.

898 Siehe BAG vom 18.09.2002, AP Nr. 7 zu § 77 BetrVG 1972 unter B.III.2.b)ee) der Gründe.

899 Siehe BAG vom 01.04.1987, SAE 1987, S. 301, 304.

900 Siehe oben 4. Teil, A.I.2.b).

Bei Betriebsübergängen ist somit stets der Erwerber des Betriebs(-teils) zu beachten. Rechtstechnisch bietet sich an, dass der Erwerber unter der aufschiebenden Bedingung des bevorstehenden Betriebsübergangs Partei der zuvor abgeschlossenen Fortgeltungsvereinbarung wird. Bei unternehmensinternen Umstrukturierungen wie z.B. Betriebszusammenlegungen sind die Betriebsräte der von der Maßnahme betroffenen Betriebe mit einzubeziehen. Gegebenenfalls ist hier der Abschluss einer Gesamtbetriebsvereinbarung geboten. Liegt eine Betriebsänderung gemäß § 111 BetrVG vor, kann die Fortgeltung von Betriebsvereinbarungen im Rahmen eines Sozialplans vereinbart werden. Hierauf wird unten[901] näher eingegangen.

Dementsprechend ist festzuhalten, dass bei Abschluss einer Fortgeltungsvereinbarung stets die hiervon Betroffenen mit einbezogen werden müssen. Andernfalls liegt ein unzulässiger und damit unwirksamer Vertrag zu Lasten Dritter vor.

c) Vertragspartner bei unternehmensinterner Betriebsspaltung

Bei einer unternehmensinternen Betriebsspaltung ist nach dem Abschlusszeitpunkt der Fortgeltungsvereinbarung zu differenzieren. Unproblematisch ist der Weg, dass die freiwillige Betriebsvereinbarung nach Durchführung der Betriebsspaltung zwischen den Betriebsräten der neu entstandenen Betriebe und dem Rechtsträger geschlossen wird[902]. Dabei ist ohne Bedeutung, ob der Betriebsrat des Ursprungsbetriebs kraft Übergangsmandats gemäß § 21a BetrVG oder der im neu entstandenen Betrieb zwischenzeitlich gewählte Betriebsrat tätig wird[903].

Umstritten ist dagegen, ob auch bereits vor einer Betriebsspaltung eine Fortgeltungsvereinbarung zwischen den bisherigen Betriebsparteien zulässig ist. Teilweise wird dies mit der Argumentation verneint, es mangele – da ein Übergangsmandat gemäß § 21a BetrVG vor der Betriebsspaltung nicht in Frage kommt – an der Ermächtigungsgrundlage für ein betriebsübergreifendes Handeln des Betriebsrats[904]. Problematisch ist darüber hinaus die Vereinbarkeit mit der von der herrschenden Meinung vertretenen Betriebsidentitätslehre. Hierzu ist festzustellen, dass eine Fortgeltungsvereinbarung die kollektivrechtliche Fortgeltung von Betriebsvereinbarungen bei konsequenter Anwendung des Kriteriums „Wahrung der Betriebsidentität“ gerade nicht gewährleisten kann. Inso-

---

901 Siehe unten 6. Teil, A.II.

902 Vgl. Boecken, Unternehmensumwandlungen, Rn. 418; Schaub, FS Wiese, S. 535, 545; Semler/Stengel-Simon, UmwG, § 325, Rn. 36.

903 Vgl. Kallmeyer-Willemsen, UmwG, § 325, Rn. 15; HWK-Willemsen, Arbeitsrecht Kommentar, § 325 UmwG, Rn. 16; Kasseler Handbuch-Düwell, Rn. 259; Lutter-Joost, UmwG, § 325, Rn. 45.

904 Vgl. Boecken, Unternehmensumwandlungen, Rn. 418; Semler/Stengel-Simon, UmwG, § 325, Rn. 36; kritisch Rieble, FS Wiese, S. 453, 468.

fern ist davon auszugehen, das die Fortgeltungsvereinbarung die Betriebsspaltung normativ nicht „überlebt“[905].

Einschränkend wird in der Literatur vertreten, eine Kompetenz des Betriebsrats zum Abschluss einer Fortgeltungsvereinbarung ergebe sich aus der Vorwegnahme eines späteren Übergangsmandats[906]. Dies folge unmittelbar aus dem Charakter des Übergangsmandats als Vollmandat[907]. Diese Ansicht ist aus zwei Gründen abzulehnen. Zum einen kann die normative Weitergeltung der Fortgeltungsvereinbarung über den Zeitpunkt der Betriebsspaltung hinaus nicht auf das Übergangsmandat gemäß § 21a BetrVG gestützt werden. Eine kollektivrechtliche Fortgeltung kraft Amtskontinuität kommt, wie bereits im vierten Teil der Arbeit festgestellt wurde[908], nicht in Betracht. Zum anderen ist diese Auffassung ebenfalls mit einer stringenten Anwendung des Kriteriums Betriebsidentität unvereinbar. Insofern fehlt es an einer Begründung, wieso die Wahrung der Betriebsidentität gerade bei Betriebsspaltungen unbeachtlich sein sollte.

Die soeben aufgezeigten Schwierigkeiten im Zusammenhang mit der Wahrung der Betriebsidentität lassen sich allerdings vermeiden bei Berücksichtigung des im vierten und fünften Teil der Arbeit vertretenen Ergebnisses[909]. Danach ist nicht die Wahrung der Betriebsidentität, sondern die Aufrechterhaltung der Gestaltungsaufgabe das zentrale Kriterium für die kollektivrechtliche Fortgeltung von Betriebsvereinbarungen. Ziel einer Fortgeltungsvereinbarung ist es gerade, die normative Wirkung von Betriebsvereinbarungen über den Spaltungszeitpunkt hinaus zu gewährleisten. Die Gestaltungsaufgabe der Fortgeltungsvereinbarung besteht mithin ungeachtet einer veränderten Betriebsorganisation fort. Des Weiteren ist zu berücksichtigen, dass die Einbeziehung des Betriebsrats auf diese Weise bereits zu einem sehr frühen Zeitpunkt einsetzen kann, da er – zumindest nach der gesetzgeberischen Konzeption - über seine Beteiligungsrechte nach §§ 90, 92, 106 und 111 BetrVG schon im Planungsstadium von der angestrebten Umstrukturierung erfährt[910]. Durch frühzeitige Verhandlungen der Arbeitnehmervertretung mit dem Arbeitgeber wird sichergestellt, dass das bestehende gesetzliche und vereinbarte betriebliche Normengeflecht nahtlos für die durch die Betriebsspaltung entstehenden neuen Betriebe fortgelten kann.

---

[905] Vgl. Semler/Stengel-Simon, UmwG, § 325, Rn. 36; Rieble, FS Wiese, S. 453, 468.
[906] Vgl. Kallmeyer-Willemsen, UmwG, § 325, Rn. 15; HWK-Willemsen, Arbeitsrecht Kommentar, § 325 UmwG, Rn. 16.
[907] Siehe hierzu oben 4. Teil, C.II.2.a)aa)(2).
[908] Siehe hierzu oben 4. Teil, C.II.2.a).
[909] Siehe oben 4. Teil, C.II.2.c); 5.Teil, A.II.2.f).
[910] Vgl. Engels, FS Wlotzke, S. 279, 292 f.

3. Abgrenzung Fortgeltungsvereinbarung / Fortgeltung bei Wahrung der Betriebsidentität bzw. Aufrechterhaltung der Gestaltungsaufgabe

Soeben wurde festgestellt, dass es den Betriebspartnern im zu veräußernden Betrieb(-steil) aufgrund des Verbots des Vertrags zu Lasten Dritter verwehrt ist, durch Abschuss einer Betriebsvereinbarung vor einem Betriebsübergang eine Verpflichtung des Betriebs(-teil)erwerbers zu begründen. Hiervon zu unterscheiden ist die kollektivrechtliche Fortgeltung von Betriebsvereinbarungen, die beim Veräußerer abgeschlossen wurden, um auch dort zunächst Wirkung zu entfalten. Diesbezüglich stellt die herrschende Meinung auf die Wahrung der Betriebsidentität ab[911]. Nach der hier vertretenen Auffassung ist die Aufrechterhaltung der Gestaltungsaufgabe maßgeblich[912]. Kommt es bereits aufgrund der Wahrung der Betriebsidentität bzw. der Aufrechterhaltung der Gestaltungsaufgabe zur normativen Fortgeltung dieser Betriebsvereinbarungen, hat eine vertragliche Regelung der kollektivrechtlichen Fortgeltung - unter Einbeziehung des Erwerbers - lediglich deklaratorische Wirkung. Eigenständige Bedeutung erhält eine Fortgeltungsvereinbarung erst dann, wenn die Wahrung der Betriebsidentität bzw. die Aufrechterhaltung der Gestaltungsaufgabe zweifelhaft oder zu verneinen ist. In diesem Fall ist es wichtig, dem Verbot des Vertrags zu Lasten Dritter durch rechtzeitige Einbeziehung aller Betroffenen Rechnung zu tragen.

4. Normsetzungskompetenz der Vertragspartner

Die Normsetzungskompetenz der Betriebspartner bei der vertraglichen Gestaltung der kollektivvertraglichen Fortgeltung von Betriebsvereinbarungen ist begrenzt. Im Zusammenhang mit Betriebsübergängen enthält § 613a BGB Vorgaben, die durch eine Fortgeltungsvereinbarung nicht unterschritten werden dürfen. Grundsätzliches Ziel der Richtlinie 77/187/EWG, die der Regelung des § 613a Abs. 1 Satz 2 BGB zugrunde liegt, ist es, die Rechte der Beschäftigten bei einem Betriebsübergang zu wahren[913]. Dementsprechend ist es den Vertragsparteien verwehrt, die Schutzvorschrift des § 613a BGB zu Lasten der Arbeitnehmer einzuschränken[914]. Unproblematisch ist aber die Vereinbarung einer kollektivrechtlichen Fortgeltung anstelle einer Transformation in Individualrecht, da dies keine Schlechterstellung der Arbeitnehmer bedeutet. In diesem Sinne hat es das BAG in seinem Beschluss vom 18. September 2002 als für die Arbeitnehmer vorteilhaft angesehen, wenn die Interessenwahrnehmung auch zukünftig durch den Betriebsrat und nicht mehr nur noch individuell erfolgen kann[915].

---

[911] Siehe oben 4. Teil, A.I.1.

[912] Siehe oben 4. Teil, C.II.2.c); 5.Teil, A.II.2.f).

[913] Siehe ABl. EG Nr. L 61 = RdA 1977, S. 26 ff.

[914] Vgl. Mengel, Umwandlungen, S. 172.

[915] Siehe BAG vom 18.09.2002, AP Nr. 7 zu § 77 BetrVG 1972 unter B.III.2.b)cc)(2) der Gründe.

5. Regelungssperre gemäß § 77 Abs. 3 BetrVG beim Erwerber

Wird der Erwerber bei Fortgeltungsvereinbarungen miteinbezogen, um einen Vertrag zu Lasten Dritter zu vermeiden, ist stets die Regelungssperre gemäß § 77 Abs. 3 BetrVG zu beachten. Danach können Arbeitsentgelte und sonstige Arbeitsbedingungen, die durch Tarifvertrag geregelt sind oder üblicherweise geregelt werden, nicht Gegenstand einer Betriebsvereinbarung sein. Dies bedeutet hier: Gilt beim Erwerber bereits ein entsprechender Tarifvertrag oder ist eine solche Regelung dort zumindest üblich, steht dies dem Abschluss der Fortgeltungsvereinbarung (auch) durch den Erwerber entgegen. Dabei ist unerheblich, dass die Fortgeltungsvereinbarung selbst keine Regelungen zu Arbeitsentgelten oder sonstigen Arbeitsbedingungen beinhaltet, sondern lediglich durch Inbezugnahme die unveränderte kollektivrechtliche Fortgeltung der bislang bestehenden betrieblichen Normen gewährleisten will. Denn andernfalls ließe sich die mit der Regelungssperre des § 77 Abs. 3 BetrVG verfolgte Sicherung der ausgeübten und aktualisierten Tarifautonomie sowie die Erhaltung und Stärkung der Funktionsfähigkeit der Koalitionen[916] unterlaufen.

Gleichwohl gibt es auch in den Fällen, in denen beim Erwerber ein entsprechender Tarifvertrag existiert oder üblicherweise abgeschlossen wird und daher einer entsprechenden Betriebsvereinbarung entgegensteht, weitere Handlungsalternativen in Form einer betrieblichen Einheitsregelung oder einer Gesamtzusage. Bei einer Einheitsregelung unterbreitet der Arbeitgeber allen oder jedenfalls einem Teil der Arbeitnehmer des Betriebs ein Angebot, das von den Arbeitnehmern ausdrücklich angenommen wird[917]. Bei einer Gesamtzusage wird das Angebot an alle Arbeitnehmer des Betriebs oder abgrenzbare Gruppen in allgemeiner Form, z.B. durch Aushang am Schwarzen Brett, bekannt gemacht[918]. Die ausdrückliche Annahme des Angebots wird in diesem Fall nicht erwartet; es findet insoweit § 151 BGB Anwendung[919]. In seinem als „Burda-Entscheidung“[920] bekannt gewordenen Beschluss vom 20. April 1999[921] hat das BAG festgestellt,

---

[916] Zum Normzweck des § 77 Abs. 3 BetrVG siehe BAG GS vom 3.12.1991, AP Nr. 51 zu § 87 BetrVG 1972 Lohngestaltung; BAG vom 20.11.2001, EzA Nr. 70 zu § 77 BetrVG 1972; BAG vom 29.10.2002, AP Nr. 18 zu § 77 BetrVG 1972 Tarifvorbehalt; BAG vom 21.01.2003, AP Nr. 1 zu § 21a BetrVG 1972; Löwisch/Kaiser, BetrVG, § 77, Rn. 58 ff.; FESTL, BetrVG, § 77, Rn. 67 ff.; DKK-Berg, BetrVG, § 77, Rn. 62 ff.; MünchArbR-Matthes, § 327, Rn. 59; HWK-Gaul, Arbeitsrecht Kommentar, § 77 BetrVG, Rn. 32; ErfKom-Kania, § 77 BetrVG, Rn. 41.

[917] Vgl. FESTL, BetrVG, § 77, Rn. 205; HWK-Gaul, Arbeitsrecht Kommentar, § 77 BetrVG, Rn. 62.

[918] Vgl. ErfKom-Preis, § 611 BGB, Rn. 259; FESTL, BetrVG, § 77, Rn. 205; zum Sonderfall einer Gesamtzusage per Internet siehe BAG vom 22.01.2003, AP Nr. 247 zu § 611 BGB Gratifikation.

[919] Siehe BAG vom 13.03.1975, AP Nr. 167 zu § 242 BGB Ruhegehalt.

[920] Vgl. hierzu Rieble, ZTR 1999, S. 483 ff.

[921] Siehe ZTR 1999, S. 509 ff., dort insbesondere 1. Leitsatz des Gerichts.

dass die Regelungssperre des § 77 Abs. 3 BetrVG nicht Regelungsabreden und betriebliche Einheitsregelungen, sondern nur Betriebsvereinbarungen betrifft.

Dem durch § 77 Abs. 3 BetrVG gebundenen Erwerber ist es demnach unbenommen, den Regelungsinhalt einer beim Veräußerer geltenden Betriebsvereinbarung zum Bestandteil einer betrieblichen Einheitsregelung oder einer Gesamtzusage zu machen. Dies ist mit der Regelungssperre des § 77 Abs. 3 BetrVG prinzipiell vereinbar. Der Erwerber kann sich im Rahmen des Kaufvertrags verpflichten, den betroffenen Arbeitnehmern im Zeitpunkt des Betriebsübergangs ein Angebot auf Abschluss einer betrieblichen Einheitsregelung bzw. Gesamtzusage zu unterbreiten. Dieses wird von den Beschäftigten sodann ausdrücklich bzw. stillschweigend angenommen.

In der Praxis stößt die Feststellung, ob eine Tarifüblichkeit im Sinne von § 77 Abs. 3 BetrVG vorliegt, hin und wieder auf Schwierigkeiten. Verneinen die Vertragspartner einer Fortgeltungsvereinbarung dann irrtümlich die Tarifüblichkeit - oder übersehen sie sogar einen beim Erwerber anzuwendenden Tarifvertrag -, muss die aufgrund des Verstoßes gegen die Regelungssperre unwirksame Betriebsvereinbarung jedoch nicht zwingend ersatzlos entfallen. Insofern ist zu beachten, dass nach der Rechtsprechung des BAG[922] eine unwirksame Betriebsvereinbarung im Einzelfall noch in eine Gesamtzusage umgedeutet werden kann.

6. Formulierungsbeispiele

Um einen unwirksamen Vertrag zu Lasten Dritter zu vermeiden, bietet sich an, dass der Erwerber unter der aufschiebenden Bedingung des bevorstehenden Betriebsübergangs Partei der zuvor abgeschlossenen Fortgeltungsvereinbarung wird. Die entsprechende Regelung einer kollektivvertraglichen Weitergeltung, die auch als Anlage eines Vertrags über den Erwerb eines Betriebs(-teils) denkbar ist, kann etwa wie folgt lauten:

„Betriebsvereinbarung zur Regelung der kollektivvertraglichen Fortgeltung von Betriebsvereinbarungen beim Übergang des Betriebs A

zwischen

der A-GmbH (Veräußerer), der B-GmbH (Erwerber) und dem Betriebsrat des Betriebs A.

1. Der Betrieb A wird am ... gemäß § 613a BGB von der A-GmbH auf die B-GmbH übergehen. Die Vertragsparteien sind sich darüber einig, dass die im

---

922 Siehe BAG vom 23.08.1989, AP Nr. 42 zu § 77 BetrVG 1972.

Betrieb A geltenden Betriebsvereinbarungen ungeachtet des bevorstehenden Betriebsübergangs wie bisher unverändert kollektivrechtlich fortgelten sollen.

2. Der übernehmende Rechtsträger B-GmbH tritt gemäß § 613a Abs. 1 Satz 1 BGB in die Rechte und Pflichten der am ... (Übergangsstichtag) beim abgebenden Rechtsträger bestehenden Arbeitsverhältnisse ein. Diese Arbeitsverhältnisse können gemäß § 613a Abs. 4 Satz 1 BGB nicht wegen des Betriebsübergangs gekündigt werden.

3. Sofern die beim abgebenden Rechtsträger A-GmbH bestehenden kollektivvertraglichen Regelungen nicht bereits originär normativ weitergelten, verpflichtet sich der übernehmende Rechtsträger B-GmbH durch diese Vereinbarung, diese Regelungen normativ zur Anwendung zu bringen.

... ."

Alternativ hierzu kann auch wie folgt formuliert werden[923]:

„Betriebsvereinbarung „Fusion"
zwischen C-AG (Erwerber)/D-AG (Veräußerer) und
Konzernbetriebsrat/Gesamtbetriebsrat der C-AG/D-AG
...

Fortbestand von Betriebsvereinbarungen

Alle Betriebsvereinbarungen gelten auch nach dem Betriebsübergang kollektivrechtlich fort. Die D-AG ist Rechtsnachfolger der bei der C-AG abgeschlossenen Betriebsvereinbarungen. Die Betriebsvereinbarungen können daher nur gegenüber dem Betriebsrat gekündigt werden. Sie werden nicht Bestandteil der Arbeitsverträge.
... ."

II. Interessenausgleich/Sozialplan

1. Ausgangspunkt

Auf der Suche nach vertraglichen Gestaltungsmöglichkeiten zur kollektivrechtlichen Fortgeltung von Betriebsvereinbarungen bietet sich neben dem soeben besprochenen Abschluss einer freiwilligen Betriebsvereinbarung gemäß § 88 BetrVG auch die Regelung in einem Interessenausgleich bzw. Sozialplan im Sinne von § 112 Abs. 1 BetrVG an. § 111 bis 113 BetrVG verpflichten den Arbeitgeber, bei einer geplanten Betriebsänderung den Betriebsrat rechtzeitig und

[923] Ähnlich Eichhorn/Hickler/Steinmann, Handbuch Betriebsvereinbarung, S. 451 ff.

umfassend zu unterrichten und seine Planung mit dem Betriebsrat zu beraten[924]. Der Arbeitgeber hat einen Interessenausgleich zu versuchen und - von der Ausnahmeregelung des § 112a BetrVG abgesehen - einen Sozialplan zu vereinbaren, in dem die wirtschaftlichen Nachteile der von der Betriebsänderung betroffenen Arbeitnehmer ausgeglichen oder gemildert werden. Der Interessenausgleich ist im Gegensatz zum Sozialplan nicht erzwingbar.

2. Unternehmensinterne Umstrukturierungen und Betriebsübergänge als Betriebsänderung

Eine Regelung der normativen Fortgeltung von Betriebsvereinbarungen im Rahmen eines Interessenausgleichs bzw. Sozialplans kommt jedoch von vornherein nur dann in Betracht, wenn der Betriebsübergang bzw. die unternehmensinterne Umstrukturierung auch eine Betriebsänderung im Sinne von § 111 BetrVG darstellt. Unternehmensinterne Umstrukturierungen sind regelmäßig Betriebsänderungen im Sinne von § 111 Satz 3 Nrn. 1-3 BetrVG. Bei Betriebsübergängen ist die Situation dagegen weniger eindeutig. Diskutiert wird, ob die Veräußerung eines Betriebs(-teils) eine die Rechte nach §§ 111 ff. BetrVG auslösende Betriebsänderung ist. Nach der ständigen Rechtsprechung des BAG[925] und der herrschenden Literaturauffassung[926] stellt ein Betriebsübergang nach § 613a BGB keine Betriebsänderung dar. Zur Begründung wird angeführt, § 613a BGB habe eine die Arbeitnehmer schützende Sonderregelung getroffen[927]. Dementsprechend komme bei Betriebsübergängen nur noch eine freiwillige Betriebsvereinbarung nach § 88 BetrVG in Betracht[928]. Allerdings ist vom BAG[929] anerkannt worden, dass § 613a BGB die Mitbestimmungsrechte gemäß §§ 111 ff. BetrVG dann nicht ausschließt, wenn es anlässlich eines Betriebsübergangs zu einer damit verbundenen Betriebsänderung kommt.

---

[924] Siehe BAG vom 18.07.1972, AP Nr. 10 zu § 72 BetrVG 1952; BAG vom 14.09.1976, AP Nr. 2 zu § 113 BetrVG 1972; DKK-Däubler, BetrVG, § 111, Rn. 132; Stege/Weinspach/Schiefer, BetrVG, §§ 111-113, Rn. 19; GK-Fabricius/Oetker, BetrVG, § 111, Rn. 148.

[925] Siehe BAG vom 24.07.1979, DB 1980, S. 164, 165; BAG vom 04.12.1979, AP Nr. 6 zu § 111 BetrVG 1972; BAG vom 17.02.1981, AP Nr. 9 zu § 111 BetrVG 1972; BAG vom 17.03.1987, AP Nr. 18 zu § 111 BetrVG 1972; BAG vom 10.12.1996, AP Nr. 110 zu § 112 BetrVG; BAG vom 19.01.1999, NZA 1999, S. 949, 950; BAG vom 25.01.2000, AP Nr. 137 zu § 112 BetrVG 1972.

[926] Vgl. HWK-Hohenstatt/Willemsen, Arbeitsrecht Kommentar, § 111, Rn. 53; Löwisch/Kaiser, BetrVG, § 111, Rn. 19, 35; Richardi-Annuß, BetrVG, § 111, Rn. 124; FESTL, BetrVG, § 111, Rn. 50; ErfKom-Kania, § 111 BetrVG, Rn. 10; einschränkend Matthes, NZA 2000, S. 1073, 1077; offen Plander, NZA 2000, S. 393, 396.

[927] Vgl. HWK-Hohenstatt/Willemsen, Arbeitsrecht Kommentar, § 111, Rn. 53; Richardi-Richardi/Annuß, BetrVG, § 111, Rn. 124; ErfKom-Kania, § 111 BetrVG, Rn. 10.

[928] Vgl. FESTL, BetrVG, § 111, Rn. 50; ErfKom-Kania, § 111 BetrVG, Rn. 10.

[929] Siehe BAG vom 25.01.2000, AP Nr. 137 zu § 112 BetrVG 1972.

Dagegen wird von Teilen der Literatur[930] und der Instanzrechtsprechung[931] zutreffend vertreten, dass auch der Betriebsübergang selbst eine Betriebsänderung im Sinne von § 111 BetrVG darstellen kann. Die übergehenden Arbeitnehmer bedürfen insbesondere dann des Schutzes nach §§ 111 ff. BetrVG, wenn mit der Auswechselung des Betriebsinhabers eine Verringerung der Haftungsmasse verbunden ist[932]. Über den Ausgleich der sich hieraus ergebenden Gefahren und Missbrauchsmöglichkeiten sollte der Betriebsrat daher mit dem Arbeitgeber verhandeln können[933]. § 613a BGB hat nicht den Sinn, den durch andere Vorschriften, d.h. hier §§ 111 ff. BetrVG gewährten Arbeitnehmer-Schutz einzuschränken. Diese Vorschrift zielt in erster Linie auf den Schutz bestehender Arbeitsverhältnisse[934] sowie die Aufrechterhaltung der kollektivrechtlich geregelten Arbeitsbedingungen[935]. Unzutreffend ist auch der Hinweis, eine Betriebsänderung setze eine greifbare Änderung der betrieblichen Arbeitsorganisation" voraus[936]. Zwar ist richtig, dass sich durch einen bloßen Inhaberwechsel die betriebliche Arbeitsorganisation noch nicht verändert. Indes enthält § 111 BetrVG, dessen Satz 3 nicht abschließend ist[937], gerade kein einer greifbaren Änderung der betrieblichen Arbeitsorganisation entsprechendes Tatbestandsmerkmal[938]. Dementsprechend können die §§ 111 ff. BetrVG auch bei einem Betriebsübergang gemäß § 613a BGB Anwendung finden.

3. Voraussetzungen gemäß §§ 111 ff. BetrVG

Die Anwendung von §§ 111 ff. BetrVG ist an das Vorliegen allgemeiner und besonderer Voraussetzungen geknüpft.

a) Allgemeine Voraussetzungen

Die Beteiligung des Betriebsrats bei Betriebsänderungen setzt zunächst voraus, dass ein solcher bereits zu dem Zeitpunkt besteht, in dem sich der Unternehmer zur Durchführung der Betriebsänderung entschließt[939]. Im betroffenen Unter-

---

930 Vgl. DKK-Däubler, BetrVG, § 111, Rn. 102; Kittner, Anm. zu BAG vom 17.02.1981, AP Nr. 9 zu § 111 BetrVG 1972; B. Gaul, DB 1995, S. 2265, 2267.
931 Siehe LAG Baden-Württemberg vom 11.10.1978, DB 1979, S. 114 (aufgehoben BAG vom 04.12.1979, AP Nr. 6 zu § 111 BetrVG 1972).
932 A.A. BAG vom 10.12.1996, AP Nr. 110 zu § 112 BetrVG; BAG vom 25.01.2000, AP Nr. 137 zu § 112 BetrVG 1972; FESTL, BetrVG, § 111, Rn. 50.
933 Vgl. DKK-Däubler, BetrVG, § 111, Rn. 102.
934 Siehe BT-Drs. VI/1786, S.59.
935 Siehe BGBl. I S. 1308.
936 Vgl. ErfKom-Kania, § 111 BetrVG, Rn. 10; HWK-Hohenstatt/Willemsen, Arbeitsrecht Kommentar, § 111, Rn. 53; FESTL, BetrVG, § 111, Rn. 50.
937 Siehe LAG Baden-Württemberg vom 16.06.1987, LAGE Nr. 6 zu § 111 BetrVG 1972; ErfKom-Kania, § 111 BetrVG, Rn. 19, FESTL, BetrVG, § 111, Rn. 44.
938 Vgl. DKK-Däubler, BetrVG, § 111, Rn. 102.
939 Siehe BAG vom 28.10.1992, AP Nr. 63 zu § 112 BetrVG 1972.

nehmen müssen mindestens 21 wahlberechtigte Arbeitnehmer beschäftigt sein. In der Praxis kann man in der Regel am Vorhandensein eines Betriebsrats, der mindestens aus drei Mitgliedern besteht, die Anwendbarkeit der §§ 111 ff. BetrVG ablesen, während die Wahl eines einköpfigen Betriebsrats in der Regel für eine betriebsverfassungsrechtlich beteiligungsfreie Betriebsänderungsmöglichkeit spricht. Die Beteiligungsrechte des Betriebsrats bestehen gleichwohl nicht bei allen wirtschaftlichen Maßnahmen des Arbeitgebers, die die Interessen der Arbeitnehmer des Betriebs bzw. Unternehmens berühren können, sondern nur bei Betriebsänderungen, die - wie betriebsbedingte Kündigungen - wesentliche Nachteile für die ganze Belegschaft oder erhebliche Teile der Belegschaft zur Folge haben können. Insofern reicht es aus, dass der Eintritt der Nachteile nicht ausgeschlossen erscheint[940]. Schließlich müssen die ganze Belegschaft oder zumindest erhebliche Teile der Belegschaft von der Maßnahme betroffen sein. Insoweit ist auf die Zahlen- und Prozentangaben des § 17 Abs. 1 KSchG als Richtschnur abzustellen, jedoch mit der Maßgabe, dass mindestens 5 % der Belegschaft des Betriebes tangiert sind[941]. Bei dieser Größenordnung – ohne die zeitliche Komponente des § 17 Abs. 1 KSchG - liegt ein erheblicher Teil der Belegschaft vor. Entscheidend ist, wie viele Arbeitnehmer insgesamt von der geplanten Maßnahme des Unternehmers betroffen sind.

b) Besondere Voraussetzungen

Im Rahmen dieser Arbeit kommt den in § 111 Satz 3 Nrn. 1-3 BetrVG normierten Betriebsänderungen besondere Bedeutung zu.

Die in § 111 Satz 3 Nr. 1 BetrVG genannte Stilllegung eines ganzen Betriebes oder von wesentlichen Betriebsteilen ist die gravierendste unternehmerische Entscheidung in Bezug auf die Arbeitsplätze der betroffenen Arbeitnehmer. Notwendig ist die Einstellung der bisherigen wirtschaftlichen Betätigung in der ernstlichen und endgültigen Absicht, den bisherigen Betriebszweck dauernd oder zumindest für eine wirtschaftlich erhebliche Zeit nicht mehr weiterzuverfolgen[942]. Eine Betriebseinschränkung im Sinne des § 111 Satz 3 Nr. 1 ist eine erhebliche, ungewöhnliche und nicht nur vorübergehende Herabsetzung der Leistungsfähigkeit des Betriebs, wobei gleichgültig ist, ob die Verminderung der Leistungsfähigkeit durch Außerbetriebsetzung von Betriebsanlagen oder durch Personalreduzierung erfolgt[943]. Unter der Verlegung eines Betriebs oder eines Betriebsteils im Sinne von § 111 Satz 3 Nr. 2 BetrVG ist jede nicht nur geringfügige Veränderung der örtlichen Lage des Betriebes oder Betriebsteils zu ver-

[940] Siehe BAG vom 29.02.1972, AP Nr. 9 zu § 72 BetrVG 1952.
[941] Siehe BAG vom 07.08.1990, NZA 1991, S. 113, 114.
[942] Siehe BAG vom 25.09.1997, NZA 1998, S. 640, 641.
[943] Vgl. FESTL, BetrVG, § 111, Rn. 72; Löwisch/Kaiser, BetrVG, § 111, Rn. 23.

stehen[944]. § 111 Satz 3 Nr. 3 BetrVG bezieht sich auf den Zusammenschluss mit anderen Betrieben oder die Spaltung von Betrieben.

4. Fortschreibung der kollektivrechtlichen Wirkung von Betriebsvereinbarungen durch Interessenausgleich

Zu klären ist nun, ob die kollektivrechtliche Fortgeltung von Betriebsvereinbarungen im Rahmen eines Interessenausgleichs vereinbart werden kann. Diesbezüglich ist folgende Formulierung in einem Interessenausgleich zu erwägen:

„Kollektivrechtliche Fortgeltung von Betriebsvereinbarungen

Die im Betrieb E geltenden Betriebsvereinbarungen bleiben auch nach dem Aufspaltung dieses Betriebs im Sinne von § 111 Satz 3 Nr. 3 BetrVG in die Betriebe F und G unverändert in Kraft. Sie gelten für die von der Aufspaltung betroffenen Arbeitnehmer kollektivrechtlich fort."

Fraglich ist jedoch, ob bereits eine Regelung im Rahmen eines Interessenausgleichs die kollektivrechtliche Fortgeltung von Betriebsvereinbarungen begründen kann. Im Gegensatz zum Sozialplan hat der Interessenausgleich nicht die Wirkung einer Betriebsvereinbarung, sondern stellt eine Kollektivvereinbarung besonderer Art zwischen Arbeitgeber und Betriebsrat dar[945]. Eine rechtliche Einordnung des Interessenausgleichs – vergleichbar §§ 77 Abs. 4, 112 Abs. 1 Satz BetrVG beim Sozialplan – sucht man im Gesetz vergebens. Aus dem Fehlen einer gesetzlichen Regelung zur Rechtsnatur des Interessenausgleichs ist daher der Schluss zu ziehen, dass eine Vereinbarung in einem Interessenausgleich allein die kollektivrechtliche Fortgeltung von Betriebsvereinbarungen nicht begründen kann[946]. Andernfalls billigte man den Regelungen eines Interessenausgleichs unmittelbare und zwingende Wirkung auf die Arbeitsverhältnisse der betroffenen Arbeitnehmer zu. Dieses Ergebnis wäre mit dem Willen des Gesetzgebers, nur dem Sozialplan – und nicht dem Interessenausgleich - gemäß § 112 Abs. 1 Satz 3 BetrVG die Wirkung einer Betriebsvereinbarung zukommen zu lassen, unvereinbar.

Gleichwohl ist es zu weitgehend, hieraus der die den Interessenausgleich bildenden Einigung zwischen Arbeitgeber und Betriebsrat prinzipiell jede rechtlich

---

[944] Siehe BAG vom 17.08.1982, AP Nr. 11 zu § 111 BetrVG 1972. In der Entscheidung wurde eine Entfernung von 4,3 km als ausreichend angesehen.

[945] Siehe BAG vom 20.04.1994, AP Nr. 27 zu § 113 BetrVG 1972; LAG München vom 16.07.1997, AuR 1998, S. 89; FESTL, BetrVG, § 112, Rn. 52; Röder/Baeck, Interessenausgleich und Sozialplan, S. 72; MünchArbR-Matthes, § 361, Rn. 28; Richardi-Annuß, BetrVG, § 112, Rn. 36; ErfKom-Kania, §§ 112, 112a BetrVG, Rn. 9.

[946] Ebenso Schubert, Behandlung kollektivrechtlicher Normenkollisionen nach Verschmelzung und Spaltung von Unternehmen, S. 285.

bindende Wirkung abzusprechen[947]. In Anbetracht einer fehlenden gesetzlichen Regelung ist der rechtliche Charakter eines Interessenausgleichs vielmehr unter Anwendung der allgemeinen Grundsätze der Rechtsgeschäftslehre jeweils einzelfallbezogen zu ermitteln[948]. Die Nichteinhaltung der Bestimmungen des Interessenausgleichs durch den Arbeitgeber sind durch § 113 BetrVG sanktioniert. Zu beachten ist, dass bezüglich der Frage der Rechtmäßigkeit der Zuordnung von Arbeitnehmern im Rahmen eines Interessenausgleichs den Arbeitsgerichten gemäß § 323 Abs. 2 UmwG nur eine Prüfung auf grobe Fahrlässigkeit zusteht. Scheitern Gespräche über den Abschluss eines Interessenausgleichs, kann der Präsident des Landesarbeitsamtes gemäß § 112 Abs. 2 Satz 2 BetrVG um Vermittlung ersucht werden. Daneben steht gemäß § 112 Abs. 2 Satz 2 BetrVG der Gang zur Einigungsstelle offen. Allerdings ist der Vorschlag der Einigungsstelle gemäß § 112 Abs. 3 Satz 2 BetrVG unverbindlich.

5. Fortschreibung der kollektivrechtlichen Wirkung von Betriebsvereinbarungen durch Sozialplan / Formulierungsbeispiele

Allerdings kommt die Fortschreibung der kollektivrechtlichen Wirkung von Betriebsvereinbarungen durch einen Sozialplan in Betracht. Das BAG hat sich in seinem Urteil vom 24. Januar 1981[949] bereits mit einem Teilaspekt dieser Frage befasst. In dem zu entscheidenden Sachverhalt ging es um Ansprüche von Arbeitnehmern aus einem anlässlich einer Betriebsstilllegung abgeschlossenen Sozialplan. Die von der Stilllegung betroffenen Arbeitnehmer wurden in einem anderen Betrieb des Unternehmens, in dem ebenfalls ein Betriebsrat gewählt war, weiterbeschäftigt. Fraglich war nun, ob und in welcher Form der Sozialplan als Anspruchsgrundlage für die begehrte Wegzeitvergütung weiter bestand. Das Gericht hat hierauf festgestellt, dass der Sozialplan durch die Betriebsstilllegung seinen kollektivrechtlichen Charakter nicht verliert und somit weiter normativ auf die Arbeitsverhältnisse der betroffenen Arbeitnehmer einwirkt.

Nichts anderes gilt, wenn in einem Sozialplan die kollektivrechtliche Fortgeltung von Betriebsvereinbarungen vereinbart wird. In diesem Fall wirken die in den Sozialplan wörtlich bzw. durch Verweis aufgenommenen Betriebsvereinbarungen für die betroffenen Arbeitnehmer kollektivrechtlich fort. Gegebenenfalls kommt es, wie z.B. bei Zusammenschlussfällen, zum Entstehen normativer Teilordnungen[950].

---

[947] So LAG Rheinland-Pfalz vom 07.05.2001, n.v., 7 TaBV (juris); Ehmann, FS Kissel, S. 175, 180; Willemsen/Hohenstatt, NZA 1997, S. 345, 351; Löwisch, RdA 1989, S. 216, 217.

[948] Vgl. Richardi-Annuß, BetrVG, § 112, Rn. 45; GK-Fabricius/Oetker, BetrVG, §§ 112, 112a, Rn. 49.

[949] AP Nr. 12 zu § 112 BetrVG; siehe bereits oben 4. Teil, B.IV.4.

[950] Siehe BAG vom 21.01.2003, NZA 2003, S. 1097 ff.: Unter II. 2. a) der Gründe wird die Möglichkeit einer Fortgeltung als normative Teilordnung grundsätzlich anerkannt; Bachner, NJW 2003, S. 2861, 2865; ders., in: Kittner/Zwanziger, Arbeitsrecht für die Praxis, § 116, Rn.

Wird der Sozialplan im Zusammenhang mit einem Betriebsübergang gemäß § 613a BGB abgeschlossen, ist - vor dem Hintergrund obiger Ausführungen eines unwirksamen Vertrags zu Lasten Dritter bei freiwilligen Betriebsvereinbarungen gemäß § 88 BetrVG[951] - zu beachten, dass der Betriebs(-teil)erwerber in jedem Fall Sozialplanansprüche zu erfüllen hat[952]. Es ist also gleichgültig, ob der Erwerber den Sozialplan selbst vereinbart oder ob er für den vom Veräußerer vereinbarten Sozialplan als Rechtsnachfolger einzutreten hat. Laufen im Zeitpunkt des Betriebsübergangs die Verhandlungen über Interessenausgleich und Sozialplan noch, so sind sie vom Erwerber fortzusetzen, der auch in die betriebsverfassungsrechtliche Position des Veräußerers einrückt[953].

Bei einem unternehmensinternen Zusammenschluss zweier Betriebe im Sinne von § 111 Satz 3 Nr. 3 BetrVG ist dementsprechend in einem Sozialplan folgende Regelung denkbar:

„Fortgeltung von Betriebsvereinbarungen

Die bisher in den Betrieben H und I geltenden Betriebsvereinbarungen bleiben auch nach dem Zusammenschluss der beiden Betriebe H und I zum Betrieb J unbeschadet der gesetzlichen oder betrieblich vereinbarten Kündigungsmöglichkeit unverändert in Kraft. Sie gelten für die von dem Zusammenschluss betroffenen Arbeitnehmer kollektivrechtlich fort.

Die vorstehende Regelung gilt nur, bis eine Neuregelung im Betrieb J mit dem Ziel der Vereinheitlichung erfolgt. Die den Arbeitnehmern erteilten Zusagen über eine betriebliche Altersversorgung gelten auch nach dem Zusammenschluss weiter. Sie sind nicht Gegenstand der angestrebten Neuregelung."

Wird der Sozialplan im Zusammenhang mit einem Betriebsübergang gemäß § 613a BGB abgeschlossen, ist unerheblich, ob auf Arbeitgeberseite der Veräußerer, der Erwerber oder - im Falle von sich über den Zeitpunkt des Betriebsübergangs hinziehenden Sozialplanverhandlungen – erst der Veräußerer und später der Erwerber als Vertragspartner der Arbeitnehmervertretung auftreten. Hier bietet sich bezüglich der kollektivrechtlichen Fortgeltung von Betriebsvereinbarungen folgende Formulierung an:

13h; Moll, in: Preis/Willemsen, Umstrukturierung von Betrieb und Unternehmen im Arbeitsrecht, Abschnitt E, Rn. 5.; im Einzelnen bereits oben 4. Teil, C.II.2.b)bb)(3).

[951] Siehe oben 6. Teil, A.I.2.b).

[952] Vgl. DKK-Däubler, BetrVG, § 111, Rn. 104; Neef, NZA 1994, S. 97, 99.

[953] Siehe BAG vom 05.02.1991, AP Nr. 89 zu § 613a BGB; DKK-Däubler, BetrVG, § 111, Rn. 104; Neef, NZA 1994, S. 97, 99.

„Fortgeltung von Betriebsvereinbarungen

Sämtliche bislang im Betrieb der K-GmbH geltenden Betriebsvereinbarungen bleiben auch nach dem Betriebsübergang auf die L-GmbH unverändert in Kraft. Sie gelten für die von der K-GmbH auf die L-GmbH übergehenden Arbeitnehmer als kollektivrechtliche Regelung weiter. ...“

B. Fortschreibung der normativen Wirkung von Betriebsvereinbarungen durch Tarifvertrag

Zur Regelung der kollektivrechtlichen Fortgeltung von Betriebsvereinbarungen im Anschluss an einen Betriebsübergang kommt auch der Abschluss eines Tarifvertrages in Betracht. § 613a BGB, der einen Mindeststandard zugunsten der betroffenen Arbeitnehmer gewährleistet, steht dem nicht entgegen. Insofern ist zu beachten, dass zwischen Gesetz und Vertrag das Günstigkeitsprinzip zur Anwendung gelangt[954], eine tarifliche Verbesserung mithin rechtlich möglich ist. Dabei sind zwei Fallgruppen zu unterscheiden. Ein entsprechender Tarifvertrag kann zum einen mit dem Erwerber, zum anderen mit dem Veräußerer geschlossen werden.

I. Tarifvertrag mit dem Erwerber

Bei Abschluss eines „Übernahmetarifvertrages“ mit dem Erwerber verpflichtet sich dieser, die bisherigen betrieblichen Regelungen normativ aufrechtzuerhalten. Vertragstechnisch bietet sich hier zunächst ein Haus-(Unternehmens-, Firmen-, Werks-)Tarifvertrag[955] an. Daneben kommt aber auch ein betrieblicher Ergänzungstarifvertrag in Betracht, der einen bereits bestehenden Flächentarifvertrag konkretisiert und ergänzt[956]. Indes ist nicht zu verkennen, dass der praktische Anwendungsbereich derartiger Tarifverträge eher gering sein dürfte[957]. Zumindest dann, wenn beim Erwerber bereits ein aus Arbeitnehmersicht ungünstigerer Tarifvertrag existiert, wird der Erwerber im Hinblick auf § 613a Abs. 1 Satz 3 BGB den Abschluss eines entsprechenden Haustarifvertrages ablehnen.

---

[954] Siehe BAG vom 16.09.1986, AP Nr. 17 zu § 77 BetrVG 1972; HWK-Henssler, Arbeitsrecht Kommentar, § 4 TVG, Rn. 29.

[955] Siehe hierzu BAG vom 24.01.2001, AP Nr. 1 zu § 3 BetrVG; ErfKom-Schaub/Franzen, § 2 TVG, Rn. 20 ff.

[956] Vgl. Oberberg/Schoof, AiB 2002, S. 169 ff.; Wendeling-Schröder, NZA 1998, S. 624, 626 ff.

[957] Vgl. Däubler, ZTR 2000, S. 241, 242; Schubert, Behandlung kollektivrechtlicher Normenkollisionen nach Verschmelzung und Spaltung von Unternehmen, S. 289.

II. Tarifvertrag mit dem Veräußerer

Bei Abschluss eines Tarifvertrages mit dem Veräußerer ist dessen kollektivrechtliche Wirkung im hier interessierenden Zeitraum, d.h. nach dem Betriebsübergang problematisch. Die Tatsache, dass der Arbeitgeber der betroffenen Arbeitnehmer aufgrund des Betriebsübergangs wechselt, hat nämlich zur Folge, dass normative Bestimmungen insoweit ins Leere gehen[958]. *Däubler* schlägt daher vor, mit dem Veräußerer einen Tarifvertrag abzuschließen, der den übergehenden Arbeitnehmern als Vertrag zugunsten Dritter gemäß § 328 BGB auch nach dem Betriebsübergang Ansprüche gegen den Veräußerer zuweist[959]. Konkretes Beispiel für eine derartige Regelung ist der anlässlich eines Betriebsübergangs von der Deutschen Postbank zur Deutschen Post AG abgeschlossene „Tarifvertrag über die Rahmenbedingungen des Wechsels von Arbeitnehmern der Deutschen Postbank AG zur Deutschen Post AG". § 12 des Tarifvertrages, der sich auf den Nachteilsausgleich bezieht, lautet auszugsweise:

1. Soweit einem Arbeitnehmer der Postbank nach dem Wechsel zur Post wirtschaftliche Nachteile dadurch entstehen, dass

a) bei der Postbank erbrachte Zeiten der Betriebszugehörigkeit / Bewährungszeiten / Anlauffristen nicht anerkannt werden,

b) ...

wird die Postbank diese Nachteile auf Basis eines Zeitraumes von sieben Jahren ab dem Zeitpunkt des Wechsels so ausgleichen, als ob das Arbeitsverhältnis bis zum Zeitpunkt des Nachteilseintritts ununterbrochen fortbestanden hätte. ...

Der Anspruch kann von dem Arbeitnehmer unmittelbar gegenüber der Postbank gemäß § 328 BGB geltend gemacht werden.

Indes darf nicht übersehen werden, dass einer solchen Bestimmung gerade keine normative Regelungskraft zukommt. Eine kollektivrechtliche Fortgeltung von Betriebsvereinbarungen kraft vertraglicher Gestaltung scheidet mithin aus.

---

[958] Vgl. Meyer, NZA 2002, S. 246, 249; Däubler, ZTR 2000, S. 241, 242.

[959] Vgl. Däubler, ZTR 2000, S. 241, 242. Ab S. 244 ist der „Tarifvertrag über die Rahmenbedingungen des Wechsels von Arbeitnehmern der Deutschen Postbank AG zur Deutschen Post AG" auszugsweise abgedruckt.

7. Teil: Zusammenfassung der Ergebnisse

Gegenstand der vorliegenden Arbeit sind die Auswirkungen von Betriebsübergängen und unternehmensinternen Umstrukturierungen auf Betriebsvereinbarungen. Der Schwerpunkt der Untersuchung liegt auf den Rechtsfolgen derartiger Maßnahmen.

1. Auf der Grundlage zweier für Deutschland repräsentativer Untersuchungsansätze – zum einen die im Auftrag der Bundesagentur für Arbeit durchgeführte Arbeitgeberbefragung (IAB-Betriebspanel), zum anderen Befragungsergebnisse bei Betriebs- und Personalräten des Wirtschafts- und Sozialwissenschaftliche Instituts (WSI) in der Hans-Böckler-Stiftung – wird die hohe empirische Relevanz des Themas „Betriebsübergänge und unternehmensinterne Umstrukturierungen" belegt. Damit liegt zugleich ein sicherer Anhaltspunkt für die Bedeutung der in vorliegenden Arbeit untersuchten Fragestellung nach den Auswirkungen auf Betriebsvereinbarungen vor.

2. Das von der herrschenden Meinung für die Fortgeltung von Betriebsvereinbarungen bei Betriebsübergängen gemäß § 613a BGB und unternehmensinternen Umstrukturierungen herangezogene Kriterium „Betriebsidentität" ist abzulehnen. Neben einer grundsätzlich unzureichenden Praktikabilität dieser Begrifflichkeit tritt bei unternehmensinternen Umstrukturierungen zusätzlich das Problem auf, dass - mangels Eingreifens einer Auffangnorm wie § 613a BGB - die Regelungen einer Betriebsvereinbarung ersatzlos entfallen. Die in der Literatur vorgeschlagenen Lösungsansätze zur Vermeidung dieser Rechtsfolge - analoge Anwendung des § 613a BGB bzw. Nachwirkung - halten einer rechtlichen Überprüfung nicht stand.

Die durch das Übergangsmandat gemäß § 21a BetrVG gewährleistete Amtskontinuität kann – im Gegensatz zur Ansicht des BAG im Beschluss vom 18. September 2002 und von Teilen der Literatur, namentlich von *Kreutz* - die normative Fortgeltung von Betriebsvereinbarungen selbst nicht sichern. Diese Frage muss anhand anderer Kriterien entschieden werden. Es ist jedoch festzuhalten, dass ein Gleichlauf von Übergangsmandat und kollektivrechtlicher Fortgeltung von Betriebsvereinbarungen keinesfalls ausgeschlossen ist. Lediglich ein striktes Anknüpfen der Fortgeltung an das Übergangsmandat scheidet aus.

3. Hauptziel der Arbeit ist die Herausarbeitung eines einheitlichen Kriteriums bei der Beurteilung der kollektivrechtlichen Fortgeltung von Betriebsvereinbarungen bei Betriebsübergängen gemäß § 613a BGB und unternehmensinternen Umstrukturierungen. Dieses Kriterium ist die – gegebenenfalls durch Auslegung zu ermittelnde - Aufrechterhaltung der Gestaltungsaufgabe einer Betriebsvereinbarung. Zur Begründung ist auf die drei bestimmenden Faktoren einer Betriebsvereinbarung – Regelungsfunktion, Betriebspartner und Betrieb – abzustel-

len. Es wird gezeigt, dass die Aufrechterhaltung der Regelungsfunktion für die kollektivrechtliche Fortgeltung von Betriebsvereinbarungen von grundlegender Bedeutung ist. Demgegenüber besteht weder ein Abhängigkeitsverhältnis zwischen Betriebsvereinbarungen und der Existenz der Betriebspartner noch ist die kollektivrechtliche Fortgeltung von Betriebsvereinbarungen an den Bestand des Betriebs geknüpft. Der persönliche Geltungsbereich einer Betriebsvereinbarung folgt der Regelungsfunktion. Besteht diese fort, steht einer Ausweitung des persönlichen Geltungsbereichs über die Aktivbelegschaft hinaus nichts entgegen. Aus der Aufrechterhaltung der Regelungsfunktion in einer neu entstehenden Einheit kann eine partielle kollektivrechtliche Fortgeltung von Betriebsvereinbarungen resultieren.

Eine andere Sichtweise folgt auch nicht aus der in der Literatur geäußerten Befürchtung, eine von der Aufrechterhaltung des Betriebs lösgelöste Beurteilung der kollektivrechtlichen Fortgeltung von Betriebsvereinbarungen führe zu einem Leerlaufen von § 613a Abs. 1 Satz 2 BGB. Gelte die Betriebsvereinbarung unabhängig vom Bestand des Betriebs weiter, sei § 613a Abs. 1 Satz 2 BGB überflüssig. Diese Bedenken werden nicht geteilt. Zwar ist zutreffend, dass der Anwendungsbereich von § 613a Abs. 1 Satz 2 BGB infolge häufigerer normativer Fortgeltung zwangsläufig eingeschränkt wird. Überflüssig ist diese Vorschrift gleichwohl nicht. Eine normative Weitergeltung von Betriebsvereinbarungen scheidet ungeachtet des Schicksals des Betriebs stets dann aus, wenn als Folge des Betriebsübergangs der Betrieb bzw. Betriebsteil gemäß § 118 Abs. 2 sowie § 130 BetrVG nicht mehr dem Geltungsbereich des BetrVG unterfällt.

4. Gilt eine Betriebsvereinbarung nach einem Betriebsübergang gemäß § 613a BGB aufgrund der Aufrechterhaltung der Gestaltungsaufgabe normativ fort, kann es in der Folge zur Normenkollision mit beim Erwerber bereits zu diesem Regelungsgegenstand bestehenden Gesamt- bzw. Konzernbetriebsvereinbarungen kommen. Dieses Kollisionsproblem ist mit Hilfe des Kriteriums „Identifizierbarkeit“ hinreichend rechtssicher handhabbar.

Zur Begründung ist vom ursprünglich definierten betrieblichen Geltungsbereich der Betriebsvereinbarung beim Veräußerer auszugehen. Der Betriebsrat ist für diesen Bereich durch Wahlen zur Normsetzung legitimiert. Aus dieser Legitimation ist folgender Schluss zu ziehen: Geht ein Betrieb oder ein gemäß § 4 Abs. 1 BetrVG als selbständiger Betrieb geltender Betriebsteil mit eigenem Betriebsrat über, gehen hierfür abgeschlossene Betriebsvereinbarungen den beim Erwerber bestehenden Gesamt- bzw. Konzernbetriebsvereinbarungen vor, wenn der ursprünglich definierte betriebliche Geltungsbereich der Betriebsvereinbarung durch den Betriebsübergang nicht tangiert wird, also „identifizierbar“ ist. Der betriebliche Geltungsbereich, für den die Beschäftigten den Betriebsrat durch Wahlen auch zum Abschluss von Betriebsvereinbarungen legitimiert haben, bleibt in diesem Fall unverändert. Es wäre widersprüchlich, wenn einerseits der betriebliche Geltungsbereich der Betriebsvereinbarung unangetastet bleibt, andererseits aber für diesen Bereich geschlossene Betriebsvereinbarungen durch entsprechende Gesamt- bzw. Konzernbetriebsvereinbarungen des Erwerbers verdrängt würden.

Eine „Identifizierbarkeit“ ist dagegen zu verneinen, wenn der ursprüngliche betriebliche Geltungsbereich der Betriebsvereinbarung im Zuge des Betriebsübergangs verloren geht. Dies ist z.B. dann der Fall, wenn ein übergehender Betrieb mit einem Betrieb des Erwerbers zusammengelegt wird oder nach einer Betriebsaufspaltung ein daraus hervorgegangener Betriebsteil gemäß § 613a BGB übergeht. In diesen Fällen gehen die beim Erwerber bestehenden Gesamt- bzw. Konzernbetriebsvereinbarungen vor.

5. Die Aufrechterhaltung der Gestaltungsaufgabe ist – wie bei Einzelbetriebsvereinbarungen - das zentrale Kriterium für die kollektivrechtliche Fortgeltung von Gesamtbetriebsvereinbarungen bei Betriebsübergängen. Der Wahrung der Betriebs- bzw. Unternehmensidentität kommt in diesem Zusammenhang keine Bedeutung zu. Das Schicksal von Gesamtbetriebsvereinbarungen bei Betriebsübergängen orientiert sich nicht am Entstehen eines Übergangsmandats gemäß § 21a BetrVG. Eine unternehmensinterne Umstrukturierung hat keine Konsequenzen für die kollektivrechtliche Fortgeltung einer Gesamtbetriebsvereinbarung.

6. Bei Abschluss einer Fortgeltungsvereinbarung müssen stets die hiervon Betroffenen mit einbezogen werden. Der Veräußerer ist ohne Einbeziehung des Erwerbers nicht befugt, Regelungen ausschließlich für die Zeit ab dem Betriebsübergang zu treffen. Gilt beim Erwerber bereits ein entsprechender Tarifvertrag oder ist eine solche Regelung dort zumindest üblich, steht dies gemäß § 77 Abs. 3 BetrVG dem Abschluss der Fortgeltungsvereinbarung (auch) durch den Erwerber entgegen. Dem durch § 77 Abs. 3 BetrVG gebundenen Erwerber ist es jedoch unbenommen, den Regelungsinhalt einer beim Veräußerer geltenden Betriebsvereinbarung zum Bestandteil einer betrieblichen Einheitsregelung oder einer Gesamtzusage zu machen.

Eine Regelung im Rahmen eines Interessenausgleichs kann die kollektivrechtliche Fortgeltung von Betriebsvereinbarungen nicht begründen. Allerdings kommt die Fortschreibung der kollektivrechtlichen Wirkung von Betriebsvereinbarungen durch einen Sozialplan gemäß § 112 Abs. 1 Satz 2 BetrVG in Betracht. In diesem Fall wirken die in den Sozialplan wörtlich bzw. durch Verweis aufgenommenen Betriebsvereinbarungen für die betroffenen Arbeitnehmer kollektivrechtlich fort. Gegebenenfalls kommt es, wie z.B. bei Zusammenschlussfällen, zum Entstehen normativer Teilordnungen.

Bei Abschluss eines „Übernahmetarifvertrages“ mit dem Erwerber verpflichtet sich dieser, die bisherigen betrieblichen Regelungen normativ aufrechtzuerhalten. Vertragstechnisch kommt hier zum einen ein Haus-(Unternehmens-, Firmen-, Werks-)Tarifvertrag in Betracht. Zum anderen ist aber auch ein betrieblicher Ergänzungstarifvertrag denkbar, der einen bereits bestehenden Flächentarifvertrag konkretisiert und ergänzt. Ist der Veräußerer Vertragspartner, bietet sich an, mit diesem einen Tarifvertrag abzuschließen, der den übergehenden Arbeitnehmern als Vertrag zugunsten Dritter gemäß § 328 BGB auch nach dem Betriebsübergang Ansprüche gegen den Veräußerer zuweist. Hierbei darf aber nicht übersehen werden, dass einer solchen Bestimmung keine normative Regelungskraft zukommt.

Peter Lang · Europäischer Verlag der Wissenschaften

Sven Borngräber

Die inhaltliche Kontrolle von Betriebsvereinbarungen

Frankfurt am Main, Berlin, Bern, Bruxelles, New York, Oxford, Wien, 2005.
X, 214 S.
Europäische Hochschulschriften: Reihe 2, Rechtswissenschaft. Bd. 4277
ISBN 3-631-53732-8 · br. € 39.–*

Die mit dem Schuldrechtsmodernisierungsgesetz vollzogene Aufhebung der bislang für das gesamte Arbeitsrecht geltenden Bereichsausnahme im AGB-Recht und das ausdrückliche Verbot einer AGB-Kontrolle von Betriebsvereinbarungen haben die Diskussion um die Reichweite einer inhaltlichen Kontrolle von Betriebsvereinbarungen neu belebt. Die Arbeit setzt sich mit den Grenzen der inhaltlichen Gestaltungsfreiheit der Betriebsparteien auseinander und untersucht, inwieweit die bisherige Kontrollpraxis der Arbeitsgerichte vor dem Hintergrund der zurückliegenden gesetzgeberischen Entscheidungen einer Korrektur bedarf.

Aus dem Inhalt: Rechtscharakter und Wirkungsweise der Betriebsvereinbarung · Inhaltskontrolle von Betriebsvereinbarungen · Billigkeitskontrolle von Betriebsvereinbarungen · Rechtskontrolle von Betriebsvereinbarungen · Grundrechtsbindung · Verhältnismäßigkeitsgrundsatz · Vertrauensschutz · Ausschließlich belastende Betriebsvereinbarungen · Änderung von Versorgungszusagen · Änderung von Betriebsvereinbarungen über Sonderleistungen · Kontrolle von Bindungsklauseln · Sozialpläne

Frankfurt am Main · Berlin · Bern · Bruxelles · New York · Oxford · Wien
Auslieferung: Verlag Peter Lang AG
Moosstr. 1, CH-2542 Pieterlen
Telefax 0041 (0) 32 / 376 17 27

*inklusive der in Deutschland gültigen Mehrwertsteuer
Preisänderungen vorbehalten

Homepage http://www.peterlang.de

Kolibri 360 GmbH
Ferdinand-Jühlke-Straße 7
99095 Erfurt, Deutschland
produktsicherheit@kolibri360.de

Druck:
CPI Druckdienstleistungen GmbH
im Auftrag der
Kolibri 360 GmbH
Ferdinand-Jühlke-Str. 7
99095 Erfurt